法律基础

LEGAL FOUNDATION

（第六版）

高其才 主编

清华大学出版社
北京

本书封面贴有清华大学出版社防伪标签,无标签者不得销售。
版权所有,侵权必究。举报:010-62782989,beiqinquan@tup.tsinghua.edu.cn。

图书在版编目(CIP)数据

法律基础/高其才主编.—6版.—北京:清华大学出版社,2021.1(2024.2重印)
清华大学法学系列教材
ISBN 978-7-302-56997-8

Ⅰ.①法… Ⅱ.①高… Ⅲ.①法律—中国—高等学校—教材 Ⅳ.①D92

中国版本图书馆 CIP 数据核字(2020)第 237997 号

责任编辑:朱玉霞
封面设计:阿 东
责任校对:宋玉莲
责任印制:丛怀宇

出版发行:清华大学出版社
    网 址:https://www.tup.com.cn,https://www.wqxuetang.com
    地 址:北京清华大学学研大厦A座 邮 编:100084
    社 总 机:010-83470000 邮 购:010-62786544
    投稿与读者服务:010-62776969,c-service@tup.tsinghua.edu.cn
    质量反馈:010-62772015,zhiliang@tup.tsinghua.edu.cn
印 装 者:天津鑫丰华印务有限公司
经 销:全国新华书店
开 本:185mm×260mm 印 张:21.75 字 数:420千字
版 次:2007年3月第1版 2021年1月第6版 印 次:2024年2月第11次印刷
定 价:79.00元

产品编号:089719-02

目 录

绪论：法学基本理论 …………………………………………………… 1

第一章 当代中国社会主义法律制度概论 ……………………………… 12
第一节 依法治国,建设社会主义法治国家 ……………………… 12
第二节 当代中国的法律制定 ……………………………………… 14
第三节 当代中国的法律实施 ……………………………………… 17

第二章 中国宪法 ………………………………………………………… 21
第一节 中国宪法概述 ……………………………………………… 21
第二节 国家的基本制度 …………………………………………… 25
第三节 公民的基本权利 …………………………………………… 29
第四节 国家机构 …………………………………………………… 31
第五节 宪法的实施及其保障 ……………………………………… 35

第三章 中国行政法律制度 ……………………………………………… 38
第一节 行政法律制度概述 ………………………………………… 38
第二节 行政组织法 ………………………………………………… 41
第三节 行政行为法 ………………………………………………… 45
第四节 行政监督法 ………………………………………………… 59

第四章 中国民事法律制度 ……………………………………………… 67
第一节 中国民事法律制度概述 …………………………………… 67
第二节 民法的基本制度 …………………………………………… 70
第三节 物权法律制度 ……………………………………………… 82
第四节 债权法律制度 ……………………………………………… 93
第五节 人身权法律制度 …………………………………………… 101
第六节 知识产权法律制度 ………………………………………… 105
第七节 婚姻家庭继承法律制度 …………………………………… 109
第八节 侵权责任法律制度 ………………………………………… 115

第五章 中国商事法律制度 ... 125

第一节 商法概述 ... 125
第二节 公 司 法 ... 130
第三节 证 券 法 ... 143
第四节 票 据 法 ... 154
第五节 保 险 法 ... 158
第六节 破 产 法 ... 163

第六章 中国经济法律制度 ... 168

第一节 经济法概述 ... 168
第二节 反不正当竞争法与反垄断法 ... 169
第三节 广 告 法 ... 173
第四节 产品质量法 ... 174
第五节 消费者权益保护法 ... 178
第六节 会计法与审计法 ... 183
第七节 价 格 法 ... 186
第八节 财政税收法 ... 189
第九节 银 行 法 ... 194

第七章 中国自然资源和环境保护法律制度 ... 197

第一节 自然资源和环境保护法律制度概述 ... 197
第二节 自然资源法律制度 ... 198
第三节 环境保护法律制度 ... 210

第八章 中国劳动与社会保障法律制度 ... 221

第一节 劳动与社会保障法律制度概述 ... 221
第二节 劳动法律制度 ... 222
第三节 社会保障法律制度 ... 234

第九章 中国刑事法律制度 ... 240

第一节 刑事法律制度概述 ... 240
第二节 刑法关于犯罪的一般规定 ... 242
第三节 刑法关于犯罪的具体规定 ... 251
第四节 刑法关于刑罚的一般规定 ... 259

第十章　中国诉讼法律制度 ································· 266

第一节　诉讼法律制度概述 ································· 266
第二节　民事诉讼法律制度 ································· 271
第三节　行政诉讼法律制度 ································· 283
第四节　刑事诉讼法律制度 ································· 286

第十一章　国际法律制度 ································· 297

第一节　国际法概论 ································· 297
第二节　海洋与空气空间和外层空间法 ································· 305
第三节　条约与外交机构 ································· 309

第十二章　国际私法制度 ································· 316

第一节　国际私法绪论 ································· 316
第二节　国际私法总论 ································· 320
第三节　国际私法各论 ································· 323

主要参考文献 ································· 330

第一版后记 ································· 331

第二版后记 ································· 332

第三版后记 ································· 333

第四版后记 ································· 334

第五版后记 ································· 335

第六版后记 ································· 337

绪论：法学基本理论

一、法律概念

（一）法的词义

在中国，"法"一词涵义较为广泛。从语源上看，汉字的"法"古体为"灋"。根据我国第一部字书，由东汉文字学家许慎所著的《说文解字》中的释义，它大体有三层涵义：第一，"法"与"刑"是通用的。古代的"刑"字，含刑戮、罚罪之意，也还有"规范"的意义。第二，法者，平之如水，含有"公平"之意。第三，法含有"明断曲直"之意。同时，古代的法具有神明裁判的特点。

中国古代"法"在典章制度意义上和在哲理意义上两方面使用。"法"在典章制度意义上与"律""法律""法制"等相通解。《管子·七臣七主篇》："法律政令者，吏民规矩绳墨也。"《唐律疏议·名例篇》曰："律之与法，文虽有殊，其义一也。"中国古代秦汉以后的法律文件，采用过许多名称，如律、令、典、敕、格、式、科、比、例等，它们都是典章制度意义上、国法意义上的"法"。在哲理意义上，汉语的"法"，与"理""常"通用，指"道理""天理"或常行的范型和标准。《尔雅·释诂》："法，常也。"具体而言，抽象的"天命""天志""礼""理""天理""法度""道"乃至"人情"等，都属于"法"的范畴。清末民初，由于受日本的影响，国法意义上的"法"，逐渐由"法律"一词代替。

在西文中，"法"也在典章制度意义上、国法意义上和在哲理意义上使用。有学者认为，法指永恒的、普遍有效的正义原则和道德公理，即自然法；法律指由国家机关制定和颁布的具体的法律规则，即实在法，这类法律与国家相联系、出自于国家。

在当代中国，法律一般是指由国家制定或认可，由国家强制力保证实施的，以权利义务为内容的行为规范。本书主要在国法意义上讨论法律，用"法律"表示，唯在涉及哲理意义上时用"法"表示。

（二）法的本质

法的本质指法这一事物自身组成要素之间相对稳定的内在联系，本质掌握着可理解的世界的核心内容。人类对法的本质的认识过程相当漫长。在历史上，思想家和法学家们曾对法律的本质问题进行过认真地思考，从不同的角度进行了探讨，提出过各种各样的法的本质学说。马克思主义法学全面的揭示了法律的本质。

1. 非马克思主义法学的观点

中国古代社会以"和谐"为最高追求,法也立基于此,从人伦、天常获得法的权威来源,形成了伦理法观念和法自然的自然法观念。中国古代立法以礼为指导,执法以教化为首务。法律条款的确立要体现人伦道德的宗旨,统治者为政要先教而后刑。礼法并举、刑教结合的目的是建造一个"父子有亲,君臣有义,夫妇有别,长幼有叙,朋友有信"(《孟子·滕文公》)充满人情味的有序王国。同时,崇拜自然、效法自然是中国古代为政传统。自然界的博大和谐、万物有所归及变化规律,为中国传统法律提供了最好的模式。礼法并举、恩威并用及执法平等的思想主张,也常常源于自然界的启发。

西方非马克思主义法学关于法的本质学说主要有神意论、理性论、民族精神论、规范论、社会控制论等。

神意论认为法是由神创造的,是神的理性和意志,将法的本质与神意等同划一起来。这是人类最早的关于法的本质的认识。作为西欧中世纪最大的神学家、经院主义哲学家,托马斯·阿奎那的神学思想中就包括了当时最为系统的神学法思想。阿奎那将法分为四种:永恒法即上帝的法律,是最高的法律;自然法是沟通上帝和人的桥梁,其首要原则是"行善避恶";神法是上帝通过《圣经》所赋予的法律,用以补充比较抽象的自然法;人定法,通常包括世俗统治者制定的法律。在阿奎那看来,法律是种种有关公共幸福事项的合理安排,由任何负有管理社会之责的人予以公布。对于"公共幸福""合理"等,他都作了神学上的解释。在他看来,上帝是万物的创造者,又是智慧的化身。神的智慧本身具有法律性质。

理性论为西方自然法学派的观点,这一学说在西方具有很大影响。在批判神意论的基础上,它把法理解为一种理想、一种价值、一种道德,认为存在着一种高于实在法、并指导实在法的普遍原则,即自然法,宇宙运行不变之自然法则。罗马共和国末期的哲学家、政治家西塞罗,在西方法思想上首先比较系统地提出了自然法的学说。他在《国家篇》中指出:"真正的法律是和自然一致的正当理性,它是普遍适用的、不变的和永恒的,它命令人尽本分,禁止人们为非作歹";自然法早在任何成文法或国家产生以前就已存在;它对整个人类,不分国家、不分时期都普遍有效,任何人都不得违反、改变或取消这种法律;所有残暴的法令根本不能称为法律,而只是一群暴徒在集会中通过的规则而已。他相信自然理性是宇宙的主宰力量,认为法的本质是正义。

在近代,自然法观念发展到高峰,17、18 世纪的古典自然法派是新兴资产阶级用以反对封建压迫、民族压迫和教会神学的法律思想。主要代表人物有荷兰的格劳秀斯;英国的霍布斯、洛克;法国的孟德斯鸠、卢梭;德国的普芬道夫;意大利的贝卡利亚等。他们从人的理性出发,认为存在一个"自然状态",在这一状态下人们享有由自然法保障的天赋自然权利,国家是人们通过社会契约建立的;自然法体现了永恒的正义。他们认为自然法代表人类的理性或本性，是最高的法律。自然法是"真正理性的命令"，连上帝也要受它的支配，是永恒的。法是以普通的人性为基础的，因而凡是全体人民的共同意志而且同样适用于每一个社会成员，因而每个人不论其阶级地位、财富状况、社会地位等，在法律上都是平等的，都有同样的自由、权利。古典自然法学为美国《独立宣言》、法国《人权宣言》以及近代资产阶级民主、法治理论提供了理论基础。新自然法学的代表学者有美国的富勒、美国的德沃金、美国的罗尔斯等。

民族精神论首先在19世纪的德国兴起。当时德国半封建的君主专制在政治上处于分裂状态，为实现国家和法律的统一，海德尔保大学教授蒂鲍于1814年提出了制定统一民法典的建议，但遭到了萨维尼等人的坚决反对。萨维尼等认为古典自然法学派所谓体现人类理性的自然法仅仅是一种假设，不能说明法律的渊源和本质，这种观点只能是幻想；法律像语言、风俗、政制一样，具有民族特性，是"民族精神"的体现，它"随着民族的成长而成长，民族的壮大而壮大，当这一民族丧失其个性时即趋于消逝"；一个民族的法律制度，就像艺术和音乐一样，是其文化的自然体现，在民族内部力量推动下形成的，只有"民族精神"或"民族意识"才是实在法的真正创造者；每个民族的共同信念才是法律的真正渊源。在萨维尼看来，法律主要体现为习惯法，习惯法是法律的真正基础，因为习惯法最能体现"民族精神"，它是最有生命力的，其地位远超过立法；而且德国当时也无能力制定更好的法典。

规范论为分析实证主义法学的观点。这一学说曾长期在英国法学界占统治地位，创始人为英国法学家奥斯丁。英国资产阶级革命是以妥协告终的，这种革命的不彻底性在法律方面的直接后果，是旧的诉讼程序被继续运用，封建法律被虔诚地保存下来，这使得当时英国的法律显得杂乱无章，重叠牵制，互相矛盾。但奥斯丁认为，造成英国法律混乱状态的原因，并不在于法律的历史传统，而是因为混乱而散漫的思想方法，尤其是因为古典自然法学说的传播。因此他给自己规定的任务，是把法律和法学从自然法学说中解放出来，通过对法律的逻辑分析提供一套共同的原则、概念和特征，明确它们彼此之间的逻辑关系，形成有条理的法律体系，以完善资产阶级法制，提高统治效能。奥斯丁认为，法学的对象仅限于实在法，"实际上是这样的法律"，通过对实在法的分析找出它们共同的原则，而这些共同原则实际上都建立在功利的基础之上；法律或严格意义上的法律，是命令，是以制裁作为保证的一种命令，是政治优势者的命令（"我们所说的优势者，是指他们在社会地位、财富和品德等方面优越于其他人"）。他强调，法律和道德是无关的，至少没有必然的联系，一个不道德、不正义的法，只要是合法地制定的，就应该认为具有法律效力，即"恶法亦法"。英国的哈特、奥地利的凯尔森等在奥斯丁学说的基础上有所发展而形成新法学法学、纯粹法学。

社会控制论以社会学理论和方法研究法律现象，认为法律作为社会控制的工具,注重探讨法律在社会中的实际运作。它研究法律与其他社会因素的相互作用,特别是要研究法律的社会目的和社会效果。为说明资产阶级法律的变化,从理论上指导资产阶级法律制度的完善,社会法学派逐步形成。法国的狄骥通过把法律与"社会连带关系"联系起来,进而说明法的本质问题。美国的庞德主张从社会控制论着手,站到一个更高的层次来理解法的概念,认为法是一种社会控制的制度,是依照一批在司法和行政过程中使用的权威性法令来实施的高度专门形式的社会控制。在他看来,在人类本性中存在着与人的社会性相对应的自我扩张的本性,尽管个人也往往对它采取摒弃的态度,但不能排除它潜在的存在和以不同方式、不同程度地被激发出来,这就要求有一种强有力的控制工具,在现代社会只有法律才能完成这个任务。法律通过对人们自我扩张的本性的控制来保证和实现社会利益。庞德强调法律的社会效果和作用,认为法律是一种社会工程,是社会控制工具之一或首要工具,其任务在于调整各种相互冲突的利益;20世纪的法律是法律社会化的阶段。奥地利学者埃利希则提出了"活法论"。

2. 马克思主义的观点

马克思主义的法律本质学说认为:法律的关系既不能从它们本身来理解,也不能从人类精神的一般发展来理解,相反它们都根源于物质的生活关系。

马克思主义认为,由于根本利益的不同,在阶级对立的社会里不能形成统一的全社会意志,而只有统治阶级意志才能上升为国家意志。法律是统治阶级或取得胜利并掌握国家政权的阶级的意志的表现。统治阶级利用掌握国家政权这一政治优势,有必要、也有可能将本阶级的意志上升为国家意志,然后体现为国家的法律。法律体现的统治阶级意志具有整体性。法律体现的统治阶级意志不是统治阶级内部成员意志的简单相加,也不是少数人的任性,而是统治阶级的整体意志、共同意志或根本意志。

马克思主义法学强调,法律体现统治阶级意志,要经历一个复杂的过程。它取决于统治阶级同被统治阶级的阶级斗争状况,也取决于统治阶级内部各阶层、集团或个人的矛盾和斗争。在一定情况下,法律的内容规定不仅反映统治阶级的意志,而且同时又反映被统治阶级以及统治阶级的同盟阶级的某些要求和愿望。这包括:(1)法律的内容规定对全社会都有利,不同程度地反映全社会各阶级、阶层的共同利益(如各种技术法规)。(2)在阶级斗争激烈对抗的条件下,统治阶级为了缓和与被统治阶级的某些矛盾,把被统治阶级的反抗控制在一定的范围和限度内,而在立法中对被统治阶级作出一定的让步,规定一些符合被统治阶级利益、反映其某些愿望和要求的内容,例如,在资产阶级法律中也往往有一些保护劳动人民利益的条款,诸如限制劳动时间、劳动保护、最低工资、失业救济、罢工自由等。这些条款是劳动人民同统治阶级进行长期斗争所取得的成果。从这个意义上,我们可以说法律具有共同性,是社会管理的手段。但从本质上看,这一部分规范或条款仍然是通过统治阶级所掌握的政权机关来制定或认可的,它仅具有局部的意义,并不能改变一国法律的整体性质。

马克思主义法学同时指出:不仅统治阶级意志的内容,而且包括法律本身,都是由统治阶级所处的社会物质生活条件所决定的。这里的所谓"社会物质生活条件",是指人类社会包括地理环境、人口、物质资料的生产方式诸方面,其中主要指统治阶级赖以建立其政治统治的经济基础。从根本上说,法律决定于一定的经济关系(经济基础),法律的产生、变更和消灭都取决于一定的经济关系(基础)的产生、变更和消灭。这也意味着,法律不是统治阶级任性和专横的表现,它不应当违背客观历史条件,违背客观规律。所以,马克思说:只有毫无历史知识的人才不知道,君主们在任何时候,都不得不服从经济条件,并且从来不能向经济条件发号施令,无论是政治的立法或市民的立法,都只是表明和记载经济关系的要求而已。因而,法律具有物质制约性、客观性、规律性。

(三)法律特征

法律的特征,是法律区别于其他社会规范的征象和标志。任何事物的特征都是在与其他事物的比较中表现出来的。通过认识法律的特征,把握法律外部的特殊性,有助于我们理解法律的性质、作用,认识法律的自身规律。马克思主义法学认为,法律具有规范性、国家意志性、权利义务统一性、国家强制性。

1. 法律是调整人们行为或社会关系的规范,具有规范性

法律是一种规范,是对人们行为的标准和模式。法律不是通过调整人们的内心观念、思想来调整社会关系的。这是法律区别于其他社会规范的重要特征之一。

作为社会规范,法律具有规范性。法律规范性,是指法律为人们行为提供了一个模式、标准、方向。它表现在:法律规范规定了人们的一般行为模式,从而为人们的相互行为提供一个模型、标准或方向,法律所规定的行为模式包括三种:(1)人们可以怎样行为(可为模式);(2)人们不得怎样行为(勿为模式);(3)人们应当或必须怎样行为(应为模式)。同时,法律具有概括性,法律的规定抽象,它的对象是一般的人,而不是特定的人,它是反复适用的而不是仅仅一次适用的。

2. 法律出自于国家,是由国家制定和认可的,具有国家意志性

法律是一种特殊的社会规范,是因为法律是由国家制定和认可的,体现了国家意志。没有国家,就不可能有法律。国家的存在是法律存在的前提条件。

国家造法的方式主要有:(1)制定。制定是立法机关或立法机关授权的机关创制法律的行为。通过这种方式产生的法律,称为制定法,即具有一定文字表现形式的规范性文件,如中国的各种法律法规(如《宪法》《刑法》《民法典》)就属于此类。(2)认可。认可是指国家立法机关或立法机关授权的机关赋予社会上已经有的某种行为规范以及法律效力。通过这种方式产生的法律,一般称为习惯法,如经过国家认可的地方习惯、交易惯例、宗族规约、村规民约、行业规范等。

法律是由国家制定和认可，具有国家意志性。同时，法律具有普遍性。法律在国家主权所及范围内普遍有效，具有普遍约束力。法律的效力对象具有广泛性。

3. 法律规定了人们的权利义务，具有权利义务统一性

法律的要素以法律规范为主，而法律规范中的行为模式是以授权、禁止和命令的形式规定了权利和义务。法律既规定了权利，也规定了义务，法律规定了公民、法人的权利、义务，也规定了国家、国家机构、国家机构工作人员的权利、义务（职权、职责）。法律对人们行为的调整主要是通过权利义务的设定和运行来实现的，法律的内容主要表现为权利和义务。

从一般意义上说，权利表征利益，义务表征负担，法律通过规定权利义务对社会资源进行分配，对各种利益关系进行调整，因而具有利导性（利益导向性）。权利表征利益，义务表征负担。通过法律的规定，影响人们的动机和行为，从而调整社会关系。

4. 法律由国家强制力保证实施，具有国家强制性

法律是以国家强制力为后盾，由国家强制力保证实施的，因而具有国家强制性。由于法律调整利益冲突双方的关系，因此自然会引起一方的抵制或反对；同时，法律有可能招致人们的破坏，违法犯罪现象也就不可避免。法律要对侵犯他人权利方作出否定性反应，必须以强制力为后盾。对违法犯罪行为的制裁，靠任何个人的力量或社会舆论，是不可能有保障的，而必须通过国家强制力才能得以实现。法律具有国家强制性主要是一种威慑，具有间接性和潜在性。国家的强制力是法律实施的最后的保障手段。国家强制力也不是保证法律实施的唯一力量。

法律具有国家强制性还意味着法律具有程序性。国家强制力并不等于纯粹的暴力。国家运用强制力保证法律的实施，也必须依法进行，应受法律规范的约束。国家强制力是有一定限度的，而不是无限的，必须根据法定程序进行。近现代法律更对法律的程序标准加以正当化，使法律实施的方式更科学，更富有理性和公正性。

二、法律作用

法律对社会进行权威的、有效的资源分配、财富分配，通过权利义务的规定，从而规范人们行为、调整社会关系，实现社会控制、进行社会调整，实现社会动态平衡和有序发展。在解决社会资源有限和人的欲望无限的矛盾方面，法律具有越来越重要的作用。法律在保障个人自由、构建社会秩序、实现社会正义方面起着主要作用。法律通过对个人行为自由与行为限制的界定，实现个体自然性与社会性的最优化统一。

(一) 法律作用的含义

法律作用是指法律对人们的行为、社会生活和社会关系发生的积极或消极的影响。法律作用与法律特征和本质密切联系，是法律特征和本质的体现。法律作用与国家权力也有密切联系。因为，马克思主义认为法律是一种国家意志的体现，是国家权力规范化的标志。实现法律作用的过程总是与运用国家权力联系在一起的，因此，法律作用是国家权力运行和国家意志实现的具体表现，法律作用是掌握政权者的意志影响社会生活的体现。

法律作用可以分为正作用、负作用或者积极作用、消极作用。这是法律实际作用的两种倾向或后果。正作用表明法律满足了主体的某种需要或达到预期目标；负作用表明法律未满足主体需求或预期目标，并对主体造成了损害。如统治者欲用严刑巩固统治，结果却带来社会普遍不满而有损其统治的合法性；立法者欲用法律促进生产，结果反而适得其反。

对法律作用进行评价非常复杂，受许多因素的影响：(1)主体价值观的干扰：如统治者从巩固统治出发而剥夺公民权利的立法，在统治者看来为有利于统治，为正作用；在被统治者观之则丧失了权利，为负作用。(2)同一法律有不同的社会作用，其中普遍作用满足了主体需要，而另一些作用却正相反。如破产法解决了破产而产生的债权债务问题，同时却可能带来失业问题。(3)预期目标的不相容性，各个目标有时会相互抵触。通常采用的评价标准有统治秩序标准、生产力标准和社会整体文明标准（既包括生产力标准，也包括人权保障、社会结构合理化等）。

(二) 法律的规范作用和社会作用

法律作用可以分为规范作用与社会作用两类。一方面，法律是调整人们行为或社会关系的规范，所以法律具有各种规范作用；另一方面，法律是一定的人们的意志的体现，反映了他们的利益要求，所以法律具有各种社会作用。法律的规范作用是基于法律的规范性特性进行考察的，法律的社会作用是基于法律的本质、目的和实效进行分析的。法律的这两种作用之间的关系，是一种手段和目的的关系，法律的规范作用是手段，法律的社会作用是目的。

1. 法律的规范作用

法律的规范作用是法律自身表现出来的、对人们的行为或社会关系的可能影响。故此，在法理学上，也有人把法律的规范作用称为"法律的功能"。法律的规范作用根据其作用的具体对象、主体范围和方式的不同，可以分为指引作用、评价作用、预测作用、强制作用和教育作用等。(1)指引作用。法律的指引作用表现为，法律作为一种行为规范，为人们提供某种行为模式，指引人们可以这样行为、必须这样行为或不得这样行为，从而对行为者本人的行为产生影响。(2)评价作用。法律的评价作用表现在，法律对他人的行为是否合法或违法及其程度，具有判断、衡量的作用。(3)预测作用。法律的预测作用表现在,人们可以根据法律规范的规定可事先估计到当事人双方将如何行为及行为的法律后果,从而对自己的行为作出合理的安排。(4)强制作用。法律的强制作用表现在,法律为保障自己得以充分实现,运用国家强制力制裁、惩罚违法行为。这种作用的对象是违法犯罪者的行为。(5)教育作用。法律的教育作用表现在,通过法律的实施,法律规范对人们今后的行为发生直接或间接的诱导影响。这种作用的对象是社会一般成员的行为。

2. 法律的社会作用

法律的社会作用是法律为实现一定的社会目的(尤其是维护一定阶级的社会关系和社会秩序)而发挥的作用。如果说,法律的规范作用是从法律自身来分析法律的作用,那么法律的社会作用则是从法律的目的和本质的角度来考察法律的作用问题的。法的社会作用的基本方式有确认、调节、制约、引导、制裁等。

从马克思主义法学观点来看,在阶级对立的社会中,法律的社会作用大体上表现在两个主要方面:(1)法律在维护阶级统治方面的作用。法律的阶级统治作用是指法律在经济统治、政治统治、思想统治等方面的作用。马克思主义法学指出,法律在维护阶级统治方面的作用表现在许多方面:调整统治阶级与被统治阶级之间的关系;调整统治阶级与其同盟者之间的关系;调整统治阶级内部的关系。(2)法律在执行社会公共事务方面的作用。社会公共事务是相对于纯粹的政治活动而言的一类社会活动。其特征是:这些事务的直接目的并不表现为维护政治统治,而在客观上对全社会的一切成员均有利,具有"公益性"。法律在执行社会公共事务上的作用具体表现在这样一些方面:维护人类社会的基本生活条件;维护生产和交换条件,即通过立法和实施法律来维护生产管理、保障基本劳动条件、调节各种交易行为等;促进公共设施建设,组织社会化大生产;确认和执行技术规范;促进教育、科学和文化事业。

法律在维护阶级统治方面的作用和法律在执行社会公共事务方面的作用在不同的时代、国家会发生变化。如在阶级关系对立或对抗社会,法律主要侧重于统治作用。在阶级关系缓和或明显非对抗社会,法律主要侧重于社会管理作用。

(三) 正确认识法律作用

在认识法律作用时,我们应当辩证地进行认识,需要树立"两点论":对法律的作用既不能夸大,也不能轻视;既要认识到法律不是无用的,又要认识到法律不是万能的;既要反对"法律无用论",又要防止"法律万能论"。

1. 法律作用的重要性

在法治社会中,法律作用是不容低估的,法律以其独特的方式对人类生活发生着重要的影响:首先,自从有了国家之后,法律在人类社会中扮演的角色越来越重要,逐渐代替了宗教、道德、习俗等社会规范在调整人们的行为和社会关系中原有的作用,成为最主要的社会调整规范。其次,法律是社会运动和发展的最重要的稳定和平衡的工具,它以其稳定性和可预测性为激变的社会生活确立相对稳固的规范基础。若没有法律,社会生活的变化将变得更无章可循。最后,法律具有其他社会规范所不具有的优点,例如它的国家强制性、权威性、公开性、程序性等等,都不是其他社会规范可以取而代之的,若废法而弃之,则重建社会基本结构和秩序,不仅需要付出更大的成本,而且还可能产生难以预料的社会后果。重视法律的作用不仅是一个理论问题,而且更属于是所有的人(包括治国者和普通民众)均须重视的一个实践问题。特别在我们中国这样一个历史传统和现实状况的社会里,更应该强调法律在社会生活中的重要地位,充分发挥法律的作用,突出依法治国的必要性。

2. 法律作用的有限性

但是,我们也应该清醒地认识到,法律有其固有的特点,并非无所不能,它也有其有限性。法律作用的有限性主要表现在以下几方面:(1)法律仅涉及人的外部行为,而不能涉及人的思想。法律作用的范围不是无限的,而是有限的。(2)法律是众多社会规范、社会调整手段中的一种。法律是调整社会关系的重要手段,但不是唯一的手段。(3)法律自身特点而产生的有限性。第一,法律具有保守性,总体上落后于社会生活实际。第二,法律具有概括性,它不能在一切问题上都做到天衣无缝、缜密周延,也不能处处做到个别正义。第三,法律具有稳定性、普遍性,而社会生活却是具体的、多变的。第四,法律是强调程序的规范,缺乏对社会行为的及时应对和处理。法律救济程序启动的被动性导致的权利保障的限制。第五,冲突的利益不能两全,使法律不能保护所有利益。个人自由与社会利益冲突时,法律也有可能不能保护多数利益,可能牺牲较小的利益。(4)人的因素的影响。荀子曾经说过:"法不能独立,类不能自行,得其人则存,失其人则亡。"人的认识水平会限制法律作用的发挥。法律是规范,不是规律本身,它总是体现着人的意志的。立法者、执法者的能力和素质也会影响法律作用的实现。(5)法律作用的实际发挥,还有赖于其他社会因素的配合。经济发展、政治、文化、传统、教育等社会因素对法律作用的发挥有重要影响。

因此,在现实生活中,我们不能指望靠法律解决我们所有的问题,能够百分之百地实现我们的愿望。对法律寄予过高的期望,反而对法律的成长和发展是不利的。

三、法律发展

(一)法律起源

作为一种社会历史现象,法律是人类社会发展到一定阶段的产物,它是在一定条件下产生和发展的,有其自身的起源、发展的规律。

从古到今,许多思想家、法学家对法律起源问题进行了探讨,提出了关于法律起源的各种学说,主要的有:(1)神创说。这一学说认为法是人格化的超人类力量的创造物,各种各样的神为人类创造法。(2)暴力说。这一学说认为法律是暴力斗争的结果,是暴力统治的产物。(3)契约说。人类在进入政治社会之前处于自然状态,后来为了安全,为了生产发展,为了社会安定和发展等原因,人们相互间缔结契约,通过缔结契约人们放弃、让与部分自然权利,组成政府,这最初的契约是法律。17、18世纪的古典自然法学者大部分都持此说。(4)发展说。具体包括两种:(1)人的能力发展说:随着社会的进化,人的能力有了发展,财富有了增加,社会关系开始复杂,因而需要法。(2)精神发展说。黑格尔就认为绝对精神在自然界产生之前就已存在,绝对精神发展到自然界阶段,才有了人类、人类精神的发展产生法。民族精神论者提出法来自民族的精神或历史传统。(5)合理管理说。许多法社会学者持此说,如当代美国法社会学家塞尔茨尼克认为,一个群体的法律秩序,是基于合理性管理的需要而发展起来的。

马克思主义认为,法律不是从来就有的,也不是永恒存在的,而是人类社会发展到一定历史阶段才出现的社会现象。法律是随着生产力的发展、社会经济的发展,私有制和阶级的产生、国家出现而产生的,经历了一个长期的渐进的过程。特殊公共权力系统即国家的产生、权利和义务观念的形成、法律诉讼和司法的出现是法律的产生的主要标志。法律的产生经历了从个别调整到规范性调整、一般规范性调整到法律调整的发展过程;法律的产生经历了习惯到习惯法、再由习惯法到制定法的发展过程;法律的产生经过了法律与宗教规范、道德规范的浑然一体到法律与宗教规范、道德规范的分化、法律的相对独立的发展过程。

(二) 法律发展

法律发展是指一定历史时期内与社会发展相适应的法律进步。法律的发展的根本动力在于一个社会的进化和发展;法律发展的外在推动也是不可忽视的因素。

法律历史类型的更替是法律发展中的剧变和革命,法律继承、法律移植和法制改革是特定历史类型的法律制度的进步和自我完善。

法律历史类型是按照法律所据以产生和赖以存在的经济基础的性质和体现的阶级意志的不同,对人类社会的法律所作的分类。凡是建立在相同经济基础之上、反映相同阶级意志的法律,就属于同一历史类型。划分法律的历史类型,有助于认识和揭示法律的阶级本质及其发展变化的历史规律。

与人类进入阶级社会后的社会形态的划分相一致,人类社会存在四种历史类型的法律,即奴隶制法、封建制法、资本主义法和社会主义法。前三种法是以私有制为基础的剥削阶级社会的法律,体现少数剥削者的利益和意志,通称为剥削阶级类型的法律。社会主义法体现工人阶级领导的广大人民群众的意志，是新的、最高历史类型的法律。

在人类社会发展过程中，并不是每一个国家、民族的法都一定经过法律的这四种历史类型。但法律的历史发展的总体过程表明，从奴隶制法到封建制法、继而发展为资本主义法和社会主义法，是法律历史发展的一般规律。随着人类社会的发展，法律历史类型也由低级类型的法向高级类型的法律依次更替。

法律历史类型的更替，是不依人的意志为转移的历史的必然，社会基本矛盾（生产力同生产关系、经济基础同上层建筑的矛盾）的运动是法律历史类型更替的根本原因。但是，这种更替不是自发进行的，而是必须通过阶级斗争和社会革命来实现的。

法律继承是不同历史类型的法律制度之间的延续和继受，一般表现为旧法对新法的影响和新法对旧法的承接和继受。法律继承是客观存在的，法律就是在继承中发展的。法律作为文化现象，其发展表现为文化积累过程，其继承是不可避免的。法律的阶级性并不排斥法律的继承性。

法律继承的内容是十分广泛的，主要有：法律术语、技术、形式；有关社会公共事务的法律规定；反映市场经济规律的法律原则和规范；反映法的一般价值的原则等。

法律移植是指在鉴别、认同、调适、整合的基础上，引进、吸收、采纳、摄取、同化外国法，使之成为本国法律体系的有机组成部分，为本国所用。法律继承体现时间上的先后关系，法律移植则反映一个国家对同时代其他国家法律制度的吸收和借鉴。法律移植的范围除了外国的法律外，还包括国际法律和惯例。法律移植以供体（被移植的法）和受体（接受移植的法）之间存在着共同性，即受同一规律的支配、互不排斥，可互相吸纳为前提的。

法律移植是一项十分复杂的工作，要避免不加选择地盲目移植，选择优秀的、适合本国国情和需要的法律进行移植，注意国外法与本国法之间的同构性和兼容性，注意法律体系的系统性，同时法律移植还要有适当的超前性。

第一章 当代中国社会主义法律制度概论

依法治国是中国共产党领导中国人民治理国家的基本方略,特别是自 1999 年在《宪法》中明确规定"依法治国,建设社会主义法治国家"后,中国的社会主义法制建设进入了新的发展阶段。国家重视和加强立法工作,积极开展法律制定活动,并不断健全立法体制,完善立法程序,注重立法技术,提高立法质量,当代中国社会主义法律制度不断完善,基本形成了以宪法为核心的具有中国特色的社会主义法律体系。同时,我国重视法律实施,法律在社会中发挥着越来越重要的作用。

第一节 依法治国,建设社会主义法治国家

中国具有悠久的历史,在长期的社会发展中形成了自己的法律文明和法律传统。中国的法律传统有其自身的特点,如以儒家思想作为法律的指导思想,重视道德教化的作用,主张"德教"与"法治"相结合,强调人的作用,礼有较高的地位;注重等级,以家族为本位;以和谐作为法律的核心目标;司法与行政基本上合二为一,行政兼理司法;制定法发达,法律形式多样;重视调解在解决纠纷中的作用等。以唐律为代表的中华法系曾产生了极为深远的影响。中国固有法律传统在我国当今的社会生活中仍然发挥着潜在的影响。

从进入近代社会以来,伴随着中国对外开放、参与世界文化交流的进程,中国也在固有法制的基础上变法修律,开始了法制现代化的历程。从清末的法制改革、辛亥革命的法制实践、北洋军阀时期的法律活动、中华民国南京国民政府的法制发展到新民主主义革命根据地的法制、1949 年以后的社会主义法制的建立和发展,中国的法制现代化经历了一条艰难曲折的发展道路。中国的法制现代化的特点为:由被动接受到主动选择;由模仿欧洲民法法系到建立中国特色社会主义法律制度;法律现代化的启动形式是立法主导型;法律制度变革在前,法律观念更新在后;功利倾向明显。

当代中国社会主义法律的发展经历了一个曲折的发展过程,1949—1954 年《宪法》的颁布为奠定基础阶段,作为过渡由政协、中央人民政府行使立法权。1954 年 9 月 15—28 日,第一届全国人大第一次会议在北京隆重召开。9 月 20 日,会议通过了《宪法》,这次会议还通过了《全国人民代表大会组织法》《国务院组织法》《地方各级人民代表大会和地方各级人民委员会组织法》《人民法院组织法》《检察院组

织法》等一系列重要的宪法性法律,并通过了《第一届全国人民代表大会第一次会议关于中华人民共和国现行法律、法令继续有效的决议》。1979年第五届人大第二次会议召开后,立法进入了新的发展阶段,一元多层次立法体制逐渐确立,法律制定工作逐渐得到重视。改革开放40多年来,在中国共产党的领导下,经过各方面坚持不懈的共同努力,我国立法工作取得了积极的成果。1982年通过了现行宪法,此后又根据客观形势的发展需要,先后四次对宪法部分内容作了修改。

1999年3月15日第九届全国人民代表大会第二次会议通过了《中华人民共和国宪法》第13条修正案,在《宪法》第5条增加一款,明确规定:"中华人民共和国实行依法治国,建设社会主义法治国家。"这就以根本大法的形式把依法治国的治国方略上升为一项基本的法律原则。这表明,中国将依靠政府的推进,辅之以社会(民间)的力量,走向法制现代化(法治化)的道路。

2014年10月23日中国共产党第十八届中央委员会第四次全体会议通过的《中共中央关于全面推进依法治国若干重大问题的决定》提出全面推进依法治国,总目标是建设中国特色社会主义法治体系,建设社会主义法治国家。这就是,在中国共产党领导下,坚持中国特色社会主义制度,贯彻中国特色社会主义法治理论,形成完备的法律规范体系、高效的法治实施体系、严密的法治监督体系、有力的法治保障体系,形成完善的党内法规体系,坚持依法治国、依法执政、依法行政共同推进,坚持法治国家、法治政府、法治社会一体建设,实现科学立法、严格执法、公正司法、全民守法,促进国家治理体系和治理能力现代化。

2017年10月18日,习近平代表第十八届中央委员会向中国共产党第十九次全国代表大会所作的报告中提出坚持全面依法治国。全面依法治国是中国特色社会主义的本质要求和重要保障。必须把党的领导贯彻落实到依法治国全过程和各方面,坚定不移走中国特色社会主义法治道路,完善以宪法为核心的中国特色社会主义法律体系,建设中国特色社会主义法治体系,建设社会主义法治国家,发展中国特色社会主义法治理论,坚持依法治国、依法执政、依法行政共同推进,坚持法治国家、法治政府、法治社会一体建设,坚持依法治国和以德治国相结合,依法治国和依规治党有机统一,深化司法体制改革,提高全民族法治素养和道德素质。

当代中国的法律制度是在我国社会主义建设过程中建设起来的。我国把法制建设与经济、政治及思想文化建设相联系,使其协调发展的战略,党对法制建设统一领导与协调的措施,全心全意为人民服务、法律工作服务于人民、便利于人民的思想,预防犯罪和改造犯罪、对社会治安实行综合治理等,集中体现了有中国特色的社会主义法律制度的性质。但是,也应该看到,在一个相当长的时期,由于我国实行的是计划经济和高度集中统一的国家领导体制,在当代中国的法律制度和观念中还有许多与此相伴随的东西,法治建设还存在许多不适应、不符合的问题,主要表现为:有的法律法规未能全面反映客观规律和人民意愿,针对性、可操作性不强,立法工作中部门化倾向、争权诿责现象较为突出;有法不依、执法不严、违法不究现象比较严重,执法体制权责脱节、多头执法、选择性执法现象仍然存在,执法司法不规范、不严格、不透明、不文明现象较为突出,群众对执法司法不公和腐败问题反映强烈;部分社会成员尊法信法守法用法、依法维权意识不强,一些国家工作人员特别是领导干部依法办事观念不强、能力不足,知法犯法、以言代法、以权压法、徇私枉法现象依然存在。

当代中国的法律制度的建立和完善过程,是一个中国固有的法律文化、法律传统与外来法律文化的冲突与融合的过程,也是传统的法律文化迎接挑战、实现创造性转换的过程。我们应当注意总结中国自己的实践经验,注意保持中国自己优秀的法律传统;同时把中国法律文化放在世界法律文化的整体中去观察和研究,注意从外国法律文化的现代化过程中吸取经验和教训。

法治既是指一种治国的方略、社会调控方式,又是指一种依法办事而形成的法律秩序,还是指一种法律价值、法律精神,一种社会理想。法治强调通过法律对权力进行控制,保障公民的权利。就治理主体而言,法治是多数人之治;就治理对象而言,法治是管制公权之治;就治理工具而言,法治是良法之治;就治理手段而言,法治是规则之治;就治理形式而言,法治是客观之治;就治理目标而言,法治是保障自由之治。与神治、人治不同,法治是一种共治、自治。

我们应当看到当代中国进行法律制度的完善、法治建设的具体背景,我们的法治建设主要是由外部力量引发的,内在需求不足。同时,我国的法治建设是在经济并不很发达的社会里进行的,物质力量不很雄厚。因此,当代中国的法治建设面临着国情与理想、继承与移植、本土化与国际化、地方性与普适性、变革法制与守成法制等诸多关系的处理,面临着深层的文化、价值冲突等难以避免的问题。当代中国的法治建设是一个长期的过程。

同时,我国需要坚持系统治理、依法治理、综合治理、源头治理,提高社会治理法治化水平。深入开展多层次多形式法治创建活动,深化基层组织和部门、行业依法治理,支持各类社会主体自我约束、自我管理。发挥市民公约、乡规民约、行业规章、团体章程等社会规范在社会治理中的积极作用。

第二节 当代中国的法律制定

一、当代中国的法律制定

法律制定即立法,是指一定的国家机关依照法定职权和程序,制定、修改和废止法律和其他规范性法律文件及认可法律的活动,是将一定阶级的意志上升为国家意志的活动,是对社会资源、社会利益进行第一次分配的活动。

立法是国家机关的专有活动和基本职能,是随着国家的产生和发展而出现和发展起来的,并且日益完善和制度化。在社会主义制度下,国家的一切权力属于人民,立法是广大人民群通过自己的国家机关,按照自己的要求和愿望进行的活动,具有广泛的民主性。

立法原则是指导立法主体进行立法活动的基本准则,是立法过程中应当遵循的指导思想。(1)法治原则。立法的法治原则要求一切立法活动都必须以宪法为依据,符合宪法的精神;立法活动都要有法律根据,立法主体、立法权限、立法内容、立法程序都应符合法律的规定,立法机关必须严格按照法律规范的要求行使职权,履行职责。(2)民主原则。立法应当体现广大人民的意志和要求,确认和保障人民的利益;应当通过法律规定,保障人民通过各种途径参与立法活动,表达自己的意见;立法过程和立法程序应具有开放性、透明度,立法过程中要坚持群众路线。(3)科学原则。立法应当实事求是、从实际出发,尊重社会的客观实际状况,根据客观需要反映客观规律的要求;要以理性的态度对待立法工作,注意总结立法现象背后的普遍联系,揭示立法的内在规律;立法应该合理;应十分重视立法的技术、方法,提高立法的质量。

随着国家立法和地方立法的快速发展,面临的问题日渐增多,2000年3月15日第九届全国人民代表大会第三次会议通过了《立法法》,自2000年7月1日施行。《立法法》的内容包括总则、法律、行政法规、地方性法规、自治条例和单行条例、规章、适用与备案、附则等,对立法原则、立法权限、立法程序、法律解释等进行了较为全面的规定,为立法的科学化、规范化提供了制度保障。2015年3月15日,第十二届全国人民代表大会第三次会议通过了关于修改《立法法》的决定,为授权立法设限制,制定规章不得限制公民权利,明确税收必须法定,规定设区的市可以对"城乡建设与管理、环境保护、历史文化保护等方面的事项"制定地方性法规,建立了立法评估机制。

二、当代中国的立法体制

当代中国是单一制国家,根据我国《宪法》的规定,中国的立法体制是一元性的立法体制,全国只有一个立法体系;同时又是多层次的。在我国,根据《宪法》的规定,全国人民代表大会及其常委会行使国家立法权,制定法律;国务院根据宪法和法律制定行政法规;国家监察委员会根据宪法和法律,制定监察法规;省、自治区、直辖市的人民代表大会及其常委会在不同宪法、法律、行政法规相抵触的前提下,可以制定地方性法规;设区的市的人民代表大会及其常务委员会根据本市的具体情况和实际需要,在不同宪法、法律、行政法规和本省、自治区的地方性法规相抵触的前提下,可以对城乡建设与管理、环境保护、历史文化保护等方面的事项制定地方性法规,法律对设区的市制定地方性法规的事项另有规定的,从其规定;设区的市的地方性法规须报省、自治区的人民代表大会常务委员会批准后施行;民族自治地方的人民代表大会有权依照当地民族地区的政治、经济和文化的特点,制定自治条例和单行条例;经济特区所在地的省、市的人民代表大会及其常务委员会根据全国人民代表大会的授权决定,制定法规,在经济特区范围内实施;国务院各部、委员会、中国人民银行、审计署和具有行政管理职能的直属机构,可以根据法律和国务院的行政法规、决定、命令,在本部门的权限范围内,制定规章;省、自治区、直辖市和设区的市、自治州的人民政府,可以根据法律、行政法规和本省、自治区、直辖市的地方性法规,制定规章。此外,按照"一国两制"的原则,特别行政区实行的制度(包括立法制度),由全国人民代表大会以法律规定。

我国《立法法》第 8 条规定,下列事项只能制定法律:国家主权的事项;各级人民代表大会、人民政府、人民法院、人民检察院的产生、组织和职权;民族区域自治制度、特别行政区制度、基层群众自治制度;犯罪和刑罚;对公民政治权利的剥夺、限制人身自由的强制措施和处罚;税种的设立、税率的确定和税收征收管理等税收基本制度;对非国有财产的征收、征用;民事基本制度;基本经济制度以及财政、税收、海关、金融和外贸的基本制度;诉讼和仲裁制度;必须由全国人民代表大会及其常务委员会制定法律的其他事项等。

法律渊源是指一定的国家机关依照法定职权和程序制定或认可的具有不同法律效力和地位的法律的不同表现形式,即根据法律的效力来源不同,而划分的法律的不同形式。当代中国的法律渊源主要为以宪法为核心的各种制定法,包括宪法、法律、行政法规、地方性法规、自治条例和单行条例、经济特区的规范性文件、特别行政区的法律法规、国际条约和国际惯例等。

三、当代中国的法律体系

法律体系,也称为部门法体系,是指一国的全部现行法律规范,按照一定的标准和原则,划分为不同的法律部门而形成的内部和谐一致、有机联系的整体。法律体系是一国国内法构成的体系,不包括完整意义的国际法即国际公法。法律体系是一国现行法构成的体系,反映一国法律的现实状况,它不包括历史上废止的已经不再有效的法律,一般也不包括尚待制定、还没有制定生效的法律。

当代中国的法律体系通常包括宪法相关法、民法商法、行政法、经济法、社会法、刑法、诉讼与非诉讼程序法等七方面法律部门。

到 2020 年 5 月底,我国已制定现行有效宪法和法律 280 多件、行政法规 700 多件、地方性法规 12000 多件,并全面完成了对现行法律和行政法规、地方性法规的集中清理工作。目前,涵盖社会关系各个方面的法律部门已经齐全,各法律部门中基本的、主要的法律已经制定,相应的行政法规和地方性法规比较完备,法律体系内部总体做到科学和谐统一。一个立足中国国情和实际、适应改革开放和社会主义现代化建设需要、集中体现党和人民意志的,以宪法为统帅,以宪法相关法、民法商法等多个法律部门的法律为主干,由法律、行政法规、地方性法规等多个层次的法律规范构成的中国特色社会主义法律体系已经形成,国家经济建设、政治建设、文化建设、社会建设以及生态文明建设的各个方面实现有法可依。这是我国社会主义民主法制建设史上的重要里程碑,具有重大的现实意义和深远的历史意义。

形成中国特色社会主义法律体系的基本经验最重要的有五条:一是坚持党的领导。这是人民当家做主和依法治国的根本保证,也是加强民主法制建设、做好立法工作的根本保证。二是坚持以中国特色社会主义理论体系为指导。这是加强民主法制建设、做好立法工作的根本前提。三是坚持从中国国情和实际出发。这是加强民主法制建设、做好立法工作的客观要求。四是坚持以人为本、立法为民。这是加强民主法制建设、做好立法工作的根本目的。五是坚持社会主义法制统一。这是加强民主法制建设、做好立法工作的内在要求。

第三节 当代中国的法律实施

法律发挥作用的前提为法律创制;但有了法典,法律并不必然具有意义,法律唯有通过守法、执法、司法、法律监督等方式,在社会生活中实施,才能真正规范人们行为、调整社会关系、保障公民权利、实现社会正义。

一、守法

守法即法律遵守,是指一切国家机关和武装力量、各政党和各社会团体、各企业事业组织、全体公民都必须遵守法律,严格依法办事。守法既要求国家机关、社会组织和公民根据法律的规定承担义务、自觉履行义务(职责),更包含国家机关、社会组织和公民依法享有权利、行使权利。守法并不仅仅是消极的、被动的,而是行使权利和履行义务两个方面的结合。

守法是法律实施的一种重要形式,也是法治的基本内容和要求。立法者制定了法律,除了依靠国家机关执行法律、适用法律以外,主要依靠全社会公民积极遵守。

守法是现代法治的基本原则之一。亚里士多德曾经指出:"邦国虽有良法,要是人民不能全遵循,仍然不能实现法治。"守法是基于秩序的需要,是保障利益的需要,也是法律规律性和科学性的必然要求。我国社会主义市场经济体制的提出和建立,为中国实现法治提供了前提条件,但是,长期的封建专制统治的影响、权力过分集中的政治体制、商品经济不发达、缺乏民主与法制传统,以及义务本位观都是阻碍人们守法、贯彻普遍守法原则的障碍。因此,强调人们守法,特别是强调一切社会主体普遍平等守法对今天中国法治建设,对中国早日实现法治,无疑具有重大的现实意义和深远的历史意义。

我国重视开展多层次多形式法治创建活动,深化基层组织和部门、行业依法治理,支持各类社会主体自我约束、自我管理。发挥市民公约、乡规民约、行业规章、团体章程等社会规范在社会治理中的积极作用。

二、执法

执法即法律执行,是指国家行政机关、法律授权、委托组织及其公职人员在行使行政管理权的过程中,依照法定职权和程序,贯彻实施法律的活动。

执法作为国家行政机关独立的职能,是近代民主政治制度的产物。在古代社会,国家的立法、司法、行政权均由最高统治者一人掌握,君主可以一言兴法,也可以一言废法,国家行政机关根据最高统治者的个人意志进行行政事务管理。资产阶级革命后,建构了立法、司法、行政三权分立的国家制度,确立了依法行政的法制原则,民主政治消除了个人对社会享有至高无上统治权的现象,避免了个人的独断专行。国家行政机关执行法律是人类制度文明进步的结果。

法律的生命力在于它在社会生活中的具体实施。法律执行是法律实施的重要组成部分。法律执行是广泛的普遍的实施法律的活动,是法律实现的主要途径。因此,法律执行在我国法制建设中占有十分重要的地位,对实现现代法治国家、建设法治社会具有重要意义。

执法是实现政府职能的最主要、最重要的手段。随着我国市场经济体制的建立和逐步完善,政府行为从本质上讲都是一种法律行为,除了某些行政立法行为以外,其他的都与执法有密切联系,都属于执法行为。政府从过去主要采取行政手段直接管理经济、管理社会转变为通过法律宏观间接管理为主的宏观、微观相结合的管理,政府职能也从传统的计划、审批、许可、指挥、组织产供销、命令向规划、制定法规、运用经济杠杆、指导、协调、服务转变。在现代法治国家,政府职能要通过有效的执法活动来实现。因此,执法对于转变政府职能、规范政府权力、调整政府与市场主体的关系、促进经济社会发展是非常必要的。国家行政机关通过执法管理国家事务社会公共事务,通过依法行政实现政府职能。

执法在分配社会资源、维护社会秩序、保障公民权利、推动社会进步方面起着重要的作用。特别是在现代社会,国家行政机关的职能膨胀,行政事务日趋庞杂,行政管理的范围日益广泛,法律执行在社会生活中的重要性更加突出。由于社会发展的迅速、社会问题的复杂,现代国家的立法机关为适应社会的变化而广泛授权给行政机关,行政机关的权限和职能有了极大的扩张,往往集立法、司法、行政职能于一身,分权、依法行政管理原则的解释与运用日益朝宽泛方向发展。国家行政机关在社会发展中处于主导地位,行政机关通过法律执行调整社会关系,干预社会生活,影响社会成员,引领社会变化。

三、司法

司法即法律适用,通常是指国家司法机关根据法定职权和法定程序,具体应用法律处理案件的专门活动。司法是实施法律的一种方式,对实现立法目的、发挥法律的功能、维持社会秩序具有重要的意义。在许多情况下,只要公民和社会组织依照法律行使权利并履行义务,法律就能够在社会实际生活中得以实现。但是,当公民、社会组织和国家机关在相互关系中发生了自己无法解决的争议,致使法律规定的权利义务无法实现时,或者当公民、社会组织和国家机关在其活动中遇到违法、违约或侵权行为时,就需要司法机关适用法律,即运用法律裁决纠纷,解决争端,制裁违法、犯罪行为,恢复权利。

一般认为,司法具有被动性、中立性、终极性、交涉性、公正优先性的特点。

为了保证法正确、合法、及时的适用,根据我国的实际情况和司法实践,在《宪法》《人民法院组织法》《人民检察院组织法》《刑事诉讼法》《民事诉讼法》以及其他法律中确定了一系列法律适用原则,主要有公民在法律适用上一律平等原则、司法机关依法独立行使职权原则、以事实为根据以法律为准绳原则、司法公正原则等。

四、法律监督

法律监督是指由所有国家机关、社会组织和公民依法对国家的经济、政治、文化、社会等方面的各种法律活动进行的监察和督促。

法律监督是维护法制的统一和尊严的重要制度,是制约权力、防止权力滥用和腐败、保护公民合法权益的重要手段。有效的法律监督是完善权力制约机制,保证司法机关、执法机关严格依法办事的关键。同时,有效的法律监督对于监察、督促所有国家机关、社会组织和公民遵守宪法和法律,依法办事,也具有十分重要的意义。

根据监督主体的不同,可以将当代中国的法律监督体系分为两大类:国家监督和社会监督。国家监督是指国家机关的监督,包括国家权力机关、行政机关和司法机关的监督。我国宪法和有关法律明确规定了国家监督的权限和范围。这类监督都是依照一定的法律程序,以国家的名义进行,具有国家强制性和法律效力,是我国法律监督体系的核心。社会监督即非国家机关的监督,是指各政党、各社会组织、公民以多种形式、多种手段和多种途径广泛地、积极主动地参与法律实施的一种监督。社会监督主体广泛、方式灵活、没有严格的程序规定，在宪法和法律上的依据也多带有原则性。社会监督在我国法律监督体系中占有重要的地位，是人民群众当家做主、参与国家事务管理的重要手段。

第二章 中国宪法

宪法是国家的根本法,规定国家的根本制度和根本任务,具有最高的法律效力,是公民权利的保障书,是民主事实法律化的基本形式。我国重视宪法和宪政制度的建设,保障公民基本权利的享有。

宪法是商品经济普遍化发展的产物。公民权利保障、国家权力制约是宪法的核心和精神。除了宪法之外,我国还制定了一系列宪法性的法律如《选举法》《组织法》《代表法》《立法法》等,从而更好地保障与实现宪法的精神。

第一节 中国宪法概述

一、中国宪法的制定和修改

为了确立国家最根本、最重要的问题,1949年9月召开了具有广泛代表性的中国人民政治协商会议,制定了起临时宪法作用的《中国人民政治协商会议共同纲领》。

中华人民共和国第一部宪法是1954年制定的。1953年1月13日中央人民政府委员会决定成立中华人民共和国宪法起草委员会,毛泽东为宪法起草委员会主席。宪法起草委员会组织起草出宪法草案后,由中央人民政府委员会于1954年6月14日将草案公布,交付全国人民讨论。宪法起草委员会根据全民讨论提出的意见,对草案又作了修改。1954年9月20日,第一届全国人民代表大会第一次会议以无记名投票的方式通过了《中华人民共和国宪法》。1954年《宪法》共106条,分为序言,第一章总纲,第二章国家机构,第三章公民的基本权利和义务,第四章国旗、国徽、首都。这部宪法把人民民主和社会主义原则以法律形式固定下来,对于国家权力的配制和对于公民权利的规定都比较详备。

1954年《宪法》通过之后,中国的宪政建设走过一段曲折的道路。在1966年至1976年期间,发动了"文化大革命",使中国的社会主义民主和法制建设遭到严重破坏。1975年1月17日第四届全国人民代表大会第一次会议通过的《宪法》,仅30条,而且反映了"文化大革命"期间许多错误的东西。随后,1978年3月5日第五届全国人民代表大会第一次会议通过的《宪法》,虽然比1975年《宪法》有所改进,但仍保留了"文化大革命"期间错误的东西,同样不能适应国家发展的需要。

1980年9月10日,第五届全国人民代表大会第三次会议接受中共中央的建议,决定成立宪法修改委员会,对1978年《宪法》进行全面修改。

1982年4月,宪法修改委员会提出的宪法修改草案,由全国人大常委会公布,交付全国人民讨论。宪法修改委员会根据全民讨论中提出的意见,对草案又作了修改。1982年12月4日,第五届全国人民代表大会第五次会议以无记名投票方式通过了《中华人民共和国宪法》。

我国现行《宪法》共138条,分为序言,第一章总纲,第二章公民的基本权利和义务,第三章国家机构,第四章国旗、国徽、首都。同以前的宪法相比较,"公民基本权利"被提到"国家机构"之前,反映出现行宪法对保障公民基本权利的重视。

1982年宪法通过之后,又进行了五次修改。

第一次是1988年4月12日第七届全国人民代表大会第一次会议。宪法第11条增加"国家允许私营经济在法律规定的范围内存在和发展。私营经济是社会主义公有制经济的补充。国家保护私营经济的合法权利和利益,对私营经济实行引导、监督和管理"。第10条第4款修改土地不得出租的规定,"土地的使用权可以依照法律的规定转让"。

第二次是1993年3月29日第八届全国人民代表大会第一次会议。修订了宪法序言第7自然段,提出"我国正处于社会主义初级阶段",增加"中国共产党领导的多党合作和政治协商制度将长期存在和发展。"第7条的"国营经济"修改为"国有经济"。第8条第1款的"农村人民公社、农业生产合作社"修改为"农村中的家庭联产承包为主的责任制"。第15条的"国家在社会主义公有制基础上实行计划经济"修改为"国家实行社会主义市场经济"。第16条、第42条第3款的"国有企业"修改为"国营企业"。第16条删除"国营企业在服从国家的统一领导和全面完成国家计划的前提下"的规定。第17条删除"集体经济组织在接受国家计划指导和遵守有关法律的前提下"的规定。第98条关于县、市、市辖区的人民代表大会每届任期从三年改为五年。

第三次是1999年3月15日第九届全国人民代表大会第二次会议。修订了宪法序言第7自然段,增加"我国将长期处于社会主义初级阶段",关于指导思想"马克思列宁主义、毛泽东思想"后增加了"邓小平理论"。第5条增加1款,作为第1款,规定"中华人民共和国实行依法治国,建设社会主义法治国家"。第6条增加"国家在社会主义初级阶段,坚持公有制为主体、多种所有制经济共同发展的基本经济制度,坚持按劳分配为主体、多种分配方式并存的分配制度。"第8条增加"农村集体经济组织实行家庭承包经营为基础、统分结合的双层经营体制",社会主义劳动群众集体所有制经济的构成中删除了"家庭联产承包为主的责任制"的规定。第11条将"个体经济,是社会主义公有制经济的补充"修改为"个体经济、私营经济等非公有制经济,是社会主义市场经济的重要组成部分"。第28条"反革命的活动"修改为"危害国家安全的犯罪活动"。

第四次是2004年3月14日第十届全国人民代表大会第二次会议。宪法序言第7自然段中关于指导思想"马克思列宁主义、毛泽东思想、邓小平理论"后增加"'三个代表'重要思想","沿着建设有中国特色社会主义的道路"修改为"沿着中国特色社会主义道路","逐步实现工业、农业、国防和科学技术的现代化"之后增加"推动物质文明、政治文明和精神文明协调发展"。第10自然段关于统一战线"包括全体社会主义劳动者、拥护社会主义的爱国者和拥护祖国统一的爱国者"的构成上,增加"社会主义事业的建设者"。第10条第3款"对土地实行征用"修改为"土地实行征收或者征用并给予补偿"。第13条"国家保护公民的合法的收入、储蓄、房屋和其他合法财产的所有权"修改为"公民的合法的私有财产不受侵犯","保护公民的私有财产的继承权"修改为"保护公民的私有财产权和继承权",增加"国家为了公共利益的需要,可以依照法律规定对公民的私有财产实行征收或者征用并给予补偿"。第14条增加1款,作为第4款"国家建立健全同经济发展水平相适应的社会保障制度"。第33条增加1款,作为第3款"国家尊重和保障人权"。第59条第1款关于全国人大代表的组成上增加特别行政区的代表。第67、80、89条"戒严"修改为"紧急状态"。第89条关于国家主席的外交职权上增加"进行国事活动"。第98条删除"乡、民族乡、镇的人民代表大会每届任期三年"的规定,统一修改为"地方各级人民代表大会每届任期五年"。第四章章名"国旗、国徽、首都"修改为"国旗、国歌、国徽、首都"。第136条增加1款,作为第2款"中华人民共和国国歌是《义勇军进行曲》"。

第五次是2018年3月11日第十三届全国人民代表大会第一次会议。宪法序言第7自然段中"在马克思列宁主义、毛泽东思想、邓小平理论和'三个代表'重要思想指引下"修改为"在马克思列宁主义、毛泽东思想、邓小平理论、'三个代表'重要思想、科学发展观、习近平新时代中国特色社会主义思想指引下";"健全社会主义法制"修改为"健全社会主义法治";在"自力更生,艰苦奋斗"前增写"贯彻新发展理念";"推动物质文明、政治文明和精神文明协调发展,把我国建设成为富强、民主、文明的社会主义国家"修改为"推动物质文明、政治文明、精神文明、社会文明、生态文明协调发展,把我国建设成为富强民主文明和谐美丽的社会主义现代化强国,实现中华民族伟大复兴"。宪法序言第10自然段中"在长期的革命和建设过程中"修改为"在长期的革命、建设、改革过程中";"包括全体社会主义劳动者、社会主义事业的建设者、拥护社会主义的爱国者和拥护祖国统一的爱国者的广泛的爱国统一战线"修改为"包括全体社会主义劳动者、社会主义事业的建设者、拥护社会主义的爱国者、拥护祖国统一和致力于中华民族伟大复兴的爱国者的广泛的爱国统一战线"。宪法序言第11自然段中"平等、团结、互助的社会主义民族关系已经确立,并将继续加强。"修改为:"平等团结互助和谐的社会主义民族关系已经确立,并将继续加强。"宪法序言第12自然段中"中国革命和建设的成就是同世界人民的支持分不开的"修改为"中国革命、建设、改革的成就是同世界人民的支持分不开的";"中国坚持独立自主的对外政策,坚持互相尊重主权和领土完整、互不侵犯、互不干涉内政、平等互利、和平共处的五项原则"后增加"坚持和平发展道路,坚持互利共赢开放战略";"发展同各国的外交关系和经济、文化的交流"修改为"发展同各国的外交关系和经济、文化交流,推动构建人类命运共同体"。《宪法》第1条第2款"社会主义制度是中华人民共和国的根本制度。"后增写一句,内容为:"中国共产党领导是中国特色社会主义最本质的特征。"《宪法》第79条第3款"中华人民共和国主席、副主席每届任期同全国人民代表大会每届任期相同,连续任职不得超过两届。"修改为:"中华人民共和国主席、副主席每届任期同全国人民代表大会每届任期相同。"宪法第三章"国家机构"中增加一节,作为第七节"监察委员会";增加五条,分别作为第123条至第127条。

二、宪法的基本原则

我国宪法属于现代民主国家的宪法,同时又是社会主义的宪法。因此,我国宪法遵循四项基本原则、人民主权原则、基本人权原则、法治原则、权力制约原则,将此作为贯穿立宪和行宪的基本精神。

坚持四项基本原则是中国宪法的指导思想、基本原则。宪法序言明确规定:"中国新民主主义革命的胜利和社会主义事业的成就,是中国共产党领导中国各族人民,在马克思列宁主义、毛泽东思想的指引下,坚持真理,修正错误,战胜许多艰难险阻而取得的。我国将长期处于社会主义初级阶段。国家的根本任务是,沿着中国特色社会主义道路,集中力量进行社会主义现代化建设。中国各族人民将继续在中国共产党领导下,在马克思列宁主义、毛泽东思想、邓小平理论、'三个代表'重要思想、科学发展观、习近平新时代中国特色社会主义思想指引下,坚持人民民主专政,坚持社会主义道路,坚持改革开放,不断完善社会主义的各项制度,发展社会主义市场经济,发展社会主义民主,健全社会主义法治,贯彻新发展理念,自力更生,艰苦奋斗,逐步实现工业、农业、国防和科学技术的现代化,推动物质文明、政治文明、精神文明、社会文明、生态文明协调发展,把我国建设成为富强民主文明和谐美丽的社会主义现代化强国,实现中华民族伟大复兴。"

我国《宪法》第2条规定,中华人民共和国的一切权力属于人民。这表明中国的主权属于全体人民,人民当家做主,决定国家事务。人民依照法律规定,通过各种途径和形式,管理国家事务,管理经济和文化事业,管理社会事务。

宪法中有关"公民基本权利"的规定,实质上就是对基本人权的确认。公民基本权利和自由是人民当家做主最直接的表现。如《宪法》中规定的公民参与国家政治生活的权利和自由、公民的人身自由和信仰自由、公民的经济社会文化方面的权利等,就是基本人权的主要内容。

我国宪法不仅宣布宪法是国家的根本法,具有最高的法律效力,是一切国家机关和全体公民最高的行为准则,而且还规定国家的立法权属于最高的人民代表机关。我国依法治理国家,强调所有的主体守法,尤其是政府要守法,官员要守法。

为了保障公民权利,就应该对国家权力进行制约,对国家机关的权力运行进行监督。我国宪法既规定了公民权利对国家权力的制约,也规定了国家权力对国家权力的制约,以防止国家权力的滥用。

三、设立国家宪法日和实行宪法宣誓制度

为了增强全社会的宪法意识,弘扬宪法精神,加强宪法实施,全面推进依法治国,2014年11月1日,第十二届全国人民代表大会常务委员会第十一次会议决定将12月4日设立为国家宪法日,国家通过多种形式开展宪法宣传教育活动。

为彰显宪法权威,激励和教育国家工作人员忠于宪法、遵守宪法、维护宪法,加强宪法实施,我国《宪法》第27条第3款规定:"国家工作人员就职时应当依照法律规定公开进行宪法宣誓。"

宣誓誓词的内容是:"我宣誓:忠于中华人民共和国宪法,维护宪法权威,履行法定职责,忠于祖国、忠于人民,恪尽职守、廉洁奉公,接受人民监督,为建设富强、民主、文明、和谐、美丽的社会主义现代化强国努力奋斗!"

第二节 国家的基本制度

我国《宪法》第1条规定:"中华人民共和国是工人阶级领导的、以工农联盟为基础的人民民主专政的社会主义国家。"这表明,中国的国家性质是人民民主专政。

生产资料的社会主义公有制,即全民所有制和劳动群众集体所有制,是中国的社会主义经济制度的基础。国家在社会主义初级阶段,坚持公有制为主体、多种所有制经济共同发展的基本经济制度,坚持按劳分配为主体、多种分配方式并存的分配制度。在法律规定范围内的个体经济、私营经济等非公有制经济,是社会主义市场经济的重要组成部分。

人民代表大会制度是中国的根本政治制度。《宪法》规定:"中华人民共和国的一切权力属于人民。""人民行使国家权力的机关是全国人民代表大会和地方各级人民代表大会。"人民代表大会制度作为国家的根本政治制度,其基本内容是:全国人民代表大会和地方各级人民代表大会都由民主选举产生,对人民负责,受人民监督;人民代表大会是国家权力机关。国家行政机关、监察机关、审判机关、检察

机关都由人民代表大会产生,对它负责,受它监督。在人民代表大会统一行使国家权力的前提下,各国家机关又分工协作,既避免权力过分集中,又可以使国家的各项工作有效地进行;中央和地方的国家机构职权的划分,遵循在中央的统一领导下,充分发挥地方的主动性、积极性的原则。

我国宪法规定了选举制度。依照《中华人民共和国全国人民代表大会和地方各级人民代表大会选举法》的规定,各级人民代表大会代表的选举,遵循以下原则:(1)选举权利的普遍原则。年满18周岁的中华人民共和国公民,除依照法律被剥夺政治权利的人以外,都有选举权和被选举权。(2)选举权利的平等原则。每一选民在一次选举中只有一个投票权,并规定划分选区时,按照本行政区域内各选区每一代表所代表的人口数大体相等的原则划分,以保障选民的平等权利。(3)直接选举和间接选举相结合的原则。各级人民代表大会代表的选举,分别采取直接选举和间接选举两种不同的办法。不设区的市、市辖区、县、自治县、乡、民族乡、镇的人民代表大会的代表,由选民直接选举。全国人民代表大会的代表,省、自治区、直辖市、设区的市、自治州的人民代表大会的代表,由下一级人民代表大会选举。(4)无记名投票的原则。各级人民代表大会代表的选举,一律采用无记名投票的方法,选举时应当设有秘密写票处。(5)差额选举的原则。选举各级人民代表大会代表,实行候选人名额多于应选代表名额的办法。由选民直接选举人民代表大会代表的,代表候选人的人数应多于应选代表名额三分之一至一倍;由县级以上的地方各级人民代表大会选举上一级人民代表大会代表的,代表候选人的人数应多于应选代表名额五分之一至二分之一。在选民直接选举人民代表大会代表时,选区全体选民的过半数参加投票,选举有效。代表候选人获得参加投票的选民过半数的选票时,始得当选。县级以上的地方各级人民代表大会在选举上一级人民代表大会代表时,代表候选人获得全体代表过半数的选票时,始得当选。

《全国人民代表大会和地方各级人民代表大会代表法》的规定,代表应当采取多种方式经常听取人民群众对代表履职的意见,回答原选区选民或者原选举单位对代表工作和代表活动的询问,接受监督。由选民直接选举的代表应当以多种方式向原选区选民报告履职情况。县级人民代表大会常务委员会和乡、民族乡、镇的人民代表大会主席团应当定期组织本级人民代表大会代表向原选区选民报告履职情况。

我国采取单一制国家结构形式。宪法规定,中国是全国各族人民共同缔造的统一的多民族国家。

我国实行民族区域自治制度。中国是统一的多民族国家,除汉族外,有55个少数民族。少数民族人口约占全国总人口的8%,少数民族聚居的地区约占全国总面积的60%。为了保障各少数民族的合法的权利和利益,维护和发展各民族的平等团结互助和谐关系,中国实行民族区域自治制度,在少数民族聚居的地方实行区域自治。民族自治地方分为自治区、自治州、自治县。各民族自治地方都是中华人民共和国不可分离的部分。民族自治地方的自治机关是自治区、自治州、自治县的人民代表大会和人民政府。自治区、自治州、自治县的人民代表大会常务委员会中应当有实行区域自治的民族的公民担任主任或副主任。自治区主席、自治州州长、自治县县长由实行区域自治的民族的公民担任。民族自治地方的自治机关除依法行使一般地方国家机关的职权外,依法行使自治权,根据本地方实际情况贯彻执行国家的法律、政策。民族自治地方的人民代表大会有权依照当地民族的政治、经济和文化的特点,制定自治条例和单行条例。上级国家机关的决议、决定、命令和指示,如有不适合民族自治地方实际情况的,自治机关可以报经该上级国家机关批准,变通执行或停止执行。民族自治地方的自治机关在国家计划指导下,自主地安排和管理地方性的经济建设事业;自治机关有管理地方财政的自治权;自治机关自主地管理本地方的教育、科学、文化、卫生、体育事业。国家在民族自治地方开发资源、建设企业的时候,应当照顾民族自治地方的利益;国家从财政、物资、技术等方面帮助各少数民族加速发展经济建设和文化建设事业,国家帮助民族自治地方从当地民族中大量培养各级干部、各种专业人才和技术工人。

依照宪法的规定,城市和农村按居民居住地区设立的居民委员会或者村民委员会是自我管理、自我教育、自我服务的基层群众性自治组织。居民委员会、村民委员会的主任、副主任和委员由居民选举。依照《城市居民委员会组织法》的规定,居民委员会主任、副主任和委员,由本居住地区全体有选举权的居民或者由每户派代表选举产生;根据居民意见,也可以由每个居民小组选举代表二至三人选举产生。居民委员会每届任期五年,其成员可以连选连任。依照《村民委员会组织法》规定,村民委员会实行民主选举、民主决策、民主管理、民主监督。村民委员会每届任期五年,届满应当及时举行换届选举。村民委员会成员可以连选连任。

为了解决台湾、香港、澳门问题,我国宪法规定了特别行政区制度。《宪法》第31条规定:"国家在必要时得设立特别行政区。在特别行政区内实行的制度按照具体情况由全国人民代表大会以法律规定。"

香港和澳门自古以来就是中国的领土。中华人民共和国政府于1997年7月1日恢复对香港行使主权,于1999年12月20日恢复对澳门行使主权。1990年4月4日第七届全国人民代表大会第三次会议决定,自1997年7月1日起设立香港特别行政区,并通过了《中华人民共和国香港特别行政区基本法》。1993年3月31日第八届全国人民代表大会第一次会议决定,自1999年12月20日起设立澳门特别行政区,并通过了《中华人民共和国澳门特别行政区基本法》。

为了维护国家的统一和领土完整,有利于香港、澳门的繁荣、发展和社会稳定,国家决定按照"一个国家,两种制度"的方针,不在香港、澳门实行社会主义的制度和政策,保持原有的资本主义制度和生活方式,五十年不变。香港特别行政区和澳门特别行政区是中华人民共和国不可分离的部分,是中央人民政府直辖的地方行政区域,同时又是实行与内地不同的制度和政策、享有高度自治权的特别行政区。特别行政区的高度自治权包括行政管理权、立法权、独立的司法权和终审权,此外,经中央人民政府授权还可以自行处理一些有关的对外事务。为了保证中央对特别行政区的领导和管理,特别行政区的国防和外交事务由中央人民政府负责管理,行政长官和政府主要官员由中央人民政府任命;少数有关国防、外交和不属于特别行政区自治范围的全国性法律要在特别行政区公布或立法实施。特别行政区立法机关制定的法律,须报全国人民代表大会常务委员会备案。如果全国人民代表大会常务委员会认为特别行政区立法机关制定的法律不符合《香港特别行政区基本法》《澳门特别行政区基本法》关于中央管理的事务及中央和特别行政区的关系的条款,可将有关法律发回。《香港特别行政区基本法》《澳门特别行政区基本法》的修改权属于全国人民代表大会,《香港特别行政区基本法》《澳门特别行政区基本法》的解释权属于全国人民代表大会常务委员会。

2020年5月28日第十三届全国人民代表大会第三次会议通过《全国人民代表大会关于建立健全香港特别行政区维护国家安全的法律制度和执行机制的决定》。会议认为,近年来,香港特别行政区国家安全风险凸显,"港独"、分裂国家、暴力恐怖活动等各类违法活动严重危害国家主权、统一和领土完整,一些外国和境外势力公然干预香港事务,利用香港从事危害我国国家安全的活动。为了维护国家主权、安全、发展利益,坚持和完善"一国两制"制度体系,维护香港长期繁荣稳定,保障香港居民合法权益,根据《中华人民共和国宪法》和《中华人民共和国香港特别行政区基本法》作出有关决定。

决定的具体内容共七项,规定如下:一、国家坚定不移并全面准确贯彻"一国两制""港人治港"、高度自治的方针,坚持依法治港,维护宪法和香港特别行政区基本法确定的香港特别行政区宪制秩序,采取必要措施建立健全香港特别行政区维护国家安全的法律制度和执行机制,依法防范、制止和惩治危害国家安全的行为和活动。二、国家坚决反对任何外国和境外势力以任何方式干预香港特别行政区事务,采取必要措施予以反制,依法防范、制止和惩治外国和境外势力利用香港进行分裂、颠覆、渗透、破坏活动。三、维护国家主权、统一和领土完整是香港特别行政区的宪制责任。香港特别行政区应当尽早完成香港特别行政区基本法规定的维护国家安全立法。香港特别行政区行政机关、立法机关、司法机关应当依据有关法律规定有效防范、制止和惩治危害国家安全的行为和活动。四、香港特别行政区应当建立健全维护国家安全的机构和执行机制,强化维护国家安全执法力量,加强维护国家安全执法工作。中央人民政府维护国家安全的有关机关根据需要在香港特别行政区设立机构,依法履行维护国家安全相关职责。五、香港特别行政区行政长官应当就香港特别行政区履行维护国家安全职责、开展国家安全教育、依法禁止危害国家安全的行为和活动等情况,定期向中央人民政府提交报告。六、授权全国人民代表大会常务委员会就建立健全香港特别行政区维护国家安全的法律制度和执行机制制定相关法律,切实防范、制止和惩治任何分裂国家、颠覆国家政权、组织实施恐怖活动等严重危害国家安全的行为和活动以及外国和境外势力干预香港特别行政区事务的活动。全国人民代表大会常务委员会决定将上述相关法律列入《中华人民共和国香港特别行政区基本法》附件三,由香港特别行政区在当地公布实施。七、本决定自公布之日起施行。

同时,《中华人民共和国香港特别行政区维护国家安全法》由中华人民共和国第十三届全国人民代表大会常务委员会第二十次会议于2020年6月30日通过,自公布之日起施行。

第三节 公民的基本权利

人民当家做主,即人民主权,按法律精神而言,权力是为实现权利而由权利派生的。公民权利在宪法中的至上性正是权力合法性和正当性的依据和根本。当然,公民权利的天赋性和至上性决定其为宪政理论的出发点和归宿点,它是宪法制定和实施的终极目的。

公民权利是社会成员的个体自主和自由在法律上的反映,享有权利是社会成员实现个体自主和自由的具体表现。我国《宪法》对公民的基本权利作了全面规定,为保护人权奠定了坚实的基础。

一、平等权

《宪法》第33条规定,中华人民共和国公民在法律面前一律平等。任何公民享有宪法和法律规定的权利,同时必须履行宪法和法律规定的义务。

二、政治权利和自由

《宪法》第34、35、41条规定,年满18周岁的中华人民共和国公民,不分民族、种族、性别、职业、家庭出身、宗教信仰、教育程度、财产状况、居住期限,都有选举权和被选举权;但是依照法律被剥夺政治权利的人除外。公民有言论、出版、集会、结社、游行、示威的自由。公民对任何国家机关和国家工作人员,有提出批评和建议的权利;对于任何国家机关和国家工作人员的违法失职行为,有向有关国家机关提出申诉、控告、检举的权利。公民权利受到国家机关和国家工作人员侵犯而受到损失的人,有依照法律规定取得赔偿的权利。

三、宗教信仰自由

《宪法》第 36 条规定,公民有宗教信仰的自由,国家保护正常的宗教活动。

四、人身自由

《宪法》第 37、38、39、40 条规定,公民的人身自由不受侵犯。任何公民,非经人民检察院批准或决定或人民法院决定,并由公安机关执行,不受逮捕。禁止非法拘禁和以其他方法非法剥夺或限制公民的人身自由,禁止非法搜查公民的身体。公民的人格尊严不受侵犯。禁止用任何方法对公民进行侮辱、诽谤和诬告陷害。公民的住宅不受侵犯。禁止非法搜查或非法侵入公民的住宅。公民的通信自由和通信秘密受法律的保护。除因国家安全或追查刑事犯罪的需要,由公安机关或检察机关依照法律规定的程序对通信进行检查外,任何组织或个人不得以任何理由侵犯公民的通信自由和通信秘密。

五、经济、社会、文化方面权利

《宪法》第 13、42、43、44、45、46、47 条规定,公民的合法的私有财产不受侵犯,国家依照法律规定保护公民的私有财产权和继承权。公民有劳动的权利。劳动者有休息的权利,国家发展劳动者休息和休养的设施,规定职工的工作时间和休假制度。国家依照法律规定实行企业事业组织的职工和国家机关工作人员的退休制度,退休人员的生活受到国家和社会的保障。公民在年老、疾病或者丧失劳动能力的情况下,有从国家和社会获得物质帮助的权利,国家发展为公民享受这些权利所需要的社会保险、社会救济和医疗卫生事业。公民有受教育的权利。公民有进行科学研究、文学艺术创作和其他文化活动的自由。

六、特定主体的权利

《宪法》第 48、49、50 条规定,妇女在政治的、经济的、文化的、社会的和家庭的生活等各方面享有同男子平等的权利。婚姻、家庭、母亲和儿童受国家的保护。保护华侨的正当的权利和利益,保护归侨和侨眷的合法的权利和利益。

公民享受着广泛的人权和自由,同时,公民在行使基本自由和权利的时候,不得损害国家的、社会的、集体的利益和其他公民的合法的自由和权利。中国宪法规定,公民也要履行维护国家统一和民族团结,维护祖国的安全、荣誉和利益,依照法律服兵役,依照法律纳税的基本义务。

我国宪法没有将罢工自由、迁徙自由、环境权等规定为公民的基本权利。随着社会的发展,我国《宪法》所确认和保障的公民基本权利的范围将会越来越广泛。

第四节 国家机构

国家机构是国家权力的载体和体现。《宪法》规定中国的国家机构实行民主集中制原则、法治原则、责任制原则、联系群众为人民服务原则、精简和效率原则。我国的国家机构包括国家权力机关(立法机关)、行政机关、监察机关、司法机关。

一、全国人民代表大会

全国人民代表大会是中国的最高国家权力机关。它的常设机关是全国人民代表大会常务委员会。全国人民代表大会由省、自治区、直辖市、特别行政区和军队选出的代表组成。每届任期五年。《中华人民共和国全国人民代表大会和地方各级人民代表大会选举法》规定,全国人民代表大会代表的名额不超过三千人。如第十三届全国人民代表大会代表为2980名。根据《宪法》的规定,全国人民代表大会的职权为：(1)修改宪法,制定和修改刑事、民事、国家机构的和其他的基本法律;(2)监督宪法的实施;(3)选举中华人民共和国主席、副主席,决定国务院总理和国务院其他组成人员的人选,选举中央军事委员会主席,决定中央军事委员会其他组成人员的人选,选举国家监察委员会主任、最高人民法院院长、最高人民检察院检察长,并有权罢免上述人员;(4)审查和批准国民经济和社会发展计划,审查和批准国家预算;(5)批准省、自治区、直辖市的建置;(6)决定特别行政区的设立及其制度;(7)决定战争和和平的问题;(8)应当由最高国家权力机关行使的其他职权。

全国人民代表大会常务委员会由全国人民代表大会在代表中选举产生,由委员长、副委员长、秘书长、委员组成。全国人民代表大会常务委员会每届任期同全国人民代表大会每届任期相同。委员长、副委员长连续任职不得超过两届。常务委员会组成人员不得担任国家行政机关、监察机关、审判机关、检察机关的职务。

根据《宪法》的规定,全国人民代表大会常务委员会的职权为：(1)解释宪法,监督宪法的实施;(2)制定和修改除应当由全国人民代表大会制定的法律以外的其他法律;(3)解释法律;(4)在全国人民代表大会闭会期间,审查和批准国民经济和社会发展计划、国家预算在执行过程中所必须作的部分调整方案;(5)监督国务院、中央军事委员会、国家监察委员会、最高人民法院、最高人民检察院的工作;(6)在全国人民代表大会闭会期间,决定国务院部长、委员会主任、审计长、秘书长的人选,决定除中央军事委员会主席以外的中央军事委员会其他组成人员的人选;任免国家监察委员会副主任、委员,任免最高人民法院副院长、审判员,任免最高人民检察院副检察长、检察员;决定驻外全权代表的任免;(7)决定同外国缔结的条约和重要协定的批准和废除;(8)规定军人和外交人员的衔级制度和其他专门衔级制度;(9)规定和决定授予国家的勋章和荣誉称号;(10)决定特赦;(11)在全国人民代表大会闭会期间,如果遇到国家遭受武装侵犯或必须履行国际间共同防止侵略的条约的情况,决定战争状态的宣布;(12)决定全国总动员或者局部动员;(13)决定全国或个别省、自治区、直辖市的进入紧急状态;(14)全国人民代表大会授予的其他职权。

全国人民代表大会设立了民族委员会、法律委员会、财政经济委员会、教育科学文化卫生委员会、外事委员会、华侨委员会等专门委员会。各专门委员会在全国人民代表大会和它的常务委员会领导下,研究、审议和拟订有关议案。

全国人民代表大会代表在全国人民代表大会开会期间,全国人大常委会组成人员在全国人大常委会开会期间,有权依照法律规定的程序提出对国务院或国务院各部、各委员会的质询案。受质询的机关必须负责答复。全国人民代表大会和它的常务委员会认为必要的时候,可以组织关于特定问题的调查委员会,并根据调查委员会的报告,作出相应的决议。

全国人民代表大会会议每年举行一次,由全国人民代表大会常务委员会召集。全国人民代表大会常务委员会会议一般每两个月举行一次;有特殊需要的时候,可以临时召集会议。

二、中华人民共和国主席

中华人民共和国主席、副主席由全国人民代表大会选举。国家主席的职权为:根据全国人民代表大会的决定和全国人民代表大会常务委员会的决定,公布法律,任免国务院总理和国务院其他组成人员,授予国家的勋章和荣誉称号,发布特赦令,宣布进入紧急状态,宣布战争状态,发布动员令,派遣和召回驻外全权代表,批准和废除同外国缔结的条约和重要协定。中华人民共和国主席缺位的时候,由副主席继任主席的职位。中华人民共和国主席、副主席每届任期同全国人民代表大会每届任期相同。全国人民代表大会有权罢免国家主席、副主席。

三、国务院

国务院即中央人民政府,是最高国家权力机关的执行机关,是最高国家行政机关。国务院由总理、副总理、国务委员,以及各部部长、各委员会主任、审计长、秘书长组成。国务院每届任期同全国人民代表大会每届任期相同。总理、副总理、国务委员连续任职不得超过两届。

国务院的职权为:(1)根据宪法和法律,规定行政措施,制定行政法规,发布决定和命令;(2)向全国人民代表大会或全国人民代表大会常务委员会提出议案;

(3)规定各部和各委员会的任务和职责,统一领导各部和各委员会的工作;(4)统一领导全国地方各级国家行政机关的工作,规定中央和省、自治区、直辖市的国家行政机关的职权的具体划分;(5)编制和执行国民经济和社会发展计划和国家预算;(6)领导和管理经济工作和城乡建设、生态文明建设;(7)领导和管理教育、科学、文化、卫生、体育和计划生育工作;(8)领导和管理民政、公安、司法行政等工作;(9)管理对外事务,同外国缔结条约和协定;(10)领导和管理国防建设事业;(11)领导和管理民族事务;(12)保护华侨的正当权利和利益,保护归侨和侨眷的合法的权利和利益;(13)批准省、自治区、直辖市的区域划分,批准自治州、县、自治县、市的建置和区域划分;(14)决定省、自治区、直辖市的范围内部分地区的戒严;(15)审定行政机构的编制,依照法律规定任免、培训、考核和奖惩行政人员;(16)全国人民代表大会和全国人民代表大会常务委员会授予的其他职权。

国务院对全国人民代表大会负责并报告工作;在全国人民代表大会闭会期间,对全国人民代表大会常务委员会负责并报告工作。国务院各部、各委员会的设立、撤销或者合并,由全国人民代表大会决定;在全国人民代表大会闭会期间,由全国人民代表大会常务委员会决定。国务院现有外交部、司法部等部、委、行、署。

四、中央军事委员会

中央军事委员会由主席、副主席若干人、委员若干人组成。中央军事委员会领导全国武装力量。中央军事委员会主席由全国人民代表大会选举。中央军事委员会其他组成人员,根据中央军事委员会主席的提名,由全国人民代表大会决定;在全国人民代表大会闭会期间,由全国人民代表大会常务委员会决定。中央军事委员会每届任期同全国人民代表大会每届任期相同。中央军事委员会主席对全国人民代表大会和全国人民代表大会常务委员会负责。

五、监察委员会

监察委员会是国家的监察机关。中华人民共和国设立国家监察委员会和地方各级监察委员会。国家监察委员会主任由全国人民代表大会选举,国家监察委员会副主任、委员由全国人民代表大会常务委员会任免。地方各级监察委员会主任由本级人民代表大会选举,副主任、委员由本级人民代表大会常务委员会任免。国家监察委员会对全国人民代表大会和全国人民代表大会常务委员会负责。

地方各级监察委员会对产生它的国家权力机关和上一级监察委员会负责。监察委员会依照法律规定独立行使监察权,不受行政机关、社会团体和个人的干涉。

六、地方各级人民代表大会和地方各级人民政府

根据《宪法》的规定,中华人民共和国的行政区域划分如下:(1)全国分为省、自治区、直辖市;(2)省、自治区分为自治州、县、自治县、市;直辖市和较大的市分为区、县;自治州分为县、自治县、市;(3)县、自治县分为乡、民族乡、镇。

地方各级人民代表大会是地方国家权力机关。省、自治区、直辖市、自治州、设区的市、县、自治县、不设区的市、市辖区的人民代表大会,每届任期五年。乡、民族乡、镇的人民代表大会每届任期五年。县级以上的地方各级人民代表大会设立常务委员会。常务委员会组成人员不得担任国家行政机关、审判机关、检察机关的职务。

地方各级人民代表大会的职权为:(1)在本行政区域内,保证宪法、法律、行政法规的遵守和执行;(2)审查和批准本行政区域内的国民经济和社会发展计划和本级财政预算;(3)讨论、决定本行政区域内各方面工作的重大事项,依照法律规定的权限,通过和发布决议;(4)选举本级人民政府的省长、副省长,自治区主席、副主席,市长、副市长,州长、副州长,县长、副县长,区长、副区长,乡长、副乡长,镇长、副镇长,选举本级监察委员会主任、人民法院院长、人民检察院检察长,并有权罢免上述人员;(5)听取和审查本级人民政府、人民法院、人民检察院的工作报告;(6)有权改变或撤销本级人民代表大会常务委员会的不适当的决议,撤销本级人民政府的不适当的决定和命令。

县级以上地方各级人民代表大会常务委员会的职权为:(1)在本行政区域内,保证宪法、法律、行政法规的遵守和执行;(2)讨论、决定本行政区域内各方面工作的重大事项;(3)根据本级人民政府的建议,决定本行政区域内的国民经济和社会发展计划、预算的部分变更;(4)监督本级人民政府、监察委员会、人民法院、人民检察院的工作,有权撤销本级人民政府的不适当的决定和命令;(5)任免本级人民政府部门负责人,本级监察委员会副主任、委员,本级人民法院副院长、审判员,本级人民检察院副检察长、检察员;在本级人民代表大会闭会期间,决定本级人民政府副省长、自治区副主席、副市长、副州长、副县长、副区长的个别任免;(6)有权撤销下一级人民代表大会及其常务委员会的不适当的决议。省、自治区、直辖市的人民代表大会及其常务委员会有权制定和颁布地方性法规。

地方各级人民代表大会举行会议的时候,代表可以依照法定程序提出对本级人民政府、人民法院、人民检察院的质询案;县级以上地方各级人民代表大会常务委员会举行会议的时候,常务委员会组成人员可以依照法定程序提出对本级人民政府、人民法院、人民检察院的质询案。县级以上的地方各级人民代表大会及其常务委员会可以依照法定程序组织关于特定问题的调查委员会。

地方各级人民政府是地方各级国家权力机关的执行机关,是地方各级国家行

政机关。地方各级人民政府每届任期同本级人民代表大会每届任期相同。县级以上地方各级人民政府的职权为：(1)执行本级人民代表大会及其常务委员会的决议，以及上级国家行政机关的决定和命令，规定行政措施，发布决定和命令；(2)执行国民经济和社会发展计划、预算；(3)管理本行政区域内的经济、教育、科学、文化、卫生、体育事业、环境和资源保护、城乡建设事业和财政、民政、公安、民族事务、司法行政、计划生育等行政工作；(4)依照法律的规定，任免、培训、考核和奖惩国家行政机关工作人员；(5)有权改变或撤销所属各工作部门的不适当的命令、指示和下级人民政府的不适当的决定、命令。乡、民族乡、镇的人民政府的职权是，执行本级人民代表大会的决议和上级国家行政机关的决定和命令，管理本行政区域内的行政工作。

七、人民法院和人民检察院

人民法院是国家的审判机关。中华人民共和国设立最高人民法院、地方各级人民法院和军事法院、海事法院等专门人民法院。最高人民法院院长由全国人民代表大会选举，最高人民法院副院长、审判员由全国人民代表大会常务委员会任免。地方各级人民法院院长由本级人民代表大会选举，副院长、审判员由本级人民代表大会常务委员会任免。最高人民法院对全国人民代表大会和全国人民代表大会常务委员会负责。地方各级人民法院对本级人民代表大会负责。人民法院依照法律规定独立行使审判权，不受行政机关、社会团体和个人的干涉。

人民检察院是国家的法律监督机关。中华人民共和国设立最高人民检察院、地方各级人民检察院和军事检察院等专门人民检察院。最高人民检察院检察长由全国人民代表大会选举，副检察长、检察员由全国人民代表大会常务委员会任免。地方各级人民检察院检察长由本级人民代表大会选举，并报上一级人民检察院检察长提请该级人民代表大会常务委员会批准；副检察长、检察员由本级人民代表大会常务委员会任免。最高人民检察院对全国人民代表大会和全国人民代表大会常务委员会负责。地方各级人民检察院对产生它的国家权力机关和上级人民检察院负责。人民检察院对于刑事案件，决定逮捕和提起公诉，并对人民法院的审判活动是否合法实行监督，对监狱、看守所的活动是否合法，实行监督。人民检察院依照法律规定独立行使检察权，不受行政机关、社会团体和个人的干涉。

第五节 宪法的实施及其保障

我国宪法规定，全国人民代表大会和全国人民代表大会常务委员会监督宪法的实施。这项监督主要包括以下几个方面：第一，保证全国人大常委会制定的法律和决定同宪法不抵触，全国人民代表大会有权改变或撤销全国人大常委会制定的不适当的法律和决定。第二,对国务院的行政法规、决定和命令进行监督,全国人大常委会有权撤销国务院制定的同宪法、法律相抵触的行政法规、决定和命令。要加强对法规、规章和规范性文件的备案审查。发现地方性法规与国家法律、行政法规相抵触的,要按照法定程序提出意见,及时提请全国人大常委会处理;发现规章与国家法律、行政法规相抵触的,要按照法定程序予以纠正;对违反法律、行政法规规定的,该撤销的依法予以撤销,该修改的依法责成制定机关及时修改。第三,对国家监察委员会的工作进行监督,对最高人民法院和最高人民检察院的工作和司法解释进行监督。第四,对省级国家权力机关制定的地方性法规和决议进行监督,全国人大常委会有权撤销省、自治区、直辖市国家权力机关制定和批准的同宪法、法律、行政法规相抵触的地方性法规和决议。宪法规定,地方各级人民代表大会在本行政区域内,保证宪法的遵守和执行。

监督宪法的实施,既包括对规范性文件是否合宪的监督,又包括对国家机关及其工作人员的行为是否合宪的监督。《宪法》序言明确指出:"全国各族人民、一切国家机关和武装力量、各政党和各社会团体、各企业事业组织,都必须以宪法为根本的活动准则,并且负有维护宪法尊严、保证宪法实施的职责。"2006年8月27日,第十届全国人大常委会第二十三次会议审议通过了《全国人民代表大会常务委员会和县级以上地方各级人民代表大会常务委员会监督法》,自2007年1月1日起施行。这对于保障宪法的实施具有积极的意义。

通过在全国人民中广泛地宣传宪法,特别是国家机关工作人员认真学习和遵守宪法,提高广大公民的宪法意识,这对于保障宪法的实施,树立宪法的权威和尊严,也是非常重要的。对此,2014年11月1日第十二届全国人民代表大会常务委员会第十一次会议决定将12月4日设立为国家宪法日,2015年7月1日第十二届全国人民代表大会常务委员会第十五次会议决定实行国家工作人员就职时公开进行宪法宣誓的制度。

我国宪法的实施保障机制包括政治保障、法律保障、组织保障和依靠人民群众,对于贯彻落实宪法,推进社会主义民主政治建设和法治国家建设发挥了重要作用。同时,我国的宪法监督实施制度还需要进一步加强和完善。

宪法的实施需要司法保障。宪法转化为宪政,法制转化为法治,关键在于公民基本权利、基本人权的实现程度,在于这些权利从纸面上的权利变为现实的权利。而要做到这一点,首先需要民主政治制度和经济基础的保障,但同时也需要法律救济机制,包括司法救济机制的保障。没有违宪审查就没有宪法的最高法律效力,就不可能有宪政。法院对国家机关侵犯公民的基本权利的案件也应该可以直接适用宪法和直接以宪法为依据裁判。

现行《宪法》公布实施30多年来,在国家经济、政治、文化和社会生活等各方面都发挥了极为重要的作用。但由于种种原因,有宪不依、违宪不究、护宪不力的现象还不同程度地存在。随着社会的发展,中国的宪法实施和宪政实现出现了许多值得注意的积极趋势:(1)公民高度自发的正面参与。如有的全国人大代表成立了维权小组为公民维权。现在有不少这样的代表,表明我们的公民、代表在找回他的公民意识和代表意识。(2)媒体和公众议论高度参与对政府权力的监督。很多的责任事故的追查处罚都是由于媒体、公众的监督和舆论引起的。(3)一些地方出现主动进行政治民主改革的探索,正在推动宪政的发展。在一些地区出现了自发性的选举改革,如乡镇直选、公推公选制度等。

第三章 中国行政法律制度

第一节 行政法律制度概述

一、行政法的范围和形式

我们生活在行政国家之中,无时无刻不与政府打交道。从一个人出生开始,到上学、结婚、工作、开车、买房,直到死亡,都受着政府的管理。同时,我们也直接或间接地受惠于政府的服务。政府提供了食品、住房、行路的基本安全,提供了教育文化、医疗保障和基本设施,提供了各种支持和援助。与政府的管理和服务有关的法律,我们称为"行政法"。

行政法的范围极其广泛,包括公安、教育、民政、劳动管理、社会保障、土地管理、城乡规划、计划生育、工商、税务、海关、边防、金融、证券交易等等,足有几十个部门。可以说,行政法覆盖了我们日常行为规则的重要内容,也在很大程度上决定了我们的命运。

与刑法、民法、诉讼法等部门法不同,行政法规范数量庞大,但没有统一法典。我们所称的行政法,其规范散落在上百部法律、上千部行政法规、数以万计的地方性法规和行政规章之中。此外,还有各级行政机关发布的数量更大、难以尽数的法律规范性文件。翻开任何一本法规汇编,占据最多篇幅的必然是行政法;相比之下,其他部门法律在数量上可能只占一个零头。

行政法规范散乱而庞大,给学习行政法带来了困难。由于治安、税收、教育、土地管理之类的具体规则过于繁复,这些内容将不专门介绍。这门课主要讲授行政法的一些基本原理和原则,或者叫"行政法总论"。例如,行政机关的组织体系和职权来源,行政立法、行政处罚、行政许可、行政强制、政府信息公开等主要的行政行为,行政诉讼、行政复议等行政争议的解决办法,行政违法行为侵害公民权利时的国家赔偿,等等。

在过去的 30 多年中,除了大量的部门管理法律、法规、规章,我国还制定了《行政诉讼法》《行政复议法》《国家赔偿法》《行政处罚法》《行政许可法》《行政强制法》《立法法》《公务员法》《各级人民代表大会常务委员会监督法》《监察法》《政府信息公开条例》等特定领域通用的法律、法规。这些法律、法规构筑起我国的行政法律体系。以上述法律的颁行为标志,我国行政管理逐步完善,法治政府日渐成形。但是,行政活动中仍然存在诸多问题,法治的充分实现还需时日。作为行政法通则性质的《行政程序法》等法律,仍待制定。

二、行政法的功能和原则

行政法的功能不但在于促进政府更有效地管理,还在于控制政府权力的行使,以防其滥用权力、损害公民权利。如何在提高行政效率和保护公民权利之间取得平衡,是行政法的永恒课题。

现代法治国家的普遍经验证明,在组织一个人管理人的社会时,最好的办法是要求管理者依照事先设定的规则治理。这一要求可以简单地称为"依法行政",或者"法治行政"。具体地说,它包括三方面的要求,即行政权力来自法律,行政行为遵守法律,行政违法承担责任。

(一)行政权力来自法律

依照民主和法治的理念,政府的权力并非天然拥有,而是来自人民的授权;而人民的意志又集中体现为法律。因此,政府的权力必须来自法律的授权,"无法律即无行政";至少在涉及人民权利的领域,没有法律的相应授权,行政机关不能作出任何可能损害公民权利的行为。这也可以叫作"职权法定原则"。可见,政府的权力与公民的权利是不同的,对后者而言,"法无明文禁止即自由"。现实中,一些行政官员缺乏"职权法定"的意识,以为自己"上管天,下管地,中间还要管空气",只要是"为公家的",就什么都可以干。当前一些恣意妄为、触目惊心的事件往往与此相关。

(二)行政行为遵守法律

政府掌握着广泛而巨大的行政权力,与公民在实力上是不平等的。但政府同样应当遵守法律,政府的一切行为应当服从法律。换句话说,依法行政就是"法律高于政府"。一个合法的行政行为必须符合下列全部要件:

1. 具有职权

国家设官封职,各司其守。不在行政机关法定职权范围以内的行政行为,就是"超越职权",构成违法。超越职权既可能是平级部门之间的职能跨越,也可能是下级对上级的僭越。例如,路政检查人员对"超载车辆"予以处罚,就是代行了公安交通管理部门的职权;公安局对违法经营的企业吊销营业执照,代行了工商局的职权。又如,按照《土地管理法》的规定,征用土地的,应当分别情况由国务院或者省、自治区、直辖市人民政府批准,某市政府擅自"批准"征用土地,即属超越职权。

2. 程序合法

行政行为不但要求内容合法,还要求实施行政行为的过程符合法律规定的方式方法、步骤顺序和时限,即程序合法。对行政权力的控制从注重内容转移到强调程序,是现代行政法的一个重要趋势。我国长期以来"重实体轻程序",认为只要结果合理,程序无关紧要。正如违反操作规程的产品常常是废品,对程序的违背往往导致结果的错误。不但如此,任何不顾公认的程序准则、独断专横的行为,例如先作处理再调查取证、该回避而未回避,即使其所作的处理在结果上"正确",也难服人心。

我国近年制定的法律越来越多地对行政行为应当遵循的程序准则作出规定。综合现有的规定,行政程序制度主要包括如下内容:(1)告知制度,包括执法者表明身份,说明来由,行政处罚前告知行政处罚的事实、理由,告知当事人依法享有的权利;(2)听取陈述和申辩制度,包括正式的听证制度;(3)回避制度,不单方私下接触制度;(4)记录制度;(5)说明理由制度;(6)时效制度。

《行政诉讼法》(2014年修正)第70条明确规定,"违反法定程序"是一种独立的违法情形,应当予以撤销。据此,一个行政行为只要违反了法律规定的程序,不问行为者动机是否善良,不论其是否可能影响结果的公正,也不管其结果是否"正确",都属于违法,应当予以撤销。例如,某街道监察队发现许某违章建筑,遂作出强制拆除的决定。但街道监察队在作出处罚决定前,没有告知其作出行政处罚决定的事实、理由、依据,以及告知当事人依法享有的权利,也没有听取他的陈述和申辩,违反了法定程序。法院依法撤销了该处罚决定。

3. 证据充分

行政机关作出对他人不利的决定,应当建立在证据基础上。没有充分的证据,案件主要事实不清,其所做的决定构成违法。

最后,还要说明的是在法律没有明确规定的情形。由于法条有尽,事理无穷,法律不明确是难以避免的。其中有些是由于立法者没能预见而留下的"漏洞",有些是由于立法者考虑现实的复杂而故意留下的"模糊地带"。不管属于哪一种情况,都为执法者留下了根据情况斟酌处理的余地,法理上称之为"行政自由裁量"。

自由裁量并不等于任意裁量,执法者享有自由裁量权不意味着可以恣意行事。对于行政机关的自由裁量,法律有一个原则的要求,那就是做到"合理行政"。何谓合理,在不同的情形下有不同的具体要求,也难以有一个绝对统一的标准。但是,如果行政机关的行为明显不当,通情达理、讲求公道的人都看得出其不合理,那将构成对其自由裁量权的滥用。滥用裁量也是违法的,应当撤销。

大体而言,合理行政有如下原则性标准:(1)行政行为需出于正当的行政目的,不能考虑法律上无关的因素。(2)讲求诚实信用,保护信赖利益。即使行政行为违反法律,或者行政行为作出后由于时势变迁而需要变更,如果当事人本着对政府的真诚信赖已经实施相应行为,那么,对当事人的正当利益应当予以保护。至于具体的保护方式和范围,应当权衡公共利益与私人利益而定。这一点也称为"信赖保护原则"。(3)平等对待。同类情形同样处理,没有正当理由不得差别对待。涉及双方争执或者几方竞争的,必须公平对待。(4)行为适度。所采取的行政措施或处理决定应当与行政目的相称,不允许"杀鸡用牛刀"。这一条被称为"适当原则"或者"比例原则"。

(三)行政违法承担责任

行政机关对于自己的违法行为应当承担责任。如果行政机关拒不纠正违法,当事人可以通过行政复议、行政诉讼等法定途径解决。保障公民上法院打官司的权利,依法解决行政纠纷,是法治国家的重要原则。

行政机关承担责任的方式有:撤销违法的行政行为或者确认其违法,必要时可以责令重新作出行政行为;对于行政机关拒不履行法定义务的违法(学理上称"不作为违法"),可以限期履行;如果行政机关的违法行为给公民、法人或者其他组织造成损害,行政机关应当根据《国家赔偿法》予以赔偿。对有故意或者重大过失的责任人员,有关机关应当给予处分;构成犯罪的,依法追究刑事责任。

对于经过行政复议或者行政诉讼,确定行政机关应当向公民、法人或者其他组织承担侵权责任,而行政机关不履行的,当事人可以向法院申请强制执行。法院可以通知银行从该行政机关的账户内划拨,对该行政机关负责人处以罚款,将行政机关拒绝履行的情况向社会公告或者向有关机关提出司法建议,直至对该行政机关直接负责的主管人员和其他直接责任人员予以拘留。

第二节 行政组织法

行政活动主要由依法设立的行政机关进行。在特定情况下,一些社会组织经法律、法规授权也从事行政管理。行政活动以行政组织的名义实施,但最终都是通过具体的个人即公务员进行。下面分别介绍这三种行政法上的主体。

一、行政机关

(一)行政机构的设置

国务院即中央人民政府,是最高国家行政机关。2018年国务院机构改革后,除国务院办公厅外,国务院设置组成部门26个,另有直属机构、办事机构、直属事业单位若干。

地方行政系统一般分为四级:省、自治区和直辖市,市(地级市)或者自治州,县、市(县级市)或者自治县,乡、镇或者民族乡;在直辖市和地级市,通常设区、县,下为乡镇或者街道办事处(区级政府的派出机构)。县级以上地方人民政府所属的部门,多数与国务院的部门在机构和职能上对应,上下一条线,例如公安、卫生、工商行政管理等。但也有一些机构,从地方实际出发,有一些变动。例如,国务院设建设部,省、自治区政府设建设厅,到了市一级,可能分设规划、建设、房地产、市政管理等多个部门。有的地方政府所设的部门(例如国土规划局、建设和交通委员会),还同时对应国务院其他部门的职能。

除了各级政府的组成部门,政府机关还有部委管理的局,以及各种派出机构、咨询机构和议事协调机构,如各种"领导小组""联席会议"和"指挥部"。原则上,这些机构不能以自己名义对外行使职权。但法律、法规可能授权一些行政机关的内设机构(例如原国家工商行政管理总局的商标评审委员会)或者派出机构(例如公安派出所),独立对外行使职权。

(二) 行政系统上下级关系

依照宪法的规定,国务院统一领导全国地方各级国家行政机关的工作,有权改变或者撤销地方各级国家行政机关不适当的决定和命令;县级以上地方人民政府领导下级人民政府的工作,有权改变或者撤销下级人民政府不适当的决定。

政府部门上下级之间的职能分工,根据法律、法规而定。大体而言,县级政府的工作部门承担着主要的行政执法职能。例如,《行政处罚法》规定,行政处罚由违法行为发生地的县级以上地方人民政府具有行政处罚权的行政机关管辖,法律、行政法规另有规定的除外。

依照《地方各级人民代表大会和地方各级人民政府组织法》的规定,县级以上地方各级政府的工作部门依照法律、行政法规的规定受上级政府主管部门的业务指导或者领导。海关、边防、国税、银行、外汇等机关,实行垂直管理。为了减少地方政府的干预,我国在工商行政、国土资源、食品药品、环境保护等部门还尝试实行省以下垂直管理体制。目前,上下级政府以及上下级政府部门之间的关系仍处在探索和调整的过程中。

(三) 行政机关内部的领导体制

首长负责制与委员会制是两种基本的行政组织方式。

1. 首长负责制

首长负责制是指行政决定由行政机关首长最终拍板,并承担最终责任。中国目前的大多数行政机关,包括作为政府组成部门的委员会,都实行首长负责制。但在民主集中制下,重大问题通常由行政首长与副职领导等行政机关负责人共同讨论决定。个别法律明确要求重大事项应当经过行政机关负责人集体讨论。例如,《行政处罚法》第38条:"对情节复杂或者重大违法行为给予较重的行政处罚,行政机关的负责人应当集体讨论决定。"一些法律规定,行政机关内部机构的负责人甚至一般行政执法人员可以行使一定的决定权。例如,《行政处罚法》第33条规定,对公民处以50元以下、对法人或者其他组织处以1000元以下罚款或者警告的,行政执法人员可以当场作出决定。这两种情况并不违反首长负责制原则。

2. 委员会制

我国仍有少数行政性的机构实行真正的委员会制。例如,学位评定委员会、专利复审委员会、证券发行审核委员会等,其决定由全体委员按照少数服从多数的原则作出。《学位条例》第 10 条规定,学位评定委员会的"决定以不记名投票方式,经全体成员过半数通过"。《证券法》曾经规定,中国证监会下设发行审核委员会,"以投票方式对股票发行申请进行表决",提出审核意见。这类机构多半不能以自己名义直接对外作出行政决定。

二、其他行使行政职权的组织

除了行政机关,在我国还有一些社会组织经法律、法规授权行使一定的行政职能。例如,公立高等学校在学生招录、学籍管理、纪律处分和学位证书的授予上,被认为行使的是行政职权。此外,还有一些行政性公司,如盐务局、烟草专卖局、邮电局、供电局,既是企业又是行政机构;当它们行使行政职能时,也受行政法的调整。某邮电局拒绝为当地的中医院开通 120 急救电话,被起诉到法院。法院认为,邮电局在开通 120 急救电话的事项上行使的是行政职能。一些社团组织,如残疾人联合会、足球协会,也被认为具有一定的行政职能。但这方面的法律关系还有待澄清。

行政机关以外的组织经法律、法规授权,可以以自己名义对外行使职权。这些组织在行使职权时,应当遵循行政法的相关规定。近年来发生了多起针对高等学校的行政诉讼案件,法院受理了这些案件并把行政法的规则和原则适用于高等学校的行为。《行政诉讼法》(2014 年修正)第 2 条规定,法律、法规、规章授权的组织作出的行政行为也适用该法。这些组织还应当对其实施的行为自行承担法律后果。《国家赔偿法》第 7 条规定,法律、法规授权的组织在行使授予的行政权力时侵犯当事人的合法权益造成损害的,该组织应当承担赔偿责任。

上述非政府组织的存在有助于行政机构的精简,也有助于政府与社会的良性互动。它们与政府一道履行公共职能,构成了一道政府与社会组织合作治理社会的现代景观。

三、公务员

(一)公务员的性质和范围

中国古代有发达的文官制度,中国当代公务员制度却是从干部制度演变而来,其中借鉴了西方国家公务员管理的一些经验。但与西方文官制度奉行择优录用、政治中立、终身任职的原则不完全相同,我国的公务员制度强调贯彻中国共产党的路线和方针,坚持党管干部原则。我国《公务员法》制定于2005年,2018年做了全面修订。

《公务员法》第2条规定,凡是"依法履行公职、纳入国家行政编制、由国家财政负担工资福利的工作人员",均属公务员。据此,司法机关、立法机关乃至共产党、民主党派各级组织和其他社会团体中符合上述定义的人员,也属于公务员。截至2015年底,全国共有公务员716.7万人。他们中大多数在各级行政机关任职。

我国实行公务员职务与职级并行制度,根据公务员职位类别和职责设置公务员领导职务、职级序列。公务员领导职务根据宪法、有关法律和机构规格设置。领导职务层次分为:国家级正职、国家级副职、省部级正职、省部级副职、厅局级正职、厅局级副职、县处级正职、县处级副职、乡科级正职、乡科级副职。公务员职级在厅局级以下设置。综合管理类公务员职级序列分为:一级巡视员、二级巡视员、一级调研员、二级调研员、三级调研员、四级调研员、一级主任科员、二级主任科员、三级主任科员、四级主任科员、一级科员、二级科员。综合管理类以外其他职位类别公务员的职级序列,根据本法由国家另行规定。

(二) 公务员的录用、交流和回避

《公务员法》规定,录用担任一级主任科员以下及其他相当职务层次的非领导职务公务员,采取公开考试、严格考察、平等竞争、择优录取的办法。报考公务员的,应当具有中国国籍,年满18周岁,拥护宪法,品行良好,具有正常履行职责的身体条件和心理素质,具有符合职位要求的文化程度和工作能力;报考特定职位公务员的,还应当符合其他法律规定的条件,以及省级以上公务员主管部门规定的拟任职位所要求的资格条件。例如,行政机关中初次从事行政处罚决定审核、行政复议、行政裁决、法律顾问的公务员,应当通过统一法律职业资格考试。曾因犯罪受过刑事处罚,被开除中国共产党党籍或者开除公职,被依法列为失信联合惩戒对象,以及有其他法律规定情形的,不得录用为公务员。

公务员是干部队伍的重要组成部分,国家实行公务员交流制度。公务员可以在公务员队伍内部交流,也可以与国有企业事业单位、人民团体和群众团体中从事公务的人员交流。交流的方式包括调任、转任;根据工作需要,机关可以采取挂职方式选派公务员承担专项工作。

公务员的任职和工作遵循回避制度。《公务员法》规定,公务员之间有夫妻关系、直系血亲关系、三代以内旁系血亲关系以及近姻亲关系的,不得在同一机关双方直接隶属于同一领导人员的职位或者有直接上下级领导关系的职位工作,也不得在其中一方担任领导职务的机关从事组织、人事、纪检、监察、审计和财务工作。公务员不得在其配偶、子女及其配偶经营的企业、营利性组织的行业监管或者主管部门担任领导成员。公务员担任乡级机关、县级机关、设区的市级机关及其有关部

门主要领导职务的,应当按照有关规定实行地域回避。公务员执行公务时,涉及本人或近亲属的利害关系,或者有其他可能影响公正执行公务的情形的,应当回避。

(三)公务员的义务与权利

《公务员法》规定了公务员的义务与权利。其义务可以概括为以下几个方面:(1)忠于宪法,模范遵守、自觉维护宪法和法律,自觉接受中国共产党领导的义务。(2)忠于国家,维护国家的安全、荣誉和利益。(3)忠于人民,全心全意为人民服务,接受人民监督。(4)忠于职守,勤勉尽责,服从和执行上级依法作出的决定和命令,按照规定的权限和程序履行职责,努力提高工作质量和效率;(5)保守国家秘密和工作秘密。(6)带头践行社会主义核心价值观,坚守法治,遵守纪律,恪守职业道德,模范遵守社会公德、家庭美德。(7)清正廉洁,公道正派。(8)法律规定的其他义务。

《公务员法》规定了公务员的如下权利:获得履行职责应当具有的工作条件;非因法定事由、非经法定程序,不被免职、降职、辞退或者处分;获得工资报酬,享受福利、保险待遇;参加培训;对机关工作和领导人员提出批评和建议;提出申诉和控告;申请辞职;等等。公务员对处分、辞退等涉及本人的人事处理决定不服的,可以申请复核或者提出申诉。目前法律还没有赋予公务员向法院起诉的权利。

(四)公务员行为的法律后果

公务员行为的法律后果,可分为两种情况讨论:一是公务员的私人行为,二是公务行为。公务员与行使职权无关的私人行为,后果由公务员本人承担。

公务员实施家庭暴力、赌博、吸毒、卖淫嫖娼等违法犯罪活动的,除了依法予以行政处罚或者刑事处罚,还应予以政务处分。对公务员的政务处分,自2020年7月起适用《公职人员政务处分法》的规定。

公务员行使行政职权的行为系公务行为,其后果归于该公务员所属的行政机关。因为公务行为违法给人造成损害的,行政机关在承担赔偿责任后,可以向有故意或者重大过失的公务员追偿部分或者全部赔偿费用;对有故意或者重大过失的责任人员,有关机关给予政务处分,直至追究刑事责任。但当事人不能就公务行为对公务员本人提起诉讼,或者要求其赔偿。

第三节 行政行为法

行政组织的活动复杂多样。他们可以制定行政法规、规章或者其他规范性文件,编制城市规划和产业规划,征收土地、赋税,征用兵役和劳务,颁发许可,施加处罚;在特定领域,经法律授权,还可以裁决私人之间的纠纷(例如土地使用权争议);对不履行行政决定的单位和个人,还可以依法强制执行。近几年,行政机关的服务功能得到强化,行政机关大量兴建各种公共设施,提供社会保障和资助,提供和发布各种信息。行政执法手段文明化、多样化,强调激励和合作,出现了行政奖励、行政合同和行政指导等"软行政"。

下面着重介绍行政立法、行政处罚、行政许可、行政强制和政府信息公开这五种行政行为。

一、行政立法

(一) 行政立法概述

随着政府职能的扩张,完全由立法机关(各级人大)来制定法律已经很难应付当今纷繁复杂的事务。较高级别的行政机关根据法律授权,制定行政法规和规章。行政机关在行使这些职权的时候,扮演着类似立法机关的规则制定者的角色。"行政立法"的概念由此诞生。

依照《宪法》《立法法》等的规定,国务院有权制定行政法规,国务院各部门、省级政府和地级市的政府可以制定规章。从数量上看,行政立法已呈汪洋大海,而人大立法只是大海中的孤岛。在国家行政管理中,行政立法扮演着举足轻重的角色,对公民、企业常常利害攸关。

除了行政法规和规章,各级行政机关还制定种类庞杂、数量浩瀚的法律规范性文件。从形式上看,这些规范性文件常常名为决定、命令、指示、"通知""通告"等,多以红头文件的形式出现。从制定主体上,可分为两类:一是具有行政法规和规章制定权的行政机关制定的行政法规和规章以外的规范性文件;二是没有行政法规和规章制定权的行政机关制定的规范性文件。从内容上,包括两种:一种是仅仅规定行政机关内部分工、程序、责任等的内部文件,与相对人没有直接利害关系;另一种则为相对人设定权利义务。这些规范性文件在行政管理活动中不可或缺,但通常不认为它们属于法的范畴。法治并不一概否定这些规范性文件的效力,但其法律效力层次较低,其合法性有待审查。

(二) 行政立法权限

行政立法除了行政立法机关遵循各自的管辖事务范围,还要遵循法律保留和法律优先两大原则。

1. 法律保留

法律保留是指,有些事项的立法权只属于法律,其它法律规范性文件无权规定。那些涉及公民基本权利,或者对公民、法人或者其他组织有重大影响的事项,通常属于法律保留范围。法律保留意味着对全国人大及其常委会至高地位的肯定,构成对国务院、地方人大和地方政府立法权的限制。

法律保留原则在宪法中有所体现,《立法法》对法律保留作了更为全面的规定。

依照《立法法》第 8 条的规定,以下事项为国家专属立法权,只能由法律规定:(1)国家主权的事项;(2)各级人民代表大会、人民政府、人民法院和人民检察院的产生、组织和职权;(3)民族区域自治制度、特别行政区制度、基层群众自治制度;(4)犯罪和刑罚;(5)对公民政治权利的剥夺、限制人身自由的强制措施和处罚;(6)税种的设立、税率的确定和税收征收管理等税收基本制度;(7)对非国有财产的征收;(8)民事基本制度;(9)基本经济制度以及财政、海关、金融和外贸的基本制度;(10)诉讼和仲裁制度;(11)必须由全国人民代表大会及其常务委员会制定法律的其他事项。

根据《立法法》规定,对上述专属立法事项尚未制定法律的,全国人大及其常委会可以授权国务院根据实际需要,在授权决定规定的目的、范围内,对其中的部分事项先制定行政法规。但无论如何,有关犯罪和刑罚、对公民政治权利的剥夺和限制人身自由的强制措施和处罚、司法制度等事项的立法权不能转授。这些称为法律绝对保留。

国务院 1982 年制定的《城市流浪乞讨人员收容遣送办法》,在没有法律依据的情况下,规定了强制性的收容遣送制度,不符合法律保留原则。2003 年,在"孙志刚事件"发生后,国务院主动废止了该条例。

2. 法律优先

法律优先,也称法律优先适用原则。这一原则要求:在法律已经对某个事项作出规定时,法规、规章都不能与之相抵触;法律和法规(或者规章)对同一事项都有规定的,应当优先适用法律;法规、规章抵触法律的,执法机关应当适用法律,而不能适用法规、规章。确立法律优先原则是为了维护法律规范的统一。如果允许法出多门、各不相同,势必造成"依法打架"的局面。

从法律优先原则推而广之,在不同层级的法律规范之间发生冲突时,层级高的法律规范优先适用,层级低的法律规范服从层级高的法律规范,也称"下位法服从上位法"。例如,依照原《公路管理条例》规定,不按照国家规定缴纳养路费、通行费的,公路主管部门可以分别情况,责令其补交并处以罚款。该条例没有规定扣押汽车的措施。某省政府规章却规定,对拖缴、逃缴公路规费的单位和个人,除了责令补交、罚款外,还可以扣押其汽车行驶证、驾驶证或者汽车。这个规章是抵触行政法规的,所以,执法机关只能适用行政法规,不能适用该规章。如果公路主管部门依据该规章作出扣押汽车或者汽车行驶证的决定,就是适用法律错误。在行政执法实践中,有些行政人员由于对法律规范不了解或者出于枉法故意,不适用法律而适用层级低的法律文件,这是导致适用法律错误的常见原因之一。

(三)行政立法程序

行政立法要遵循一定的程序。除了《立法法》的规定,国务院的《行政法规制定程序条例》和《规章制定程序条例》也是行政立法程序的主要依据。依法不具有规章制定权的县级以上地方政府制定、发布具有普遍约束力的决定、命令,参照规章制定程序执行。此外,国务院部门、地方政府也规定了相应的规章和其他规范性文件的制定程序。

通常,行政立法可以分为立项、起草、审查、决定和公布几个环节。立项一般由行政立法机关的组成部门或者内设机构提出。立项申请应当说明制定行政法规、规章的必要性,所要解决的主要问题,拟确立的主要制度。行政法规、规章可以由行政立法机关所属的一个部门或者几个部门具体负责起草工作,也可以确定由其法制机构起草或者组织起草。起草和审议过程中,可能需要调查研究,总结实践经验,借鉴其他国家、地区的做法,也需要广泛听取有关国家机关、组织、公民和有关专家的意见。听取意见可以采取书面征求意见、座谈会、论证会、听证会等多种形式。行政法规、规章草案直接涉及公民、法人或者其他组织切身利益,有关机关、组织或者公民对其有重大意见分歧的,会向社会公布,征求社会各界的意见。《国有土地上房屋征收与补偿条例》在制定过程中就先后两次公布草案,征求意见。行政立法草案应当由行政立法机关的首长办公会议(政府常务会议或者全体会议、部务会议或者委员会会议)决定。行政立法不需要像法律制定那样的"三审"过程,可能在一次会议讨论通过。通过后,由行政立法机关首长签署命令予以公布,并及时在政府公报和在全国或者地区范围内发行的报纸上刊登。在政府公报上刊登的行政法规、规章文本为标准文本。

二、行政处罚

行政处罚是行政机关对公民、法人或者其他组织违反行政法义务、损害行政管理秩序、尚不构成犯罪的行为给予的制裁。行政处罚的类型包括警告、通报批评等申诫性质的处罚,罚款、没收非法财物、没收违法所得等财产处罚,暂扣或者吊销许可证、甚至营业执照之类的行为资格处罚;最严重的,还可以进行行政拘留、劳动教养等人身自由的处罚。行政处罚对于惩戒违法,维护行政管理秩序有着重要的作用。在目前行政机关实施的行政行为中,行政处罚占有相当数量。

1996年全国人大通过的《行政处罚法》,是一部专门、系统地规范行政处罚的重要法律。它对于完善我国行政处罚法律制度,治理"乱罚""滥罚",有着重大意义。它所确立的立法精神和采用的立法技术,也是依法行政的一个可贵探索。

(一)行政处罚的原则

《行政处罚法》确立了行政处罚的四项基本原则:

1. 处罚法定原则

《行政处罚法》第3条规定:"公民、法人或者其他组织违反行政管理秩序的行为,应当给予行政处罚的,依照本法由法律、法规或者规章规定,并由行政机关依照本法规定的程序实施。没有法定依据或者不遵守法定程序的,行政处罚无效。"该法还对行政处罚的主体及其管辖、委托处罚、处罚程序等作了统一规定。

2. 公正、公开原则

《行政处罚法》第4条规定:"设定和实施行政处罚必须以事实为依据,与违法行为的事实、性质、情节以及社会危害程度相当。"这一款要求过罚相当。值得注意的是,它不但是对实施行政处罚的要求,还是对设定行政处罚的要求。如果法律、法规、规章对行政处罚的设定过罚不相当,亦属违反公正原则。该条还规定:"对违法行为给予行政处罚的规定必须公布;未经公布的,不得作为行政处罚的依据。"

3. 处罚与教育相结合的原则

《行政处罚法》第5条规定:"实施行政处罚,纠正违法行为,应当坚持处罚与教育相结合,教育公民、法人或者其他组织自觉守法。"行政处罚具有惩罚的性质,同时又是为了通过惩罚来教诫违法者本人以及他人。为此,该法又具体规定,"违法行为轻微并及时纠正,没有造成危害后果的,不予行政处罚";对当事人具有主动消除或者减轻违法行为危害后果、受他人胁迫而违法、配合行政机关查处违法行为有立功表现等情形的,应当依法从轻或者减轻行政处罚。该法同时还规定,"行政机关实施行政处罚时,应当责令当事人改正或者限期改正违法行为"。

4. 权利保护原则

《行政处罚法》第6条规定:"公民、法人或者其他组织对行政机关所给予的行政处罚,享有陈述权、申辩权;对行政处罚不服的,有权依法申请行政复议或者提起行政诉讼;因行政机关违法给予行政处罚受到损害的,有权依法提出赔偿要求。"该法特别强调了对当事人程序权利的保护。行政机关在作出行政处罚决定之前,应当告知当事人作出行政处罚决定的事实、理由及依据,并告知当事人依法享有的权利。行政机关必须充分听取当事人的意见,不得因当事人申辩而加重处罚。行政机关及其执法人员在作出行政处罚决定之前,未向当事人告知给予行政处罚的事实、理由和依据,或者拒绝听取当事人的陈述、申辩,行政处罚决定不能成立。

此外,《行政处罚法》还规定了一些具体的原则。例如,对当事人的同一个违法行为,不得给予两次以上罚款的行政处罚;除非法律另有规定,违法行为在二年内未被发现的,不再给予行政处罚。

(二)行政处罚的设定权

在《行政处罚法》制定前,我国法律对行政处罚的形式没有限定,实践中多达几百种。有些行政规章乃至县、乡政府文件,自授权力,动辄规定吊销证照、没收财物、大额罚款等处罚。《行政处罚法》对处罚种类作了统一规定,把行政处罚的种类限于下列几种:警告,罚款,没收违法所得、没收非法财物,责令停产停业,暂扣或者吊销许可证、执照,行政拘留。为保持灵活性,《行政处罚法》规定法律、行政法规可以创设上述列举以外的其它处罚形式;为防止滥设处罚种类,该法同时禁止地方性法规和规章创设上述列举以外的其他处罚形式。

即使在上述处罚种类范围内,行政处罚的设定权也随着法律形式的不同而不同。《行政处罚法》规定:(1)法律可以设定各种行政处罚,而限制人身自由的行政处罚只能由法律设定。(2)行政法规可以设定除限制人身自由以外的行政处罚。(3)地方性法规可以设定除限制人身自由、吊销企业营业执照以外的行政处罚。(4)对违反行政管理秩序的行为,应当处罚而尚未制定法律、行政法规的,国务院部门规章可以设定警告或者一定数量罚款的行政处罚。罚款的限额由国务院规定。(5)对违反行政管理秩序的行为,应当处罚而尚未制定法律、法规的,地方政府规章可以设定警告或者一定数量罚款的行政处罚。罚款的限额由省、自治区、直辖市人民代表大会常务委员会规定。(6)除法律、法规和规章外,其他规范性文件不得设定任何行政处罚。

此外,依据《行政处罚法》规定,高层级的法律文件已经作出行政处罚的规定,低层级法律文件可以在前者规定的应予处罚的行为、处罚种类和幅度范围内作出具体规定。这种规定是解释性而不是创制性的,所以不得与前者相抵触。例如,《渔业法》规定,违反关于禁渔区、禁渔期的规定进行捕捞的,"没收渔获物和违法所得,处以罚款,并可以没收渔具,吊销捕捞许可证",而没有规定没收用于非法捕捞的渔船。某省的地方性法规《渔业法实施细则》在上述处罚方式以外,还规定行政机关可以没收用于非法捕捞的渔船。这样的规定就因抵触《渔业法》而无效。

(三) 行政处罚的程序

《行政处罚法》对行政处罚程序作了比较科学、完备的规定。依据该法,行政处罚程序分为决定程序和执行程序;行政处罚的决定程序又可分简易程序、一般程序和听证程序三大类。其中对听证程序的规定,在我国法律中尚属首次,表明我国在行政程序法治化方面前进了一大步。

对于案情简单、违法事实清楚、证据确凿,没有必要进一步调查取证的违法行为,例如被执法人员当场看到的轻微违法,法律规定可以采用简易程序,当场作出行政处罚决定。执法人员向当事人出示执法身份证件,口头告知当事人作出行政处罚决定的事实、理由及依据,以及当事人依法享有的权利,填写预定格式、编有号码的行政处罚决定书,并当场交付当事人。简易程序只适用于对公民处 50 元以下、对法人或者其他组织处 1000 元以下罚款或者警告的行政处罚。其他法律另有规定的,从其规定。例如,《道路交通安全法》第 107 条规定,对道路交通违法行为人予以 200 元以下罚款,交通警察可以当场作出行政处罚决定。

对于情节复杂,或者处罚较重,或者当事人对执法人员的事实认定有分歧,致使执法人员无法当场作出行政处罚决定的案件,则适用一般程序。一般程序首先是调查取证。行政机关在进行调查或者检查时,执法人员不得少于两人;行政机关在收集证据时,可以采取抽样取证的方法;在证据可能灭失或者以后难以取得的情况下,经行政机关负责人批准,可以先行登记保存;执法人员与当事人有直接利害关系的,应当回避。其次,行政机关在调查的基础上,由行政机关负责人根据情况作出决定;对情节复杂或者重大违法行为给予较重的行政处罚,行政机关的负责人应当集体讨论决定。最后,行政处罚应当制作行政处罚决定书。行政处罚决定书应当载明法律规定的事项,包括当事人的姓名或者名称、地址,违反法律、法规或者规章的事实和证据,行政处罚的种类和依据,行政处罚的履行方式和期限,申请行政复议或者提起行政诉讼的途径和期限,作出行政处罚决定的机关和日期。

行政机关作出责令停产停业、吊销许可证或者执照、较大数额罚款等行政处罚决定之前,应当告知当事人有要求听证的权利;当事人要求听证的,行政机关应当组织听证。《行政处罚法》还对听证制度的主要内容作了规定:行政机关应当在听证的 7 日前,通知当事人举行听证的时间、地点;除涉及国家秘密、商业秘密或者个人隐私外,听证公开举行;听证由行政机关指定的非本案调查人员主持;当事人认为主持人与本案有直接利害关系的,有权申请回避;当事人可以亲自参加听证,也可以委托一至二人代理;举行听证时,调查人员提出当事人违法的事实、证据和行政处罚建议,当事人进行申辩和质证;听证应当制作笔录,行政机关在听证结束后根据听证情况作出处理决定。《行政处罚法》颁布后,一些国务院部门和地方政府纷纷制定、公布了相应的听证细则,以贯彻新建的行政处罚听证规则。

在执行程序上,《行政处罚法》还确立了"裁执分离"的制度。首先是时间上的分离。只有当当事人在规定期限内不履行处罚决定才予以强制执行,一般不当场执行。其次是罚款决定和罚款收缴机构的分离。过去由于对罚款收缴缺乏监督和制约,一些行政机关把罚款当成"创收"渠道,导致乱罚、滥罚。针对这种情况,《行政处罚法》明确规定,"作出罚款决定的行政机关应当与收缴罚款的机构分离"。除了该法规定可以当场收缴罚款的几种例外情形外,作出行政处罚决定的行政机关及其执法人员不得自行收缴罚款,而由当事人到指定的银行缴纳。罚款、没收违法所得或者没收非法财物拍卖的款项,必须全部上缴国库,任何行政机关或者个人不得以任何形式截留、私分或者变相私分;财政部门不得以任何形式向作出行政处罚决定的行政机关返还罚款、没收的违法所得或者返还没收非法财物的拍卖款项。

三、行政许可

行政许可是行政机关根据公民、法人和其他组织的申请,以颁发许可证、执照等方式准许其从事特定活动的行为。从性质上讲,行政许可是国家对社会的一种管制措施,是建立在普遍限制和禁止基础上的解禁行为。行政许可在不同法律中可能有不同名称,包括登记、证明、认可、许可、准许、核准、批准等等。行政许可形式繁多,其中多数是颁发证照,包括许可证、执照、登记证、通行证、驾驶证、持枪证、护照等。

2003年8月,全国人大常委会通过了《行政许可法》,从次年7月1日起施行。下面简要阐述该法的主要精神。

(一) 节制行政许可的运用,规范行政许可的设定

行政许可是现代国家治理社会的一种常用手段。在很多情况下,设立行政许可有利于维持经济、社会秩序和公共安全,保护被许可人或者其他人的权利。但同时,行政许可是有代价的:它会给人民带来"麻烦",它的运行需要成本,它容易滋生腐败。在实践中,行政许可范围急剧膨胀,出现了行政机关竞相创设许可,借机扩张权力、牟取利益的现象,甚至出现行政许可交叉、重复现象。行政许可的泛滥,给公民、法人的财力、精力造成极大负担,损害了市场经济秩序的健康发展。为此,《行政许可法》第4条规定:"设定和实施行政许可,应当依照法定的权限、范围、条件和程序。"

关于哪些事项可以设定行政许可,《行政许可法》第13条规定,通过下列方式能够予以规范的,可以不设行政许可:(1)公民、法人或者其他组织能够自主决定的;(2)市场竞争机制能够有效调节的;(3)行业组织或者中介机构能够自律管理的;(4)行政机关采用事后监督等其他行政管理方式能够解决的。该法还规定,起草法律、法规和地方政府规章草案,拟设定行政许可的,起草单位应当采取听证会、论证会等形式听取意见,并向制定机关说明设定该行政许可的必要性、对经济和社会可能产生的影响以及听取和采纳意见的情况。行政许可的设定机关还应当定期对其设定的行政许可进行评价;对已设定的行政许可,通过前述方式能够解决的,应当对设定该行政许可的规定及时予以修改或者废止。

关于谁有权设定行政许可,《行政许可法》规定,法律可以设定行政许可。尚未制定法律的,行政法规可以设定行政许可;必要时,国务院也可以采用发布决定的方式设定行政许可。尚未制定法律、行政法规的,地方性法规可以设定行政许可。尚未制定法律、行政法规和地方性法规的,因行政管理的需要,确需立即实施行政许可的,省级政府规章可以设定临时性的行政许可;临时性的行政许可实施满一年需要继续实施的,应当提请本级人大或其常委会制定地方性法规。除了上面提到的法律、行政法规(或者国务院决定)、地方性法规和地方政府规章,上述机关不得用其他形式的规范性文件设定行政许可。除了上述机关,其他国家机关更是不得设定行政许可;国务院的部门,也无权自行创设行政许可。

《行政许可法》对设定行政许可的内容也作了限制。首先,法规、规章可以在上

位法设定的行政许可事项范围内,对实施该行政许可作出具体规定。但是,法规、规章对实施上位法设定的行政许可作出的具体规定,不得增设行政许可;对行政许可条件作出的具体规定,不得增设违反上位法的其他条件。其次,地方性法规和省级政府规章,不得设定应当由国家统一确定的公民、法人或者其他组织的资格、资质的行政许可;不得设定企业或者其他组织的设立登记及其前置性行政许可。其设定的行政许可,不得限制其他地区的个人或者企业到本地区从事生产经营和提供服务,不得限制其他地区的商品进入本地区市场。

《行政许可法》颁布前后,全国范围进行了一系列的"行政审批制度改革",各级行政机关对行政审批项目进行了多次清理。

(二)行政许可的实施

在《行政许可法》制定前,不但行政许可项目繁多,行政许可的实施也存在严重问题。例如,申请手续烦琐、多头审批;行政许可标准不明确,缺乏公平保障;审批期限不确定,许可机关拖延;许可程序不健全,公开性和参与性差;行政机关利用许可乱收费。为此,《行政许可法》对行政许可的实施问题有针对性地作了规定。其精神体现在三个方面:许可法定;公开、公平、公正;高效便民。

1. 行政许可法定

第一,实施机关法定。行政许可由具有行政许可权的行政机关在其法定职权范围内实施。法律、法规授权的具有管理公共事务职能的组织,在法定授权范围内,以自己的名义实施行政许可。第二,申请文书法定。申请书格式文本中不得包含与申请行政许可事项没有直接关系的内容,行政机关也不得要求申请人提交与其申请的行政许可事项无关的技术资料和其他材料。第三,对申请的处理方式和时限法定。行政机关对申请人提出的行政许可申请,应当依照法律、分别情况作出处理。除当场作出行政许可决定的外,应当在法定期限内按照规定程序作出行政许可决定。申请人的申请符合法定条件、标准的,行政机关应当作出准予行政许可的书面决定。第四,许可决定的形式和效力法定。需要颁发行政许可证件的,应当向申请人颁发加盖本行政机关印章的特定形式的行政许可证件。法律、行政法规设定的行政许可,其适用范围没有地域限制的,申请人取得的行政许可在全国范围内有效。

2. 公开、公平、公正

《行政许可法》规定,行政机关应当将法律、法规、规章规定的有关行政许可的事项、依据、条件、数量、程序、期限以及需要提交的全部材料的目录和申请书示范文本等在办公场所公示;申请人要求行政机关对公示内容予以说明、解释的,行政机关应当说明、解释,提供准确、可靠的信息。行政机关对行政许可申请进行审查时,发现行政许可事项直接关系他人重大利益的,应当告知该利害关系人,并听取申请人、利害关系人的意见。行政机关依法作出不予行政许可的书面决定的，应当说明理由，并告知申请人享有依法申请行政复议或者提起行政诉讼的权利。行政机关根据检验、检测、检疫结果，作出不予行政许可决定的，还应当书面说明不予行政许可所依据的技术标准、技术规范。行政机关作出的准予行政许可决定，应当予以公开，公众有权查阅。

《行政许可法》还要求，法律、法规、规章规定实施行政许可应当听证的事项，或者行政机关认为需要听证的其他涉及公共利益的重大行政许可事项，行政机关应当向社会公告，并举行听证。行政许可直接涉及申请人与他人之间重大利益关系的，行政机关在作出行政许可决定前，应当告知申请人、利害关系人享有要求听证的权利；申请人、利害关系人提出听证申请的，行政机关应当组织听证。

为保障行政许可的公正实施，《行政许可法》还对特定行政许可项目的实施做了特别规定。例如，涉及有限自然资源开发利用、公共资源配置以及直接关系公共利益的特定行业的市场准入的行政许可，除非法律、行政法规另有规定，行政机关应当通过招标、拍卖等公平竞争的方式作出决定。提供公众服务并且直接关系公共利益的职业、行业，需要确定具备特殊信誉、特殊条件或者特殊技能等资格、资质的事项，行政机关根据考试成绩、考核结果等法定条件作出行政许可决定。直接关系公共安全、人身健康、生命财产安全的重要设备、设施、产品、物品，需要通过检验、检测、检疫等方式进行审定的事项，行政机关应当按照技术标准、技术规范依法进行检验、检测、检疫，并根据检验、检测、检疫的结果作出行政许可决定。有数量限制的行政许可，两个或者两个以上申请人的申请均符合法定条件、标准的，除非法律、行政法规另有规定，行政机关应当根据受理行政许可申请的先后顺序作出准予行政许可的决定。

3. 高效便民

第一，申请方式。行政许可申请可以通过信函、电报、电传、传真、电子数据交换和电子邮件等方式提出。申请书需要采用格式文本的，行政机关应当向申请人提供行政许可申请书格式文本。除了依法应当由申请人到行政机关办公场所提出行政许可申请的除外，申请人可以委托代理人提出行政许可申请。第二，决定时限。申请人提交的申请材料齐全、符合法定形式，行政机关能够当场作出决定的，应当当场作出书面的行政许可决定。例如，涉及企业或者其他组织的设立等，需要确定主体资格的行政许可，申请人提交的申请材料齐全、符合法定形式的，行政机关应当当场予以登记。第三，审查机构。行政许可需要行政机关内设的多个机构办理的，该行政机关应当确定一个机构统一受理行政许可申请，统一送达行政许可决定。行政许可依法由地方政府两个以上部门分别实施的，本级政府可以确定一个部门受理行政许可申请后统一办理，或者组织有关部门联合办理、集中办理。第四，收费限制。行政机关实施行政许可和对行政许可事项进行监督检查，不得收取任何费用,除非法律、行政法规另有规定。行政机关提供行政许可申请书格式文本,不得收费。申请人、利害关系人不承担行政机关组织听证的费用。

在国务院的推动下,上述规定取得了明显的成效。例如,企业的注册资本由实缴登记逐步改为认缴登记,企业年检改为年报公示;营业执照、组织机构代码证和税务登记证"三证合一",不再需要分别办理。这些措施大大简化了工商登记程序,降低了企业成本和行政成本。

四、行政强制

(一)行政强制的概念

行政强制是行政机关为确保行政的实效,使用强力实现行政法上义务的措施。2011年制定的《行政强制法》的调整范围,包括行政强制措施和行政强制执行。

行政强制措施,是指行政机关在行政管理过程中,为制止违法行为、防止证据损毁、避免危害发生、控制危险扩大等情形,依法对公民的人身自由实施暂时性限制,或者对公民、法人或者其他组织的财物实施暂时性控制的行为。行政强制措施的种类主要有:限制公民人身自由;查封场所、设施或者财物;扣押财物,冻结存款、汇款。

行政强制执行,是指行政机关或者行政机关申请人民法院,对不履行行政决定的公民、法人或者其他组织,依法强制履行义务的行为。行政强制执行的方式主要是:加处罚款或者滞纳金,划拨存款、汇款,拍卖或者依法处理查封、扣押的场所、设施或者财物,排除妨碍、恢复原状,代履行。

(二)行政强制的设定权

依照《行政强制法》的规定,行政强制措施原则上应由法律设定。尚未制定法律,且属于国务院行政管理职权事项的,行政法规也可以设定行政强制措施,但限制公民人身自由、冻结存款汇款等应当由法律规定的行政强制措施除外。尚未制定法律、行政法规,且属于地方性事务的,地方性法规也可以设定行政强制措施,但限于查封场所、设施或者财物和扣押财物。法律、法规以外的其他规范性文件不得设定行政强制措施。

法律对行政强制措施的对象、条件、种类作了规定的,行政法规、地方性法规不得作出扩大规定。法律中未设定行政强制措施的,行政法规、地方性法规不得设定行政强制措施;但是,法律规定特定事项由行政法规规定具体管理措施的,行政法规可以在上述权限内设定行政强制措施。

行政强制执行的设定权,《行政强制法》只授予法律。法律没有规定行政机关强制执行的,作出行政决定的行政机关应当申请人民法院强制执行。

（三）行政强制的实施机关

《行政强制法》规定，行政强制措施由法律、法规规定的行政机关在法定职权范围内实施，并且不得委托。行政强制措施应当由行政机关具备资格的行政执法人员实施，其他人员不得实施。此外，一些法律、法规规定，行政强制措施应当申请法院实施。例如，《行政监察法》（已废止）曾经规定，监察机关在调查贪污、贿赂、挪用公款等违反行政纪律的行为时，"可以提请人民法院采取保全措施，依法冻结涉嫌人员在银行或者其他金融机构的存款"。

并非作出处理决定的行政机关，都有权对自己的处理决定实施强制执行。中国法律确立的原则是，行政强制执行的实施以申请法院执行为原则，以行政机关自己执行为补充。依据《土地管理法实施条例》和《国有土地上房屋征收与补偿条例》的规定，土地、房屋征收决定的强制执行应由行政机关申请法院执行。但也有十余部法律规定行政机关有权自己执行。例如，《治安管理处罚法》规定："对被决定给予行政拘留处罚的人，由作出决定的公安机关送达拘留所执行。"此外，《行政强制法》还规定了行政机关可以自己强制执行的几种情形。例如，行政机关依法作出金钱给付义务的行政决定，当事人逾期不履行的，行政机关可以依法加处罚款或者滞纳金；在实施行政管理过程中已经采取查封、扣押措施，当事人经催告仍不履行也不申请复议或者诉讼的，行政机关可以将查封、扣押的财物依法拍卖抵缴罚款。又如，对违法的建筑物、构筑物、设施等需要强制拆除的，经行政机关公告限期当事人自行拆除，当事人在法定期限内不申请行政复议或者提起行政诉讼又不拆除的，行政机关可以依法强制拆除。

（四）行政机关强制执行的程序

行政强制的执行程序，在不同情形中可能不一样，法院执行和行政机关执行也不尽相同。此处主要阐述行政机关强制执行的程序。

行政机关强制执行一般应当经过催告、决定强制执行、实施强制执行三个程序。(1)催告。行政机关作出强制执行决定前，应当事先催告当事人履行义务。催告应当以书面形式作出，当事人有权进行陈述和申辩。行政机关未经催告或者催告期未满就直接采取强制，是重大的程序违法。(2)作出强制执行决定。经催告，当事人逾期仍不履行行政决定，且无正当理由的，行政机关可以作出强制执行决定。强制执行决定应当以书面形式作出。(3)实施强制执行。行政机关除了自己强制执行，必要时也可以委托第三人代履行。例如，依法作出要求当事人履行排除妨碍、恢复原状等义务的行政决定，当事人逾期不履行，经催告仍不履行，其后果已经或者将危害交通安全、造成环境污染或者破坏自然资源的，行政机关可以代履行，或者委托没有利害关系的第三人代履行。

（五）强制执行的谦抑和救济

行政强制是一种非常手段，应当有节制地使用。《行政强制法》规定，行政强制的设定和实施，应当适当；采用非强制手段可以达到行政管理目的的，不得设定和实施行政强制；实施行政强制，应当坚持教育与强制相结合。

《行政强制法》的一些具体条文也体现了上述思想。(1)执行协议。实施行政强制执行，行政机关可以在不损害公共利益和他人合法权益的情况下，与当事人达成执行协议。执行协议可以约定分阶段履行；当事人采取补救措施的，可以减免加处的罚款或者滞纳金。(2)禁止野蛮执行。除了紧急情况，行政机关不得在夜间或者法定节假日实施行政强制执行。行政机关不得对居民生活采取停止供水、供电、供热、供燃气等方式迫使当事人履行相关行政决定。(3)执行罚的数额限制。该法规定，加处罚款或者滞纳金的数额不得超出金钱给付义务的数额。

法律还规定了行政强制的救济。公民、法人或者其他组织对行政机关实施行政强制，享有陈述权、申辩权；有权依法申请行政复议或者提起行政诉讼；因行政机关违法实施行政强制受到损害的，有权依法要求赔偿。公民、法人或者其他组织因人民法院在强制执行中有违法行为或者扩大强制执行范围受到损害的，有权依法要求赔偿。

五、政府信息公开

在当代国家，公民具有获取政府信息的权利。行政机关在不侵犯国家秘密、商业秘密和个人隐私的范围内，应当根据当事人申请或者通过主动发布的方式，向公众公开其掌握的全部信息。实行政府公开、保障知情权具有重大的意义。首先，公众对自身和社会状况的了解很大部分依赖于政府掌握的信息，知情权构成个人生存权和发展权的一部分。其次，知情权是民主社会的基石。人民只有详细地知道政府的活动，才能有效参与国家事务的管理。第三，知情权是防止腐败的良药。"阳光是最好的消毒剂"，一切见不得人的事情都是在阴暗的角落里干出来的。

我国的传统崇尚保密。《保守国家秘密法》规定了范围广泛的保密事项和严格的保密制度。一个公民要向行政机关了解情况，常常困难重重。随着政务公开逐步推行，打造"阳光政府"的目标也开始被提出。2007年，国务院制定了《政府信息公开条例》，该《条例》在2019年作了较大修改。

（一）政府信息公开的范围

《政府信息公开条例》具有特定的调整范围，不完全等同于一般意义上的"政务公开"。《条例》第2条规定："本条例所称政府信息，是指行政机关在履行行政管理职能过程中制作或者获取的，以一定形式记录、保存的信息。"根据上述定义，《条例》所调整的政府信息是行政机关已经制作或者获取,并以一定形式记录、保持的信息。公民不能依据该《条例》要求行政机关提供尚不存在的政府信息,更无权依据该《条例》要求行政机关进行专门的调查、分析、解释和预测。当然,即使当事人所申请公开的信息不属于《政府信息公开条例》所调整的"政府信息",不能依据该《条例》获得相关信息,当事人仍然可以依据其他法律获取相关信息。目前主要的依据是,行政程序的当事人所具有的知情权、律师在办案中的文件阅览权。

凡属于政府信息的,原则上都应当公开,法律、行政法规另有规定的除外。不予公开的,主要是下面几类:一是依法确定为国家秘密的政府信息,法律、行政法规禁止公开的政府信息,以及公开后可能危及国家安全、公共安全、经济安全、社会稳定的政府信息,不予公开。二是涉及商业秘密、个人隐私等公开会对第三方合法权益造成损害的政府信息,行政机关不得公开,但是,第三方同意公开或者行政机关认为不公开会对公共利益造成重大影响的,予以公开。三是行政机关的内部事务信息(如人事管理、后勤管理、内部工作流程等方面的信息)、履行职责中的过程性信息(如讨论记录、过程稿、磋商信函、请示报告等)以及行政执法案卷信息,可以不予公开。

(二)政府信息公开的方式

《政府信息公开条例》规定了两种公开方式,一是主动公开,二是依当事人的申请公开。

首先,对涉及公众利益调整、需要公众广泛知晓或者需要公众参与决策的政府信息,行政机关应当主动公开。主动公开可以通过政府公报、报刊广播电视、微博微信手机短信、政府网站、政府信息公开平台、新闻发布会等各种途径。为方便公众查找,《条例》还要求行政机关编制和公布政府信息公开指南、政府信息公开目录,并及时更新。

其次,《条例》第27条规定,除行政机关主动公开的政府信息外,公民、法人或者其他组织可以向具有公开职责的行政机关(含对外以自己名义履行行政管理职能的派出机构和内设机构)申请获取相关政府信息。能够提供的,行政机关应当在规定期限内,尽可能按申请人要求的方式提供;不能提供的,也应当分别情况作出答复。行政机关依申请提供政府信息,原则上不收费;申请人申请公开政府信息的数量、频次明显超过合理范围的,行政机关可以收取信息处理费。

(三)对政府信息公开的监督和救济

公民、法人或者其他组织认为行政机关不依法履行政府信息公开义务的,可以向上一级行政机关或者政府信息公开工作主管部门投诉、举报,也可以依法申请行政复议或者提起行政诉讼。

各级政府应当建立健全政府信息公开工作考核制度、社会评议制度和责任追究制度,定期对政府信息公开工作进行考核、评议。为保障政府信息公开的实施,《条例》还设定了政府信息公开工作年度报告机制,即县级以上人民政府部门应当在每年1月31日前向本级政府信息公开工作主管部门提交本行政机关上一年度政府信息公开工作年度报告并向社会公布,县级以上地方人民政府的政府信息公开工作主管部门应当在每年3月31日前向社会公布本级政府上一年度政府信息公开工作年度报告。政府信息公开工作年度报告应当行政机关主动公开政府信息的情况,行政机关收到和处理政府信息公开申请的情况,因政府信息公开工作被申请行政复议、提起行政诉讼的情况,政府信息公开工作存在的主要问题及改进情况等;各级人民政府的政府信息公开工作年度报告还应当包括工作考核、社会评议和责任追究结果情况。

第四节 行政监督法

在行政活动过程中,当事人对行政行为可能不服,从而引发行政争议,需要解决;行政行为可能侵害公民权利,需要救济;行政权的行使需要监督。行政争议的解决、行政监督和行政救济,在含义上各有侧重,但大体相同。

目前我国已经建立了一套综合的行政监督体系。除了由法院进行的司法审查(行政诉讼)和上级行政机关进行的行政复议,还有各级人大的监督,审计机关和国家监察机关的监督,以及新闻媒体所代表的社会监督。《各级人民代表大会常务委员会监督法》(2006年制定)、《审计法》(2006年修正)、《监察法》(2018年制定)分别是人大监督、审计监督和国家监察的主要依据。此外,根据《信访条例》,公民可以采用书信、走访等形式,向各级政府及其工作部门反映情况,提出建议、意见或者投诉请求,由有关机关依法处理。这也是一种监督形式。

下面着重介绍行政诉讼、行政复议和行政赔偿。

一、行政诉讼

(一)我国建立行政诉讼制度的深远意义

行政诉讼是指公民、法人或者其他组织认为行政机关的行政行为侵犯其合法权益,向有管辖权的法院提起诉讼,由法院依照诉讼程序予以审查并依法裁判的法律制度。

由一个独立的法院依照现代司法程序审查政府的行为,对我国完全是"舶来品"。中华民国时期,曾经设立"平政院"或"行政法院"受理行政案件。但在那个兵荒马乱、靠武力说话的年代,有关行政诉讼的法律基本上是一种摆设。中华人民共和国成立以后很长一段时间,我国没有行政诉讼。自20世纪80年代开始,法院依据各个单行法律,陆续受理行政案件。1989年全国人大制定了《行政诉讼法》,全面建立行政诉讼制度。实施24年后,这部法律在2014年作了重大修改,2017年再次修改,增加了检察机关对行政违法行为提起公益诉讼的规定。

《行政诉讼法》的颁行,是我国行政监督制度和民主法制建设一个显著的里程碑。它是我国民主法制和市场经济发展的产物,同时又有力地推动着民主法制的发展。行政诉讼开创了行政救济的新渠道,提高了人权保护的水准;开创了行政监督的新方式,促进政府依法行政;改变了"官大于民""民不能告官"的传统观念,塑造了政府与人民的新型关系;推动着各项行政法律制度的建立和完善,推动着我国行政法治的进程。

(二) 行政诉讼基本原则

除了遵循合议、回避、代理、两造对抗、公开审理、二审终审等现代司法程序的一般原则,行政诉讼还有若干特殊重要的原则。

1. 人民法院特定主管和独立审判原则

行政诉讼一律由法院受理和裁判,并根据被告情况和案件的特殊情况,由特定法院管辖。多数情况下,行政案件由作出行政行为的行政机关所在地的基层法院作为一审法院;起诉国务院各部门、县级以上人民政府的,则由中级人民法院作为一审法院。法院与被告不存在"上下级关系",而是独立于整个行政系统的另一个系统。法院依法独立审判,不受行政机关、社会团体和个人的干预。在法院内部,设行政审判庭,审理行政案件。

2. 原、被告在诉讼中法律地位平等原则

这一原则在民事诉讼中同样适用,在行政诉讼中则有特殊意义。作为原告的公民、法人与其他组织与作为被告的行政机关,在行政管理过程地位是不平等的。但在行政诉讼中,两者是平等的。原告起诉,被告应诉,双方"对簿公堂"。在法庭上,原告可以质证,与被告展开辩论。被告不能对原告实行压迫和强制。原、被告都要接受法庭指挥,服从法院的生效裁判。

3. 法院对行政行为的合法性进行审查原则

这一原则包含两层含义。一是法院的审查对象是行政行为的合法性,而不是原告行为的合法性。通俗地说,就是"审被告、不审原告"。即使原告有违法行为,法院不得对原告直接给予处罚,或者加重对原告的处罚(利害关系人同为原告的除外)。相反,即使原告的行为是违法的,如果行政机关对原告的处理不合法,也应该撤销(但可以责令被告重作)。这是依法行政的必然要求。合法性审查原则的第二层含义是,法院只对行政行为的合法性进行审查,一般的不合理法院不予干预(严重不合理也构成违法)。法院应当尊重行政机关的专业知识、行政经验和复杂的政策考虑,维护行政机关的合法行为。这是司法权与行政权适当分工的需要。

（三）行政诉讼受案范围

法院能够受理那些行政案件，关系到公民获取司法救济的范围，也影响到司法权与行政权的关系，所以，它是行政诉讼的一个重要问题。《行政诉讼法》(2014年修正)第2条规定了法院受理行政案件的一般原则，第12、13条对法院可以受理和不能受理的事项作了详细列举。其中第13条规定，法院不受理针对下列事项提起的诉讼：(1)国防、外交等国家行为；(2)行政法规、规章或者行政机关制定、发布的具有普遍约束力的决定、命令；(3)行政机关对行政机关工作人员的奖惩、任免等决定；(4)法律规定由行政机关最终裁决的行政行为。除了法律规定不能受理，以及依照行政行为的性质不宜受理并由司法解释明确排除的，都属于行政诉讼的受案范围。从司法实践来看，我国行政诉讼受案范围呈现出不断扩大的趋势，对行政侵权司法救济的渠道在不断拓宽。

（四）行政诉讼证据制度

行政诉讼证据制度的一个显著特点是，由被告对其所作行政行为的合法性负举证责任。被告如果不能证明其所作的行政行为有充分的事实依据，将承担败诉后果。这不但是因为行政机关更有能力来证明，更因为依法行政的原则要求行政机关在做出行政行为时就应当具备充足的证据。

法律还要求被告在受到起诉状副本之日起15日内提交答辩状，并且提供当初做出行政行为的证据、依据；被告不提供或者无正当理由逾期提供的，应当认定该行政行为没有证据、依据，法院将撤销该行政行为。被告在一审过程中没有提交证据，到二审时再提交，也不能挽救其败诉的结果。这是为了防止一些行政机关逃避、阻挠甚至对抗法院的行政审判，导致司法救济落空。

《行政诉讼法》还规定，在诉讼过程中，被告及其诉讼代理人不得自行向原告、第三人和证人收集证据。以非法手段取得的证据，不得作为认定案件事实的根据。

（五）行政诉讼程序

为了解决现实中存在的"立案难"问题，2014年的《行政诉讼法》对诉讼程序做了一些特殊规定。一是把依法立案规定为法律原则，要求法院保障起诉权利，强调行政机关不得干预受理。二是改立案审查制为立案登记制，"对当场不能判定是否符合本法规定的起诉条件的，应当接收起诉状，出具注明收到日期的书面凭证，并在七日内决定是否立案。"三是规定了对不立案的救济。法院拒绝立案的，原告可以视情况提起上诉或者到上一级法院起诉；法院拒收起算材料的，对直接负责的主管人员和其他直接责任人员还可以给予处分。随着这些规定的实施，立案难的问题基本解决，行政案件的数量大幅增加。

为了解决"审理难"的问题，2014年的《行政诉讼法》对诉讼程序也作了一些特殊规定。首先,上级法院有权审理下级法院管辖的第一审行政案件;下级法院对其管辖的第一审行政案件,认为需要由上级法院审理或者指定管辖的,可以报请人民法院决定。其次,经复议的案件,复议机关决定维持原行政行为的,作出原行政行为的行政机关和复议机关是共同被告;复议机关改变原行政行为的,复议机关是被告。也就是说,经过复议的案件,无论复议处理结果如何,复议机关都要当被告。第三,被诉行政机关负责人应当出庭应诉;不能出庭的,应当委托行政机关相应的工作人员出庭。也就是说,行政机关不能仅仅委托律师出庭。

(六)行政诉讼的判决和裁定

法院在审理后,分别情况作出以下判决:

1. 行政行为证据确凿,适用法律、法规正确,符合法定程序的,或者原告申请被告履行法定职责或者给付义务理由不成立的,驳回原告的诉讼请求。

2. 被告不履行法定职责或者给付义务的,判决其在一定期限内履行。

3. 行政行为主要事实不清、证据不足,适用法律错误,违反法定程序,超越职权、滥用职权或者明显不当的,判决撤销该行政行为或者确认该行政行为违法;必要时,可以责令被告在一定期限内重新做出行政行为。

4. 行政处罚明显不当,或者其他行政行为涉及对款额的确定、认定确有错误的,可以判决变更。

5. 违法行政行为给原告造成损害的,判决赔偿。

在涉及行政许可、登记、征收、征用和行政机关对民事争议所作的裁决的行政诉讼中,当事人申请一并解决相关民事争议的,法院可以一并审理并作出相应判决。复议机关与作出原行政行为的行政机关为共同被告的案件,法院应当对复议决定和原行政行为一并作出裁判。

对一审法院的裁判不服的,当事人可以上诉。

二、行政复议

(一)行政复议的概念和历史

行政复议是指公民、法人或者其他组织认为行政机关的行政行为侵犯其合法权益,向作出行政行为的上级机关或者其他法律规定的复议机关申诉,由复议机关依照法定的程序予以复查并依法做出处理决定的法律制度。

我国封建社会就有向上级官员控告,直至"京控",甚至还有专门负责监察文武官吏的专门机构御史台等。但这些都不是现代意义的行政复议。民国时期,曾颁布《诉愿法》,国民因违法或者不当处分受损害的,有权向原处分机关的上级机关或者处分机关提出诉愿和再诉愿。中华人民共和国成立以来一直保障公民向有关国家机关申诉的权利,有一些法律对"复议""复核"或者"复查"作了专门规定。1990

年国务院颁布《行政复议条例》,作为行政诉讼的配套制度。1999年又在总结经验的基础上制定了《行政复议法》。该法目前正在修改过程中。

(二)行政复议的性质及其基本要求

行政复议是行政机关的一种准司法活动,具有行政和司法的双重属性。与行政诉讼相比,行政复议是上级行政机关对下级行政机关的层级监督,范围广泛,力度较强,程序较简略、便捷。这一点显示出它的行政属性。与一般的行政处理决定相比,行政复议是"二次处理",是上级对下级的监督。与一般的上级行政机关监督下级相比,行政复议不是由上级主动对下级展开的调处,也不是下级主动对上级的报告,而是由公民、法人或者其他组织启动、参与并承受其处理结果,是上级行政机关解决公民、法人或者其他组织与下级行政机关之间行政争议的活动。这一点显示出它的司法属性。

行政复议的这种双重性格,有其特点和利弊。作为行政系统的自我监督,它能够充分利用行政人员的知识和经验,有助于监督者与被监督者的沟通。它程序简便,不收费,能够提供相对迅速、廉价的救济渠道。但行政复议毕竟是行政系统内部的自我监督,复议机关的中立性有嫌疑,程序保障也不充分。正因如此,行政复议制度应当遵循两个原则:一是简便高效,行政复议必须遵循一定的程序要求,但不能苛求司法审查那样的严格程序;二是司法最终,行政复议不能"一锤子买卖",对复议结果不服应当允许向法院起诉。

(三)行政复议的范围

《行政复议法》在受案范围方面有了很大的发展。根据该法第2章的规定,行政机关所作出的任何行政行为,除不服行政处分或者其他人事处理决定,以及不服行政机关对民事纠纷作出的调解或者其他处理行为以外,公民、法人或者其他组织认为侵犯其合法权益时,都可以申请复议。

此外,根据《行政复议法》第7条的规定,公民、法人或者其他组织认为行政机关的行政行为所依据的其他规范性文件不合法的,在对行政行为申请复议时,可以一并申请复议机关对规章以下的其他规范性文件进行审查。具体包括:(1)国务院部门的规定;(2)县级以上地方各级人民政府及其工作部门的规定;(3)乡、镇人民政府的规定。

(四)复议机关和复议机构

依法履行复议职责的行政机关为复议机关。鉴于机关林立,叠床架屋,法律分别规定了不同情形下的复议机关。根据《行政复议法》的规定,以下机关为相应的复议机关:(1)对县级以上政府部门的行政行为不服的,本级政府或者上一级主管部门为复议机关,具体由复议申请人选择;但海关、金融、国税、外汇等实行垂直领导的行政机关和国家安全机关的行政行为,复议机关只能是上一级主管部门。(2)对地方政府所作的行政行为不服的,复议机关是上一级政府。(3)对国务院部门或者省、市、自治区政府的行政行为不服的,复议机关为作出该行政行为的机关自身;对其复议决定不服的,可以向法院起诉,也可以向国务院申请裁定,国务院的裁定为最终裁决。

行政复议机关内设的法制工作机构,为复议机构,具体办理行政复议事项。包括:受理复议申请;调查取证,查阅文件、资料;审查被申请复议的行政行为,拟定复议决定;等等。

(五) 复议审查的方式和决定

行政复议被申请人(作出行政行为的行政机关)应当就复议申请提出书面答复,并提交当初做出行政行为的证据、依据和其他有关材料。申请人有权查阅上述材料。根据《行政复议法》第 22 条的规定,行政复议原则上采取书面审查方式。在申请人提出要求或者复议机构认为需要时,可以进行调查,听取申请人、被申请人和第三人的意见。

复议机关在审查后,分别情况作出以下决定:(1)行政行为事实清楚,证据确凿,适用依据正确,程序合法,内容适当,决定维持;(2)被申请人不履行法定职责的,决定其在一定期限内履行;(3)行政行为主要事实不清、证据不足,适用依据错误,违反法定程序,超越职权、滥用职权或者明显不当的,决定撤销、变更该行政行为或者确认该行政行为违法,并可以责令被申请人在一定期限内重新作出行政行为。

三、行政赔偿

(一) 行政赔偿概述

行政赔偿是指行政机关和行政机关工作人员违法行使职权侵犯公民、法人和其他组织的合法权益造成损害的,由国家对受害人予以赔偿的一种行政救济法律制度。行政赔偿是国家赔偿的一种。我国的国家赔偿还包括刑事赔偿和司法赔偿。依据现有规定,刑事赔偿和司法赔偿的赔偿标准与行政赔偿相同,但适用不同的赔偿程序。行政机关在征收、征用过程中,合法行使权力给人造成损害的,应当给予补偿。行政补偿的条件、程序和标准应当依据相关法律、法规,不适用国家赔偿的规定。

由国家对遭受行政侵权的公民予以赔偿,是我国宪法规定的原则,也是公民作为国家主人的体现。从实际功能上讲,国家赔偿是"花钱买平安"。它通过化解受害人对政府的怨气,增强人民对政府的信任,消除社会不安定因素。完善的国家赔偿制度,是民主法治的标志尺和社会稳定的"安全阀"。

党和政府一贯主张"有错必纠",损害要赔偿。"文革"后,拨乱反正,为解决历史遗留问题,我国政府曾对一大批受到不公平待遇的人给予"落实政策"。但是,直到1990年《行政诉讼法》施行,受害人取得行政赔偿才获得了法律保障。1994年制定的《国家赔偿法》对行政赔偿的范围、程序、方式和标准作了规定,标志着我国行政赔偿制度全面确立。该法在2010年作了多处修改。

(二)行政赔偿范围

原则上,行政机关和行政机关工作人员违法行使职权侵犯公民、法人和其他组织的合法权益造成损害的,都应当予以赔偿。具体可分为侵犯人身权和侵犯财产权两种情形。侵犯人身权的情形有:(1)违法拘留或者违法采取限制公民人身自由的行政强制措施的;(2)非法拘禁或者以其他方法非法剥夺公民人身自由的;(3)以殴打、虐待等行为或者唆使、放纵他人以殴打、虐待等行为造成公民身体伤害或者死亡的;(4)违法使用武器、警械造成公民身体伤害或者死亡的;(5)造成公民身体伤害或者死亡的其他违法行为。侵犯财产权的情形有:(1)违法实施罚款、吊销许可证和执照、责令停产停业、没收财物等行政处罚的;(2)违法对财产采取查封、扣押、冻结等行政强制措施的;(3)违法征收、征用财产的;(4)造成财产损害的其他违法行为。

值得指出的是,不单行政机关积极作为的违法侵权应当赔偿,行政机关不履行法定职责,给公民、法人或者其他组织造成损害,也要承担相应的赔偿责任。这是政府"为人民服务"理念的贯彻,也体现了政府服务职能的强化。至于赔偿数额的确定,应考虑行政机关不履行法定职责行为在损害发生的过程和结果中所起的作用等因素。

(三)赔偿义务机关和赔偿程序

赔偿义务机关通常为违法行使行政职权的行政机关,或者违法行使行政职权的行政工作人员所在的行政机关。两个以上行政机关共同行使行政职权,法律、法规授权的组织行使授予的行政权力,受行政机关委托的组织或者个人行使受委托的行政权力,以及赔偿义务机关被撤销或者经复议机关复议的,法律对赔偿义务机关作了特别规定。

赔偿请求人要求赔偿,应当先向赔偿义务机关提出,也可以在申请行政复议或者提起行政诉讼时一并提出。赔偿请求人向赔偿义务机关要求赔偿的,赔偿义务机关应当自收到申请之日起两个月内,作出是否赔偿的决定。赔偿义务机关作出赔偿决定,可以与赔偿请求人就赔偿方式、赔偿项目和赔偿数额进行协商。赔偿义务机关决定不予赔偿的,应当说明不予赔偿的理由。赔偿请求人对赔偿的方式、项目、数额有异议的,或者赔偿义务机关决定不予赔偿的或者在规定期限内未作出是否赔偿的决定,赔偿请求人可以向法院提起诉讼。

赔偿请求人凭生效的判决书、复议决定书、赔偿决定书或者调解书,向赔偿义务机关申请支付赔偿金。赔偿义务机关应当自收到支付赔偿金申请之日起7日内,依照预算管理权限向有关的财政部门提出支付申请。财政部门应当自收到支付申请之日起15日内支付赔偿金。

(四)行政赔偿的方式和标准

国家赔偿以支付赔偿金为主要方式。

行政违法造成财产损害的,一般按照直接损失给予赔偿。处罚款、没收财产或者违法征收、征用财产的,返还财产。财产已经拍卖或者变卖的,给付拍卖或者变卖所得的价款;变卖的价款明显低于财产价值或者应当返还的财产灭失的,应当支付相应的赔偿金。吊销许可证和执照、责令停产停业的,赔偿停产停业期间必要的经常性费用开支。返还执行的罚款或者没收的金钱、解除冻结的存款或者汇款的,应当支付银行同期存款利息。

侵犯公民人身自由的,每日的赔偿金按照国家上年度职工日平均工资计算。上述规定执行全国统一的标准,不分地域和城乡,更不考虑受害人的实际收入和实际损失。按照2019年的水平(适用于2020年5月后作出的赔偿决定),每日的赔偿金为346.75元。造成身体伤害的,应当支付医疗费、护理费,以及赔偿因误工减少的收入。造成部分或者全部丧失劳动能力的,应当支付医疗费、护理费、残疾生活辅助具费、康复费等因残疾而增加的必要支出和继续治疗所必需的费用,以及残疾赔偿金;残疾赔偿金根据丧失劳动能力的程度确定,最高额为国家上年度职工年平均工资的20倍。造成死亡的,应当支付死亡赔偿金、丧葬费,总额为国家上年度职工年平均工资的20倍。按照2019年的水平,一年的赔偿金为90501元。造成公民死亡或者全部丧失劳动能力的,对其扶养的无劳动能力的人,还应当支付生活费。

违法行政行为侵犯公民人身权利,致人精神损害的,应当在侵权行为影响的范围内,为受害人消除影响,恢复名誉,赔礼道歉;造成严重后果的,应当支付相应的精神损害抚慰金。

总的来说,经过2010年的法律修改,我国的国家赔偿水准有了较大提高,但国家赔偿的落实有时仍面临困难。《国家赔偿法》要摆脱"国家不赔法"的形象,仍须努力。

第四章 中国民事法律制度

第一节 中国民事法律制度概述

一、民法的概念和调整对象

民法是调整平等主体之间的人身关系和财产关系的法律规范的总称。民法分为实质意义上的民法和形式意义上的民法。实质意义上的民法指调整一切平等主体之间私人利益关系的一切法律规范。而形式意义上的民法指以"民法典"命名的制定法。所谓民法典,是指按照一定的立法体例和技术,把各项民事法律规范有机地编纂在一起,以法典形式体现的立法性文件。我国的《民法典》已经于2020年5月28日通过,自2021年1月1日起正式施行。另外,民法又分广义的民法和狭义的民法。广义的民法,是指所有调整民事关系的法律规范的总和;而狭义的民法则是指除商法以外的其他民事法律法规。

从民法的概念可以得出其调整对象。对此,我国《民法典》第2条规定:"民法调整平等主体的自然人、法人和非法人组织之间的人身关系和财产关系。"财产关系是平等主体之间因财产所发生的具有经济内容的社会关系;而人身关系是与人身不可分离、以人身利益为内容、不直接体现财产利益的社会关系。

二、民法的性质

民法的性质是指民法本身所固有的根本属性。一般认为,民法是调整市民社会的私法形式,它以权利为本位,从而区别于调整政治国家的公法。另外,民法是实体法,即规定实体权利义务的法律,因此区别于作为程序法的民事诉讼法。尽管民法也包含一些涉及程序内容,但仍不可能改变它们从整体上来说是民事实体法的性质。

三、我国民法的渊源

民法的渊源一词通常可以从不同角度进行理解,既可以理解为民法产生的历史根源,又可以理解为法官裁判案件的法源,即法官判案的依据。而这里所说的民法的渊源,是指民事法律规范的表现形式。我国《民法典》第10条规定,"处理民事纠纷,应当依照法律;法律没有规定的,可以适用习惯,但是不得违背公序良俗。"此外,在既无法律可供遵循,又不存在相应的习惯时,也可以直接依据民法基本原则作出裁判。

就法律而言,在《民法典》制定之前,我国已经制定了《民法通则》《民法总则》《合同法》《物权法》《担保法》《婚姻法》《继承法》和《侵权责任法》等基本的民事单行法,而《民法典》则是以此为基础加以修订、补充和完善而成。另外,还有一些民事特别法,如《著作权法》《专利法》《商标法》《消费者权益保护法》等。至于民事方面的行政法规、地方性法规、规章,则数量较多。另外,最高人民法院的司法解释以及其他形式的司法性规范文件实际上也起着类似于法律的重要的作用。最高人民法院定期发布的指导性案例、最高人民法院公报刊登的典型案例等也具有指导法院裁判的重要意义。

四、民法的基本原则

民法的基本原则,是指贯穿于整个民事法律制度和民事规范始终的根本性原理和准则,是指导民事立法、司法、守法和进行民事活动的具有普遍指导意义的基本行为准则。民法基本原则是强制性规范,不能排除适用。民法基本原则只有在穷尽法律规则时方可直接适用。换言之,在适用法律的具体规定、判例或者进行法律解释与适用基本原则均可获得同一结果时,不得直接适用基本原则。

我国民法的基本原则主要包括权益保护原则、平等原则、意思自治原则、公平原则、诚实信用原则、公序良俗原则等。

(1) 权益保护原则。《民法典》第 3 条明确规定:"民事主体的人身权利、财产权利以及其他合法权益受法律保护,任何组织或者个人不得侵犯。"该原则首先体现为我国《民法典》总则编第五章关于民事权益的详细列举性规定。其次,随后的物权编、合同编、人格权编、婚姻家庭编以及继承编也以民事权利为主线而展开,涉及众多的民事权利规范。最后,侵权责任编还通过侵权责任对各种民事权益予以全面的保护。

(2) 平等原则。《民法典》第 4 条明确规定:"民事主体在民事活动中的法律地位一律平等。"平等原则的具体含义是:第一,民事主体资格一律平等,即民事主体的权利能力平等;第二,各民事主体在具体的民事法律关系中的法律地位也是平等的;第三,民事主体的合法权益平等无差别地受法律的保护。

(3) 意思自治原则。意思自治原则即自愿原则,又称私法自治原则、私人自治原则,是指民事主体在进行民事活动时,在法律允许的范围内享有完全的自由,根据自己的意愿设立、变更和终止民事法律关系。对此,《民法典》第 5 条规定:"民事主体从事民事活动,应当遵循自愿原则,按照自己的意思设立、变更、终止民事法律关系。"不过,必须注意的是,意思自治并不是绝对的,需要顾及他人的利益、社会公益和公正。

（4）公平原则。《民法典》第6条规定："民事主体从事民事活动,应当遵循公平原则,合理确定各方的权利和义务。"公平原则是指民事主体应该本着社会公认的公平观念从事民事活动,而司法机关在裁判民事纠纷时,也应该本着公平的观念和要求。

（5）诚实信用原则。诚实信用原则,简称诚信原则,指的是民事主体在从事民事活动、行使民事权利和履行民事义务时,应该按照诚实、善意的态度,讲究信用,诚实不欺,以爱人如己之心,在不损害他人和社会利益的前提下追求自己的利益。《民法典》第7条规定："民事主体从事民事活动,应当遵循诚信原则,秉持诚实,恪守承诺。"另外,诚实信用原则还内在地包含禁止权利滥用的要求。《民法典》第132条规定,"民事主体不得滥用民事权利损害国家利益、社会公共利益或者他人的合法权益。"

（6）公序良俗原则。公序良俗原则指民事主体的行为不得违背社会的公共秩序和善良风俗。《民法典》第8条规定："民事主体从事民事活动,不得违反法律,不得违背公序良俗。"如前所述,公序良俗原则还是审查习惯能否成为民法渊源的重要标准。

（7）绿色原则。绿色原则强调对资源的合理利用和对生态环境的保护。《民法典》第9条明确规定："民事主体从事民事活动,应当有利于节约资源、保护生态环境。"

五、民事法律关系

民事法律关系,是指基于民事法律事实,由民事法律规范调整而在平等民事主体之间形成的民事权利和民事义务关系。所谓民事法律事实,指的是法律规范所规定的,能引起民事法律关系产生、变更、消灭的客观情况。民事法律事实包括事件、行为和一定状态的持续。

民事法律关系由主体、客体和内容所构成。

（1）民事法律关系主体,是指参加民事法律关系,享有民事权利和承担民事义务的人。按照我国《民法典》的规定,我国民事法律关系主体主要包括自然人、个体工商户、农村承包经营户、法人、非法人组织和国家等。

（2）民事法律关系的客体,指的是民事法律关系的主体的民事权利和民事义务所指向的对象。按照通说,民事法律关系的客体主要是四类,即物、行为、智力成果和人身利益。

（3）民事法律关系的内容,是指民事法律关系的主体所享有的民事权利和必须履行的民事义务。民事法律关系的内容要通过民事责任来保障。本章认为民事责任指的是民事主体因为违反法律规定的和合同约定的义务,从而应该承担的法律后果。《民法典》第176条规定:"民事主体依照法律规定或者按照当事人约定,履行民事义务,承担民事责任。"民事责任的主要目的在于补偿。根据我国《民法典》第179条第1款的规定,民事责任的承担方式主要有:①停止侵害;②排除妨碍;③消除危险;④返还财产;⑤恢复原状;⑥修理、重作、更换;⑦继续履行;⑧赔偿损失;⑨支付违约金;⑩消除影响、恢复名誉;⑪赔礼道歉;等等。

第二节 民法的基本制度

我国《民法典》总则编规定了自然人、法人、其他组织、民事法律行为、代理、诉讼时效等基本制度。

一、自然人

自然人是指基于自然规律出生的人。凡本国公民均为自然人,但自然人不一定是本国公民,还包括外国公民以及无国籍人。

(一)自然人的民事权利能力

自然人的民事权利能力,是指自然人依法享有民事权利和承担民事义务的资格。任何人因其出生而当然地取得权利能力。

对此,《民法典》第14条规定:"自然人的民事权利能力一律平等。"民事权利能力与自然人不可分离,他人不得加以剥夺,本人也不得放弃或转让。自然人的民事权利能力始于出生(《民法典》第13条)。但在某些情况下法律给予胎儿特殊的保护(《民法典》第16条)。自然人的民事权利能力终于死亡(《民法典》第13条),民法上的死亡包括生理死亡和宣告死亡。宣告死亡是指通过法定程序确定失踪人死亡。宣告死亡的时间以人民法院宣告死亡的日期为准。但是,根据《民法典》第49条的规定,有民事行为能力人在被宣告死亡期间实施的民事法律行为有效。

(二)自然人的民事行为能力

自然人的民事行为能力,是指自然人能够以自己的行为独立参加民事法律关系,行使民事权利和设定民事义务的资格。此制度设立的目的是保护未获成熟理智者的利益以及普遍的交易安全。

《民法典》第17条至22条按照年龄阶段的不同和理智是否健全,将自然人的民事行为能力划分为三类,即:完全民事行为能力人、限制民事行为能力人和无民事行为能力人。(1)完全民事行为能力人。完全民事行为能力人,是指能够通过自己的独立行为参加民事法律关系,取得民事权利和承担民事义务的人。只有18周岁以上的非精神病人和年满 16 周岁且以自己的劳动收入为主要生活来源的未成年人才具有完全民事行为能力。(2) 限制民事行为能力人。限制民事行为能力人，是指只能独立实施法律限定的民事法律行为的人。8 周岁以上的未成年人和不能完全辨认自己行为的精神病人是限制民事行为能力人，可以进行与他的精神健康状况相适应的民事活动以及纯获利益的行为；其他民事活动由他的法定代理人代理，或者征得他的法定代理人的同意。(3) 无民事行为能力人。无民事行为能力人，是指不能以自己的行为取得民事权利和承担民事义务的人。不满 8 周岁的未成年人和不能辨认自己行为的精神病人是无民事行为能力人，由他的法定代理人代理民事活动。此外，8 周岁以上的未成年人不能辨认自己行为的，适用关于无民事行为能力人的规定，由其法定代理人代理实施民事法律行为。

关于行为能力的认定问题，法律也作有专门规定。《民法典》第 24 条第 1 款规定："不能辨认或者不能完全辨认自己行为的成年人，其利害关系人或者有关组织，可以向人民法院申请认定该成年人为无民事行为能力人或者限制民事行为能力人。"第 2 款规定："被人民法院认定为无民事行为能力人或者限制民事行为能力人的，经本人、利害关系人或者有关组织申请，人民法院可以根据其智力、精神健康恢复的状况，认定该成年人恢复为限制民事行为能力人或者完全民事行为能力人。"第 3 款规定："本条规定的有关组织包括：居民委员会、村民委员会、学校、医疗机构、妇女联合会、残疾人联合会、依法设立的老年人组织、民政部门等。"对于法律认定的程序，《民事诉讼法》第 187 条至第 190 条作了明确规定。

(三) 监护

监护是一种对未成年人和精神病人的人身、财产及其他权益进行监督和保护的民事法律制度。

监护人的设定分为法定监护和指定监护。《民法典》第 27、28 条规定了法定监护人的范围，其中未成年人的父母是其当然的监护人。对监护人的确定有争议的，由被监护人所在的居民委员会、村民委员会或者民政部门指定监护人，有关当事人对指定不服的，可以向人民法院申请指定监护人；有关当事人也可以直接向人民法院申请指定监护人(《民法典》第 31 条)。

监护人的职责主要是监督教育被监护人，保护被监护人的人身、财产及其他合法权益，代理被监护人实施民事法律行为。监护人不履行监护职责或者侵害被监护人合法权益的，应当承担责任，给被监护人造成财产损失的，应当承担赔偿责任(《民法典》第 34 条)。如果因监护人管教不严，被监护人造成他人损害的，由被监护人承担民事责任。监护人尽了监护职责的，可以适当减轻其民事责任(《民法典》第 1188 条)。

监护终止的原因有：被监护人取得或者恢复完全民事行为能力；监护人丧失

监护能力;被监护人或者监护人死亡;人民法院认定监护关系终止的其他情形。监护关系终止后,被监护人仍然需要监护的,应当依法另行确定监护人(《民法典》第39条)。

(四) 住所

住所有重要的法律意义。《民法典》第 25 条规定:"自然人以户籍登记或者其他有效身份登记记载的居所为住所;经常居所与住所不一致的,经常居所视为住所。"

(五) 宣告失踪与宣告死亡

(1) 宣告失踪。宣告失踪是指自然人离开自己的住所,下落不明达到法定期限(我国规定为 2 年),经利害关系人申请,由人民法院依法定程序(我国规定为 3 个月)宣告其为失踪人的法律制度。

宣告公民为失踪人后,应当为失踪人确定财产代管人,财产代管人有权清偿失踪人的债务并追索其债权,代管人追索失踪人的债权所取得的财产,应归失踪人所有。财产代管人因故意或者重大过失造成失踪人财产损失的,应当承担赔偿责任(《民法典》第 43 条第 3 款)。财产代管人不履行代管职责、侵害失踪人财产权益或者丧失代管能力的,失踪人的利害关系人可以向人民法院申请变更财产代管人(《民法典》第 44 条第 1 款)。被宣告失踪的人重新出现,经本人或者利害关系人申请,人民法院应当撤销对他的失踪宣告(《民法典》第 45 条第 1 款)。失踪宣告一经撤销,代管人的代管权随之终止,应当将其代管的财产交还给被宣告撤销失踪的人,并告知代管期间对其财产管理和处置的情况。

(2) 宣告死亡。宣告死亡是指自然人离开自己的住所,下落不明达到法定期间(一般是 4 年,意外事件为 2 年),经利害关系人申请,由人民法院依法定程序(一般为公告 1 年)宣告其死亡的制度。

被宣告死亡的自然人与他人之间存在的各种民事法律关系归于消灭。自然人被宣告死亡但是并未死亡的,不影响该自然人在被宣告死亡期间实施的民事法律行为的效力(《民法典》第 49 条)。

当被宣告死亡人重新出现时,经本人或者利害关系人申请,人民法院应当撤销对他的死亡宣告(《民法典》第 50 条)。死亡宣告被撤销的,婚姻关系自撤销死亡宣告之日起自行恢复,但是其配偶再婚或者向婚姻登记机关书面声明不愿意恢复的除外(《民法典》第 51 条第 2 句)。被撤销死亡宣告的人有权请求依照继承法取得其财产的民事主体返还财产。无法返还的,应当给予适当补偿(《民法总则》第 53 条第 1 款)。

二、法人

法人是具有民事权利能力和民事行为能力,依法独立享有民事权利和承担民事义务的组织。法人是独立的组织,有独立的财产,独立承担责任。法人从成立时即具有完全行为能力。我国《民法典》规定了法人的类型、成立条件、法人机关、法定代表人及其责任、法人的变更、终止与清算等内容。

依据不同的标准,法人可以分为公法人与私法人、社团法人与财团法人、公益法人和营利法人等。《民法典》将法人分为营利法人、非营利法人和特别法人。以取得利润并分配给股东等出资人为目的成立的法人,为营利法人。为公益目的或者其他非营利目的成立,不向出资人、设立人或者会员分配所取得利润的法人,为非营利法人。特别法人则包括机关法人、农村集体经济组织法人、城镇农村的合作经济组织法人、基层群众性自治组织法人。

一般认为,法人的设立原则包括:自由设立原则、特许主义原则、许可主义原则和准则主义原则四种类型。自由设立原则是指法人的设立完全取决于当事人之间的自由意志,国家不得任意干涉;特许主义原则是指,法人的设立并非由于当事人之间的合意而产生,其需要经过国家特许命令方可成立,如英属东印度公司便是例证;许可主义原则是指行政机关对法人的设立采取实质审查,须经行政机关许可后,法人方可成立;准则主义原则是申请人向登记机关提出申请,登记机关对申请材料进行形式审查,只要符合法人设立的条件,即可设立法人。

营利法人一般采取准则主义。《民法典》第 77 条规定:"营利法人经依法登记成立。"《公司法》第 6 条规定:"设立公司,应当依法向公司登记机关申请设立登记。符合本法规定的设立条件的,由公司登记机关分别登记为有限责任公司或者股份有限公司;不符合本法规定的设立条件的,不得登记为有限责任公司或者股份有限公司。"

非营利法人的设立采取许可主义原则。具备法人条件的事业单位、社会团体,依法不需要办理法人登记的,从成立之日起,具有法人资格;依法需要办理法人登记的,经核准登记,取得法人资格(《民法典》第 88、90 条)。具备法人条件的基金会、社会服务机构、宗教场所等,经依法登记成立,取得法人资格(《民法总则》第 92 条)。特别法人中的机关法人被国家赋予特定的权力,故不允许自由创设,一般采取特许主义原则。农村集体经济组织法人、城镇农村的合作经济组织法人以及基层群众性自治组织法人,依据法律而设立,也不允许自由创设,采取的也是特许主义原则。

法人的成立包括实质要件和形式要件两方面:(1)法人成立的实质要件。我国《民法典》第 58 条规定了法人成立应当具备的条件,即:依法成立;有自己的名称、组织机构、住所、财产或者经费；此外，设立法人，法律、行政法规规定须经有关机关批准的，依照其规定。此外，独立承担民事责任实际上是法人的特征，而不是法人成立的实质条件。(2)法人成立的形式要件。在具备法人的实质要件后，要取得法人资格，部分事业单位与大多数社会团体必须得到主管部门的核准并登记。在我国，法人的成立登记一般要经过申请、审查、登记发证和公告的步骤。

法人的机关，是依据法律和法规、章程的规定，能够对外代表法人从事民事活动的个人或集体。一般来说，法人机关由权力机关、执行机关和监督机关三部分构成，分别负责法人意思的形成、执行和监督。法人机关在法律、章程规定的权限范围内所为的一切行为，均为法人本身的行为，其行为后果由法人承担。

法人的分支机构是法人的组成部分，它是法人在某一区域设置的完成法人部分职能的业务活动机构。法人的分支机构进行民事活动所发生的债务和所承担的责任最终由法人负责，但是可以在法人的授权范围内以自己的名义参加民事诉讼。

法人的法定代表人是指依照法律或法人章程的规定，代表法人行使职权的负责人。法定代表人有权对外代表法人，对内组织经营，其执行职务行为所产生的一切法律后果，均由法人承担，但若怠于履行自己的职责或进行违法活动，应当承担相应的法律责任。

法人的变更指法人在存续期内，法人组织上的分立、合并，以及在活动宗旨、业务范围上的变化。

法人的终止，是指法人丧失民事主体资格。《民法典》第68条第1款规定，法人终止的原因有：法人解散；法人被宣告破产；法律规定的其他原因。

法人清算是指清理将终止的法人的财产，了结其作为当事人的法律关系，从而使法人归于消灭的必经程序。法人解散的，除合并或者分立的情形外，清算义务人应当及时组成清算组进行清算(《民法典》第70条第1款)。清算组织的职责是：了结现存事务、收取债权、清偿债务、移交剩余财产。清算中的法人与清算前的法人具有同一人格，只是其民事权利能力与民事行为能力受清算目的限制而已。

清算终结，应由清算组织向登记机关办理注销登记并公告。完成注销登记和公告，法人即终止。

三、非法人组织

非法人组织，是指不具有法人资格，但是能够依法以自己的名义从事民事活动的组织。非法人组织主要包括个人独资企业、合伙企业、不具有法人资格的专业服务机构等(《民法典》第102条)。其中，尤其以合伙企业最具有代表性。

合伙是指两个或两个以上的人(自然人或法人)为了共同的经济目的，自愿签订合同，共同出资、经营，共负盈亏和风险，对外负无限连带责任的联合体。合伙应属非法人组织,具有民事主体资格,因此区别于《民法典》合同编规定的合伙合同。后者主要属于合同关系,通常不属于民事主体的范畴。普通合伙企业和有限合伙企业是我国法上的两种基本类型。我国《合伙企业法》规定了合伙的成立、合伙财产、合伙事务的执行、合伙的债务承担、入伙、退伙与合伙的终止等内容。

根据《合伙企业法》第 2 条的规定:"普通合伙企业由普通合伙人组成,合伙人对合伙企业债务承担无限连带责任。"2006 年修订后的《合伙企业法》扩大了合伙人的范围,普通合伙人不再仅限于自然人,法人亦可成为普通合伙人而承担无限责任。但并非所有法人均可成为普通合伙人。出于保护社会公益和国家利益的需要,《合伙企业法》第 3 条规定:"国有独资公司、国有企业、上市公司以及公益性的事业单位、社会团体不得成为普通合伙人。"

有限合伙企业由普通合伙人和有限合伙人组成,普通合伙人对合伙企业债务承担无限连带责任,有限合伙人以其认缴的出资额为限对合伙企业债务承担责任。有限合伙人的特点是其对合伙企业的债权人承担有限的非连带责任。有限合伙人和普通合伙人之间可以进行身份转化。除了合伙协议另有约定外,只要全体合伙人一致同意,有限合伙人可以转变为普通合伙人,普通合伙人也可以转变为有限合伙人。但是,有限合伙人转变为普通合伙人的,对其作为有限合伙人期间有限合伙企业发生的债务承担无限连带责任。值得强调的是,有限合伙企业中至少存在一名普通合伙人,否则该合伙企业应该被解散。

合伙的成立须具备形式要件和实质要件:(1)合伙成立的形式要件。合伙必须经工商行政管理机关依法核准登记才能有效成立。我国对合伙企业的审查采形式主义,申请设立合伙企业的申请人,应该向企业登记机关提交登记申请书、合伙协议书、合伙人身份证明文件。申请人提交的登记申请材料齐全,符合法定形式,企业登记机关能够当场登记的,应予当场登记,发给营业执照。因材料不齐全或不符合要求的,企业登记机关应当自受理申请之日起 20 日内,作出是否登记的决定。(2)合伙成立的实质要件。合伙人达到法定人数,合伙人为自然人的,应具有完全民事行为能力;有书面的合伙协议;有各合伙人认缴或实际缴付的出资;有合伙企业的名称和生产经营场所。

合伙财产由两部分构成:合伙设立时由各合伙人缴付的出资及在合伙存续期间以合伙的名义获得的合伙财产。各合伙人按各自的份额共有。在合伙企业清算前,合伙人一般不得请求分割共有财产,在合伙存续期间,合伙人向合伙人之外第三人转让自己在合伙中的财产份额的,须经全体合伙人的同意,其他合伙人在同等条件下享有优先购买权,但是合伙协议中另有约定的除外。

各合伙人都有权管理和使用合伙财产,代表合伙从事交易。如果合伙人人数众多,可以由合伙协议约定或由全体合伙人决定委托一名或数名合伙人执行合伙事务。由于其他合伙人是自愿将其执行合伙事务的权利委托给他人,为了防止合伙企业内部管理的混乱，杜绝"令出多门"，故法律规定在此种情形下，其他合伙人不再执行合伙事务，但有权监督执行事务合伙人执行合伙事务的情况。在商议合伙重大事务时，合伙人以合伙协议约定的表决方式作出决定，原则上实行一人一票并经全体合伙人过半数通过的表决办法。

合伙以合伙财产和合伙人的个人财产作为债务的担保，称为连带的无限责任。合伙的到期债务，应先以合伙财产清偿，不足部分，才以各合伙人的财产清偿。各合伙人应清偿的合伙债务，按合伙协议中规定的各合伙人分担亏损的比例分担。如果合伙协议没有此项规定，由各合伙人平均分担。任何一个合伙人自己的财产若不足以偿付分担的债额，由其他合伙人偿付。偿付人于偿付后，就超出自己分担份额的部分，有权向其他合伙人追偿。同时，《合伙企业法》确定了"抵债禁止"规则，第41条规定："合伙人发生与合伙企业无关的债务，相关债权人不得以其债权抵销其对合伙企业的债务；也不得代为行使合伙人在合伙企业中的权利。"

入伙是指合伙成立后，第三人加入合伙并取得合伙人资格的行为。入伙须取得全体既有合伙人的同意，以接受原合伙合同的基本内容为前提。一般来讲，入伙的新合伙人与原合伙人享有同等权利，承担同等责任。同时，新合伙人对入伙前合伙企业的债务承担无限连带责任。

退伙是指合伙人脱离合伙组织，丧失合伙人资格的行为。退伙分三种：合伙人以自己的意思而退伙、出于法定事由而退伙、开除某一或某些合伙人。

合伙的终止即合伙的法律人格的消灭，有合伙人解散和合伙破产两种情形。

四、民事法律行为

民事法律行为，是民事法律事实的一种，指民事主体设立、变更、终止民事法律关系的行为。《民法典》第133条规定："民事法律行为是民事主体通过意思表示设立、变更、终止民事法律关系的行为。"民事法律行为以意思表示为核心要素。所谓意思表示，是表意人将其期望发生某种法律效果的内在意图以一定方式表现于外部的行为。我国法律规定了民事法律行为的形式、成立要件、有效要件、效力体系、附条件、附期限的民事法律行为等内容。

关于民事法律行为的形式，《民法典》第135条第1分句规定，"民事法律行为可以采用书面形式、口头形式或者其他形式"。其中，其他形式如推定形式等。推定形式指当事人通过有目的、有意义的积极行为将其内在意思表现于外部。在法律有特别规定的情况下，当事人的沉默也被视为构成意思表示。此外，该条第2分句还规定，"法律、行政法规规定或者当事人约定采用特定形式的，应当采用特定形式"。此类需采取特定形式的法律行为即要式法律行为，反之则为不要式法律行为。

民事法律行为的成立要件,是指按照法律规定成立法律行为所必不可少的事实要素。通说认为,民事法律行为的一般成立要件应包括:当事人、标的和意思表示。某些特殊类型的民事法律行为,还须具备特别成立要件。例如在要物行为的成立中,须具备交付标的物的特别成立要件。保管合同原则上即属于要物行为,《民法典》第895条规定,"保管合同自保管物交付时成立,但是当事人另有约定的除外。"

民事法律行为的有效,指法律行为因符合法律规定而获得能引起民事法律关系设立、变更和终止的法律效力。依《民法典》第143条的规定,任何法律行为皆须具备如下一般有效要件:行为人具有相应的民事行为能力;当事人的意思表示真实;不违反法律、行政法规的强制性规定,不违背公序良俗。在特殊情况下,法律行为还须具备特殊有效要件,才能产生法律效力。例如附条件或期限的法律行为。

根据法律规定,我国民事法律行为的效力体系包括无效的民事法律行为、可撤销的民事法律行为、效力待定的民事法律行为等。

(一) 无效的民事法律行为

无效民事法律行为是指已经成立,但欠缺民事法律行为的有效要件,自始、绝对、当然不按照行为人设立、变更和终止民事法律关系的意思表示发生法律效力的民事行为。其主要有以下行为类型:(1)无民事行为能力人的民事法律行为。《民法典》第144条规定:"无民事行为能力人实施的民事法律行为无效。"其目的在于保护无民事行为能力人。(2)意思表示不真实的民事法律行为无效,主要指以虚假的意思表示实施的民事法律行为。《民法典》第146条第1款规定:"行为人与相对人以虚假的意思表示实施的民事法律行为无效。"应予注意的是,虚伪行为可能被用来掩盖另一个真实的法律行为,即隐藏行为。隐藏行为并不必然无效。该条第2款规定:"以虚假的意思表示隐藏的民事法律行为的效力,依据有关法律行为规定处理。"(3)违反法律法规或公序良俗的民事法律行为和恶意串通损害他人合法权益的民事法律行为。《民法典》第153条第1款规定:"违反法律、行政法规的强制性规定的民事法律行为无效。但是,该强制性规定不导致该民事法律行为无效的除外。"据此,并非所有违反强制性规定的法律行为均为无效,而是必须结合强制性规范的性质以及法律行为的内容作具体分析。不仅如此,该条第2款规定:"违背公序良俗的民事法律行为无效。"如果说强制性规范代表了国家秩序的话,那么公序良俗则是社会秩序参与法律行为效力评价的通道。此外,第154条规定:"行为人与相对人恶意串通,损害他人合法权益的民事法律行为无效。"与前述不同,该条的着眼点并非抽象的秩序,而是具体民事主体的合法权益。

(二) 可撤销的民事法律行为

可撤销的民事法律行为,是指民事法律行为虽然已经成立,但因欠缺民事法律行为的生效要件,可以因当事人撤销权的行使而自始归于无效的民事法律行为。在如下情形可撤销法律行为:(1)重大误解。《民法典》第147条规定:"基于重大误解实施的民事法律行为,行为人有权请求人民法院或者仲裁机构予以撤销。"(2)欺诈。《民法典》第148条规定:"一方以欺诈手段,使对方在违背真实意思的情况下实施的民事法律行为,受欺诈方有权请求人民法院或者仲裁机构予以撤销。"这是关于法律行为之一方当事人实施欺诈的规定,此外,还有可能发生当事人以外的第三人实施欺诈的情形。对此,第149条规定:"第三人实施欺诈行为,使一方在违背真实意思的情况下实施的民事法律行为,对方知道或者应当知道该欺诈行为的,受害人有权请求人民法院或者仲裁机构予以撤销。"应予注意的是,第三人欺诈的情形法律行为并非一概可撤销,而是以对方当事人知道或者应当知道该欺诈行为为前提。(3)胁迫。类似于欺诈的情形,胁迫也是既可能由当事人实施,又可能由第三人实施。对此,《民法典》第150条规定:"一方或者第三人以胁迫手段,使对方在违背真实意思的情况下实施的民事法律行为,受胁迫方有权请求人民法院或者仲裁机构予以撤销。"此处不同于欺诈的情形,对当事人和第三人实施的胁迫在效果上不作区分,因为胁迫的违法性重于欺诈。所以对受胁迫一方予以更强的保护,即便在第三人胁迫的情形,不论对方当事人是否知道或者应当知道该胁迫行为,一概允许受胁迫方撤销法律行为。(4)显失公平。不同于前述各情形仅关注意思表示的真实性,显失公平还对意思表示的内容予以审查。《民法典》第151条规定:"一方利用对方处于危困状态、缺乏判断能力等情形,致使民事法律行为成立时显失公平的,受损害方有权请求人民法院或者仲裁机构予以撤销。"据此,基于显失公平而撤销民事法律行为需同时满足主客观的双重要求。

撤销权人必须通过人民法院或者仲裁机构行使撤销权,也可以放弃撤销权。撤销权人既不明示地放弃撤销权,又不积极行使权利,经过除斥期间,撤销权消灭。根据《民法典》第152条规定,重大误解情形的撤销权除斥期间是自当事人知道或者应当知道撤销事由之日起满3个月;受胁迫情形的除斥期间是自胁迫行为终止之日起满1年;法律行为发生后的5年是撤销权的最长可行使期限。

法律行为被确认无效或被撤销后,双方应返还财产、折价补偿、赔偿损失等。

(三)效力待定的民事法律行为

效力待定的民事法律行为,是指民事法律行为虽已成立,但是否生效尚不确定,只有经过特定当事人的行为,才能确定生效或不生效的民事法律行为。它主要包括限制民事行为能力人所实施的依法不能独立实施的民事行为和无权代理行为。对此,《民法典》第145条和第171条分别作有详细规定。效力待定的民事行为,其效力确定得经由以下途径:特定当事人追认权的行使或不行使,相对人行使催告权和撤销权。

（四）附条件、附期限的民事法律行为

附条件、附期限的民事法律行为包括附条件的法律行为和附期限的法律行为两类：(1)附条件的法律行为，指法律行为效力的开始或终止取决于将来不确定事实的发生或不发生的法律行为。法律行为所附的条件必须是将来的、不确定的、合法、可能的事实。附条件的民事法律行为，当事人为自己的利益不正当地阻止条件成就的，视为条件已经成就；不正当地促成条件成就的，视为条件不成就（《民法典》第159条）。(2)附期限的法律行为，是以一定期限的到来作为效力开始或终止原因的法律行为。期限与条件不同，任何期限都是确定要到来的，而条件的成就与否具有不确定性。

五、代理

代理，是指代理人在代理权范围内，以被代理人的名义或自己的名义独立与第三人为民事行为，由此产生的法律效果直接或间接归属于被代理人的法律制度。具体而言，代理有直接代理和间接代理之分，而《民法典》总则编规定的主要是直接代理，即代理人以被代理人名义实施民事行为的情形。该法第162条规定，"代理人在代理权限内，以被代理人名义实施的民事法律行为，对被代理人发生效力"。总则编关于代理的规定主要包括代理的种类、代理证书、代理权的行使、无权代理、表见代理、代理的终止等。

（一）代理的分类

根据不同的标准可将代理进行不同的区分。

(1)根据代理权产生的根据，可以将代理区分为委托代理和法定代理。委托代理是基于被代理人的委托授权所发生的代理。法定代理指基于法律的直接规定而发生的代理。

(2)根据代理人代理权来源的不同，可以把代理区分为本代理和复代理。本代理指代理人的代理权来源于被代理人直接授予代理权的行为或来源于法律的规定以及有关机关的指定。复代理，又称为再代理，是代理人为了实施代理权限内的全部或部分行为，以自己的名义选定他人担任被代理人的代理人，该他人称为复代理人，其代理行为产生的法律效果直接归属于被代理人。

（二）代理证书

代理证书是委托授权行为的书面形式。它是由被代理人制作的，证明代理人之代理权并表明其权限范围的证书。依据《民法典》第165条的规定，委托代理授权采用书面形式的，授权委托书应当载明代理人的姓名或者名称、代理事项、权限和期间，并由被代理人签名或者盖章。

(三) 代理权的行使

法律规定,代理权的行使有一定的要求和限制。

(1) 代理权行使的要求:代理人亲自行使代理权;谨慎、勤勉、忠实地行使代理权,主要负有勤勉、报告和保密等义务。代理人不履行职责或者不完全履行职责而给被代理人造成损害的,应当承担民事责任。代理人和相对人串通,损害被代理人合法权益的,由代理人和相对人承担连带责任。

(2) 代理权的限制:其主要包括两种情形。第一,自己代理,即代理人在代理权限内与自己为民事行为;第二,双方代理,即一个代理人同时代理一个民事法律关系的双方当事人为民事行为的情况。《民法典》第168条规定,以上两种情形只有在被代理人事先同意或者事后追认的情况下才能有效。

(四) 无权代理和表见代理

无权代理是指不具有代理权的行为人所实施的代理行为。无权代理包括如下三种情况:根本未经授权的代理;超越代理权限的代理;代理权终止后的代理。据《民法典》第171条规定,无权代理行为效力待定,只有经被代理人追认后,才发生与有权代理同样的法律效果。交易相对人在被代理人行使追认权之前,得向被代理人发出催告,要求其在相当期限内作出是否追认的表示。被代理人不及时行使的,视为拒绝追认。无权代理行为没有被代理人的事实或拟制的追认时,不产生法律效力,其无效性溯及代理行为成立之时。行为人实施的行为未被追认的,善意相对人有权请求行为人履行债务或者就其受到的损害请求行为人赔偿,但赔偿范围不得超过被代理人追认时相对人所能获得的利益。相对人知道或应当知道行为人没有代理权、超越代理权或者代理权已终止还与行为人实施民事行为的,相对人和行为人按照各自的过错承担责任。

表见代理为无权代理的一种,指行为人没有代理权,但交易相对人有理由相信行为人有代理权的无权代理。此时,据《民法典》第172条规定,该无权代理可发生与有权代理同样的法律效果。但是,被代理人有权向无权代理人请求赔偿。如果善意的交易相对人不愿该无权代理发生与有权代理同样的法律效果,也可经由撤销权的行使,使其归于无效,或者主张无权代理,追究无权代理人的责任。

(五) 代理的终止

代理的终止包含各方面因素。

(1) 据《民法典》第173条规定,委托代理终止的原因有:代理期间届满或者代理事务完成;被代理人取消委托或者代理人辞去委托;代理人或被代理人死亡;代理人丧失民事行为能力;作为被代理人或者代理人的法人、非法人组织终止。

(2) 据《民法典》第175条规定,法定代理终止的原因有:被代理人取得或者恢复完全民事行为能力;被代理人或者代理人死亡;代理人丧失民事行为能力;法律规定的其他情形。

六、诉讼时效

诉讼时效是指权利人在法定期间内不行使权利即丧失请求人民法院保护其民事权利的权利的法律制度。《民法典》总则编规定了诉讼时效的种类、起算、中止、中断和延长、效力等内容。

(一)诉讼时效的种类和起算

诉讼时效一般分为普通诉讼时效和长期诉讼时效。普通诉讼时效期间为3年,长期诉讼时效期间为20年。根据《民法典》第188条的规定,诉讼时效期间从权利人知道或者应当知道权利受到侵害以及义务人之日时起计算。

(二)诉讼时效的中止、中断和延长

诉讼时效的中止、中断和延长包括下列情形:

(1)诉讼时效期间的中止,又称诉讼时效期间不完成,指在诉讼时效期间进行中,因发生一定的法定事由使权利人不能行使权利请求权,暂时停止计算诉讼时效期间,待阻碍时效期间进行的法定事由消除后,继续进行诉讼时效期间的计算。依《民法典》第194条的规定,诉讼时效中止的法定事由包括:①不可抗力;②无民事行为能力人或者限制民事行为能力人没有法定代理人,或者法定代理人死亡、丧失民事行为能力、丧失代理权;③继承开始后未确定继承人或者遗产管理人;④权利人被义务人或者其他人控制;⑤其他导致权利人不能行使请求权的障碍。不可抗力为不能预见、不能避免和不能克服的客观情况。诉讼时效期间可以中止的时间,为诉讼时效期间的最后6个月内。

(2)诉讼时效期间中断,指在诉讼时效进行期间,因发生一定的法定事由,使已经经过的时效期间统归无效,待时效期间中断的事由消除后,诉讼时效期间重新计算。依《民法典》第195条的规定,可使诉讼时效期间中断的法定事由有:①权利人向义务人提出履行请求;②义务人同意履行义务;③权利人提起诉讼或者申请仲裁;④与提起诉讼或者申请仲裁具有同等效力的其他情形。

(3)诉讼时效的延长是指诉讼时效期间届满以后,权利人基于某种正当理由,向人民法院提起诉讼时,经人民法院调查确有正当理由而将法定时效期间予以延长。诉讼时效的延长发生在诉讼时效期间届满之后。

(三)诉讼时效期间届满的法律后果

诉讼时效期间届满的法律后果是由义务人取得对抗请求权的抗辩权。我国《民法典》第192条规定:"诉讼时效期间届满的,义务人可以提出不履行义务的抗

辩。诉讼时效期间届满后，义务人同意履行的，不得以诉讼时效期间届满为由抗辩；义务人已自愿履行的，不得请求返还。"时效届满，实体权利本身并没有消灭，只是该权利失去了国家强制力的保护，债务人自动履行义务的，权利人可以接受。

第三节　物权法律制度

一、物权一般制度

（一）物权的概念和特性

物权是权利人依法对特定的物享有直接支配和排他的权利（《民法典》第114条第2款前段）。据此，物权有直接支配性和排他性，此外，物权还具有保护之绝对性。所谓物权的直接支配性，是指物权人得依自己的意思，无须他人意思或行为之介入，就可以对标的物进行管领和处分，实现其权利的内容。在同一标的物上，不能有两个以上（包括两个）不相容的物权同时存在。此即物权的排他效力。所谓物权保护的绝对性，是指在物权人对其标的的支配范围内，非经物权人同意，任何人均不得侵入或干涉。物权是可要求世间所有人就其对标的物的支配状态给予尊重的权利，因而物权是对世权。

（二）物权法定主义

物权法定主义，是指物权的种类、效力、变动要件、保护方法等都只能由法律规定，不允许当事人自由创设。我国《民法典》第116条，"物权的种类和内容，由法律规定"。在解释论上，一般认为物权的变动和保护方法都属于物权内容范畴。

物权法定原则具有强制性。违反物权法定主义时，依情况不同，发生下列效果：（1）法律有特别规定时，从其规定；（2）法律无特别规定时，物权无效；（3）如果是设定物权内容的一部分违反了禁止性规定，而除去该部分外，不影响其他部分的效力的，其他部分仍然有效；（4）物权虽然无效，但其行为如果具备其他法律行为的要件，在当事人之间仍存在该法律行为的效力，是为无效法律行为的转换。

物权法定主义是物权法的一项重要原则，但如果将其僵化适用，就无法适应社会发展的需要。近来逐渐出现要求物权法定缓和的学说。新生的物权若不违反物权法定主义的立法宗旨，又有一定的公示方法时，应通过对物权法定内容进行从宽解释的办法，解释为非新类型的物权。

（三）物权的客体

民法上的物是指存在于人体之外，能为人力所支配且能满足人类社会生活需要的有体物和自然力。

法律规定物权客体特定主义。所谓物权客体特定主义，也称为"一物一权"主义,是指在一个标的物上只能存在一个所有权,不允许有互不相容的两个以上物权同时存在于同一标的物上。这里的"一物",是指法律观念上的一个物而不是指客观事实上的一个独立物,一般应依社会交易中的通常观念判断。

按照不同的标准,对物可以进行以下不同分类。

1. 动产与不动产

《民法典》第 115 条第 1 句规定:"物包括动产和不动产。"动产是能够移动且不因移动而损害其价值的物,如洗衣机、桌子等。不动产是指性质上不能移动或虽可移动但移动就会损害其价值的物,如土地、房屋等。最高人民法院《关于贯彻执行〈中华人民共和国民法通则〉若干问题的意见》第 186 条的解释是:"土地、附着于土地的建筑物及其他定着物、建筑物的固定附属设备为不动产。"1995 年颁布的《担保法》第 92 条曾规定:"本法所称不动产是指土地,以及房屋、林木等地上定着物。本法所称动产是指不动产以外的物。"

2. 主物与从物

主物是指独立存在的,由从物所辅助的物。从物则是与主物同属一人,非主物构成部分,却经常辅助主物使用的物。立法一般规定对主物的处分及于从物。我国民法无主物、从物概念,仅有关于"附属物"的规定。最高人民法院《关于贯彻执行〈中华人民共和国民法通则〉若干问题的意见》第 87 条规定:"有附属物的财产,附属物随财产所有权的转移而转移。但当事人另有约定又不违法的,按约定处理。"这里的"有附属物的财产"就是主物,"附属物"就是从物。同时,我国《民法典》也对此规定予以确认,第 320 条规定:"主物转让的,从物随主物转让,但是当事人另有约定的除外。"

3. 原物与孳息

原物是指依其自然属性或法律规定产生新物的物,孳息是指原物所产生的物。孳息又可分为天然孳息和法定孳息,前者是指原物根据自然规律产生的物,如幼畜;后者是指原物根据法律规定带来的物,如存款利息等。二者区分的意义在于,除法律或合同另有规定外,孳息归原物所有者所有,转让原物时,孳息收取权一并转移。关于所有权归属的具体操作规则,《民法典》第 321 条规定:"天然孳息,由所有权人取得;既有所有权人又有用益物权人的,由用益物权人取得。当事人另有约定的,按照约定。法定孳息,当事人有约定的,按照约定取得;没有约定或者约定不明确的,按照交易习惯取得。"

4. 特定物与种类物

特定物指有独立特征或被权利人指定,不能以其他物替代的转让物,包括独一无二的物和从一类物中经指定而特定化的物。种类物指以品种、质量、规格等确定而无须具体指定的转让物。区分二者的意义在于,民法对二者的灭失责任、所有权移转等作出不同的规定。

5. 单一物、合成物与集合物

单一物指独立成一体的物。合成物指数个单一物结合为一体的物。集合物指多个单一物或合成物集合为一体的物,在交易上和法律上被作为一物对待。

(四) 物权的效力

物权的效力是指法律赋予物权的强制性作用力。物权的效力包括排他效力、优先效力、追及效力及物上请求权四种。

具体而言:(1)物权的排他效力,是指在同一标的物上不允许有两种以上不相容的物权同时存在。(2)物权的优先效力,是指同一标的物上有两个或两个以上可相容物权时,成立在先的物权一般优先于成立在后的物权;同一标的物上有物权和债权同时存在时,物权优先于债权。物权优先于债权作为一般原则也存有例外:一是买卖不破租赁。《民法典》第229条规定:"租赁物在承租人按照租赁合同占有期间发生所有权变动的,不影响租赁合同的效力。"二是基于公益或社会政策的理由,法律规定某些特殊债权可优先于物权。如《商品房买卖合同司法解释》第7条第1款规定:"拆迁人与被拆迁人按照所有权调换形式订立拆迁补偿安置协议,明确约定拆迁人以位置、用途特定的房屋对被拆迁人予以补偿安置,如果拆迁人将该补偿安置房屋另行出卖给第三人,被拆迁人请求优先取得补偿安置房屋的,应予支持。"据此,即便拆迁人已经为第三人办理变更登记,被拆迁人的一般合同债权也优先于第三人的房屋所有权。先成立的物权优先于后成立的物权作为一项原则,也存在例外,如他物权优先于所有权以及法律规定的优先权。(3)物权的追及效力是指物权成立后,其标的物不论辗转于何人之手,物权人均可追及于物之所在而直接支配其物的效力。应当注意的是,物权的追及效力并不是绝对的,善意取得制度就是对物权追及效力的限制。所谓善意取得,是指在标的物为动产时,无权处分人依所有人意思而占有该动产,第三人自无权处分人处善意、公然、有偿地占有该动产后,第三人即可取得该动产的所有权,所有人只能向非法转让人请求损害赔偿。(4)物上请求权,见下述。

(五) 物上请求权

物上请求权是物权人在其物被侵害或有被侵害可能时,得请求回复物权圆满状态或防止侵害的权利。根据对物权妨害样态的不同,物上请求权可分为以下几种:请求除去妨碍、请求防止妨碍、请求恢复原状和请求返还原物。我国《民法典》在物权编第三章"物权的保护"中予以确认。具体而言:①返还原物请求权。《民法典》第235条规定:"无权占有不动产或者动产的,权利人可以请求权返还原物。"据此,返还原物请求权的要件是:第一,请求权人为物权人,且该物权以占有为内容;第二,物之占有人为无权占有人;第三,原物尚存,事实上可能返还。②排除妨害和消除危险请求权。《民法典》第236条规定:"妨害物权或者可能妨害物权的,权利人可以请求排除妨害或者消除危险。"很明显,该条同时规定了两种不同的请求权,其分别适用于妨害已现实存在和危险可能发生的情形,切勿混淆。

(六)物权的变动

物权的变动,就物权自身而言,指物权的发生、变更及消灭;就物权主体而言,指物权得丧、变更。物权的取得包括原始取得与继受取得两种。物权的原始取得指不是依据他人既存的权利而取得物权。如通过生产、添附、无主动产的先占取得等而取得物的所有权。物权标的之上原来存在的一切负担,均因原始取得而消灭,原来的物权人不得就该标的物再主张任何权利。物权的继受取得指基于他人既存的权利而取得物权。如因买卖、赠与等设定行为而取得物权。物权的消灭可分为绝对消灭与相对消灭。绝对消灭又可分为两种情形:一是物权的标的物在客观上灭失,物权本身终局地归于消灭。二是标的物未灭失,但物权本身终局归于消灭,他人并未取得其权利,如抛弃。相对消灭指物权虽与原权利主体分离,但又与另一新主体相结合。如所有人将其所有物出卖而丧失其所有权。

(七)物权变动的公示与公信原则

物权公示原则指物权变动须以法定公示方式进行才能生效的原则。如未能以法定公示方法进行,则无从发生物权变动的法律效果。《民法典》第208条规定:"不动产物权定设立、变更、转让和消灭,应当依照法律规定登记。动产物权的设立和转让,应当依照法律规定交付。"据此,物权变动的公示方法在不动产为登记,在动产则为交付。

物权变动的公示原则意味着,我国的物权变动模式原则上采取公示生效主义。关于不动产物权,《民法典》第209条规定:"不动产物权的设立、变更、转让和消灭,经依法登记,发生效力;未经登记,不发生效力,但是法律另有规定的除外。"该条所指例外情形如土地经营权、地役权等,未经登记并不影响物权变动的效力,只是不能对抗第三人。而关于动产物权,《民法典》第224条规定:"动产物权的设立和转让,自交付时发生效力,但是法律另有规定的除外。"此处的例外情形如船舶、航空器和汽车等特殊动产除了交付以外,还同时采登记对抗主义;此外,设立动产抵押权无需交付,但未经登记不得对抗第三人。另需注意得失,公示生效主义仅针对基于法律行为的物权变动,至于非基于法律行为的物权变动,如因人民法院、仲裁机构的法律文书或者人民政府的征收决定等变动物权、因继承取得物权以及因合法建造、拆除房屋等事实行为为设立或者消灭物权的情形,则适用法律的特殊规定,无需公示即可发生物权变动。

物权公信原则指物权变动已经公示的,即使物的出让人事实上无处分权,善意受让人基于对公示的信赖,仍能取得物权的原则。公信原则最典型的体现即为善意取得制度。据《民法典》第311条第1款规定,无处分权人将不动产或者动产转让给受让人的,所有权人原则上有权追回;但在符合如下三项条件时发生善意取得,由受让人取得该不动产或者动产的所有权:(1)受让人受让该不动产或者动产时是善意;(2)以合理的价格转让;(3)转让的不动产或者动产依照法律规定应当登记的已经登记,不需要登记的已经交付给受让人。该款以所有权的善意取得为原型,至于建设用地使用权、居住权、动产质权等其他物权的善意取得,据该条第3款规定,应当参照适用关于所有权善意取得的规定。

二、所有权法律制度

所有权是所有权人在法律允许的范围内对所有物享有的独占性支配权。财产的所有权人通过占有、使用、收益、处分等权能行使自己的所有权。不同于用益物权和担保物权以他人之物为客体,故称为他物权;所有权的客体归属于所有权人,因此是自物权。

(一)所有权的权能

所有权的权能是所有权人为了实现其对所有物独占性的支配权从而满足自身的利益,在法律允许的范围内可以采取的手段。所有权的权能在实践中表现为所有权的作用。所有权的权能包括积极权能和消极权能。积极权能是所有人为实现所有权而对物进行各种积极行为的权能。《民法典》第240条的规定:"所有权人对自己的不动产或者动产,依法享有占有、使用、收益和处分的权利。"此外,《民法典》第241条规定:"所有权人有权在自己的不动产或者动产上设立用益物权和担保物权。用益物权人、担保物权人行使权利,不得损害所有权人的权益。"为他人设立用益物权和担保物权也是所有权积极权能的体现。

但是,这种绝对权的行使空间并非没有限制,必须考虑他人合法利益和社会公益。也正是因此,《民法典》第243条和第245条分别规定了国家对不动产的征收制度以及对动产或者不动产的征用制度。

(二)所有权的种类

所有权依据主体的不同,可以分为国家所有权、集体所有权、个人所有权和法人所有权。依据主体数量的不同,可以分为单一所有权和多数人所有权,后者即共有。依据客体性质的不同可以分为动产所有权和不动产所有权。

(三)共有

共有指两个或两个以上主体对某一物共同享有所有权。《民法典》第297条规定,"不动产或者动产可以由两个以上的组织、个人共有。共有包括按份共有和共同共有。"据此,我国立法确认了共同共有和按份共有两种共有形态。

按份共有指两个或两个以上的共有人按照各自的份额对共有物享有所有权。

《民法典》第298条规定:"按份共有人对共有的不动产或者动产按照其份额享有所有权。"按份共有关系基于合同关系产生,按份共有人按照各自的份额享有所有权。按份共有人的权利、义务及于全部共有物,按份共有人可依法处分自己的份额,如转让、分出其份额等。根据《民法典》第305条,共有人出售其份额,"其他共有人在同等条件下享有优先购买的权利"。按份共有人在对共有物进行处分时,必须经全体共有人的同意。共有人擅自对共有物进行事实上的处分而损害其他共有人合法权益的,应对其他共有人承担侵权责任。共有人擅自对共有物进行法律上的处分,除非事后经其他共有人追认,否则对其他共有人不产生法律效力。

共同共有是两个或两个以上共有人不分份额、平等地对共有物享有所有权。《民法典》第299条规定:"共同共有人对共有的不动产或者动产共同享有所有权。"共同共有的存在以共有人之间存在特定关系为前提,共同共有人不分份额地对共有物享有所有权。共同共有人平等地对共有物享有所有权。共同共有主要包括夫妻共有、家庭共有以及共同继承人对尚未分割之遗产的共有。

共有物在特定条件下可以被分割。对此,《民法典》第303条规定,"共有人约定不得分割共有的不动产或者动产,以维持共有关系的,应当按照约定,但是共有人有重大理由需要分割的,可以请求分割;没有约定或者约定不明确的,按份共有人可以随时请求分割,共同共有人在共有的基础丧失或者有重大理由需要分割时可以请求分割。因分割造成其他共有人损害的,应当给予赔偿。"共有物的分割方式有三种:实物分割、变价分割和作价补偿。《民法典》第304条第1款规定,共有物的分割方式首先由当事人协商确定;达不成协议,共有的不动产或者动产可以分割且不会因分割减损价值的,应当对实物予以分割;难以分割或者因分割会减损价值的,应当对折价或者拍卖、变卖取得的价款予以分割。共有物分割后,共有关系终止,各共有人对自己分得的部分依法享有独立的所有权。但是,如果由于分割前的原因使得某共有人分得的财产存在权利瑕疵或物的瑕疵的,其他共有人应共同承担由此造成的损失。

(四)相邻关系

相邻关系指两个或两个以上相互毗邻的不动产的所有人或使用人,在行使其所有权或使用权时,相互之间应给予便利或接受限制的权利义务关系。应予注意的是,相邻关系只是所有权的限制和延伸,并不存在所谓独立的相邻权。

相邻关系有如下种类:因用水、排水而发生的相邻关系、相邻通行关系、相邻管线设置关系、因建筑施工临时占用邻人土地而发生的相邻关系、因建筑物通风和采光而发生的相邻关系、相邻建筑物的通行关系、基于越界建筑而产生的相邻关系、因竹木根枝越界而产生的相邻关系、果实越界而产生的相邻关系、相邻环保关系、相邻防险关系等。

我国《民法典》第288、289条对相邻关系的处理原则作出了规定,即不动产的相邻各方应当按照有利生产、方便生活,团结互助、公平合理的精神,正确处理相邻关系。法律、法规对处理相邻关系有规定的,依照其规定;法律、法规没有规定的,可以按照当地习惯。

(五)业主的建筑物区分所有权

建筑物区分所有权,是指由若干独立单元构成的建筑物的不同主体(业主)所有而形成的复合权利。建筑物区分所有权包括三方面的权利:业主对建筑物内的住宅、经营性用房等专有部分享有所有权,对专有部分以外的共有部分享有共同所有权,以及业主的成员权。《民法典》第271条规定:"业主对建筑物内的住宅、经营性用房等专有部分享有所有权,对专有部分以外的共有部分享有共有和共同管理的权利。"

建筑物区分所有权具有以下特征:(1)复合性。建筑物区分所有权由专有权、共有权和成员权三种权利复合而成,而非一般所有权的单一构成结构。(2)整体性。建筑物区分所有权的权利人不能对所有权进行分割行使、转让、设定负担和抛弃等。(3)专有部分所有权的基础性。专有权是共有权和成员权的基础。业主取得专有权,也就取得了相应的共有权和成员权。专有部分的大小,决定业主对共有部分比例的大小以及成员权的大小。业主转让建筑物内的住宅、经营性用房,其对共有部分享有的共有和共同管理的权利一并转让(《民法典》第273条第2款)。

三、用益物权法律制度

用益物权是对他人所有的物,在一定范围内占有、使用、收益、处分的权利。《民法典》第323条规定:"用益物权人对他人所有的不动产或者动产,依法享有占有、使用和收益的权利。"用益物权以他人之物作为权利客体,故属于他物权。我国法律规定了建设用地使用权、宅基地使用权、土地承包经营权、居住权和地役权等用益物权。

(一)建设用地使用权

建设用地使用权是指公民、法人依法对国家所有的土地享有的占有、使用、收益的权利。《民法典》第347条第1款规定:"设立建设用地使用权,可以采取出让或者划拨等方式。"建设用地使用权的出让,是指国家以土地所有者的身份将土地使用权在一定年限内让与土地使用者,并由土地使用者向国家支付土地使用权出让金的行为。建设用地使用权的划拨,则是指国家将国有土地无偿拨付给符合法律规定条件的土地使用者的行为。

建设用地使用权可以依法流转。《民法典》第353条规定了建设用地使用权的五种流转方式,即转让、互换、出资、赠与和抵押,但是法律另有规定的除外。其中转让、互换、出资和赠与导致使用权人的变更,构成建设用地使用权的继受取得。抵押则只有在抵押权实现后才导致使用权人的变更。

为了防止单纯炒卖地皮的行为,未按土地使用权出让合同规定的期限和条件投资开发、利用土地的,土地使用权不得转让与出租。土地使用权与地上建筑物、其他附着物不得分别出租、抵押。

(二)宅基地使用权

宅基地使用权是指公民个人依法取得的在国家或集体所有的土地上建筑房屋,并居住使用的权利。《民法典》第362条规定:"宅基地使用权人依法对集体所有的土地享有占有和使用的权利,有权依法利用该土地建造住宅及其附属设施。"

公民取得宅基地使用权必须符合法定条件、遵循法定程序。凡没有私房,也没有租赁公房的,可申请宅基地使用权,建造私有房屋。宅基地使用权人必须按照法律规定的方式使用宅基地。宅基地使用权只能随房屋所有权一起转让。但是,我国法律禁止宅基地使用权的流转,主要是考虑宅基地是农民生活的基本保障,防止出现土地兼并,造成弱势群体流离失所。当然,由于继承而发生的移转除外。

宅基地使用权的消灭事由主要包括土地灭失、被征收,宅基地使用权被撤销等。已经登记的宅基地使用权消灭的,应当及时办理注销登记。

(三)土地承包经营权

土地承包经营权是公民和集体经济组织依法对农民集体所有或者国家所有依法由农民集体使用的土地所享有的承包经营的权利。据《民法典》第330条规定,农村集体经济组织实行家庭承包经营为基础、统分结合的双层经营体制。农民集体所有和国家所有由农民集体使用的耕地、林地、草地以及其他用于农业的土地,依法实行土地承包经营制度。

土地承包经营权的主体为发包方和承包方。根据《农村土地承包法》,发包方为农村集体经济组织、村民委员会或者村民小组。承包方通常为农村集体经济组织内部的农户。不宜采取家庭承包方式的荒山、荒沟、荒丘、荒滩等农村土地,可以采取招标、拍卖、公开协商等方式承包。据《民法典》第33条规定,土地承包经营权自土地承包经营权合同生效时设立。登记机构应当向土地承包经营权人发放土地承包经营权证、林权证等证书,并登记造册,确认土地承包经营权。

土地承包经营权可以依法采取互换、转让或者其他方式流转。《民法典》第128条规定:"土地承包经营权人依照法律规定,有权将土地承包经营权互换、转让。未经依法批准,不得将承包地用于非农建设。"当事人通过协商确定双方的权利义务,并签订书面合同。采取转让方式流转的,应当经发包方同意;采取其他方式流转的,应当报发包方备案。土地承包经营权互换、转让的,当事人可以向登记机构申请登记;未经登记,合同在当事人之间具有法律效力,但不得对抗善意第三人。

土地承包经营权人还有权向他人流转土地经营权。《民法典》第339条规定:"土地承包经营权人可以自主决定依法采取出租、入股或者其他方式向他人流转土地经营权。"流转期限为五年以上的土地经营权,自流转合同生效时设立。当事人可以向登记机构申请土地经营权登记;未经登记,不得对抗善意第三人。此外,通过招标、拍卖、公开协商等方式承包农村土地,经依法登记取得权属证书的,可以依法采取出租、入股、抵押或者其他方式流转土地经营权。经营权是从土地承包经营权衍生出的独立权利,土地经营权人有权在合同约定的期限内占有农村土地,自主开展农业生产经营并取得收益。

(四) 居住权

居住权是一种专门针对房屋的不动产用益物权。《民法典》第366条规定:"居住权人有权按照合同约定,对他人的住宅享有占有、使用的用益物权,以满足生活居住的需要。"据此,居住权主要具有如下特征:(1)居住权的客体是他人的住宅;(2)居住权的权能主要是占有和使用,但也可能包括收益;(3)居住权的功能是满足生活居住的需要。另需说明的是,《民法典》关于居住权的规定以基于合同设立的居住权为样本,至于通过遗嘱设立的居住权,据第371条规定,应当参照适用关于前者的规定。

通过合同设立居住权,当事人应当采用书面形式订立居住权合同,其内容通常包括当事人的姓名或者名称和住所、住宅的位置、居住的条件和要求、居住权期限和解决争议的方法等。居住权的设立遵循公示生效注意的一般原则。居住权合同既可以是有偿的,也可以是无偿的。除了订立居住权合同外,还需依法办理居住权登记。对此,《民法典》第368条第2款规定:"设立居住权的,应当向登记机构申请居住权登记。居住权自登记时设立。"就基于遗嘱设立居住权而言,继承编关于遗嘱形式的专门规定应当优先适用,但依然需办理变更登记才能最终设立居住权。

居住权存续期间,居住权人能否出租所涉房屋,取决于双方当事人的约定。《民法典》第369条第2句规定:"设立居住权的住宅不得出租,但是当事人另有约定的除外。"不同于出租的问题,居住权的转让和继承受到了严格的限制,第369条第1句规定:"居住权不得转让、继承。"此外,作为一种设立在他人房屋之上的用益物权,居住权的存续受到时间的限制。关于居住权的消灭事由,《民法典》第370条规定:"居住权期限届满或者居住权人死亡的,居住权消灭。居住权消灭的,应当及时办理注销登记。"

(五) 地役权

地役权是指为实现自己不动产的便利或者价值的提高而使用他人不动产的权

利。《民法典》第372条规定:"地役权人有权按照合同约定,利用他人的不动产,以提高自己的不动产的效益。前款所称他人的不动产为供役地,自己的不动产为需役地。"这里所谓的"地",并不限于土地,而是包括其他不动产,如房屋等。所以更准确地说,所谓的地役权实为不动产役权。

地役权的取得可以包括设定取得、受让取得和继承取得三种。设定取得,是指地役权可以通过当事人双方订立合同的方式设定,也可通过遗嘱等单方行为设定。受让取得,是指地役权可通过受让取得,但基于地役权的从属性特征,地役权的移转必须与需役地的使用权一同移转。继承取得指地役权人死亡后,地役权随需役地的使用权一同由地役权人的继承人继承。

按照地役权的目的和范围使用供役地是地役权人最主要的权利。地役权人在其权利范围内使用供役地,有权排除包括供役地人在内的其他人的非法干涉和妨害。据《民法典》第375条规定,供役地权利人应当按照合同约定,允许地役权人利用其不动产,不得妨害地役权人行使权利。但另一方面,地役权人在行使地役权时,应选择对供役地损害最小的地点和办法,以尽量保全供役地人的利益。也正是因此,《民法典》第376条规定,地役权人应当按照合同约定的利用目的和方法利用供役地,尽量减少对供役地权利人物权的限制。

四、担保物权法律制度

担保物权,指以确保债务的清偿为目的,而于债务人或第三人的特定物或权利上所设定的定限物权。《民法典》第386条规定:"担保物权人在债务人不履行到期债务或者发生当事人约定的实现担保物权的情形,依法享有就担保财产优先受偿的权利,但是法律另有规定的除外。"担保物权原则上从属于其所担保的债权,具有不可分性和物上代位性。担保物权主要有抵押权、质权和留置权等。

(一)抵押权

所谓抵押权,根据《民法典》第394条第1款规定,是指"为担保债务的履行,债务人或者第三人不转移财产的占有,将该财产抵押给债权人的,债务人不履行到期债务或者发生当事人约定的实现抵押权的情形,债权人有权就该财产优先受偿。"

抵押权之设定,必须订立书面合同,并办理登记。抵押的财产必须具有让与性,不属于《民法典》第184条规定的不能设定抵押的财产,具体包括:(1)土地所有权;(2)宅基地、自留地、自留山等集体所有土地的使用权,但是法律规定可以抵押的除外;(3)学校、幼儿园、医疗机构等为公益目的成立的非营利法人的教育设施、医疗卫生设施和其他公益设施;(4)所有权、使用权不明或者有争议的财产;(5)依法被查封、扣押、监管的财产;(6)法律、行政法规规定不得抵押的其他财产。除此以外,其他财产原则上均可以设定抵押。

抵押权所担保债权的范围,包括主债权及利息、违约金、损害赔偿金、实行抵押权的费用。抵押合同另有约定的,从其约定。抵押权的效力除及于双方当事人约定用于抵押的抵押物外,还及于从物、从权利、孳息、抵押物的代位物等。

为保护抵押权人的利益,在抵押人的行为足以使抵押物价值减少之时,抵押权人有权要求抵押人停止其行为,如遇急迫情事,抵押权人得为必要的保全处分。如果抵押物的价值因可归责于抵押人的事由而已经实际减少,则抵押权人有权请求抵押人恢复抵押物原状或提出与减少的价值相当的担保。

抵押权人在债权已届清偿期而债务人不履行债务时,可以处分抵押物以优先受偿,主要有三种方法:(1)协议折价取得抵押物的所有权;(2)拍卖抵押物;(3)以其他形式变卖抵押物。

(二)质权

质权是指债权人为担保其债权而占有债务人或第三人提供的财产,于债务人不履行债务时,得以其所占有的标的物的价值优先于其他债权人而受偿的担保物权(《民法典》第425条)。质权包括动产质权和权利质权。

动产质权的动产,应当为可让与的特定物。性质上不可转让或法律禁止流通的财产,不能成为质物。质押合同应采用书面形式,动产质权应与所担保的债权一并让与。质权自出质人交付质押财产时设立。质权所担保债权的范围一般由当事人于质押合同中确定。若合同中未明确的,一般应包括原债权、利息、违约金、损害赔偿金、质物的保管费以及实现质权的费用。质权的效力除及于标的物本身外,还包括标的物的从物、孳息、代位物等。

质权人在债权已届清偿期而债务人不履行债务时,可以折价、变卖、拍卖等方式处分质物优先受偿。

(三)留置权

留置权是债权人占有属于他人的动产,具备一定要件时,在与该动产有牵连关系的债权已届清偿期未受清偿前,得留置该动产的法定担保物权。债权人留置对方财产不能违背法律规定和双方当事人的约定。我国《民法典》第449条明确规定:"法律规定或者当事人约定不得留置的动产,不得留置。"留置债务人财产也不得违反公共秩序或善良风俗,以及与债权人所承担义务不相抵触。

一般而言,凡与留置物有牵连关系的债权,均属留置权担保的范围。留置权效力所及标的物的范围,除留置物本身外,一般应包括从物、孳息、代位物。

留置权实行有以下三个条件:除当事人另有约定外,须债务人不履行债务超过60日;通知债务人于确定期限内履行其义务;债务人于确定期限内仍未履行义务,且未提供其他担保。留置权实行方法主要有折价、拍卖与变卖三种。

在债务人提供新的担保,另行提供之担保与留置物之价值相当,留置权人同意接受时,留置权消灭。质权人丧失对留置物的占有和债权清偿期的延缓也是其消灭原因。

第四节 债权法律制度

一、债权概述

我国《民法典》第118条规定:"民事主体依法享有债权。债权是因合同、侵权行为、无因管理、不当得利以及法律的其他规定,权利人请求特定义务人为或者不为一定行为的权利。"可见,我国民事立法是把债作为特定当事人之间的一种民事法律关系予以规范的,是指特定当事人之间请求为一定给付的财产性民事法律关系。给付是债的客体,指债务人实施的特定行为。在这种民事法律关系中,一方享有请求他方为一定行为或不为一定行为的权利,称为债权;而他方则负有满足该项请求的义务,称为债务。债权是一种请求权,又是一种对人权,因此债权人只能对债务人请求其为或不为一定行为。债权具有相容性,且各债权一律平等。

能够引起债发生的法律事实主要有合同、不当得利、无因管理、侵权行为等。其中侵权责任制度在我国《民法典》中独立成编,将在最后一节再行论述。此外,我国《民法典》并无独立的债法总则,但合同编第468条规定:"非因合同产生的债权债务关系,适用有关该债权债务关系的法律规定;没有规定的,适用本编通则的有关规定,但是根据其性质不能适用的除外。"据此,合同编通则起到了实质意义的债法总则的作用。其他有关债法的立法内容主要见于《民法典》总则编,即第五章"民事权利"和第八章"民事责任",以及合同编第三分编"准合同",即不当得利和无因管理等。

二、合同之债

据《民法典》第464条第1款规定,合同是民事主体之间设立、变更、终止财产性民事权利义务关系的协议。尤其值得注意的是,合同编的规定对其他各编均具有示范意义。一方面,第468条规定,非因合同产生的债权债务关系,适用有关该债权债务关系的法律规定;没有规定的,适用合同编通则的有关规定,但是根据其性质不能适用的除外。另一方面,据第464条第2款规定,婚姻、收养、监护等有关身份关系的协议,适用有关该身份关系的法律规定;没有规定的,可以根据其性质参照适用本编规定。

(一)合同的订立程序

当事人订立合同,可以采取要约、承诺方式或者其他方式。

1. 要约

要约是特定人向对方当事人作出的，以订立合同为目的的意思表示。要约的内容须具体、确定；一经受要约人承诺，要约人即受该意思表示约束。

不同于此，要约邀请是希望他人向自己发出要约的表示，如拍卖公告、招标公告、招股说明书、债券募集办法、基金招募说明书、商业广告和宣传、寄送的价目表等，但商业广告和宣传的内容符合要约条件的，构成要约。

要约到达受要约人时生效。要约可以撤回。但撤回要约的通知应当在要约到达受要约人之前或者与要约同时到达受要约人。要约也可以撤销。撤销要约的通知应当在受要约人发出承诺通知之前到达受要约人。但在特殊情形下不得撤销。

在下列情况下要约失效：拒绝要约的通知到达要约人；要约人依法撤销要约；承诺期限届满，受要约人未作出承诺；受要约人对要约的内容作出实质性变更。

2. 承诺

承诺是受要约人同意要约的意思表示。承诺应当以通知的方式作出，但根据交易习惯或者要约表明可以通过行为作出承诺的除外。

承诺应当在要约确定的期限内到达要约人。要约没有确定承诺期限的，承诺应当依照下列规定到达：(1)要约以对话方式作出的，应当即时作出承诺；(2)要约以非对话方式作出的，承诺应当在合理期限内到达。承诺可以撤回。撤回承诺的通知应当在承诺通知到达要约人之前或者与承诺通知同时到达要约人。

一般受要约人对要约表示承诺，合同即告成立。当事人采用合同书形式订立合同的，自双方当事人签名、盖章或者按指印时合同成立。当事人一方通过互联网等信息网络发布的商品或者服务信息符合要约条件的，对方选择该商品或者服务并提交订单成功时合同成立，但是当事人另有约定的除外。

（二）缔约过失责任

缔约过失责任，是指缔约人在缔结合同过程中故意或过失导致合同不成立、无效或者被撤销时，给对方当事人造成损失而应依法承担的民事责任。

根据我国《民法典》第500条和第501条规定，缔约过失责任的类型有以下四种：(1)假借订立合同，恶意进行磋商；(2)隐瞒重大事项或提供虚假情况；(3)违反保密义务之过失；(4)违反诚实信用原则的其他缔约过失行为。

缔约过失损害赔偿的范围为相对一方信赖利益的损失。

（三）合同的内容和条款

合同的内容，就是合同当事人所约定的权利义务。合同条款是合同内容的表现形式，是合同内容的载体。合同的内容由当事人约定，一般情况下合同所应当具备的条款有：当事人的名称或者姓名和住所、标的、数量、质量、价款或者报酬、履行期限、地点和方式、违约责任、解决争议的方法等。

格式条款是当事人为了重复使用而预先拟定,并在订立合同时未与对方协商的条款。提供格式条款的一方当事人的法定义务及其后果体现为:提供格式条款的一方应当遵循公平原则确定当事人之间的权利和义务,并采取合理的方式提示对方注意免除或者减轻其责任等与对方有重大利害关系的条款,按照对方的要求,对该条款予以说明。提供格式条款的一方未履行提示或者说明义务,致使对方没有注意或者理解与其有重大利害关系的条款的,对方可以主张该条款不成为合同的内容。

造成对方人身伤害而予以免责的条款,规定因故意或者重大过失给对方造成财产损失而予以免责的条款的,以及符合民法总则关于法律行为无效之规定的条款均为无效。同时,提供格式条款一方不合理地免除或者减轻其责任、加重对方责任、限制对方主要权利,以及提供格式条款一方排除对方主要权利的条款,也一律为无效。

对格式条款的理解发生争议的,应当按通常理解予以解释。对格式条款有两种以上解释的,应当作出不利于提供格式条款一方的解释。格式条款和非格式条款不一致的,应当采用非格式条款。

(四) 合同的形式

合同形式,是当事人合意的表现形式,是合同内容的外在表现。当事人订立合同,有书面形式、口头形式或其他形式。法律、行政法规规定或当事人约定采用书面形式的,应当采用书面形式。

法律、行政法规规定或者当事人约定采用书面形式订立合同而当事人未采用书面形式,或者采用合同书形式订立合同而未签字或者盖章,一方已经履行主要义务且对方接受的,该合同成立。或者从反面表达,不符合法定或者约定形式的合同不成立。

(五) 合同的履行

合同的履行,是指合同当事人按照合同的约定或者法律规定,全面、适当地完成各自承担的合同义务,使债权人的权利得以实现的过程。《民法典》第509条规定,当事人应当按照约定全面履行自己的义务;当事人应当遵循诚信原则,根据合同的性质、目的和交易习惯履行通知、协助、保密等义务;当事人在履行合同过程中,应当避免浪费资源、污染环境和破坏生态。

我国《民法典》有对于合同条款约定不明的履行规则(第510条及511条)、价格变动的履行规则(第513条)、第三人履行规则(第522、523条及524条)、履行中止(第529条)、提前履行(第530条)和部分履行(第531条)等规则。

(六) 双务合同履行中的抗辩权

双务合同履行中的抗辩权包括同时履行抗辩权(《民法典》第525条)、先履行抗辩权(《民法典》第 526 条)、不安抗辩权(《民法典》第 527、528 条)等种类。不同于诉讼时效期间届满产生永久性抗辩,此处的抗辩权均属于一时性抗辩权,仅具有暂时对抗请求权的效力。

1. 同时履行抗辩权

同时履行抗辩权是指在没有规定履行先后顺序的双务合同中,当事人互负有效的且已届清偿期的债务,当事人一方在对方当事人未为或未按照约定为对待给付以前,有拒绝先为给付的权利。同时履行抗辩权的行使结果,并不使对方当事人的请求权归于消灭,而是仅阻碍其效力的发生。当事人不因行使同时履行抗辩权而负迟延履行的责任。

2. 先履行抗辩权

先履行抗辩权,是指在双务合同中,约定有先后履行顺序的,负有先履行义务的一方当事人未依照合同约定履行债务,后履行债务的一方当事人可以依据对方的不履行行为,拒绝对方当事人请求履行的抗辩权。

3. 不安抗辩权

不安抗辩权,是指双务合同中有先为给付义务的一方当事人,在对方当事人有不能履行合同义务的可能时,可暂时中止履行的权利。我国《民法典》第 527 条第 1 款规定了发生不安抗辩权的四种情形:经营状况严重恶化;转移财产、抽逃资金,以逃避债务;丧失商业信誉;有丧失或者可能丧失履行债务能力的其他情形。

不安抗辩权的行使,取决于权利人的意思,无须取得另一方的同意,但其负有举证责任,须证明行使不安抗辩权的事由确实存在。当事人没有确切证据中止履行的,应当承担违约责任。主张不安抗辩权的当事人负有通知义务。对方提供适当担保的,主张不安抗辩权的当事人应当恢复履行。中止履行后,对方当事人在合理期限内没有恢复履行能力,也没有提供适当担保的,视为以自己的行为表明不履行主要债务,中止履行的一方产生法定解除权,可以单方解除合同。

(七) 合同债的保全

我国《民法典》中所称债的保全,包括代位权(第 535—537 条)和撤销权(第 538—542 条),目的是为防止因债务人的责任财产不当减少而给债权人的债权带来危害。

债权人的代位权,是指当债务人怠于行使其对第三人享有的权利而害及债权人的债权时,债权人为保全自己的债权,以自己的名义代位行使债务人对第三人的权利之权利。债务人的债权必须不是专属于债务人自身的债权。行使代位权以债权人的债权为限,且必须通过诉讼行使。在代位权诉讼中,债权人胜诉的,诉讼费由次债务人负担,从实现的债权中优先支付。债权人向次债务人提起的代位权诉讼经人民法院审理后认定代位权成立的,由次债务人向债权人履行清偿义务,债权人与债务人、债务人与次债务人之间相应的债权债务关系即予消灭。

债权人的撤销权,是指债权人对于债务人所为危害债权实现的行为,有请求人民法院撤销该行为的权利。如果仅有债务人的恶意而受益人为善意时,债权人不得撤销他们之间的民事法律行为。行使撤销权也应当以债权为限,通过诉讼程序行使。债权人依法撤销债务人的行为后,债务人的行为被视为自始无效。因撤销权人撤销债务人的行为而取回财产或替代原财产的损害赔偿,属于全体一般债权人的共同担保,债权人按债权额比例分别受偿。

(八) 合同债的担保

债的担保方式是指当事人用以担保债权的手段,一般包括人的担保、物的担保和金钱的担保三类。

人的担保指保证,属于《民法典》合同编中的典型合同(第681条以下)。保证是指由第三人向债权人担保,在债务人不履行债务时,由其按照约定负责履行或者承担全部或一部分责任的一种担保方式。保证人应当是具有代为履行或代为清偿能力的人。机关法人不得为保证人,但是经国务院批准为使用外国政府或者国际经济组织贷款进行转贷的除外。以公益为目的的非营利法人、非法人组织不得为保证人。保证合同应采用书面形式。

保证可分为一般保证和连带责任保证。一般保证是指当事人在保证合同中约定,只有在债务人不能履行债务时,才由保证人代为履行的保证方式。连带责任保证是指债务人在主合同规定的履行期届满而没有履行债务的,债权人可以要求债务人履行债务,也可以要求保证人承担责任。《民法典》第686条第2款规定:"当事人在保证合同中对保证方式没有约定或者约定不明确的,按照一般保证承担保证责任。"

物的担保已如前述,包括抵押、质押、留置等。

金钱担保指定金,规定在《民法典》合同编部分(第586—587条)。定金是指合同当事人约定的,为确保合同的履行,当事人一方于合同成立时或未履行前,预先给付对方的一定数额金钱的担保方式。当事人可以约定一方向对方给付定金作为债权的担保。定金合同自实际交付定金时成立。定金的数额由当事人约定;但是,不得超过主合同标的额的百分之二十,超过部分不产生定金的效力。实际交付的定金数额多于或者少于约定数额的,视为变更约定的定金数额。债务人履行债务的,定金应当抵作价款或者收回。给付定金的一方不履行债务或者履行债务不符合约定,致使不能实现合同目的的,无权请求返还定金;收受定金的一方不履行债务或者履行债务不符合约定,致使不能实现合同目的的,应当双倍返还定金。

(九) 合同的变更、转让与解除

1. 合同的变更和转让

合同的变更是指合同成立后,尚未履行或尚未完全履行之前,基于当事人的意思或者法律的直接规定,仅就合同的内容所作的变更。合同变更的效力原则上指向将来,未变更的内容继续有效。法律、行政法规规定变更合同应当办理批准、登记等手续的,依照其规定。当事人对合同变更的内容约定不明确的,推定为未变更。

债权原则上可以转让,但也存在例外情形,包括根据债权性质不得转让、按照当事人约定不得转让以及依照法律规定不得转让三种情形。就当事人约定不得转让的效力问题,《民法典》第545条第2款规定:"当事人约定非金钱债权不得转让的,不得对抗善意第三人。当事人约定金钱债权不得转让的,不得对抗第三人。"债权人转让债权,未通知债务人的,该转让对债务人不发生效力。债权转让的通知不得撤销,但是经受让人同意的除外。

债务人将债务的全部或者部分转移给第三人的,应当经债权人同意,但该义务不能专属于债务人自身。债务人或者第三人可以催告债权人在合理期限内予以同意,债权人未作表示的,视为不同意。

当事人一方经对方同意,可以将自己在合同中的权利和义务一并转让给第三人。合同的权利和义务一并转让的,适用债权转让、债务转移的有关规定。

2. 合同解除

合同解除为合同成立或者生效后,因当事人一方的意思表示或者双方的协议,终止合同的权利义务的行为。

所谓协议解除,是指当事人双方协商一致解除合同关系。约定解除是指当事人一方通过行使约定解除权而解除合同关系。所谓法定解除,是指解除条件由法律直接规定的合同解除。我国《民法典》第563条对法定解除权的发生原因作了规定,具体有以下情形:第一,因不可抗力致使不能实现合同目的;第二,在履行期限届满之前,当事人一方明确表示或者以自己的行为表明不履行主要债务;第三,当事人一方迟延履行主要债务,经催告后在合理期限内仍未履行;第四,当事人一方迟延履行债务或者有其他违约行为致使不能实现合同目的;第五,法律规定的其他情形。此外,以持续履行的债务为内容的不定期合同,当事人可以随时解除合同,但是应当在合理期限之前通知对方。

法律规定或者当事人约定解除权行使期限,期限届满当事人不行使的,该权利消灭。法律没有规定或者当事人没有约定解除权行使期限,自解除权人知道或者应当知道解除事由之日起一年内不行使,或者经对方催告后在合理期限内不行使的,该权利消灭。

当事人一方依法主张解除合同的,应当通知对方。合同自通知到达对方时解除;通知载明债务人在一定期限内不履行债务则合同自动解除,债务人在该期限内未履行债务的,合同自通知载明的期限届满时解除。对方对解除合同有异议的,任何一方当事人均可以请求人民法院或者仲裁机构确认解除行为的效力。当事人一方未通知对方,直接以提起诉讼或者申请仲裁的方式依法主张解除合同,人民法院或者仲裁机构确认该主张的,合同自起诉状副本或者仲裁申请书副本送达对方时解除。

合同解除的后果是:合同解除后,尚未履行的,终止履行;已经履行的,根据履行情况和合同性质,当事人可以要求恢复原状、采取其他补救措施,并有权要求赔偿损失。合同的权利义务终止,不影响合同中结算和清理条款的效力。

除解除合同外,债务按照约定履行、债务相互抵销、债务人依法将标的物提存、债权人免除债务、债权债务同归于一人以及法律规定或者当事人约定的其他情形也可以使合同权利义务消灭。

(十)违约责任

违约责任,是当事人因违反合同义务应承担的民事责任。违约责任既可以由当事人约定,也可以由法律直接规定。当事人关于违约责任的规定主要是指违约金,约定的违约金低于或过分高于造成的损失的,当事人还可以请求人民法院或仲裁机构予以适当增加或减少。此外,《民法典》第579、580、581、582以及583条等还规定了法定的违约责任,这些规定是对没有约定的违约责任的重要补充。

我国《民法典》将违约责任的归责原则确定无过错责任原则。无论违约方主观上有无过错,只要其有违反合同义务的行为并给对方当事人造成了损害,就应当承担违约责任。当然,还应考虑违约责任的免责事由,最后确定违约责任的承担。

违约行为的表现形态分为履行迟延、履行不当、履行不能和履行拒绝四种情形。履行迟延是指因可归于债务人的事由,履行期届满而未为给付所发生的迟延。履行不当是指债务人没有完全按照合同的约定所为的履行。履行不能指因可归责于债务人的事由致使合同履行不能。履行拒绝是指债务人在债成立后履行期届满之前,能履行而明示不履行的意思表示。

根据我国《民法典》第577条规定:"当事人一方不履行合同义务或者履行合同义务不符合约定的,应当承担继续履行、采取补救措施或者赔偿损失等违约责任。"同时,第585条第1款规定:"当事人可以约定一方违约时应当根据违约情况向对方支付一定数额的违约金,也可以约定因违约产生的损失赔偿额的计算方法。"据此,违约责任的承担方式主要有支付违约金、损害赔偿、继续履行和其他补救措施。违约责任的免责事由包括法定免责事由(如不可抗力)、免责条款和法律特别规定的其他免责事由。

三、不当得利之债

不当得利,是指没有法律根据取得利益,致他人受有损失的事实。不当得利一经成立,受损人与受益人之间即发生债权债务关系,受损人有权请求受益人返还不当得利,受益人负有返还不当得利的义务。如受益人死亡,依继承法的规定,其继承人负返还不当得利的义务。

根据我国《民法典》第985条规定,不当得利返还请求权的标的为受有利益一方所取得的利益,但包括三种不予返还的例外情形,即:为履行道德义务进行的给付、债务到期之前的清偿以及明知无给付义务而进行的债务清偿。不当得利的返还以返还原物为原则,以偿还价额为例外。只有在原物毁损、灭失等情况下,不能返还原物时,才能以偿还价额的方式进行。进而,就返还范围而言,应当区分得利人为善意或者恶意。得利人不知道且不应当知道取得的利益没有法律根据,取得的利益已经不存在的,不承担返还该利益的义务。得利人知道或者应当知道取得的利益没有法律根据的,受损失的人可以请求得利人返还其取得的利益并依法赔偿损失。此外,得利人已经将取得的利益无偿转让给第三人的,受损失的人可以请求第三人在相应范围内承担返还义务。

四、无因管理之债

无因管理指没有法定的或者约定的义务,为避免他人利益受损而进行管理或者服务的法律事实。无因管理成立后,在管理人与本人之间产生债权债务关系,即无因管理之债。《民法典》第979条第1款规定,"管理人没有法定的或者约定的义务,为避免他人利益受损失而管理他人事务的,可以请求受益人偿还因管理事务而支出的必要费用;管理人因管理事务受到损失的,可以请求受益人给予适当补偿。"但是,适用该规定应当以管理行为不违反受益人明示或可得推之的意思为前提。管理事务不符合受益人真实意思的,管理人不享有前款规定的权利;但受益人的真实意思违反法律或者违背公序良俗的除外。不过,管理人管理事务不属于前条规定的情形,但是受益人享有管理利益的,受益人应当在其获得的利益范围内向管理人承担前条第一款规定的义务。

管理人在管理他人事务时,应尽适当管理的义务,采取有利于受益人的方法。中断管理对受益人不利的,无正当理由不得中断。不违反本人的意思,以有利于本人的方法进行管理为适当管理,这是管理人的基本义务。管理人未尽注意义务,管理不适当,给本人造成不应有损失的,应当依法承担相应的民事责任。

管理人管理他人事务,能够通知受益人的,应当及时通知受益人。管理的事务不需要紧急处理的,应当等待受益人的指示。管理结束后,管理人应当向受益人报告管理事务的情况。管理人管理事务取得的财产,应当及时转交给受益人。本人应偿还必要费用,包括在管理或者服务活动中直接支出的费用,以及在该活动中受到的实际损失。管理人因管理本人事务而受到的损失,应由本人给予补偿。管理人在管理事务过程中,以自己的名义为本人负担的债务,本人应当负责清偿。管理人管理事务经受益人事后追认的,从管理事务开始时起,适用委托合同的有关规定,但是管理人另有意思表示的除外。

第五节　人身权法律制度

一、人身权的概念

人身权是民事主体依法享有的,与其自身不可分离,以人格关系和身份关系所体现的无直接财产内容的利益为内容的民事权利。人身权为人格权和身份权的合称,与民法中的财产权相对,不可转让和抛弃。我国《民法典》第四编系统规定了人格权的享有和保护。关于身份权,《民法典》第1001条规定:"对自然人因婚姻家庭关系等产生的身份权利的保护,适用本法第一编、第五编和其他法律的相关规定;没有规定的,可以根据其性质参照适用本编人格权保护的有关规定。"

二、人格权

人格权是指民事主体依法所固有的,为维护自身独立人格所必备的,以人格利益为客体的权利。人格权因其主体为自然人和法人的不同而有较大差异。某些专属于自然人的人格权,法人不能享有,如生命权。一般人格权是指民事主体依法享有的,以概括体现为人格独立、人格自由、人格平等、人格尊严的一般人格利益为客体的总括性权利。一般人格权的具体化,便是具体的人格权,包括生命权、健康权、身体权等。《民法典》第990条规定:"人格权是民事主体享有的生命权、身体权、健康权、姓名权、名称权、肖像权、名誉权、荣誉权、隐私权等权利。除前款规定的人格权外,自然人享有基于人身自由、人格尊严产生的其他人格权益。"该条为关于具体人格权和一般人格权的明文规定。

(一)生命权

生命权是以自然人的生命安全和生命尊严的利益为内容的权利。生命权的内容包括生命安全维护权和生命利益支配权。生命安全维护权包括维护生命的延续、防止生命危险发生和改变生命安全环境。生命利益支配权指应当有限地承认人可以支配自己的生命,尤其旨在维护人的生命尊严。

(二)健康权

通常认为,健康权是指自然人享有的维持自身身体组织的完整和生理机能的健全,保证有机体生理机能正常运转并充分发挥其功能,以维持人体生命活动的利益为内容的人格权。健康权包括健康维护权、对劳动能力的保持权以及健康利益支配权。除了身体健康外,健康权的内容还包括心理健康。

（三）身体权

身体权，是指自然人维护其身体完整并支配其肌体、器官和其他身体组织的具体人格权。自然人有权维护自己身体的完整，不受任何非法侵犯。在不违反法律和社会伦理的情况下，自然人有权支配自己的器官或组织。

完全民事行为能力人有权依法自主决定无偿捐献其人体细胞、人体组织、人体器官、遗体。任何组织或者个人不得强迫、欺骗、利诱其捐献。完全民事行为能力人据此同意捐献的，应当采用书面形式，也可以订立遗嘱。自然人生前未表示不同意捐献的，该自然人死亡后，其配偶、成年子女、父母可以共同决定捐献，决定捐献应当采用书面形式。

禁止以任何形式买卖人体细胞、人体组织、人体器官、遗体，相应的买卖行为无效。为研制新药、医疗器械或者发展新的预防和治疗方法，需要进行临床试验的，应当依法经相关主管部门批准并经伦理委员会审查同意，向受试者或者受试者的监护人告知试验目的、用途和可能产生的风险等详细情况，并经其书面同意。进行临床试验的，不得向受试者收取试验费用。

对遗体的保护方法包括两方面：一是有权合法利用和处置尸体，如近亲属安置；二是禁止非法损害、利用尸体和其他侵害尸体的行为。

（四）自由权

人身自由权，是指自然人依法享有的维护其行动和思想自主，不受他人非法剥夺、限制或妨碍的具体人格权。人身自由权只能在法律规定的范围内行使，一个人在行使自己的自由权时，不能妨害别人的自由权。自然人的人身自由权主要包括身体自由权和精神自由权两种具体的自由权。《民法典》第1003条第2句将行动自由纳入身体权的范围加以保护。

（五）姓名权与名称权

姓名权是自然人依法享有的决定、使用和依照规定改变自己姓名，并排除他人干涉和非法使用的权利。它包括姓名决定权、姓名使用权、姓名的变更权。自然人享有姓名权，有权依法决定、使用、变更或者许可他人使用自己的姓名，但是不得违背公序良俗。《民法典》第1015条规定："自然人应当随父姓或者母姓，但是有下列情形之一的，可以在父姓和母姓之外选取姓氏：选取其他直系长辈血亲的姓氏；因由法定扶养人以外的人扶养而选取扶养人姓氏；有不违背公序良俗的其他正当理由。少数民族自然人的姓氏可以遵从本民族的文化传统和风俗习惯"。

名称权是指自然人以外的其他民事主体依法享有的决定、使用、改变和转让自己的名称，并排除他人非法干涉的权利。从事商业活动的民事主体的名称权是具有明显财产利益的人格权。另外，商业名称权区别于其他人格权的一个显著特征，是它具有可以转让性。法人、非法人组织享有名称权,有权依法决定、使用、变更、转让或者许可他人使用自己的名称。对名称权的侵害,主要表现为干涉、盗用和假冒。

(六) 肖像权

肖像是通过影像、雕塑、绘画等方式在一定载体上所反映的特定自然人可以被识别的外部形象。肖像权是指自然人享有的以其肖像所体现的人格利益为内容的人格权。自然人享有肖像权,有权依法制作、使用、公开或者许可他人使用自己的肖像。肖像权所体现的人格利益包括物质利益和精神利益两部分。肖像权包括制作专有权、肖像拥有权、使用专有权和利益维护权。凡为了国家利益、社会公共利益以及自然人自身利益而必须使用自然人肖像的,虽未经本人同意,也不属于侵犯肖像权。

(七) 名誉权和荣誉权

名誉权是指民事主体对自身属性和价值所获得的社会评价进行保有和维护,并享有利益的人格权。名誉权的主体既包括自然人,也包括法人和非法人团体。名誉权的客体仅指外部名誉,指社会对民事主体的品德、能力以及其他素质的综合评价,不包括名誉感。名誉权的内容包括名誉保有权、名誉维护权和名誉利益支配权。名誉利益的支配权不包括抛弃权和处分权。

荣誉权是指民事主体对其获得的荣誉及其利益所享有的保持、支配和维护的权利。荣誉权的内容包括荣誉保持权、荣誉利益支配权和荣誉维护权。

(八) 隐私权

隐私是自然人的私人生活安宁和不愿为他人知晓的私密空间、私密活动、私密信息。隐私权是指自然人对自己隐私利益的支配权。自然人享有隐私权。任何组织或者个人不得以刺探、侵扰、泄露、公开等方式侵害他人的隐私权。除法律另有规定或者权利人明确同意外,任何组织或者个人不得实施下列行为:以电话、短信、即时通信工具、电子邮件、传单等方式侵扰他人的私人生活安宁;进入、拍摄、窥视他人的住宅、宾馆房间等私密空间;拍摄、窥视、窃听、公开他人的私密活动;拍摄、窥视他人身体的私密部位;处理他人的私密信息;以其他方式侵害他人的隐私权。隐私权可以放弃,其保护范围受公共利益的限制。

(九) 个人信息

个人信息是以电子或者其他方式记录的能够单独或者与其他信息结合识别特定自然人的各种信息,包括自然人的姓名、出生日期、身份证件号码、生物识别信息、住址、电话号码、电子邮箱、健康信息、行踪信息等。自然人的个人信息受法律保护。个人信息尚不构成权利,而是一种应受法律保护的利益。

个人信息的处理包括个人信息的收集、存储、使用、加工、传输、提供、公开等。处理个人信息的,应当遵循合法、正当、必要原则,不得过度处理,并符合下列条件:征得该自然人或者其监护人同意,但是法律、行政法规另有规定的除外;公开处理信息的规则;明示处理信息的目的、方式和范围;不违反法律、行政法规的规定和双方的约定。处理个人信息,有下列情形之一的,行为人不承担民事责任:在该自然人或者其监护人同意的范围内合理实施的行为;合理处理该自然人自行公开的或者其他已经合法公开的信息,但是该自然人明确拒绝或者处理该信息侵害其重大利益的除外;为维护公共利益或者该自然人合法权益,合理实施的其他行为。

三、身份权

身份权是民事主体以特定身份为前提,为维护特定身份关系和身份利益而依法享有的人身权。身份是民事主体在亲属关系以及其他非亲属的社会关系中所处的稳定地位,以及由该种地位所产生的与其自身不可分离并受法律保护的利益。

(一) 配偶权

配偶权是指在合法有效的婚姻关系存续期间,夫妻双方基于配偶身份而相互享有的以婚姻关系产生的身份利益为内容的身份权。配偶权的内容包括独立的姓名权、同居权、忠实请求权、日常事务代理权、职业学习和社会活动自由权以及相互扶养、扶助权等。

(二) 亲权

亲权是指父母对未成年子女在人身和财产方面的管教和保护的权利和义务。我国《民法典》第1068条第1款"父母有保护和教育未成年子女的权利和义务",规定了亲权。

亲权为父母所专有,既是权利又是义务。亲权的内容较为广泛,一般分为以下两种:(1)对未成年子女人身方面的权利,包括保护和教育的权利、住所决定权、惩戒权、未成年子女身份行为及身上事项的同意权和代理权等;(2)对未成年子女财产上的权利,包括财产行为代理权、管理权、使用收益权、处分权等。

(三) 亲属权

亲属权是指父母与成年子女、祖父母与孙子女、外祖父母与外孙子女以及兄弟姐妹之间基于身份关系所产生的以人身利益为内容的身份权。亲属权的内容包括尊重、帮助、体谅权,抚养、扶养权,赡养权和代理权。

(四) 监护权

监护权是指监护人对于不能得到亲权保护的未成年人和精神病人的人身、财产及其他合法权益,所享有的监督和保护的身份权。监护权包括对被监护人人身上的权利和财产上的权利两个方面。对被监护人人身上的权利内容除了不具有惩戒权外,与亲权相同。对被监护人财产上的权利和义务,具体包括:对被监护人财产的管理权、使用权和处分权;禁止受让被监护人的财产,但近亲属担任监护人的,不在禁止之列。

(五) 著作人身权

著作人身权是指作者基于作品的创作而享有的以人身利益为内容的权利。它既是作者专属享有的著作权,又是其人身权。这在下一节知识产权法律制度中还会有具体的论述。

四、人身权的法律保护

人身权的民法保护方法包括自我保护和国家保护。自我保护的手段主要是正当防卫和紧急避险。国家保护是指民事主体在其人身权受到侵害时,可以直接向法院起诉,请求法院保护其人身权。

人身权的民法保护是通过由侵害人承担民事责任的方式实现的。《民法典》第995条规定:"人格权受到侵害的,受害人有权依照本法和其他法律的规定请求行为人承担民事责任。受害人的停止侵害、排除妨碍、消除危险、消除影响、恢复名誉、赔礼道歉请求权,不适用诉讼时效的规定。"如前所述,身份权的保护可以参照适用这一规定。

精神损害赔偿,是指自然人因其人身权利受到不法侵害而导致精神痛苦,可依法要求侵权人提供一定的财产予以救济。自然人的大多数人格权遭受非法侵害,均可以请求精神损害赔偿。非法使被监护人脱离监护,致使亲权和亲属权遭受严重损害,监护人有权请求精神损害赔偿。非法侵害死者的姓名、肖像、名誉、荣誉、隐私和遗骨等人格利益的,死者的配偶、父母、子女有精神损害赔偿请求权。没有配偶、父母和子女的,其他近亲属可以提出请求。此外,我国还将精神损害赔偿的适用范围扩展到了具有人格因素的某些财产权场合。因当事人一方的违约行为,损害对方人格权并造成严重精神损害,受损害方选择请求其承担违约责任的,不影响受损害方请求精神损害赔偿。

第六节 知识产权法律制度

知识产权是指人们对其创造的智力成果所依法享有的民事权利。知识产权具有专有性,知识产权所有人对其知识产权具有独占权。知识产权只在一定期限受保护,也只在授予或确认其权利的国家受保护。我国《民法典》第123条:"民事主体依法享有知识产权。知识产权是权利人依法就下列客体享有的专有的权利：作品；发明、实用新型、外观设计；商标；地理标志；商业秘密；集成电路布图设计；植物新品种；法律规定的其他客体。"以此为基础，《著作权法》《商标法》《专利法》等对著作权、商标权、专利权进行了规定。

一、著作权

公民、公民、法人或者其他组织的作品，包括文字作品、口述作品、音乐、戏剧、曲艺、舞蹈作品，美术、建筑作品，摄影作品，电影作品和以类似摄制电影的方法创作的作品，工程设计图、产品设计图、地图、示意图等图形作品和模型作品，计算机软件，法律和行政法规规定的其他作品等，不论是否发表，都得享有著作权。我国法律对著作权的主体、客体、内容、保护等进行了规范。

（一）著作权的主体

著作权的主体即著作权人，包括作品的作者和其他依照法律享有著作权的公民、法人或者其他组织，如依据委托合同或者职务合同取得著作权的人。外国人、无国籍人的作品首先在中国境内出版的，也享有著作权。未与中国签订协议或者共同参加国际条约的国家的作者以及无国籍人的作品首次在中国参加的国际条约的成员国出版的，或者在成员国和非成员国同时出版的，受法律保护。

（二）著作权的客体

著作权的客体就是作品。我国著作权法保护的作品有：文字作品；口述作品；音乐、戏剧、曲艺、舞蹈、杂技艺术作品；美术、建筑作品；摄影作品；电影作品和以类似摄制电影的方法创作的作品；工程设计图、产品设计图、地图、示意图等图形作品和模型作品；计算机软件；法律、行政法规规定的其他作品。著作权法不适用于法律、法规，国家机关的决议、决定、命令和其他具有立法、行政、司法性质的文件，及其官方正式译文；时事新闻；历法、通用数表、通用表格和公式。依法禁止出版、传播的作品，不受法律保护。

（三）著作权的内容

著作权人的权利包括人身权和财产权。人身权包括发表权、署名权、修改权和保护作品完整权等。财产权包括：发表权，署名权，修改权，保护作品完整权，复制权，发行权，出租权，展览权，表演权，放映权，广播权，信息网络传播权，摄制权，改编权，翻译权和汇编权等。著作权人可以将财产权转让获得报酬。著作权人的义务主要是遵守法律法规，容忍他人合理使用。

（四）邻接权

邻接权是指与著作权有关的权利，包括出版者权利、表演者权利、录音录像制作者权利、广播电台电视台权利。

(五) 著作权的保护

1. 期限

作者的署名权、修改权、保护作品完整权的保护期不受限制。公民的作品,其发表权、著作财产权的保护期为作者终生及其死亡后50年,截止于作者死亡后第50年的12月31日;如果是合作作品,截止于最后死亡的作者死亡后第50年的12月31日。法人或者其他组织的作品、电影作品和以类似摄制电影的方法创作的作品、摄影作品的发表权、著作财产权的保护期为50年,截止于作品首次发表后第50年的12月31日,但作品自创作完成后50年内未发表的,法律不再保护。

2. 侵权责任

侵犯著作权的侵权人应当承担停止侵害、消除影响、赔礼道歉、赔偿损失等民事责任;同时损害公共利益的,可以由著作权行政管理部门责令停止侵权行为,没收违法所得,没收、销毁侵权复制品,并可处以罚款;情节严重的,著作权行政管理部门还可以没收主要用于制作侵权复制品的材料、工具、设备等;构成犯罪的,依法追究刑事责任。

二、专利权

我国《专利法》规定了专利权的主体、专利权的客体、专利权的内容、授予专利权的条件、专利授予程序、专利权的保护等内容。

(一) 专利权的主体

专利权的主体是专利权人,即依法享有申请专利和取得专利权的人,包括公民、法人、共同发明人、委托发明人、合法受让人和外国人。

(二) 专利权的客体

专利权的客体分为:(1)发明,指对产品、方法或其改进提出的新的技术方案;(2)实用新型,指对产品的形状、构造或其结合所提出的适于实用的新的技术方案;(3)外观设计,指对产品的形状、图案、色彩或其结合所作出的富有美感并适用于工业上应用的新设计。

我国《专利法》第25条明确规定下列各项不授予专利权:科学发现;智力活动的规则和方法;疾病的诊断和治疗方法;动物和植物品种;用原子核变换方法获得的物质。

(三) 专利权的内容

专利权人的权利也包括人身权和财产权,其中专利财产权有专有实施权、转让权、标记权、进口权等。专利权人的义务主要是缴纳专利年费和依法行使专利权。

（四）专利权的授予条件

发明和实用新型主要是三个条件：(1)新颖性。在申请日以前没有同样的发明或者实用新型在国内外出版物上公开发表过、在国内公开使用过或者以其他方式为公众所知，也没有同样的发明或者实用新型由他人向专利局提出过申请并且记载在申请日以后公布的专利申请文件中。(2)创造性。同申请日以前已有的技术相比，该发明有突出的实质性特点和显著的进步，该实用新型有实质性特点和进步。(3)实用性。实用性是指该发明或者实用新型能够制造或者使用，并且能够产生积极效果。

外观设计的授予主要是新颖性问题，即应当同申请日以前在国内外出版物上公开发表过或者国内公开使用过的外观设计不相同或者不相近似，而且也不得与他人的在先权利相冲突。

（五）专利授予程序

发明权的取得要经过申请、初审、公布、实质审查、发证登记、公告等步骤，使用新型和外观设计只需要申请、初审即可登记发证。在授予专利权 6 个月内，若有人认为该授予不合法，都可以申请国务院专利行政部门撤销专利权。

（六）专利权的保护

发明专利权的期限为 20 年，实用新型专利权和外观设计专利权的期限为十年，均自申请日起计算。有下列情形之一的，专利权在期限届满前终止：专利权人没有按照规定缴纳年费；专利权人以书面声明放弃其专利权。

侵犯他人的专利权应承担侵权责任，但下列情况除外：专利权人制造或者经专利权人许可制造的专利产品售出后，使用或者销售该产品；使用或者销售不知道是未经专利权人许可而制造并售出的专利产品；在专利申请日前已经制造相同产品、使用相同方法或者已经做好制造、使用的必要准备，并且仅在原有范围内继续制造、使用的；临时通过中国领土、领水、领空的外国运输工具，依照其所属国同中国签订的协议或者共同参加的国际条约，或者依照互惠原则，为运输工具自身需要而在其装置和设备中使用有关专利。

三、商标权

我国《商标法》第 3 条规定，经商标局核准注册的商标为注册商标，包括商品商标、服务商标和集体商标、证明商标。法律规定了商标权的主体、客体、内容、取得、保护等。

（一）商标权的主体

商标权的主体是商标权人，包括个体工商业者、法人、外国人和商标权继承人。

（二）商标权的客体

商标权的客体是注册商标。商标使用的文学、图形或者其组合，应当有显著特征，便于识别。使用注册商标的，并应当标明"注册商标"或者注册标记。另外，法律禁止作为商标的文字图形不得作为注册商标。

（三）商标权的内容

商标人的权利有：商标专用权、转让权、使用许可权和续展权。

商标人的义务有：缴纳费用、保证商品质量、不擅自改动商标和其他登记事项、不自行转让注册商标，不连续3年停止使用注册商标。

（四）商标权的取得

我国的商标权是通过注册取得。一般商标注册应经过申请、审核、公告、核准注册、发证公告等步骤。对已注册商标有争议的，争议人可自该商标核准注册之日起一年内向商标评审委员会申请裁定。

（五）商标权的保护

注册商标的有效期为10年，自核准注册之日起计算。注册商标有效期满，需要继续使用的，应当在期满前6个月内申请续展注册；在此期间未能提出申请的，可以给予六个月的宽展期。宽展期满仍未提出申请的，注销其注册商标。每次续展注册的有效期为十年。

商标权受到侵害时，侵权人应承担侵权责任，还可能受到行政和刑事制裁。

第七节 婚姻家庭继承法律制度

一、婚姻家庭法律制度

婚姻是指由一定的社会制度确认的，男女双方以终身共同生活为目的的结合。家庭是由婚姻和血缘（或收养关系）形成的社会形式。我国婚姻法调整的是婚姻、亲属间的权利义务关系。

（一）婚姻法的基本原则

我国婚姻法的基本原则包括婚姻自由原则，一夫一妻制原则，男女平等原则，保护妇女、儿童、老人合法权益原则，实行计划生育原则等。

1. 婚姻自由原则

婚姻自由,是指当事人有权决定自己的婚姻,不受任何人的强迫或干涉。婚姻自由包括结婚自由和离婚自由两方面。法律禁止包办、买卖婚姻,以及借婚姻索取财物。

2. 一夫一妻制原则

一夫一妻制是指一男一女结合为夫妻的婚姻制度。任何人不得同时有两个或两个以上的配偶。法律禁止重婚以及有配偶者与他人同居。

3. 男女平等原则

男女平等原则是指男女两性在婚姻家庭中的地位平等,享有平等的权利义务。

4. 保护妇女、儿童、老人合法权益原则

保护妇女、儿童、老人合法权益是指法律重点保护妇女、儿童、老人在婚姻家庭方面的合法权益。

5. 实行计划生育原则

实行计划生育原则是指婚姻当事人应当依照国家法律政策有节制地生育子女。

(二)结婚

结婚指男女双方按照法律结合为夫妻的法律行为。我国法律规定了结婚的必要条件、结婚的禁止性条件、结婚的程序要件等条件。

在我国,结婚的必要条件为:(1)男女双方完全自愿。(2)达到法定婚龄。法定婚龄是指法律规定的结婚的最低年龄。我国《民法典》第1047条规定男不得早于22周岁,女不得早于20周岁。(3)符合一夫一妻制原则。

我国《民法典》第1048条规定,直系血亲或者三代以内的旁系血亲禁止结婚。直系血亲指和自己有直接血缘关系的亲属,包括生育自己和自己生育的各代。旁系血亲是具有间接血缘关系的亲属,即非直系血亲而与自己同出一源的亲属。法律拟制的血亲关系也不得结婚。

结婚的程序要件指法律规定的缔结婚姻必经的方式。结婚登记是婚姻的程序要件。

(三)婚姻的效力

我国《民法典》第1051条、第1052条和第1053条规定了无效婚姻、可撤销婚姻。有下列四种情形之一的婚姻无效:重婚;有禁止结婚的亲属关系;未到法定婚龄。因胁迫结婚的受胁迫一方,可以请求登记机关或者人民法院撤销婚姻关系。请求撤销婚姻的,应当自胁迫行为终止之日起1年内提出。被非法限制人身自由的当事人请求撤销婚姻的,应当自恢复人身自由之日起1年内提出。一方患有重大疾病的,应当在结婚登记前如实告知另一方;不如实告知的,另一方可以向人民法院请求撤销婚姻。请求撤销婚姻的,应当自知道或者应当知道撤销事由之日起1年内提出。

无效的或者被撤销的婚姻自始没有法律约束力,当事人不具有夫妻的权利和义务。同居期间所得的财产,由当事人协议处理;协议不成的,由人民法院根据照顾无过错方的原则判决。对重婚导致的无效婚姻的财产处理,不得侵害合法婚姻当事人的财产权益。当事人所生的子女,适用本法关于父母子女的规定。婚姻无效或者被撤销的,无过错方有权请求损害赔偿。

(四) 婚姻家庭关系

婚姻家庭关系指家庭成员之间因人身关系而形成的一种权利义务关系,包括夫妻关系、父母子女关系、祖孙关系、兄弟姐妹关系等。

1. 夫妻关系

夫妻在家庭中地位平等。夫妻之间有平等的人身关系:夫妻双方都有使用自己姓名的权利,夫妻双方都有参加生产、工作、学习和社会活动的自由,夫妻双方都有实行计划生育的义务。在财产关系方面,夫妻对共同财产有平等的所有权和处分权。夫妻在婚姻关系存续期间所得的财产,除另有约定外,归夫妻共同所有。夫妻有互相扶养的义务,夫妻有相互继承遗产的权利。

2. 父母子女关系

父母子女关系又称亲子关系,可分为自然血亲亲子关系和拟制血亲亲子关系。前者是基于子女出生事实发生的,包括婚生亲子关系和非婚生亲子关系。非婚生子女享有与婚生子女同等的权利。后者是基于法律关系设定的,包括养父母与养子女、继父母与继子女之间的关系。父母对子女有抚养教育的义务,子女对父母有赡养扶助的义务。父母和子女有相互继承遗产的权利。养父母和养子女间的权利和义务,继父或继母和受其抚养教育的继子女间的权利和义务,适用法律对父母子女关系的有关规定。

3. 祖孙关系

法律规定,有负担能力的祖父母、外祖父母,对于父母已经死亡或父母无力抚养的未成年的孙子女、外孙子女,有抚养的义务。有负担能力的孙子女、外孙子女,对于子女已经死亡或子女无力赡养的祖父母、外祖父母,有赡养的义务。

4. 兄弟姐妹关系

有负担能力的兄、姐,对于父母已经死亡或父母无力抚养的未成年的弟、妹,有扶养的义务。由兄、姐扶养长大的有负担能力的弟、妹,对于缺乏劳动能力又缺乏生活来源的兄、姐,有扶养的义务。

(五) 离婚

离婚是指夫妻双方生存期间依法终止婚姻关系的一种法律行为,我国法律规定了协议离婚和诉讼离婚。

1. 协议离婚

协议离婚指婚姻双方当事人自愿离婚,并就离婚的后果问题达成一致协议,经有关部门认可而解除婚姻关系。离婚协议须合法,并对子女、财产作了适当处理。我国《民法典》第1077条规定了离婚"冷静期"制度。自婚姻登记机关收到离婚登记申请之日起30日内,任何一方不愿意离婚的,可以向婚姻登记机关撤回离婚登记申请。前款规定期限届满后30日内,双方应当亲自到婚姻登记机关申请发给离婚证;未申请的,视为撤回离婚登记申请。此外,婚姻登记机关查明双方确实是自愿离婚,并已经对子女抚养、财产以及债务处理等事项协商一致的,予以登记,发给离婚证。

2. 诉讼离婚

诉讼离婚是指一方要求离婚,另一方不愿意,或虽双方都愿意但对子女和财产处理问题有争议,一方向法院提起离婚诉讼,经法院调解或者判决解除婚姻关系。法院必须对双方进行调解,调解书与判决书有同等效力;调解不成的,法院应及时判决。判决离婚的法定条件是夫妻感情确已破裂。判断破裂的标准一般有以下几项:重婚或者与他人同居;实施家庭暴力或者虐待、遗弃家庭成员;有赌博、吸毒等恶习屡教不改;因感情不和分居满2年;其他导致夫妻感情破裂的情形。一方被宣告失踪,另一方提起离婚诉讼的,应当准予离婚。经人民法院判决不准离婚后,双方又分居满1年,一方再次提起离婚诉讼的,应当准予离婚。但是有两项特殊保护:一是现役军人的配偶要求离婚,须得军人同意,但军人一方有重大过错的除外;二是女方在怀孕期间、分娩后1年内或中止妊娠后6个月内,男方不得提出离婚。女方提出离婚的,或人民法院认为确有必要受理男方离婚请求的,不在此限。

离婚后,双方夫妻关系解除,个人财产归各自所有,共有财产的分割双方有约定的按照约定,没有约定的按协议,协议不成,由人民法院根据财产的具体情况,按照照顾子女和女方权益的原则判决。离婚时,如果一方生活困难,有负担能力的另一方应当给予适当帮助。具体办法由双方协议;协议不成的,由人民法院判决。离婚时,夫妻共同债务应当共同偿还。共同财产不足清偿或者财产归各自所有的,由双方协议清偿;协议不成的,由人民法院判决。

有下列情形之一导致离婚的,无过错方有权请求损害赔偿:重婚的;有配偶者与他人同居的;实施家庭暴力的;虐待、遗弃家庭成员的。离婚时,一方隐藏、转移、变卖、毁损夫妻共同财产,或伪造债务企图侵占另一方财产的,分割夫妻共同财产时,对隐藏、转移、变卖、毁损夫妻共同财产或伪造债务的一方,可以少分或不分。离婚后,另一方发现有上述行为的,可以向人民法院提起诉讼,请求再次分割夫妻共同财产。亲子关系不因父母离婚而消灭。

二、继承法律制度

继承法是关于财产继承的法律,是调整公民死亡后其遗留财产移转关系的法律规范的总称。遗产是公民死亡时遗留的个人合法财产。依照法律规定或者根据其性质不得继承的遗产,不得继承。

我国继承法的基本原则有五项:保护公民私有财产继承权原则;继承权男女平等原则;养老育幼原则;权利义务相一致原则;互助互让、和睦团结原则。

我国《民法典》继承编规定继承权的取得、丧失与放弃:(1)继承权可以依据法律的规定和被继承人的遗嘱取得。(2)继承权的丧失是指依照法律规定取消继承人的继承权。丧失继承权的原因有:故意杀害被继承人的;为争夺遗产而杀害其他继承人的;遗弃被继承人的,或者虐待被继承人情节严重的;伪造、篡改或者销毁遗嘱,情节严重的。(3)放弃继承权是指继承权人在继承开始后到遗产处理前,享有作出放弃自己的继承地位和应继份额的意思表示的权利。放弃必须明示。

(一)法定继承

法定继承,是指由法律直接规定继承人的范围、继承顺序、遗产分配原则的一种继承方式。我国《民法典》继承编第二章规定了法定继承。

1. 法定继承人的范围和顺序

我国法定继承人的第一顺序有配偶、子女、父母;第二顺序有兄弟姐妹、祖父母、外祖父母。继承开始后,由第一顺序继承人继承,第二顺序继承人不继承。没有第一顺序继承人继承或者第一继承人放弃、丧失继承权,由第二顺序继承人继承。丧偶儿媳对公、婆,丧偶女婿对岳父、岳母,尽了主要赡养义务的,作为第一顺序继承人。

2. 代位继承

代位继承指被继承人的子女先于被继承人死亡,由死亡的子女的晚辈直系血亲继承其应继承的遗产份额的制度。代位继承只适用于法定继承。

3. 转继承

转继承,是指被继承人死亡后,继承人在尚未实际接受遗产前死亡,该继承人的继承人代其实际接受其有权继承的遗产。

4. 遗产的分割

同一顺序继承人继承遗产的份额,一般应当均等。对生活有特殊困难的缺乏劳动能力的继承人,分配遗产时,应当予以照顾。对被继承人尽了主要扶养义务或者与被继承人共同生活的继承人,分配遗产时,可以多分。有扶养能力和有扶养条件的继承人,不尽扶养义务的,分配遗产时,应当不分或者少分。继承人协商同意的,也可以不均等。对继承人以外的依靠被继承人扶养的缺乏劳动能力又没有生活来源的人,或者继承人以外的对被继承人扶养较多的人,可以分给他们适当的遗产。

(二) 遗嘱继承

遗嘱继承是指被继承人死亡后按其生前所立遗嘱,将其遗产转移给指定的法定继承人中的一个或几个所有的一种继承方式。没有遗嘱或者遗嘱无效的,才能按法定继承方式继承。

遗嘱是立遗嘱人生前依法处分自己的财产并于其死亡时生效的法律行为。遗嘱的实质有效要件有以下几个:立遗嘱人有完全民事行为能力;遗嘱是其真实意思表示;遗嘱不得违反公序良俗;遗产应为缺乏劳动能力又没有生活来源的人保留必要份额。

我国《民法典》第1134～1140条规定了遗嘱的形式。遗嘱有五种形式:(1)公证遗嘱,即遗嘱人生前到公证机关办理公证手续的遗嘱。(2)自书遗嘱,遗嘱人亲笔书写,签名且注明了年、月、日的遗嘱。(3)代书遗嘱,遗嘱人口述,由他人代书的遗嘱。代书遗嘱应当有两个以上见证人在场见证,由其中一人代书,注明年、月、日,并由代书人、其他见证人和遗嘱人签名。下列人员不能作为遗嘱见证人:无民事行为能力人、限制民事行为能力人以及其他不具有见证能力的人;继承人、受遗赠人;与继承人、受遗赠人有利害关系的人。(4)录音遗嘱,以录音形式立的遗嘱,应当有两个以上见证人在场见证。(5)口头遗嘱,遗嘱人在危急情况下,可以立口头遗嘱。口头遗嘱应当有两个以上见证人在场见证。危急情况解除后,遗嘱人能够用书面或者录音形式立遗嘱的,所立的口头遗嘱无效。

遗嘱人可以撤回、变更自己所立的遗嘱。立遗嘱后,遗嘱人实施与遗嘱内容相反的民事法律行为的,视为对遗嘱相关内容的撤回。立有数份遗嘱,内容相抵触的,以最后的遗嘱为准(《民法典》第1142条)。遗嘱继承或者遗赠附有义务的,继承人或者受遗赠人应当履行义务。

(三) 遗赠

遗赠是立遗嘱人以遗嘱方式将遗产赠送给法定继承人以外的人,并在遗嘱人死亡后生效的法律行为。

(四) 遗赠扶养协议

遗赠扶养协议是指遗赠人与扶养人之间订立的关于扶养人承担遗赠人的生养死葬的义务,遗赠人的财产在其死后转归扶养人所有的协议。遗赠抚养协议优于法定继承和遗嘱继承。

第八节 侵权责任法律制度

侵权行为,是指加害人不法侵害他人的人身权利和财产权利,依法应当承担民事责任的行为。我国《民法典》侵权责任编规定了侵权行为的归责原则、一般侵权行为的构成、共同侵权行为、特殊侵权行为、侵权民事责任等内容。

一、侵权行为的归责原则

侵权行为的归责原则,是指确认和追究侵权加害人民事责任的根据或者标准,即按照哪一种基本标准确定和追究侵权加害人的民事责任。我国侵权行为法律规定的归责原则是过错原则、无过错原则和公平原则。

(一)过错责任原则

过错责任原则,是指以加害人主观上有过错作为确定加害人对其造成的损害后果承担民事责任必要条件的归责原则。《民法典》第1165条第1款规定:"行为人因过错侵害他人民事权益造成损害的,应当承担侵权责任。"在举证责任的分配上,过错责任原则要求"谁主张谁举证",即由受害人承担举证责任。

过错推定是指加害人致人损害时,如果不能证明自己没有过错,就要推定其有过错并承担民事责任的过错形式。《民法典》第1165条第2款规定:"依照法律规定推定行为人有过错,其不能证明自己没有过错的,应当承担侵权责任。"过错推定并不等同于过错认定,行为人仍然可以对自己没有过错进行举证,以免于承担侵权责任。

(二)无过错责任原则

无过错责任原则,是指不论加害人主观上是否有过错,只要其行为与损害后果之间存在因果关系,就应承担民事责任的归责原则。《民法典》第1166条规定:"行为人造成他人民事权益损害,不论行为人有无过错,法律规定应当承担侵权责任的,依照其规定。"该规定是我国民事立法中有关无过错责任原则的最基本的规定。

《民法典》侵权责任编具体规定了一系列适用无过错责任原则的侵权行为类型,包括国家机关及其工作人员执行职务致人损害、产品质量不合格致人损害、从事高度危险作业致人损害、环境污染致人损害、饲养的动物致人损害等。

(三)公平补偿原则

公平补偿原则,又称衡平责任原则,是指在当事人双方对损害的发生均无过错,法律又无特别规定适用无过错责任原则的情况下,由人民法院根据公平观念,责令致害人对受害人给予适当补偿,由当事人合理分担损失的一种归责原则。《民法典》第 1186 条规定:"受害人和行为人对损害的发生都没有过错的,依照法律的规定由双方分担损失。"据此,公平责任原则仅仅适用于法律明确规定的情形。进而,《民法典》具体规定了公平补偿原则适用的三种情况,包括正当防卫、紧急避险、见义勇为和高空抛/坠物等。

二、一般侵权行为的构成

一般侵权行为的构成是指在确定侵权行为的民事责任时必须具备的构成要件,即行为的违法性、损害事实、因果关系和过错四要件。

(一)加害行为的违法性

加害行为的违法性是指法律确认加害人的行为违反法定义务,侵害了他人的合法权益。侵权行为中的违法加害行为客观表现为作为和不作为两种方式。

(二)损害事实的发生

损害是指加害人的行为侵犯了他人的人身权或者财产权而给受害人带来的利益的减少或者丧失。作为侵权行为构成要件的损害事实,应当是合同利益之外的利益损害。

(三)违法加害行为与损害后果之间的因果关系

侵权行为构成要件中的加害行为与损害后果之间的因果关系,是指加害人的加害行为与受害人的损害后果之间的客观联系,即客观损害事实是由该违法加害行为所引起的,损害是违法加害行为的结果,违法加害行为是损害的原因。某一原因仅仅于现实情况发生某种结果时,还不能断定有因果关系,必须依据一般观念,在有同一条件存在就能发生同一结果时,才能认定该条件与该结果间有因果关系。

(四)加害人主观上的过错

过错是指加害人在实施加害行为时应受非难的心理状态。过错分为故意和过失两种形式。故意是指加害人预见到了自己行为的损害后果,仍然希望或者放任损害结果的发生。过失是指加害人违反了其应尽的对他人的注意义务的心理状态。民法上一般根据行为人注意义务的大小,将过失分为重大过失、一般过失与轻微过失。

三、共同侵权行为

共同侵权行为是指加害人为二人或者二人以上共同侵害他人民事权益,共同加害人应当承担连带责任的侵权行为。《民法典》第 1168 条至第 1172 条规定了共同侵权行为规则。共同加害行为人对受害人承担连带责任,受害人不得免除特定共同加害人的赔偿责任。在一个或者数个加害人清偿了全部赔偿债务后,支付了赔偿金的加害人有权请求其他共同加害人支付一定的金额以补偿其承担全部赔偿责任而受到的损失。

共同危险行为也称为"准共同侵权行为",是指二人或者二人以上共同实施有侵害他人民事权益的危险的行为,对所造成的损害后果不能判明谁是加害人的情况。我国《民法典》第1170条的规定便是共同危险行为,"二人以上实施危及他人人身、财产安全的行为,其中一人或者数人的行为造成他人损害,能够确定具体侵权人的,由侵权人承担侵权责任;不能确定具体侵权人的,行为人承担连带责任"。在共同危险行为责任中,除法律另有规定或者契约另有约定外,在共同危险行为人的责任划分上,一般是平均分担的,各人以相等的份额对损害结果负责,在等额的基础上,实行连带责任。

教唆、帮助他人实施加害行为的,教唆者和帮助者与行为的实施者构成共同侵权行为人。教唆者指鼓动、唆使或策划他人实施加害行为的人。帮助者通常是指为加害人实施加害行为提供必要条件的人。《民法典》第1169条的规定:"教唆、帮助他人实施侵权行为的,应当与行为人承担连带责任。教唆、帮助无民事行为能力人、限制民事行为能力人的监护人未尽到监护责任的,应当承担相应的责任。"

四、特殊侵权行为

特殊侵权行为,是指责任人基于与自己有关的行为、事件或者其他特别原因致人损害,依法应当承担民事责任的行为。

(一)国家机关及其工作人员的职务侵权责任

国家机关及其工作人员职务侵权行为,是指国家机关或者其工作人员在执行职务过程中实施的致人损害,由国家承担赔偿责任的侵权行为。在这种特殊侵权行为法律关系中,国家机关的工作人员是直接实施侵权行为的加害人,国家机关则是责任人。

(二)产品责任

产品缺陷致人损害的侵权行为是指产品的制造者和销售者因制造、销售不合格产品造成他人的人身或者财产损害应承担民事责任的侵权行为。《民法典》第1202条至第1207条详细规定了产品责任。在这种特殊侵权行为法律关系中,没有直接实施加害行为的加害人,只有致人损害的产品以及承担该损害赔偿责任的产品制造者和销售者。

（三）医疗损害责任

医疗损害赔偿责任是指医疗机构或医务人员在医疗活动中对受害患者因医疗技术等过失造成人身权等其他权利侵害的侵权责任。我国法上，根据医疗活动的类型不同，可以将医疗损害责任分为医疗技术损害责任、医疗伦理损害责任和医疗产品损害责任。《民法典》第1218条至第1228条全面规定了医疗损害责任。

医疗技术损害责任，是指医务人员在诊疗活动中未尽到与当时的医疗水平相应的诊疗义务，造成患者损害的，医疗机构应当承担赔偿责任。具体类型包括：诊断过失、治疗过失和护理过失等。对于医疗技术损害责任，适用过错责任原则。在证明责任上，适用一般的举证责任规则，即"谁主张，谁举证"。

医疗伦理损害责任，是指医疗机构和医务人员违背医疗伦理要求，违反了告知或保密义务，造成患者人身及其他合法权益受损的医疗损害责任。医疗伦理损害责任实行过错推定原则，直接推定医疗机构具有过失。

医疗产品损害责任，是指医疗机构在医疗活动中使用有缺陷的产品，因此造成患者人身损害，医疗机构或医疗产品生产者、销售者应当承担的侵权责任。这里的医疗产品一般是指药品、消毒药剂、医疗器械和血液制品。

（四）高度危险责任

高度危险作业致人损害的侵权行为，是指从事高空、高压、易燃、易爆、剧毒、放射性、高速运输工具等对周围环境有高度危险的作业致人损害，其所有人或者占有人应当承担赔偿责任的侵权行为。高度危险作业致人损害的侵权行为适用无过错责任原则。《民法典》第1236条至第1244条对此予以确认。

（五）环境污染和生态破坏责任

环境污染致人损害的侵权行为，是指人为的原因致使环境污染造成他人人身损害或者财产损失而应当承担民事责任的侵权行为。《民法典》第1229条规定，"因污染环境、破坏生态造成他人损害的，污染者应当承担侵权责任。"

在举证责任上，采因果关系推定规则。《民法典》第1230条规定："因污染环境、破坏生态发生纠纷，污染者应当就法律规定的不承担责任或者减轻责任的情形及其行为与损害之间不存在因果关系承担举证责任。"

在环境污染责任分配中采市场份额规则。《民法典》第1231条规定："两个以上侵权人污染环境、破坏生态的，承担责任的大小，根据污染物的种类、浓度、排放量、破坏生态的方式、范围、程度，以及行为对损害后果所起的作用等因素确定。"同时，《民法典》第1232条规定了环境污染责任中的第三人过错的不真正连带责任，"因第三人的过错污染环境造成损害的，被侵权人可以向污染者请求赔偿，也可以向第三人请求赔偿。污染者赔偿后，有权向第三人追偿"。

(六) 建筑物和物件损害责任

建筑物和物件损害责任,是为自己管领下的物件造成他人损害,应当由建筑物或者物件的所有人或者管理人承担侵权责任的特殊侵权责任。《民法典》第十章第1252条至第1258条规定的是建筑物和物件损害责任。

建筑物、构筑物或者其他设施及其搁置物、悬挂物损害责任。《民法典》第1252条规定:"建筑物、构筑物或者其他设施及其搁置物、悬挂物发生脱落、坠落造成他人损害,所有人、管理人或者使用人不能证明自己没有过错的,应当承担侵权责任。所有人、管理人或者使用人赔偿后,有其他责任人的,有权向其他责任人追偿。"

关于高空抛/坠物的特殊问题,《民法典》第1254条规定,"禁止从建筑物中抛掷物品。从建筑物中抛掷物品或者从建筑物上坠落的物品造成他人损害的,由侵权人依法承担侵权责任;经调查难以确定具体侵权人的,除能够证明自己不是侵权人的外,由可能加害的建筑物使用人给予补偿。可能加害的建筑物使用人补偿后,有权向侵权人追偿。物业服务企业等建筑物管理人应当采取必要的安全保障措施防止前款规定情形的发生;未采取必要的安全保障措施的,应当依法承担未履行安全保障义务的侵权责任。发生本条第一款规定的情形的,公安等机关应当依法及时调查,查清责任人。"

建筑物、构筑物或者其他设施倒塌损害责任。《民法典》第1252条规定:"建筑物、构筑物或者其他设施倒塌造成他人损害的,由建设单位与施工单位承担连带责任。建设单位、施工单位赔偿后,有其他责任人的,有权向其他责任人追偿。因其他责任人的原因,建筑物、构筑物或者其他设施倒塌造成他人损害的,由其他责任人承担侵权责任。"

堆放物倒塌损害责任。堆放物倒塌造成他人损害,堆放人不能证明自己没有过错的,应当承担侵权责任。

障碍通行物损害责任。在公共道路上堆放、倾倒、遗撒妨碍通行的物品造成他人损害的,有关单位或者个人应当承担侵权责任。

林木损害责任。因林木折断造成他人损害,林木的所有人或者管理人不能证明自己没有过错的,应当承担侵权责任。

地下工作物损害责任。这种责任是指在公共场所、道旁或者通道上挖坑、修缮安装地下设施等,没有明显标志和采取安全措施致人损害的行为。《民法典》第1258条第1款规定:"在公共场所或者道路上挖掘、修缮安装地下设施等造成他人损害,施工人不能证明已经设置明显标志和采取安全措施的,应当承担侵权责任。"

(七) 饲养动物致人损害责任

饲养动物致人损害的侵权行为,是指因饲养的动物致人损害而依法应当由动物饲养人或者管理人承担损害赔偿责任的侵权行为。《民法典》第1245条规定："饲养的动物造成他人损害的,动物饲养人或者管理人应当承担侵权责任;但是,能够证明损害是因被侵权人故意或者重大过失造成的,可以不承担或者减轻责任。"这种特殊侵权行为必须是饲养动物的独立动作造成损害,而不是受外人驱使所致。如果是受人驱使伤人,则属于一般侵权行为。

因第三人过错造成的侵害,按照《民法典》第1175条的规定,一般由第三人承担侵权责任,直接加害人免除责任。但是,饲养动物损害责任则贯彻执行无过错责任原则,即动物饲养人不得因第三人的过错而免责。《民法典》第1250条规定："因第三人的过错致使动物造成他人损害的,被侵权人可以向动物饲养人或者管理人请求赔偿,也可以向第三人请求赔偿。动物饲养人或者管理人赔偿后,有权向第三人追偿。"

不同于此,动物园饲养的动物致害责任则采过错推定原则。《民法典》第1248条规定："动物园的动物造成他人损害的,动物园应当承担侵权责任;但是,能够证明尽到管理职责的,不承担责任。"

(八) 监护人责任

监护人致人损害的侵权行为,是指由被监护人实施加害行为致人损害,由监护人承担民事责任的侵权行为。《民法典》第1188条规定："无民事行为能力人、限制民事行为能力人造成他人损害的,由监护人承担侵权责任。监护人尽到监护责任的,可以减轻其侵权责任。有财产的无民事行为能力人、限制民事行为能力人造成他人损害的,从本人财产中支付赔偿费用。"而在委托监护的情形,监护人也并不能因此而免责。《民法典》第1189条规定："无民事行为能力人、限制民事行为能力人造成他人损害,监护人将监护职责委托给他人的,监护人应当承担侵权责任;受托人有过错的,承担相应的责任。"

(九) 暂时丧失心智损害责任

暂时丧失心智损害责任是指,完全民事行为能力人对自己的行为暂时没有意识或者失去控制造成他人损害有过错的,所应承担的侵权责任。《民法典》第1190条第1款规定："完全民事行为能力人对自己的行为暂时没有意识或者失去控制造成他人损害有过错的,应当承担侵权责任;没有过错的,根据行为人的经济状况对受害人适当补偿。"这里要强调的是,构成这种特殊侵权责任,侵权人自己的心智暂时丧失是基于自己的过失而发生。这种过失主要是源于醉酒和滥用麻醉药品或精神药品。该条第2款规定："完全民事行为能力人因醉酒、滥用麻醉药品或者精神药品对自己的行为暂时没有意识或者失去控制造成他人损害的,应当承担侵权责任。"

（十）用人者责任

用人者责任，是指用人单位的工作人员或者劳务派遣人员因执行工作任务造成他人损害，用人单位或者劳务派遣单位承担赔偿责任的侵权责任。《民法典》第1191条至第1192条规定的便是用人者责任，包括用人单位责任、劳务派遣责任和个人劳务责任。

用人单位责任。《民法典》第1191条第1款规定："用人单位的工作人员因执行工作任务造成他人损害的，由用人单位承担侵权责任。"

劳务派遣责任。《民法典》第1191条第2款规定："劳务派遣期间，被派遣的工作人员因执行工作任务造成他人损害的，由接受劳务派遣的用工单位承担侵权责任；劳务派遣单位有过错的，承担相应的补充责任。"

个人劳务责任。《民法典》第1192条规定："个人之间形成劳务关系，提供劳务一方因劳务造成他人损害的，由接受劳务一方承担侵权责任。提供劳务一方因劳务自己受到损害的，根据双方各自的过错承担相应的责任。"

（十一）网络服务提供者责任

随着互联网的迅速发展，以网络为媒介的侵权行为越来越多，为了确保互联网正常运行秩序，《民法典》第1194条规定了网络服务提供者责任，即"网络用户、网络服务提供者利用网络侵害他人民事权益的，应当承担侵权责任"，但"法律另有规定的，依照其规定。"

考虑到互联网的特殊性，网络服务提供者的行为受到法律的限制，这种限制表现在两个方面：一是提示规则。《民法典》第1195条规定：网络用户利用网络服务实施侵权行为的，被侵权人有权通知网络服务提供者采取删除、屏蔽、断开链接等必要措施。通知应当包括构成侵权的初步证据及权利人的真实身份信息。网络服务提供者接到通知后，应当及时将该通知转送相关网络用户，并根据构成侵权的初步证据和服务类型采取必要措施；未及时采取必要措施的，对损害的扩大部分与该网络用户承担连带责任。权利人因错误通知造成网络用户或者网络服务提供者损害的，应当承担侵权责任。法律另有规定的，依照其规定。网络用户接到转送的通知后，可以向网络服务提供者提交不存在侵权行为的声明。声明应当包括不存在侵权行为的初步证据及网络用户的真实身份信息。进而，第1196条规定，网络服务提供者接到声明后，应当将该声明转送发出通知的权利人，并告知其可以向有关部门投诉或者向人民法院提起诉讼。网络服务提供者在转送声明到达权利人后的合理期限内，未收到权利人已经投诉或者提起诉讼通知的，应当及时终止所采取的措施；二是知道规则。《民法典》第1197条规定，网络服务提供者知道网络用户利用其网络服务侵害他人民事权益，未采取必要措施的，与该网络用户承担连带责任。

（十二）违反安全保障义务的侵权责任

违反安全保障义务的侵权行为，是指依照法律规定或约定对他人负有安全保障义务的人，违反该义务，因而直接或间接地造成他人人身或者财产权益损害，应当承担损害赔偿责任的侵权行为。《民法典》第1198条规定了违反安全保障义务的侵权责任，"宾馆、商场、银行、车站、机场、体育场馆、娱乐场所等经营场所、公共场所的管理人或者群众性活动的组织者，未尽到安全保障义务，造成他人损害的，应当承担侵权责任。因第三人的行为造成他人损害的，由第三人承担侵权责任；管理人或者组织者未尽到安全保障义务的，承担相应的补充责任"。

五、侵权民事责任

侵权民事责任是民事主体因违反法定的绝对性义务而应承担的法律后果。侵权责任是损害填补责任，而非惩罚性责任。

据《民法典》第179条第1款规定，侵权责任的承担方式有：(1)停止侵害。侵害人终止其正在进行或者延续的损害他人合法权益的行为。(2)排除妨碍。侵害人排除由其行为引起的妨碍他人权利正常行使和利益实现的客观事实状态。(3)消除危险。侵害人消除由其行为或者物件引起的现实存在的某种有可能对他人合法权益造成损害的紧急事实状态。(4)返还财产。侵害人将其非法占有或者获得的财产移转给所有人或者权利人。(5)恢复原状。使受害人的财产恢复到受侵害之前的状态。(6)赔偿损失。行为人因违反民事义务致人损害，应以财产赔偿受害人所受的损失。(7)消除影响、恢复名誉。消除影响，是指加害人在其不良影响所及范围内消除对受害人的不利后果。恢复名誉，是指加害人在其侵害后果所及范围内使受害人的名誉恢复到未曾受损害的状态。(8)赔礼道歉。加害人以口头或者书面的方式向受害人承认过错、表示歉意。

侵权责任的抗辩事由指被告针对原告的诉讼请求而提出的、旨在免除或者减轻其民事责任的主张。它一般包括下列几类。

（一）正当防卫

我国《民法典》第181条规定："因正当防卫造成损害的，不承担民事责任。正当防卫超过必要的限度，造成不应有的损害的，正当防卫人应当承担适当的民事责任。"从非法侵害的方面看，须具备三个条件：必须有侵害事实，侵害行为必须是实施防卫时现实存在和正在发生的，侵害行为必须是非法的。从防卫方面看，必须以合法防卫为目的，必须对加害人本人进行防卫，防卫不得超过必要的限度。

（二）紧急避险

紧急避险行为是指为了社会公共利益、自身或者他人的合法权益免受现实和紧迫的损害，在不得已的情况下而采取的造成他人少量损失的行为。其属于合法行为。《民法典》第182条对此作有详细规定。其必要条件有四个：一是必须是合法权益受到危险的威胁；二是危险必须是正在发生的、真实的；三是避险行为必须是为了使合法权益免受正在发生的紧急危险；四是紧急避险所造成的损失必须小于被保全的利益。

（三）依法执行职务行为

依法执行职务是指依据法律的授权及有关规定行使合法权利、履行法定义务的行为。

（四）受害人的同意

受害人的同意，又称受害人承诺，是指由于受害人事先作出的甘愿承担某种损害结果的明示的意思表示，行为人在其表示的自愿承担的损害结果的范围内对其实施侵害而不承担民事责任。《民法典》第1176条第1款规定："自愿参加具有一定风险的文体活动，因其他参加者的行为受到损害的，受害人不得请求其他参加者承担侵权责任；但是，其他参加者对损害的发生有故意或者重大过失的除外。"

（五）自助行为

自助行为是指权利人为保护自己的权利，在情事紧迫而又不能及时请求国家机关予以救助的情况下，对他人的财产或自由施加扣押、拘束或其他相应措施，而为法律或社会公德所认可的行为。《民法典》第1177条规定，合法权益受到侵害，情况紧迫且不能及时获得国家机关保护，不立即采取措施将使其合法权益受到难以弥补的损害的，受害人可以在保护自己合法权益的必要范围内采取扣留侵权人的财物等合理措施；但是，应当立即请求有关国家机关处理。受害人采取的措施不当造成他人损害的，应当承担侵权责任。

（六）不可抗力

不可抗力是指不能预见、不能避免并不能克服的客观情况。但例外情况下，不可抗力也不能为免责事由。如《邮政法》第34条规定，汇款和保价邮件的损失即使是不可抗力造成的，邮政企业也不得免除赔偿责任。

（七）受害人的过错

受害人的过错是指受害人对于损害的发生或扩大具有过错，其可构成被告免责事由或减责事由。《民法典》第 1174 条规定,"损害是因受害人故意造成的,行为人不承担责任。"

(八) 第三人的过错

第三人的过错是指除原告与被告之外的第三人对于损害的发生或者扩大具有过错。《民法典》第 1175 条规定:"损害是因第三人造成的,第三人应当承担侵权责任。"

第五章　中国商事法律制度

第一节　商法概述

一、商法的概念

商法起源于古代地中海沿岸国家商人活动的惯例,并随着人类社会经济贸易活动的发展而发展。我国商法的主要发展是在社会主义市场经济体制建立之后,并在我国经济生活中发挥着日愈重要的作用。

商法又称为商事法,是指调整有关商事关系的法律规范的总称。商法有形式意义的商法和实质意义的商法:形式意义上的商法是指以商法为名称以法典为表现形式的商法典;实质意义上的商法则包含着一切调整商事法律关系的法律规范的总和。

实质意义的商法又分为广义的商法和狭义的商法。广义的商法,是调整一切商事关系的商法规范的总称,包括国际商法和国内商法。通常所说的商法是指狭义的商事法律,其调整的对象为商事关系,主要表现为商事主体在从事各种以营利为目的的营业活动中所发生的社会经济关系以及与此相连的社会关系的总和。商事关系的核心内容是商行为,即商事主体所实施的各种经营活动,包括买卖、运送、保管、居间、行纪、代办、信贷、保险、信托、加工、出版、印刷、广告、服务、娱乐等行为。商事关系只能发生在营利性活动中,商事主体从事商行为,目的就是为了谋取超出资本的利益并将其分配于投资者,营利性是商事关系区别于其他非商事关系的基本特征。由于商行为具有营利性的特征,因此商事主体从事商行为需要取得法律的认可,即在从事商事活动之前必须取得从事该种行为的资格,也由此产生了一系列用于调整此种行为的商事法律法规。

关于商事法律的规定,在民商合一与民商分立的国家是有区别的。我国采取的是民商合一的立法模式,即没有在民法之外,制定统一的商法典。就法律的表现形式而言,并没有独立于民法之外的商法典,关于商事的法律,除编入《民法典》的以外,又采取单行商事法规的立法方式,分别制定了《公司法》《合伙企业法》《票据法》《证券法》《海商法》《保险法》《拍卖法》《破产法》等法律。

二、商法的特征

1. 商法的营利性

商法以促进和保护商事交易中的利益实现为主旨,商法的大量规定都在规范营利行为。营利性是商法对商事行为的客观反映。商法鼓励和保护通过正当交易手段和合法投资途径去获取商业利润,保护商事主体合法的营利行为和交易成果。

2. 商法的国际性

商法虽然是以国内法为主,但随着近现代科技的发展、交通的发达,商事交易已经明显跨越了国家、地区和民族的界限,商法在形成和制定过程中,已经不可能不考虑到国际性的商事交易以及其他国家的商事法律和惯例。因此,各国都在长期的经济贸易交往中逐渐形成了一些普遍接受的贸易惯例和习惯做法,成熟的国际商事条约也更容易为各国所承认和参加。

3. 商法的技术性

商法的技术性特征非常明显。商法要准确地反映商品经济的客观规定,就必须制定大量定性和定量的规定。现代商事交易中采用了更多先进的技术,使商法的内容也更具有技术性的特点。技术性规范的制定完全出自于立法专家的设计,而商法中的票据法、保险法,表现出了更多的技术性特点。

4. 商法的协调性

商业社会,一切交易行为都显露出纯粹的利己主义色彩,一切商业组织和商业活动,其目的均在于追求利润。但商法并不是单纯的强调营利性,在营利性之外,商法还崇尚诚实信用等交易原则,从而维持交易的公平。法律所确认的平等原则、诚实信用原则及情势变更原则等均适用于商法,目的就是维持交易的公平性。

5. 商法的进步性

商法的调整对象是商事关系,而商事关系是随社会经济生活的变化而变化的。因此,商法必须随着经济社会的发展变化做出相应的调整以适应现实的需要。尤其是当今世界,国际经济贸易发展迅速,经济竞争激烈,商法亦需随着时代的潮流与社会经济发展的趋势而力求其进步。所以,大多数国家都在民法之外另行制定商事单行法,以便于随时作出相应的调整和修改,促进商业的繁荣和社会的进步。

三、商事法律关系

(一) 商事法律关系的概念和特征

1. 商事法律关系的概念

商事法律关系,简称商事关系,是符合商事法律规范的商事主体之间的商事权利义务关系。商法所调整的商事关系主要是财产关系,是由商法所调整的社会关系所决定的。在商法所调整的这种财产关系中,当事人的法律地位是平等的,是各自享有财产权利的独立主体,从而在经济交往中遵循等价有偿原则。商法所调整的财产关系主要是经营性财产关系,是商人以追求利润为目的而营运其财产所形成的财产关系。

2. 商事法律关系的特征

(1) 商事法律关系的主体至少有一方是商人,且只能发生在平等的商事主体之间。商事法律关系是发生在平等商事主体之间的社会经济关系。

(2) 商事法律关系的客体是商行为,其行为标的是具有商品属性的有形物或无形物。

(3) 商事法律关系是商事主体基于营利目的而建立的,商事法律关系只能发生在营利性活动中。商事法律关系的内容具有营业性质,是一种经营性商事权利和商事义务。这种经营性的商事权利义务只能由商人享有和承担,非商人不享有这种经营性权利和承担这种经营性义务。

(4) 为了保障商事交易秩序的安全、快捷、迅速,商事责任体现出了强烈的严格责任主义色彩。

3. 商事法律关系的分类

(1) 基本商事关系和辅助性商事关系:基本商事关系是指直接体现营利性营业内容而普遍具有生产经营性质的经济关系。辅助性商事关系是指不直接体现营利性营业内容,而是在特定社会条件下或者特定场合中方具有生产经营的性质。

(2) 双方商事关系和单方商事关系:双方商事关系是指交易当事人双方均为商事主体的商事法律关系。单方商事关系是指商事主体与非商事主体之间的商事法律关系。

(二) 商事主体

1. 商事主体的概念

商事主体,是指享有商事经营资格,以自己的名义持续地实施商行为并以此为职业,在商事法律关系中依法独立享受商事权利、承担商事义务的人。在传统商法中,也被称为"商人"。

只有具备了如下条件的人,才可被称为商事主体:(1)商事主体必须是从事商事经营活动、并经登记注册确立经营资格的人;(2)商事主体应当是以自己名义从事商行为的人,在实质上享受商事权利和承担商事义务;(3)商事主体应当以商事经营活动为其经常性职业,而不能偶尔为之;(4)商事主体应当具有权利能力或者独立人格,从而能够对商事经营活动以自身名义承担经济和法律上的后果。

2. 商事主体的分类

根据商事主体的法定分类,商事主体可以分为商个人、商合伙和商法人。

(1) 商个人

商个人,又称商自然人,是指依法取得商事主体资格而以从事商事经营活动为职业,具备商事权利能力和商事行为能力,承担商法上的权利和义务的自然人。在我国,商个人可以是经依法登记注册采用完全商人形式的私人独资企业,也可以是依法以店铺、摊点甚至小商贩的方式从事商事营业活动的个体工商户,还可以是按照承包合同依法从事商品经营的农村承包经营户。

商个人从事商事经营活动,必须具备商事能力即商事权利能力和商事行为能力。只有具备商事能力的商个人,才能够依据商业登记所核定的经营范围,独立从事特定的商事活动。

在我国,商个人从事商事活动,还须依法核准登记。因此,商个人从事商事经营活动,法律规定必须依法进行核准登记注册的,必须依法核准登记注册后才能取得商事主体资格而得以实施商事行为;法律不要求核准登记注册的,则以从事商法所规定的基本商行为而取得商事主体资格。

商个人一般均对商事经营活动的债务承担无限责任。在我国,个体工商户以及独资企业均应对营业债务承担无限责任。

(2) 商合伙

商合伙,是指多个主体通过合伙方式进行商事经营活动的商事主体。商事合伙可以发生在若干个商个人之间的、商法人之间的或者商法人与商个人之间的合伙。

合伙企业,是指自然人、法人和其他组织在中国境内设立的普通合伙企业和有限合伙企业。普通合伙企业由普通合伙人组成,合伙人对合伙企业债务承担无限连带责任。普通合伙企业的债务,应当先以其全部财产进行清偿,合伙企业财产不足清偿到期债务的,各合伙人应当承担无限连带清偿责任,并有权利向其他合伙人追偿。有限合伙企业由普通合伙人和有限合伙人组成,普通合伙人对合伙企业债务承担无限连带责任,有限合伙人以其认缴的出资额为限对合伙企业债务承担责任。有限合伙企业由普通合伙人执行合伙事务。执行事务合伙人可以要求在合伙协议中确定执行事务的报酬及报酬提取方式。有限合伙人不执行合伙事务,不得对外代表有限合伙企业。

商事合伙必须依法经核准登记,领取营业执照,在此之前不得以合伙企业名义从事经营活动。合伙企业的财产包括因合伙人出资而构成的合伙财产和所有以合伙企业名义取得的收益。合伙企业的经营活动,可以由合伙人共同决定,合伙人有执行和监督的权利,也可以由合伙人委托一名或者数名合伙人执行合伙企业事务。

(3) 商法人

商法人,是指具有法人人格的商事营业组织。商法人是营利性的社团法人。商法人在核准登记的范围内从事商业活动。商法人的组织形式包括公司、国有企业、集体企业、私营企业、股份合作制企业以及外商投资企业等。关于商法人的组织、行为及责任将在下一节进行详尽的介绍。

(4) 商辅助人

商辅助人是辅助商事主体从事经营的人,其开展的营业主要为辅助其他商事主体的营业。包括代理商、居间商、行纪商、仓储营业商、承揽运送商、商业银行、保险公司等。

(三) 商事法律行为

1. 商事法律行为的概念

商事法律行为,又称商事行为或者商业行为,是商事主体为了实现其商业目的而进行的以营利为目的的商事营业行为。商事法律行为是商事主体基于一定的意思表示以旨在发生所预期的法律效果的合法行为。它是使商事法律关系得以设立、变更、终止的法律事实。

2. 商事法律行为的特征

(1) 商事法律行为是商事主体以营利为目的而从事的行为,商事主体的目的在于通过其营业行为而获得利益,而不是为了公益事业。商行为目的的营利性是区分商事法律行为和非商事法律行为的本质特征,法律据此作为判断具体的活动是否为商事法律行为的标准。

(2) 商事法律行为是一种经营行为,以营业为表现形式。构成一项营业必须具备三个要素:以营利为目的;行为的连续性;行为的特定化,即必须表现为某类具体的商业活动。

(3) 商事法律行为是一种连续性的行为,即要求商事主体在一特定的期间内连续从事一种性质相同的营利活动。

3. 商事法律行为的分类

对于商事法律行为的分类,依据不同的标准,主要有以下几种:

(1) 绝对商事法律行为与相对商事法律行为。绝对商事法律行为又称客观商事法律行为,是指不论行为主体、目的如何,依照法律规定均应认定为商事法律行为。相对商事法律行为,又称主观商事法律行为,营业商事法律行为,一般由商事主体实施或者基于主体的营业性营利目的实施的行为。

(2) 双方商事法律行为与单方商事法律行为。双方商事法律行为是指双方当事人都具有商事主体资格所从事的商事法律行为。单方商事法律行为是指行为人中一方是商事主体,而另一方是非商事主体时所从事的交易行为。

(3) 基本商事法律行为与附属商事法律行为。基本商事法律行为是指在同一商事营业活动中直接以营利性交易为内容的商事法律行为。附属商事法律行为是指在同一商事营业活动中不具有直接营利性的内容,而是主要起到协助作用的辅助行为。

4. 商事法律行为的内容

商事法律行为的范围极其广泛,现代商事法律行为的概念几乎覆盖了一切以营利为目的的营业行为。具体可以归纳为：买卖商行为,辅助商行为,生产、制造、加工商行为,金融性商行为,租赁商行为,服务性商行为等。

第二节　公　司　法

一、公司概述

（一）公司的概念和特征

1. 公司的概念

公司是指依照法律规定,由股东投资而设立的以营利为目的的社会组织。公司依法成立之后,取得法人资格,对股东全部投资依法享有法人财产所有权,自主经营,自负盈亏,独立享有民事权利,承担民事责任。

在我国,公司分为有限责任公司和股份有限责任公司,必须具备一定条件,才可设立公司。有限责任公司的要求为：股东符合法定人数；股东出资达到法定资本最低限额；股东共同制定公司章程；有公司名称,建立符合有限责任公司要求的组织机构；有公司住所。股份有限责任公司的要求为：发起人符合法定人数；发起人认购和募集的股本达到法定资本最低限额；股份发行、筹办事项符合法律规定；发起人制订公司章程,采用募集方式设立的经创立大会通过；有公司名称,建立符合股份有限公司要求的组织机构；有公司住所。

2. 公司的特征

依法成立的公司具有以下特征：(1)公司必须依法设立,设立条件必须达到法律的要求,包括具备必要的资金、经营场所与经营条件,有自己的名称和组织机构等等。(2)公司是以营利为目的的经营组织,营利是股东投资的出发点。(3)公司资本由股东投资构成。公司股东作为资本所有者按投资额享有资产收益,同时,股东以其出资额或者持有的股份对公司承担责任。(4)公司独立承担民事责任。公司以其全部法人财产,对公司债务独立承担责任,股东只需以出资额为限承担责任,除此之外,不承担公司的其他债务,即股东的有限责任。

（二）公司的种类

1. 我国公司法上规定的两种公司：有限责任公司和股份有限公司

(1) 有限责任公司。有限责任公司是指注册资本不需划分为等额股份,股东仅以其出资额为限对公司承担责任,公司以其全部资产对公司的债务承担责任的公司。

我国《公司法》在2005年的修订中引入了一人公司制度,即公司全部资本仅由一个自然人或者法人股东拥有的企业法人。

(2) 股份有限公司。股份有限公司是指通过发行股票筹集资本,其全部资本分为等额股份,股东以其所持股份为限对公司承担责任,公司以其全部资产对公司的债务承担责任的公司。股份有限公司又分为上市股份有限公司和非上市股份有限公司。上市股份有限公司,其发行的股票可以在证券交易所上市交易。

有限责任公司与股份有限公司之间的主要区别是:

第一,股东人数不同。根据我国公司法,有限责任公司股东人数被限定在50人以下,但没有下限限制。如果仅有一个自然人股东或一个法人股东,则为一人有限责任公司;而股份有限公司的股东最少为2人以上,上限则根据公司的设立方式而有所不同。如果是发起设立的股份公司,发起人不得超过200人,但募集设立的股份公司,在发起人之外,股东人数还因公开募集而无限度地扩展,值得注意的是,募集股份除《公司法》外,还要受到《证券法》的规制。

第二,公司章程的产生方式不同。有限责任公司(包括一人有限责任公司)的章程由全体股东制定并通过;股份有限公司的章程由发起人制定,随后在创立大会上通过。

第三,公司资本缴纳方式要求不同。根据2013年《公司法》的最新规定,有限责任公司注册资本不设最低限额要求,缴纳时间与缴纳方式由股东自主约定。而股份有限公司而区分发起设立的股份有限公司与募集设立的股份有限公司而适用不同规则。对于发起设立的股份有限公司,其规则与有限责任公司相同,而对于募集设立的股份有限公司,则注册资本仍然采取实缴制。除此之外,根据国务院于2014年发布的《注册资本登记制度改革方案》,商业银行、信托公司、保险公司、证券公司、财务公司等一些特殊的公司也采取实缴制。

第四,设立的方式不同。有限责任公司采取发起方式设立;股份有限公司既可以采取发起设立,又可以采取募集方式设立。而后者又分为定向募集设立和向社会公开募集设立。

第五,股权表现形式不同。有限责任公司的股权表现形式是出资,由公司发给股东的出资证明书可以叫作股单,不可以公开发行和转让;股份有限公司股东的出资形成公司的股份,公司向出资人发行股票,股票是有价证券,可以流通和转让。

第六,对股权转让限制不同。有限责任公司股东之间可以相互转让其全部或者部分股权,但向股东以外的人转让股权,应当经其他股东过半数同意。公司法还对股东对外转让股权的具体程序作了规定。当然,公司章程对股权转让另有规定的,可以从其规定。股份有限公司股东的股份可以自由转让。

第七,机构设置的灵活性不同。有限责任公司内部机构设置比较灵活,可以设董事会和监事会,其中董事会成员数3至13人,也可以因公司规模较小、股东人数较少而只设执行董事或监事。一人有限公司不设股东会,股东会的职权由一人股东行使,但必须采用书面方式记载,并置于公司所在地备查。股份有限公司的机构设置比较规范,有股东大会、董事会和监事会,其中董事会成员数为5至19人。

可见,有限责任公司与股份有限公司的根本区别在于,前者是人合性兼资合性公司,具有一定的封闭性,股东人数一般较少且相互之间存在着一定的信任因素。后者是典型的资合公司,其信用基础是公司的资本,而不取决于股东个人。并且,上市的股份有限公司具备开放性特点。

2. 母公司和子公司

(1) 母公司,是指拥有其他公司一定数量的股份或者资本,或者通过企业协议使其他公司成为自己的附属公司,从而实际控制另一公司经营的公司。

(2) 子公司,是指其一定数量的股份或者资本被其他公司所拥有,或者通过企业协议被其他公司控制的公司。子公司是独立的法人,能够依法独立承担民事责任。

3. 总公司与分公司

(1) 总公司,是指管辖公司全部组织的总机构。

(2) 分公司,是被总公司管辖的分支机构,分公司不具有法人资格,其民事责任由总公司承担。

二、公司法人资格的取得

(一)公司必须具备一定的条件才能取得法人资格

1. 公司必须依法设立

公司的依法设立,一方面要求在我国境内设立的公司,必须依照我国公司法、公司登记管理条例及其他相关法律、法规所规定的条件和程序设立;另一方面要求公司的种类必须是我国公司法所认可的类型,即有限责任公司和股份有限公司。

2. 公司必须具备必要的财产

公司作为一个以营利为目的的法人,必须有其可控制、可支配的财产,以从事经营活动。公司之原始财产由股东的出资构成,股东一旦履行了出资义务,其出资标的物的所有权即转移至公司,构成公司的财产。公司的财产与股东个人的财产相分离。公司作为独立的权利主体,当然为公司财产之权利人。

3. 公司必须具备公司章程

公司章程是公司成立的必备条件之一。公司章程是指公司所必备的,规定其名称、宗旨、资本、组织机构等对内对外事务的基本法律文件。公司章程具有法定性、真实性、自治性、公开性等特征。法定性主要强调公司章程的法律地位、主要内容及修改程序、效力都由法律强制规定,任何公司都不得违反。真实性主要强调公司章程记载的内容必须是客观存在的、与实际相符的事实。这一特征与公司的构成有关。自治性主要强调公司章程在内容上除必须记载公司法所要求必须记载之条款外,留有相当空间允许公司股东根据自治要求记载相应条款,进行各个利益主体之间权利义务的架构,并具有优先适用的效果。公开性主要强调公司章程必须进行登记并允许相关利益主体进行查阅。

根据《公司法》第 25 条规定,有限责任公司的公司章程应当记载:(1)公司名称和住所;(2)公司经营范围;(3)公司注册资本;(4)股东的姓名或者名称;(5)股东的出资方式、出资额和出资时间;(6)公司的机构及其产生办法、职权、议事规则;(7)公司法定代表人;(8)股东会会议认为需要规定的其他事项。该法第 81 条规定,股份有限公司的公司章程应当记载:(1)公司名称和住所;(2)公司经营范围;(3)公司设立方式;(4)公司股份总数、每股金额和注册资本;(5)发起人的姓名或者名称、认购的股份数、出资方式和出资时间;(6)董事会的组成、职权和议事规则;(7)公司法定代表人;(8)监事会的组成、职权和议事规则;(9)公司利润分配办法;(10)公司的解散事由与清算办法;(11)公司的通知和公告办法;(12)股东大会会议认为需要规定的其他事项。

公司章程一旦生效,将对公司的股东、董事、经理、监事以及公司本身等均发生约束力,并具有对抗第三人的效力。

4. 公司必须有自己的名称、组织机构和住所(场所)

在公司的组织体中,公司的名称最为重要。公司的名称相当于自然人的姓名,可以自由选用,但必须标明公司的种类。若为外国公司的名称,除必须译成中文之外,还必须注明公司的国籍和公司种类。公司名称属于公司章程绝对必要记载事项之一,也为公司登记事项之一。公司名称是公司人格特定化的标记,公司名称具有唯一性,公司名称最重要的作用在于明确表现其主体,并且代表了公司的商业信誉,是一种无形财产权。公司的名称由公司所在地行政区划名称、公司的字号、营业方式或所属行业、公司的组织形式四部分组成。公司名称在登记机关核准注册之后,在同一登记机关管辖范围内具有排斥其他商业名称登记相同名称的效力;公司名称一经注册,具有排他性,未经许可,任何人不得以营利为目的使用他人公司名称;公司名称作为财产权可以依法转让。

公司的组织机构是公司作为法人进行行为的组织保障,包括股东会、董事会和监事会。众所周知,公司法人自身无四肢、无大脑,不能自己行为,必须借助于自然人来代表或者代理其行为。所以,公司股东会选举董事组成董事会,由董事会聘任经理层,共同管理公司财产,主持公司日常的业务经营。股东会选举监事组成监事会,专司公司监督职能。

公司的住所是公司作为商事主体从事商事活动的中心场所,没有住所,公司就无法从事正常的商事活动。我国法律规定,公司以其主要办事机构所在地为住所。此外,经公司登记机关登记的公司只能有一个住所,该住所应当在其公司登记机关所辖区域内。

公司住所是确定公司登记机关、合同履行地、合同诉讼争议管辖、合同纠纷法律适用的重要依据。

(二) 公司的权利能力与行为能力

1. 公司的权利能力与行为能力

公司依法成立后,即具有民事权利能力和民事行为能力,可以依法独立享有民事权利和承担民事义务。

公司的权利能力自公司成立之时产生,至公司终止之时消灭。我国法律规定,公司应自其依法登记并取得营业执照之日起享有民事权利能力,自其解散并注销企业法人营业执照之日起终止其民事权利能力。公司不能享有自然人基于生命、身体所享有的权利,例如专属于自然人的生命权、健康权、婚姻权、亲属权、肖像权、健康权、隐私权等。公司的权利能力还受到公司的经营范围的限制,因此不同的公司具有不同的权利能力。

公司的行为能力与权利能力同时产生,同时终止。公司的行为能力的范围、内容、限制与权利能力相同。公司作为一种组织体,其行为能力表现为一种社团意思能力。公司的行为能力要通过公司的法定机关形成和表示,由公司的法定代表人实现。

2. 公司的责任能力

公司具有独立承担责任的能力,公司享有由股东投资形成的全部法人财产权,依法享有民事权利,承担民事责任。公司的责任能力是其权利能力和行为能力的延伸,基础即在于公司享有独立的财产权。

(三) 公司的设立与成立

公司的设立,是指依照公司法规定的条件和程序以取得公司法人资格为目的所进行的一系列行为。

我国《公司法》规定,设立有限责任公司,应当具备下列条件:(1)股东符合法定人数;(2)股东出资达到法定资本最低限额;(3)股东共同制定公司章程;(4)有公司名称,建立符合有限责任公司要求的组织机构;(5)有公司住所。设立股份有限公司,应当具备下列条件:(1)发起人符合法定人数;(2)发起人认购和募集的股本达到法定资本最低限额;(3)股份发行、筹办事项符合法律规定;(4)发起人制订公司章程,采用募集方式设立的经创立大会通过;(5)有公司名称,建立符合股份有限公司要求的组织机构;(6)有公司住所。此外,我国《公司法》还规定,有限责任公司必须采取发起设立方式,设立股份有限公司可以采取发起设立或者募集设立方式。

发起设立,是指由发起人认购公司应发行的全部股份而设立公司。募集设立,是指由发起人认购公司应发行股份的一部分,其余股份向社会公开募集或者向特定对象募集而设立公司。

根据我国《公司法》规定,设立有限责任公司和股份有限公司,实行准则设立主义,只要符合法律预先规定的成立要件,设立人就可以向主管机关申请登记,无需行政审核批准。但从事特殊经营行业或者项目,需经过专门机构审批的,未经审批者不得擅自设立公司。

公司的成立,是指公司组建行为已经完成,设立中的公司已经具备了法律规定的成立公司的实质要件,经过法律规定的申请程序,由主管机关发给营业执照而取得公司法人资格的过程。

公司于营业执照签发之日成立。

三、公司资本、公司资产、公司的股权

(一) 公司资本

公司资本,是指公司成立时由公司章程规定的,在公司登记机关登记的,公司全体股东认缴或认购的出资或股本总额。我国公司法实行的是法定资本制,并与分期缴纳制度相结合,公司资本总额应当记载于公司章程,并在公司成立时认足。

公司应当维持与公司资本总额相应的财产,即符合资本维持或资本充实原则。公司在运营过程中,由于经营盈利或亏损等因素,会使公司财产高于或者低于公司的资本,法律为了防止公司资本的实质减损,规定了资本维持原则,以保障公司的运营有正常的资金支持。同样,公司资本总额非经法定程序不得变更。因此,公司资本确定、维持、不变三原则有助于保障交易安全和维护债权人的利益。

2013年《公司法》对有限责任公司资本之相关规定有:(1)有限责任公司的注册资本为在公司登记机关登记的全体股东认缴的出资额。(2)股东可以用货币出资,也可以用实物、知识产权、土地使用权等可以用货币估价并可以依法转让的非货币财产作价出资,但是法律法规规定不得作为出资的财产除外。(3)公司成立后,股东不得抽逃出资。股东之间可以相互转让其全部或者部分股权,股东向股东以外的人转让股权,应当经其他股东过半数同意。股东应就其股权转让事项书面通知其他股东征求同意,其他股东自接到书面通知之日起满30日未答复的,视为同意转让。其他股东半数以上不同意转让的,不同意的股东应当购买该转让的股权;不购买的,视为同意转让。经股东同意转让的股权,在同等条件下,其他股东有优先购买权。

股份有限公司资本之相关规定有:(1)股份有限公司的资本构成单位是股份,股份以股票为表现形式,且每股金额相等,股份还是体现股东权利和义务的基本金

额单位。公司的股份由股东持有,每一股份所表现的价值相同,所代表的权利和利益也相同。(2)股份有限公司的出资方式,同有限责任公司的规定。(3)公司股份的发行实行公开、公平、公正的原则,同次发行的同种类股票,每股的发行条件和价格应当相同,同种类的每一股份应当具有同等权利。任何单位或者个人所认购的股份,每股应当支付相同价额。(4)股票发行价格可以按票面金额,也可以超过票面金额,但不得低于票面金额。(5)股东持有的股份可以依法转让,股东转让其股份,应当在依法设立的证券交易场所进行或者按照国务院规定的其他方式进行。但公司发起人、董事、监事、高级管理人员转让其所持有的本公司股份应当受到一定的限制。

(二) 公司资产

公司资产是公司的全部财产,既包括股东出资所形成的财产,也包括公司负债所形成的财产。股东权益,或称所有者权益,是指股东对公司净资产的权利,包括股本、资本公积、盈余公积和可分配利润。公司资产等于股东权益加上负债,与公司资本并不一致。资产概念的外延比公司资本的外延大,资产中还包括公司的债权、债务。公司净资产,是指公司全部资产减去全部负债后的净额。公司以其全部资产,自主经营,自负盈亏,依法享有民事权利,承担民事义务,并独立对外承担责任。

(三) 股权

股权,也可以称为股东权,是指股东基于其股东资格所享有的权利。公司股东作为出资者享有所有者的资产受益、重大决策和选择管理者等权利。股东权包括自益权和共益权。自益权是股东为自己利益而行使的权利,包括资产受益权、剩余财产分配权、新股认购优先权、股份转让权、股东知情权等权利;共益权是指股东为了自己利益同时兼为公司利益而行使的权利,包括表决权、选任公司董事、监事的权利、股东大会召集权、提案权、质询权、股东代表诉讼权等项权利。

四、公司的组织机构

公司的组织机构,是指依照公司法的规定所设立的公司决策、管理和执行、监督体系。它主要是指股东(大)会、董事会和监事会三个组成部分。

(一) 股东(大)会

公司股东(大)会由全体股东组成。股东(大)会是公司的权力机构,公司的一切重大事务均须由股东(大)会决定,包括:决定公司的经营方针和投资计划;选举和更换非由职工代表担任的董事、监事,决定有关董事、监事的报酬事项;审议批准董事会的报告;审议批准监事会或者监事的报告;审议批准公司的年度财务预算方案、决算方案;审议批准公司的利润分配方案和弥补亏损方案;对公司增加或者减少注册资本作出决议;对发行公司债券作出决议;对公司合并、分立、解散、清算或者变更公司形式作出决议;修改公司章程等。

股东会议事方式和表决程序除公司法强制规定的外,可以由公司章程另行规定。其中股东(大)会对修改公司章程、增减注册资本、公司合并、分立、解散或者变更公司形式等事项进行表决时,有限公司必须经代表三分之二以上表决权通过,股份公司必须经出席会议的股东所持表决权三分之二以上通过。

股东(大)会分为定期会议和临时会议,定期会议一年召开一次,临时会议在符合《公司法》第39、100条规定的情形时召开。股东因故不能参加股东会时,可以书面委托有关人员代为行使权利。

(二) 董事会

董事会是公司常设的业务执行机构、日常经营决策机构和公司代表机构。公司设立股东会的,董事会是股东会的执行机构,董事会必须执行股东会决议,对股东会负责并向股东会报告工作,在股东会的领导下执行公司业务,同时负责公司的日常经营决策。董事会的职权具体包括:召集股东会会议,并向股东会报告工作;执行股东会的决议;决定公司的经营计划和投资方案;制订公司的年度财务预算方案、决算方案;制订公司的利润分配方案和弥补亏损方案;制订公司增加或者减少注册资本以及发行公司债券的方案;制订公司合并、分立、解散或者变更公司形式的方案;决定公司内部管理机构的设置;决定聘任或者解聘公司经理及其报酬事项,并根据经理的提名决定聘任或者解聘公司副经理、财务负责人及其报酬事项;制定公司的基本管理制度。

董事会是由全体董事共同组成的集体决策机构,设董事长一人,可以设副董事长。董事会决议的表决,实行一人一票。董事会会议应由董事本人出席,若因故不能出席,可以书面委托其他董事代为出席。董事应当对董事会决议承担责任。

(三) 经理

经理是公司聘请的高级管理人员,负责公司的日常经营管理工作,具体包括:主持公司的生产经营管理工作,组织实施董事会决议;组织实施公司年度经营计划和投资方案;拟订公司内部管理机构设置方案;拟订公司的基本管理制度;制定公司的具体规章;提请聘任或者解聘公司副经理、财务负责人;决定聘任或者解聘除应由董事会决定聘任或者解聘以外的负责管理人员;董事会授予的其他职权。

经理机构是隶属于公司董事会的公司日常生产经营管理的负责部门,由董事会决定聘任或者解聘,受命于公司的董事会,对董事会负责并报告工作。

(四) 监事会

监事会是公司的监督机构,对公司的财务状况和业务执行情况实施监督检查,同时也负责监督公司董事、经理履行职务的情况,对股东会负责。监事会应当包括股东代表和适当比例的公司职工代表,董事、高级管理人员不得兼任监事。

监事会的具体职权包括：检查公司财务；对董事、高级管理人员执行公司职务的行为进行监督,对违反法律、行政法规、公司章程或者股东会决议的董事、高级管理人员提出罢免的建议；当董事、高级管理人员的行为损害公司的利益时,要求董事、高级管理人员予以纠正；提议召开临时股东会会议,在董事会不履行法律规定的召集和主持股东会会议职责时召集和主持股东会会议；向股东会会议提出提案；依照《公司法》第151条的规定,对董事、高级管理人员提起诉讼；公司章程规定的其他职权。当监事会行使上述职权时所必须的费用由公司承担。此外,《公司法》还赋予监事会在发现公司经营状况异常时进行调查的权利,必要时可以聘请会计师事务所等协助其工作。为了保障监事会获得必要信息,《公司法》还规定监事可以列席董事会,并对董事会决议事项提出质询和建议。

五、公司董事、监事、经理等高级管理人员

1. 公司董事、监事、经理等高级管理人员的任职资格

有下列情形之一的,不得担任公司的董事、监事、高级管理人员：(1)无民事行为能力或者限制民事行为能力；(2)因贪污、贿赂、侵占财产、挪用财产或者破坏社会主义市场经济秩序,被判处刑罚,执行期满未逾五年,或者因犯罪被剥夺政治权利,执行期满未逾五年；(3)担任破产清算的公司、企业的董事或者厂长、经理,对该公司、企业的破产负有个人责任的,自该公司、企业破产清算完结之日起未逾三年；(4)担任因违法被吊销营业执照、责令关闭的公司、企业的法定代表人,并负有个人责任的,自该公司、企业被吊销营业执照之日起未逾三年；(5)个人所负数额较大的债务到期未清偿。

2. 公司董事、监事、经理等高级管理人员的义务

董事、监事、高级管理人员应当遵守法律、行政法规和公司章程,对公司负有忠实义务和勤勉义务。董事、监事、高级管理人员不得利用职权收受贿赂或者其他非法收入,不得侵占公司的财产。

董事、高级管理人员不得有下列行为：(1)挪用公司资金；(2)将公司资金以其个人名义或者以其他个人名义开立账户存储；(3)违反公司章程的规定,未经股东会、股东大会或者董事会同意,将公司资金借贷给他人或者以公司财产为他人提供担保；(4)违反公司章程的规定或者未经股东会、股东大会同意,与本公司订立合同或者进行交易；(5)未经股东会或者股东大会同意,利用职务便利为自己或者他人谋取属于公司的商业机会,自营或者为他人经营与所任职公司同类的业务；(6)接受他人与公司交易的佣金归为己有；(7)擅自披露公司秘密；(8)违反对公司忠实义

务的其他行为。若董事、高级管理人员违法实施了上述行为,所获得的收入应当收归公司所有。

3. 公司董事、监事、经理等高级管理人员的损害赔偿责任

董事、监事、高级管理人员执行公司职务时违反法律、行政法规或者公司章程的规定,给公司造成损失的,应当承担赔偿责任。

4. 股东派生诉讼

董事、高级管理人员执行公司职务时违反法律、行政法规或者公司章程的规定,给公司造成损失的,有限责任公司的股东、股份有限公司连续 180 日以上单独或者合计持有公司 1% 以上股份的股东,可以书面请求监事会或者不设监事会的有限责任公司的监事向人民法院提起诉讼;监事有上述行为的,股东可以书面请求董事会或者不设董事会的有限责任公司的执行董事向人民法院提起诉讼。监事会、不设监事会的有限责任公司的监事,或者董事会、执行董事收到股东书面请求后拒绝提起诉讼,或者自收到请求之日起 30 日内未提起诉讼,或者情况紧急、不立即提起诉讼将会使公司利益受到难以弥补的损害的,符合条件的股东有权为了公司的利益,以自己的名义直接向人民法院提起诉讼。

六、公司法的其他相关制度

(一) 公司债券

公司债券,是指公司依照法定程序发行、约定在一定期限还本付息的有价证券。符合发行债券条件的公司,可以申请发行债券。公司债券的发行程序,一般应由公司做出决议、提出申请、政府审批、公告募集、资金缴付等阶段方得完成。发行公司债券筹集的资金,必须用于审批机关批准的用途,不得用于弥补亏损和非生产性支出。

公司债券,可以为记名债券,也可以为无记名债券。公司债券可以转让,转让价格由转让人与受让人约定。上市公司经股东大会决议可以发行可转换为股票的公司债券,公司债券可转换为股票的,除具备发行公司债券的条件外,还应当符合股票发行的条件。发行可转换为股票的公司债券的,公司应当按照其转换办法向债券持有人换发股票,但债券持有人对转换股票或者不转换股票有选择权。

(二) 公司财务、会计制度

1. 公司财务、会计制度的建立

公司应当依照法律、行政法规和国务院财政部门的规定建立本公司的财务、会计制度。公司必须依照公司法的规定,建立规范、严谨的财务制度和会计制度,除此之外,可以在公司的章程中对适用于本企业的财务会计规则进行具体化的规定,也可以在章程之外依法建立具体的财务会计工作规章。

公司应当在每一会计年度终了时依照法律、行政法规和国务院财政部门的规定编制财务会计报告，并依法经会计师事务所审计。财务、会计报告可以包括财务会计报表及附属明细表。有限责任公司应当依照公司章程规定的期限将财务会计报告送交各股东。股份有限公司的财务会计报告应当在召开股东大会年会的二十日前置备于本公司，供股东查阅；公开发行股票的股份有限公司必须公告其财务会计报告。

2. 公积金制度

公积金是指公司为了弥补公司的亏损、扩大公司生产经营或转增公司资本，依照法律或者公司章程的规定，从公司盈余或资本中提取的积累资金。

公积金可分为盈余公积金和资本公积金。

盈余公积金是指从公司盈余中提取的资金，又分为法定公积金和任意公积金。法定公积金是指公司依法律的强制性规定而必须从公司当年净利润中按比例提取的储备金。公司分配当年税后利润时，应当提取利润的10%列入公司法定公积金。公司法定公积金累计额为公司注册资本的50%以上的，可以不再提取。公司的法定公积金不足以弥补以前年度亏损的，在依照规定提取法定公积金之前，应当先用当年利润弥补亏损。任意公积金也称为任意储备金，是指根据公司章程或者股东大会决议于法定公积金以外从公司当年盈利中提取的积累资金。我国公司法规定，公司从税后利润中提取法定公积金后，经股东会或者股东大会决议，可以从税后利润中提取任意公积金。

资本公积金也称为资本储备金，是指因法律规定由资本及与资本有关的资产项目而产生的应当作为资本储备的利益收入。股份有限公司以超过股票票面金额的发行价格发行股份所得的溢价款以及国务院财政部门规定列入资本公积金的其他收入，应当列为公司资本公积金。资本公积金不得用于弥补公司的亏损。

3. 利润分配制度

公司的财产净额扣除资本及法定公积金和法定公益金后所剩余的财产金额即为盈余。公司每营业年度的盈余，自然应当分配给股东。分配给股东的盈余即是股息和红利，是股东依据所持股份从公司的年度利润中分配所得的收入。股息是指在资本上计算的利息。红利，是指股息之外分配给股东的公司盈余。公司当年的盈余只有超过资本金及提取了法定公积金和公益金之后才可以分配。公司弥补亏损和提取公积金后所余税后利润，有限责任公司股东按照实缴的出资比例分取红利，但是全体股东约定不按照出资比例分取红利或者不按照出资比例优先认缴出资的除外；股份有限公司按照股东持有的股份比例分配，但股份有限公司章程规定不按持股比例分配的除外。股东会、股东大会或者董事会在公司弥补亏损和提取法定公积金之前向股东分配利润的，股东必须将违反规定分配的利润退还公司。公司持有的本公司股份不得分配利润。

（三）公司的变更

公司变更的形式大体可以归纳为五类：一是公司的合并；二是公司的分立；三是公司组织的变更；四是公司增减资本；五是其他事项的变更，包括公司名称、住所、经营场所、法定代表人、经营范围、经营方式、注册资金、经营期限以及增设或者撤销分支机构等。

1. 公司的合并

公司合并是指两个以上的公司订立合并契约并依照法定程序归并为一个公司的法律行为。公司合并可以采取吸收合并或者新设合并。一个公司吸收其他公司为吸收合并，被吸收的公司解散。两个以上公司合并设立一个新的公司为新设合并，合并各方解散。

公司合并应当依照法定程序进行。公司合并应当首先经由公司的股东会作出决议；股份有限公司的合并，还应当经过国务院授权部门或者省级人民政府的批准；之后由合并各方签订合并协议，并编制资产负债表及财产清单。公司应当自作出合并决议之日起 10 日内通知债权人，并于 30 日内在报纸上公告。债权人自接到通知书之日起 30 日内，未接到通知书的自公告之日起 45 日内，可以要求公司清偿债务或者提供相应的担保。合并完成后进行登记。

公司合并之后，要发生相应的法律后果，即合并前各个公司的权利义务由合并之后的存续或新设的公司概括地承受。

2. 公司的分立

公司的分立，是指一个公司依法分成两个或两个以上的公司的法律行为。公司分立必须进行财产分割，当原公司消灭而分别设立两个以上的新公司时为新设分立；当原公司依然存在，而从中将一部分财产或营业设立一个以上新公司时为派生分立。

公司分立，应当编制资产负债表及财产清单。公司应当自作出分立决议之日起 10 日内通知债权人，并于 30 日内在报纸上公告。公司分立前的债务由分立后的公司承担连带责任。但是，公司在分立前与债权人就债务清偿达成书面协议另有约定的除外。

3. 公司组织形态的变更

公司组织形态的变更，是指公司经全体股东同意在不中断公司法人人格的情况下，变更公司组织形态，使其转变成为其他法定形式的公司。

我国《公司法》只规定了有限责任公司转变为股份有限公司的条件。有限责任公司变更为股份有限公司时，折合的实收股本总额不得高于公司净资产额。有限责任公司变更为股份有限公司，为增加资本公开发行股份时，应当依法办理。

4. 公司的增资和减资

增资，是公司为了拓展业务、扩大规模依法增加注册资本。增资有两种方法，一种是邀请公众出资,从而改变出资比例。另一种是按照原来的出资比例增加投资。减资,是指公司的实际资产严重少于注册资金或者因缩减经营规模而依法减少注册资本的行为。公司减资后的注册资本不得低于法定最低资本额。

公司需要减少注册资本时,必须编制资产负债表及财产清单,并应自作出减少注册资本决议之日起10日内通知债权人,30日内在报纸上公告。债权人若有异议,有权在法定期限内要求公司清偿债务或者提供相应担保。

(四)公司的解散与清算

1. 公司的解散

公司解散,是指已经成立的公司,因公司章程或者法律规定事由的发生,致使公司法人人格发生消灭的程序。公司解散事由主要有三种情况:任意解散事由,法定解散事由,命令解散事由。

任意解散事由,主要是基于公司自己的意思决定,或者公司章程预先规定的解散事由。公司任意解散时需由股东会作出解散公司的决定。

法定解散事由,是由公司法或者其他法律规定的公司解散事由。法定事由包括:因公司合并或者分立需要解散,公司经营管理发生严重困难从而没有继续存续的必要,股东人数不足法定最低人数以及公司破产等。

命令解散事由,是指基于主管机关或者法院的命令而解散。具体包括:依法被吊销营业执照、责令关闭或者被撤销,人民法院依照公司法的有关规定予以解散,以及主管机关的行政命令等。

2. 公司的清算

清算是公司解散之后处分财产以及了结法律关系的制度。解散的公司,除因公司合并或者分立、破产而解散之外,应当进入清算程序。公司进入清算程序后,公司原有代表及执行业务的机关均丧失其职权,而由清算人代表公司行使职权。

公司被解散的,应当在15日内成立清算组,开始清算。有限责任公司的清算组由股东组成,股份有限公司的清算组由董事或者股东大会确定的人员组成。逾期不成立清算组进行清算的,债权人可以申请人民法院指定有关人员组成清算组进行清算。人民法院应当受理该申请,并及时组织清算组进行清算。

清算组在清算期间行使下列职权:(1)清理公司财产,分别编制资产负债表和财产清单;(2)通知、公告债权人;(3)处理与清算有关的公司未了结的业务;(4)清缴所欠税款以及清算过程中产生的税款;(5)清理债权、债务;(6)处理公司清偿债务后的剩余财产;(7)代表公司参与民事诉讼活动。

公司财产在分别支付清算费用、职工的工资、社会保险费用和法定补偿金,缴纳所欠税款,清偿公司债务后的剩余财产,有限责任公司按照股东的出资比例分配,股份有限公司按照股东持有的股份比例分配。清算期间,公司存续,但不得开展与清算无关的经营活动。公司财产在未依照前款规定清偿前,不得分配给股东。

清算组在清理公司财产、编制资产负债表和财产清单后,发现公司财产不足清偿债务的,应当依法向人民法院申请宣告破产。公司经人民法院裁定宣告破产后,清算组应当将清算事务移交给人民法院。公司清算结束后,清算组应当制作清算报告,报股东会、股东大会或者人民法院确认,并报送公司登记机关,申请注销公司登记,公告公司终止。

第三节 证 券 法

一、证券法概述

1. 证券

证券是各种有价证券的统称,有价证券包括货币证券、财产证券和资本证券。证券法上的证券是有价证券的一种,是有价证券中的资本证券,包括股票、债券、新股认购权利证书、存托凭证、证券投资基金份额等,其中主要是指股票和债券。资本证券是一种证权证券,是证明已经存在的权利而做成的证券。资本证券是筹集资金的重要手段,可以调节资金流向和社会流通资金数量,有利于分散经营风险,提高企业经营管理水平。

2. 证券法

证券法,是指调整在我国境内的股票、公司债券、存托凭证和国务院依法认定的其他证券的发行和交易的法律规范的总称。证券法调整对象就是在证券发行和交易过程中所产生的证券关系。它包括证券发行者、承销者、认购者之间的证券发行关系;证券转让者与购买者,以及其与中介者之间的证券交易关系;证券市场的组织、运行与管理关系。

此外,我国《证券法》也确立了长臂管辖的原则。在中华人民共和国境外的证券发行和交易活动,扰乱中华人民共和国境内市场秩序,损害境内投资者合法权益的,依照本法有关规定处理并追究法律责任。

3. 证券法的基本原则

(1) 公开、公平、公正的原则。证券的发行、交易活动,必须遵循公开、公平、公正的原则,这是证券法最基本的原则。公开原则的基本要求是从事证券业务活动的人依法向证券投资者提供与证券发行和交易相关的实质性信息和材料应当真实、完整、准确、及时,不得含有虚伪、误导陈述及遗漏重大事实,使投资者能够在知悉真相的情况下进行选择投资。公平原则强调的是投资者的法律地位平等,同股同权、同股同利。投资者应当在同等条件下进行证券投资。公正原则要求从事证券发行、交易活动的当事人具有平等的法律地位,应当遵守自愿、有偿、诚实信用的原则。

(2) 合法性原则。凡是参与证券业务的人和证券投资者在证券业务活动和投资中均应当遵守法律和行政法规的规定。

(3) 国家干预原则。国家对证券业实行集中统一监督管理。在实行行政管理的前提下,通过依法设立的证券业协会,实行自律性管理。

二、证券的发行、承销与保荐

(一) 证券的发行

证券的发行,是指证券发行人按照法定条件和程序发售证券的行为。证券的发行涉及证券发行人、中介机构和认购人三方面的关系人。证券发行人是指为了筹集资金而发行证券的企业、银行和其他非银行金融机构以及政府。投资人是指认购证券的个人、企业法人、金融机构、基金组织等。中介机构主要包括证券承销商、保荐人、会计师事务所、律师事务所、资产评估机构等。

1. 公开发行与非公开发行

证券发行可以采取公开发行和非公开发行两种方式。公开发行是指符合下列情形之一的证券发行:向不特定对象发行证券;向特定对象发行证券累计超过二百人,但依法实施员工持股计划的员工人数不计算在内;法律、行政法规规定的其他发行行为。除公开发行之外,均为非公开发行。

公开发行证券,必须符合法律、行政法规规定的条件,并依法报经国务院证券监督管理机构或者国务院授权的部门注册。未经依法注册,任何单位和个人不得公开发行证券。

证券发行注册制的具体范围、实施步骤,由国务院规定。非公开发行证券,不得采用广告、公开劝诱和变相公开方式。

2. 直接发行与间接发行

证券发行可以采取直接发行和间接发行两种方式。直接发行是由证券发行人直接向证券投资者出售其发行的证券,这是一种内部发行方式,主要适用于非公开发售或定向发售。间接发行,又称为承销,是由证券发行人委托证券经营机构向社会公开出售证券的一种发行方式。

3. 发行终止

国务院证券监督管理机构或者国务院授权的部门对已作出的证券发行注册的决定,发现不符合法定条件或者法定程序,尚未发行证券的,应当予以撤销,停止发行。已经发行尚未上市的,撤销发行注册决定,发行人应当按照发行价并加算银行同期存款利息返还证券持有人;发行人的控股股东、实际控制人以及保荐人,应当与发行人承担连带责任,但是能够证明自己没有过错的除外。

股票的发行人在招股说明书等证券发行文件中隐瞒重要事实或者编造重大虚假内容,已经发行并上市的,国务院证券监督管理机构可以责令发行人回购证券,或者责令负有责任的控股股东、实际控制人买回证券。

(二)证券的承销

1. 概述

证券的承销是间接发行方式。《上市公司证券发行管理办法》规定,上市公司发行证券,应当采取承销方式;非公开发行股票,发行对象均属于原前十名股东的,可以由上市公司自行销售。否则,证券主管机关可以责令改正,并在36个月内不受理该公司的公开发行证券申请。

发行人向不特定对象公开发行的证券,法律、行政法规规定应当由证券公司承销的,发行人应当同证券公司签订承销协议。证券承销业务采取代销或者包销方式。证券代销是指证券公司代发行人发售证券,在承销期结束时,将未售出的证券全部退还给发行人的承销方式。证券包销是指证券公司将发行人的证券按照协议全部购入或者在承销期结束时将售后剩余证券全部自行购入的承销方式。

2. 证券承销商

证券承销商,是指从事证券交易的金融中介机构,在我国为证券公司。证券公司承销证券,应当对公开发行募集文件的真实性、准确性、完整性进行核查;发现有虚假记载、误导性陈述或者重大遗漏的,不得进行销售活动;已经销售的,必须立即停止销售活动,并采取纠正措施。承销商在证券的发行过程中,承担着顾问、分销以及保护等功能。

公开发行证券的发行人有权依法自主选择承销的证券公司。证券公司承销证券不得进行虚假的或者误导投资者的广告宣传或者其他宣传推介活动,不得以不正当竞争手段招揽证券承销业务。向不特定对象发行证券可以聘请承销团承销,承销团应当由主承销和参与承销的证券公司组成。这是为了提高承销效率和分散证券承销的风险。

(三)证券的保荐

证券发行的保荐人需要对发行人的申请文件和信息披露资料进行审慎核查,督导发行人规范运作。发行人申请公开发行股票、可转换为股票的公司债券,依法采取承销方式的,或者公开发行法律、行政法规规定实行保荐制度的其他证券的,应当聘请证券公司担任保荐人。

三、证券上市及交易

(一)证券上市

证券上市,是指公开发行的证券符合证券交易所上市规则规定的上市条件时,其发行者可以提请证券交易所予以审查,经主管机关审核同意之后,在证券交易所集中竞价买卖的法律行为。

申请证券上市交易,应当向证券交易所提出申请,由证券交易所依法审核同意,并由双方签订上市协议。申请证券上市交易,应当符合证券交易所上市规则规定的上市条件。证券交易所上市规则规定的上市条件,应当对发行人的经营年限、财务状况、最低公开发行比例和公司治理、诚信记录等提出要求。

公司有证券交易所规定的终止上市情形的,由证券交易所按照业务规则终止其上市交易。

(二) 证券交易

证券交易,是指证券发行人对已经发行的证券在证券交易市场中进行买卖、转让的行为。依法公开发行的股票、公司债券及其他证券,应当在依法设立的证券交易所上市交易或者在国务院批准的其他全国性证券交易场所交易。只有上市公司才能在交易所挂牌进行交易。证券在证券交易所上市交易,应当采用公开的集中交易方式或者国务院证券监督管理机构批准的其他方式。非上市的证券只能在柜台进行交易。

(三) 禁止的交易行为

(1) 内幕交易行为。禁止证券交易内幕信息的知情人和非法获取内幕信息的人利用内幕信息从事证券交易活动。证券交易内幕信息的知情人和非法获取内幕信息的人,在内幕信息公开前,不得买卖该公司的证券,或者泄露该信息,或者建议他人买卖该证券。内幕信息,是指证券交易活动中,涉及公司的经营、财务或者对该公司证券的市场价格有重大影响的尚未公开的信息。内幕交易行为给投资者造成损失的,应当依法承担赔偿责任。

利用其他未公开信息交易行为。禁止证券交易场所、证券公司、证券登记结算机构、证券服务机构和其他金融机构的从业人员、有关监管部门或者行业协会的工作人员,利用因职务便利获取的内幕信息以外的其他未公开的信息,违反规定,从事与该信息相关的证券交易活动,或者明示、暗示他人从事相关交易活动。利用未公开信息进行交易给投资者造成损失的,应当依法承担赔偿责任。

(2) 短线交易行为。上市公司董事、监事、高级管理人员、持有上市公司股份5%以上的股东,将其持有的该公司的股票在买入后6个月内卖出,或者在卖出后6个月内又买入,由此所得收益归该公司所有,公司董事会应当收回其所得收益。但是,证券公司因包销购入售后剩余股票而持有5%以上股份,以及有国务院证券监督管理机构规定的其他情形的,卖出该股票不受6个月时间限制。

(3) 操纵市场行为。禁止任何人以下列手段操纵证券市场,影响或者意图影响证券交易价格或者证券交易量:单独或者通过合谋,集中资金优势、持股优势或者利用信息优势联合或者连续买卖;与他人串通,以事先约定的时间、价格和方式相互进行证券交易;在自己实际控制的账户之间进行证券交易;不以成交为目的,频繁或者大量申报并撤销申报;利用虚假或者不确定的重大信息,诱导投资者进行证券交易;对证券、发行人公开作出评价、预测或者投资建议,并进行反向证券交易;利用在其他相关市场的活动操纵证券市场等。操纵证券市场行为给投资者造成损失的,应当依法承担赔偿责任。

(4) 虚假陈述行为。禁止任何单位和个人编造、传播虚假信息或者误导性信息,扰乱证券市场。禁止证券交易所、证券公司、证券登记结算机构、证券服务机构及其从业人员,证券业协会、证券监督管理机构及其工作人员,在证券交易活动中作出虚假陈述或者信息误导。各种传播媒介传播证券市场信息必须真实、客观,禁止误导。传播媒介及其从事证券市场信息报道的工作人员不得从事与其工作职责发生利益冲突的证券买卖。编造、传播虚假信息或者误导性信息,扰乱证券市场,给投资者造成损失的,应当依法承担赔偿责任。

(5) 欺诈客户行为。禁止证券公司及其从业人员从事下列损害客户利益的欺诈行为:违背客户的委托为其买卖证券;不在规定时间内向客户提供交易的确认文件;未经客户的委托,擅自为客户买卖证券,或者假借客户的名义买卖证券;为牟取佣金收入,诱使客户进行不必要的证券买卖等。欺诈客户行为给客户造成损失的,行为人应当依法承担赔偿责任。

四、证券市场信息公开制度

(一) 信息公开制度概述

证券信息公开制度,是指涉及发行人、承销的证券公司、收购人、证券交易所、证券交易服务机构、证券业协会、国务院证券服务机构及其他信息披露义务人等应当及时依法履行信息披露义务的法律制度。信息披露义务人依法披露的信息,应当真实、准确、完整,简明清晰,通俗易懂,不得有虚假记载、误导性陈述或者重大遗漏。此外,证券同时在境内境外公开发行、交易的,其信息披露义务人在境外披露的信息,应当在境内同时披露。

证券信息公开制度主要包括证券发行的信息公开、证券上市的信息公开以及证券的持续公开。

(二) 证券发行的信息公开制度

证券发行申请经注册后,发行人应当依照法律、行政法规的规定,在证券公开发行前公告公开发行募集文件,并将该文件置备于指定场所供公众查阅。发行证券的信息依法公开前,任何知情人不得公开或者泄露该信息。

（三）证券上市的信息公开制度

股票上市交易申请经证券交易所审核同意后，发行人应当于其股票上市前5个交易日内，在指定媒体或者证券交易所网站上披露下列文件，并将该文件制备于公司住所，供公众查阅：上市公告书；公司章程；上市保荐书；法律意见书等。发行人在提出上市申请期间，未经证券交易所同意，不得擅自披露与上市有关的信息。

公司债券上市交易申请经证券交易所同意后，发行人应当按规定在证券交易所网站披露债券募集说明书、上市公告书等文件，并将上市公告书、核准文件及有关上市申请文件备置于指定场所供公众查阅。

（四）持续公开

1. 中期报告

上市公司、公司债券上市交易的公司和股票在国务院批准的其他全国性证券交易场所交易的公司，应当在每一会计年度的上半年结束之日起二个月内，按照国务院证券监督管理机构和证券交易所规定的内容和格式编制定期报告，报送并公告中期报告。

2. 年度报告

上市公司、公司债券上市交易的公司和股票在国务院批准的其他全国性证券交易场所交易的公司，应当在每一会计年度结束之日起四个月内，按照国务院证券监督管理机构和证券交易所规定的内容和格式编制定期报告，报送并公告年度报告，其中的年度财务会计报告应当经符合本法规定的会计师事务所审计。

3. 临时报告

发生可能对上市公司股票、股票在国务院批准的其他全国性证券交易场所交易的公司的股票及上市交易公司债券交易价格产生较大影响的重大事件，投资者尚未得知时，公司应当立即将有关该重大事件的情况向国务院证券监督管理机构和证券交易所报送临时报告，并予公告，说明事件的起因、目前的状态和可能产生的法律后果。公司的控股股东或者实际控制人对重大事件的发生、进展产生较大影响的，应当及时将其知悉的有关情况书面告知公司，并配合公司履行信息披露义务。

（五）发行人董事、监事、高管的义务

发行人的董事、高级管理人员应当对证券发行文件和定期报告签署书面确认意见。发行人的监事会应当对董事会编制的证券发行文件和定期报告进行审核并提出书面审核意见。监事应当签署书面确认意见。发行人的董事、监事和高级管理人员应当保证发行人及时、公平地披露信息，所披露的信息真实、准确、完整。

董事、监事和高级管理人员无法保证证券发行文件和定期报告内容的真实性、准确性、完整性或者有异议的,应当在书面确认意见中发表意见并陈述理由,发行人应当披露。发行人不予披露的,董事、监事和高级管理人员可以直接申请披露。

发行人及其控股股东、实际控制人、董事、监事、高级管理人员等作出公开承诺的,应当披露。不履行承诺给投资者造成损失的,应当依法承担赔偿责任。

五、上市公司的收购

上市公司收购,是指投资者为了达到控股或者兼并的目的,依法购买已经发行上市的股份的行为。

投资者可以采取要约收购、协议收购及其他合法方式收购上市公司。要约收购是指收购方通过向被收购方的股东发出收购要约的方式进行的收购。协议收购是指收购方依照法律或者行政法规的规定同被收购公司股票持有人以协议方式进行的收购。

(一)上市公司收购程序的一般性规定

收购人应当向社会公开其收购意图和方案。收购人对上市公司收购应当遵守"慢走"规则,通过证券交易所的证券交易,投资者持有或者通过协议、其他安排与他人共同持有一个上市公司已发行的有表决权股份达到5%时,应当在该事实发生之日起3日内,向国务院证券监督管理机构、证券交易所作出书面报告,通知该上市公司,并予公告;在上述期限内,不得再行买卖该上市公司的股票,但国务院证券监督管理机构规定的情形除外。投资者持有或者通过协议、其他安排与他人共同持有一个上市公司已发行的有表决权股份达到5%后,其所持该上市公司已发行的有表决权股份比例每增加或者减少5%,在该事实发生之日起3日内,向国务院证券监督管理机构、证券交易所作出书面报告,通知该上市公司,并予公告。在该事实发生之日起至公告后3日内,不得再行买卖该上市公司的股票,但国务院证券监督管理机构规定的情形除外。违背"慢走"规则买入上市公司有表决权的股份的,在买入后的36个月内,对该超过规定比例部分的股份不得行使表决权。

投资者持有或者通过协议、其他安排与他人共同持有一个上市公司已发行的有表决权股份达到百分之五后,其所持该上市公司已发行的有表决权股份比例每增加或者减少百分之一,应当在该事实发生的次日通知该上市公司,并予公告。

国务院证券监督管理机构可以决定被收购的上市公司的股票临时停牌。收购行为完成后,收购人应当在15日内将收购情况报告国务院证券监督管理机构和证券交易所,并予公告。

通过证券交易所的证券交易,投资者持有或者通过协议、其他安排与他人共同持有一个上市公司已发行的有表决权股份达到百分之三十时,继续进行收购的,应当依法向该上市公司所有股东发出收购上市公司全部或者部分股份的要约。收购要约提出的各项收购条件,适用于被收购公司的所有股东。但上市公司发行不同种类股份的,收购人可以针对不同种类股份提出不同的收购条件。收购上市公司部分股份的要约应当约定,被收购公司股东承诺出售的股份数额超过预定收购的股份数额的,收购人按比例进行收购。

(二) 要约收购程序

收购人拟收购上市公司股份超过 30%,须改以要约方式进行收购的,收购人应当在达成收购协议或者做出类似安排后的 3 日内对要约收购报告书摘要作出提示性公告,并履行公告义务,同时免于编制、公告上市公司收购报告书;依法应当取得批准的,应当在公告中特别提示本次要约须取得相关批准方可进行。未取得批准的,收购人应当在收到通知之日起两个工作日内,公告取消收购计划,并通知被收购公司。收购人自作出要约收购提示性公告起 60 日内,未公告要约收购报告书的,收购人应当在期满后次一个工作日通知被收购公司,并予公告;此后每 30 日应当公告一次,直至公告要约收购报告书。收购人作出要约收购提示性公告后,在公告要约收购报告书之前,拟自行取消收购计划的,应当公告原因;自公告之日起 12 个月内,该收购人不得再次对同一上市公司进行收购。收购要约约定的收购期限不得少于 30 日,并不得超过 60 日;但是出现竞争要约的除外。在收购要约确定的承诺期限内,收购人不得撤销其收购要约。收购人需要变更收购要约的,必须及时公告,载明具体变更事项,并通知被收购公司。采取要约收购方式的,收购人作出公告后至收购期限届满前,不得卖出被收购公司的股票,也不得采取要约规定以外的形式和超出要约的条件买入被收购公司的股票。收购期限届满,被收购公司股权分布不符合上市条件的,该上市公司的股票应当由证券交易所依法终止上市交易;其余仍持有被收购公司股票的股东,有权在收购报告书规定的合理期限内向收购人以收购要约的同等条件出售其股票,收购人应当收购。

(三) 协议收购程序

采取协议收购方式的,收购人可以依照法律、行政法规的规定同被收购公司的股东以协议方式进行股份转让。以协议方式收购上市公司时,达成协议后,收购人必须在 3 日内将该收购协议向国务院证券监督管理机构及证券交易所作出书面报告,通知该上市公司,并予公告。在公告前不得履行收购协议。

六、投资者保护

(一) 投资者分类

根据财产状况、金融资产状况、投资知识和经验、专业能力等因素,投资者可以分为普通投资者和专业投资者。专业投资者的标准由国务院证券监督管理机构规定。

证券法对普通投资者实行倾斜性保护。普通投资者与证券公司发生纠纷的,证券公司应当证明其行为符合法律、行政法规以及国务院证券监督管理机构的规定,不存在误导、欺诈等情形。证券公司不能证明的,应当承担相应的赔偿责任。

证券公司应当区别对待不同类型的投资者。证券公司向投资者销售证券、提供服务时,应当按照规定充分了解投资者的基本情况、财产状况、金融资产状况、投资知识和经验、专业能力等相关信息;如实说明证券、服务的重要内容,充分揭示投资风险;销售、提供与投资者上述状况相匹配的证券、服务。

(二) 投资者保护机构

1. 概述

投资者保护机构是指依照法律、行政法规或者国务院证券监督管理机构的规定设立的投资者保护机构(简称"投资者保护机构"),一般指中国证券投资者保护基金有限公司、中证中小投资者服务中心有限公司。

2. 职能

投资者保护机构有组织调解职能。投资者与发行人、证券公司等发生纠纷的,双方可以向投资者保护机构申请调解。普通投资者与证券公司发生证券业务纠纷,普通投资者提出调解请求的,证券公司不得拒绝。

投资者保护机构有支持诉讼职能。投资者保护机构对损害投资者利益的行为,可以依法支持投资者向人民法院提起诉讼。

投资者保护机构有公益诉讼职能。发行人的董事、监事、高级管理人员执行公司职务时违反法律、行政法规或者公司章程的规定给公司造成损失,发行人的控股股东、实际控制人等侵犯公司合法权益给公司造成损失,投资者保护机构持有该公司股份的,可以为公司的利益以自己的名义向人民法院提起诉讼,持股比例和持股期限不受《中华人民共和国公司法》规定的限制。

(三) 表决权、提案权公开征集

为克服上市公司小股东的"理性冷漠"与"搭便车"心理所带来的负面影响,证券法设置了投票权公开征集制度。

可以公开征集投票权的主体是上市公司董事会、独立董事、持有百分之一以上有表决权股份的股东或者投资者保护机构;征集方式是自行或者委托证券公司、证券服务机构,公开请求上市公司股东;征集内容是委托其代为出席股东大会,并代为行使提案权、表决权等股东权利。

公开征集投票权应当披露征集文件,且不得以有偿或者变相有偿的方式公开征集股东权利。

(四)代表诉讼

投资者提起虚假陈述等证券民事赔偿诉讼时,诉讼标的是同一种类,且当事人一方人数众多的,可以依法推选代表人进行诉讼。人民法院可以发出公告,说明该诉讼请求的案件情况,通知投资者在一定期间向人民法院登记。人民法院作出的判决、裁定,对参加登记的投资者发生效力。

投资者保护机构可以提起代表诉讼。投资者保护机构受五十名以上投资者委托,可以作为代表人参加诉讼,并为经证券登记结算机构确认的权利人依照前款规定向人民法院登记,但投资者明确表示不愿意参加该诉讼的除外。

(五)先行赔付

发行人因欺诈发行、虚假陈述或者其他重大违法行为给投资者造成损失的,发行人的控股股东、实际控制人、相关的证券公司可以委托投资者保护机构,就赔偿事宜与受到损失的投资者达成协议,予以先行赔付。先行赔付后,可以依法向发行人,以及其他连带责任人追偿。

七、证券交易所、证券公司、证券登记结算机构及证券服务机构

(一)证券交易所

证券交易所是不以营利为目的,为了证券集中和有组织的交易提供场所、设施,履行国家有关法律、法规、规章、政策规定的职责,实行自律性管理的会员制事业法人。证券交易所的设立和解散,由国务院决定。

证券交易所并不持有证券,也不得参与证券买卖以及决定证券价格,证券交易所仅为买卖双方提供公开交易的场所、平台和服务。证券交易所应当为组织公平的集中交易提供保障,并对证券交易进行监督和管理。

证券交易所的组织机构包括会员大会、理事会和监事会。会员大会是决策机构,理事会是管理执行机构,监事会负责执行监督职责。

(二)证券公司

证券公司,是指依法设立并且具有法人资格的主要从事证券经营业务的有限责任公司或者股份有限公司。设立证券公司,必须经国务院证券监督管理机构审查批准。未经国务院证券监督管理机构批准,任何单位和个人不得以证券公司名义开展证券业务活动。

经国务院证券监督管理机构核准,取得经营证券业务许可证,证券公司可以经营下列部分或者全部业务:(1)证券经纪,即接受客户委托买卖证券以赚取手续费;(2)证券投资咨询;(3)与证券交易、证券投资活动有关的财务顾问;(4)证券承销与保荐;(5)证券融资融券;(6)证券做市交易;(7)证券自营,即以自己的名义和

账户以投资者或其他证券公司为交易对象买卖证券。证券公司经营证券资产管理业务的,应当符合《中华人民共和国证券投资基金法》等法律、行政法规的规定。证券公司必须将其证券经纪业务、证券承销业务、证券自营业务、证券做市业务和证券资产管理业务分开办理,不得混合操作。

(三)证券登记结算机构

证券登记结算机构是为证券交易提供集中登记、存管与结算服务,不以营利为目的,依法登记,取得法人资格的法人。证券登记结算机构履行下列职能:(1)证券账户、结算账户的设立;(2)证券的存管和过户;(3)证券持有人名册登记;(4)证券交易的清算和交收;(5)受发行人的委托派发证券权益;(6)办理与上述业务有关的查询、信息服务。在证券交易所或者国务院批准的其他全国性证券交易场所交易的证券,应当全部存管在证券登记结算机构。证券登记结算机构不得挪用客户的证券。证券登记结算机构应当根据证券登记结算的结果,确认证券持有人持有证券的事实,提供证券持有人登记资料。证券登记结算机构应当设立结算风险基金,用于垫付或者弥补因违约交收、技术故障、操作失误、不可抗力造成的证券登记结算机构的损失。

(四)证券服务机构

证券服务机构包括会计师事务所、律师事务所以及从事证券投资咨询、资产评估、资信评级、财务顾问、信息技术系统服务的机构等从事证券服务业务的机构。证券服务机构为证券的发行、上市、交易等证券业务活动制作、出具审计报告及其他鉴证报告、资产评估报告、财务顾问报告、资信评级报告或者法律意见书等文件,应当勤勉尽责,对所依据的文件资料内容的真实性、准确性、完整性进行核查和验证。其制作、出具的文件有虚假记载、误导性陈述或者重大遗漏,给他人造成损失的,应当与委托人承担连带赔偿责任,但是能够证明自己没有过错的除外。

八、证券监管机构

(一)证券业协会

证券业协会是证券业的自律性组织,是社会团体法人。中国证券业协会实行会员制,证券公司应当加入证券业协会。证券业协会的权力机构为全体会员组成的会员大会。证券业协会履行下列职责:(1)教育和组织会员遵守证券法律、行政法规,组织开展证券行业诚信建设,督促证券行业履行社会责任;(2)依法维护会员的合法权益,向证券监督管理机构反映会员的建议和要求;(3)督促会员开展投资者教育和保护活动,维护投资者合法权益;(4)制定和实施证券行业自律规则,监督、检查会员及其从业人员行为,对违反法律、行政法规、自律规则或者协会章程的,按照规定给予纪律处分或者实施其他自律管理措施;(5)制定证券行业业务规范,组织从业人员的业务培训;(6)组织会员就证券行业的发展、运作及有关内容进行研究,收集整理、发布证券相关信息,提供会员服务,组织行业交流,引导行业创新发展;(7)对会员之间、会员与客户之间发生的证券业务纠纷进行调解。

(二)证券主管机构

国务院证券监督管理机构即中国证券监督管理委员会依法对证券市场实行监督管理,维护证券市场公开、公平、公正,防范系统性风险,维护投资者合法权益,促进证券市场健康发展。

国务院证券监督管理机构在对证券市场实施监督管理中履行下列职责:(1)依法制定有关证券市场监督管理的规章、规则,并依法进行审批、核准、注册,办理备案;(2)依法对证券的发行、上市、交易、登记、存管、结算等行为,进行监督管理;(3)依法对证券发行人、证券公司、证券服务机构、证券交易场所、证券登记结算机构的证券业务活动,进行监督管理;(4)依法制定从事证券业务人员的行为准则,并监督实施;(5)依法监督检查证券发行、上市、交易的信息披露;(6)依法对证券业协会的自律管理活动进行指导和监督;(7)依法监测并防范、处置证券市场风险;(8)依法开展投资者教育;(9)依法对证券违法行为进行查处。

第四节 票 据 法

一、票据和票据法概述

(一)票据概述

票据是有价证券的一种,是出票人依法签发的由自己或者委托他人于见票时或者在到期日无条件支付一定金额给收款人的一种有价证券,属于金钱性证券。我国票据法中所规定的票据包括汇票、本票和支票。

汇票是出票人签发的,委托付款人在见票时或者在指定日期无条件支付确定的金额给收款人或者持票人的票据。本票是出票人签发的,承诺自己在见票时无条件支付确定的金额给收款人或者持票人的票据。支票是出票人签发的,委托办理支票存款业务的银行或者其他金融机构在见票时无条件支付确定的金额给收款人或者持票人的票据。

票据具有支付和信用的功能,其法律上的特点是:

(1)票据是完全的有价证券。票据权利的发生必须做成证券;票据权利的转让必须交付证券;票据权利的行使必须提示证券;票据权利的消灭必须缴回证券。

(2)票据是要式证券。票据应当按照法定的方式和形式予以记载,否则,票据行为不发生法律上的效力。

(3) 票据是文义证券。票据上的权利义务完全以票据上的记载为准。

(4) 票据是无因证券。票据关系一旦产生,票据持有人只能依照票据上的记载享有和行使权利,而不问其原因关系和资金关系如何。

(5) 票据是设权证券。票据权利是随着票据的产生同时发生的,没有票据,就没有票据权利。

(6) 票据是流通性证券。票据属于金钱性证券,其基本功能之一就是流通。一般说来,无记名票据,可以依据单纯交付而转让;记名票据,必须经背书交付才能转让。

(二) 票据法概述

票据法,是指调整票据当事人之间的票据授受关系和货币支付关系的法律规范的总称。票据法的目的是为了规范票据行为,保障票据活动中当事人的合法权益,维护社会经济秩序,促进社会主义市场经济的发展。一般意义上所说的票据法是指狭义的票据法,即专门的票据法规范,它是规定票据的种类、形式和内容,明确票据当事人之间的权利义务的法律规范。

票据法的特征包括强行性、技术性、国际统一性。

二、票据法上的法律关系

票据法律关系是指当事人之间因设立、变更或者消灭票据上的权利义务而表现出来的一种票据债权债务关系。票据法上的法律关系包括票据关系和票据上的非票据关系。

(一) 票据关系

票据关系是指票据当事人基于票据行为而发生的债权债务关系。票据关系的当事人可以分为基本当事人和非基本当事人。基本当事人是在票据发行时就已经存在的当事人,包括出票人、收款人和付款人。非基本当事人是指在票据发出后通过各种票据行为而加入票据关系中的人,如背书人、承兑人、保证人等。票据的持有人即取得票据上的权利,为票据债权人;凡在票据上签名并应当负担票据上的义务的,为票据债务人。

(二) 票据法上的非票据关系

票据法上的非票据关系是指由票据法直接规定的,不是基于票据行为而发生的法律关系。非票据关系也称票据基础关系,包括以下三种类型:

(1) 原因关系。指票据当事人之间因授受票据的理由而形成的关系。

(2) 票据预约关系。指票据当事人在收受票据之间,就票据的种类、金额、到期日、付款地等事项达成协议而产生的法律关系。

（3）资金关系。指汇票出票人和付款人、支票出票人与付款银行或其他资金义务人所发生的法律关系。

三、票据权利

（一）票据权利概述

票据权利是票据持票人向票据债务人请求支付票据金额的权利。票据权利人在付款请求权未能实现时，可以向付款人以外的其他票据债务人行使追索权。票据权利包括付款请求权和追索权。

（二）票据权利的取得

（1）发行取得。发行取得是指权利人依照出票人的出票行为，取得票据权利。发行取得是票据权利最主要的取得方式，也是其他取得方式的基础。没有票据的发行取得，其他取得方式就无法发生。

（2）善意取得。善意取得是指票据受让人依照票据法规定的转让方法，善意的从无权处分人处取得票据，并获得票据权利。

（3）转让取得。转让取得是指依照法律规定，从有票据处分权的让与人处取得票据，从而取得票据权利。

（三）票据权利的行使与保全

（1）票据权利的行使。指票据权利人请求票据义务人履行义务，从而实现票据权利的行为。票据权利的行使特别之处在于票据权利人应当进行票据提示，即实际地将票据向票据债务人出示，以此请求票据义务人履行义务。

（2）票据权利的保全。指票据权利人为了防止票据权利丧失所进行的行为。票据权利的保全方式包括做成拒绝证书、进行票据提示、中断时效。

（3）票据权利行使和保全的时间、地点。持票人对票据债务人行使票据权利，或者保全票据权利，应当在票据当事人的营业场所和营业时间内进行，票据当事人无营业场所的，应当在其住所进行。

（四）票据权利的消灭

票据权利的消灭，是指因一定的事由而使票据上的请求权和追索权失去其法律意义。票据权利的消灭事由包括：

（1）付款。付款人依法足额付款后，全体汇票债务人的责任解除。

（2）追索义务人清偿票据债务及追索费用。持票人行使追索权，可以请求被追索人支付有关金额和费用。被追索人依照规定清偿债务后，其责任解除。

（3）票据时效期间届满。票据权利在下列期限内不行使而消灭：①持票人对票据的出票人和承兑人的权利,自票据到期日起二年。见票即付的汇票、本票,自出票日起二年;②持票人对支票出票人的权利,自出票日起六个月;③持票人对前手的追索权,自被拒绝承兑或者被拒绝付款之日起六个月;④持票人对前手的再追索权,自清偿日或者被提起诉讼之日起三个月。

(4)票据记载事项欠缺。持票人因票据记载事项欠缺而丧失票据权利,此时,持票人只享有利益偿还请求权。

(5)保全手续欠缺。持票人不能出示拒绝证明、退票理由书或者未按照规定期限提供其他合法证明的,丧失对其前手的追索权。

四、票据行为

(一)票据行为概述

票据行为是以行为人在票据上进行必备事项的记载、完成签名并予以交付为要件,以发生或者转移票据上权利、负担票据上债务为目的的要式法律行为。票据行为的特点包括无因性、形式性、独立性。

(二)票据行为的种类

在我国票据法上,就票据行为来说,汇票包括出票、背书、承兑、保证;本票包括出票、背书、保证;支票包括出票和背书。

(1)出票。出票是指出票人签发票据并将其交付给收款人的票据行为。

(2)背书。背书是指持票人将票据权利转让给他人或者将一定的票据权利授予他人行使的票据行为。

(3)承兑。承兑是指汇票付款人承诺在汇票到期日支付汇票金额的票据行为。

(4)保证。保证是指行为人对特定票据债务人的票据债务承担连带责任的票据行为。

(三)票据行为的形式要件

(1)必须采用书面形式。

(2)票据上必须依法列明记载事项。

(3)票据上必须有票据当事人的签章,为签名、盖章或者签名加盖章。

(4)票据的交付。即将票据交给相对人占有的行为。交付是票据行为成立有效的要件。

五、票据抗辩与补救

（一）票据抗辩

票据抗辩是票据债务人根据票据法的规定对票据债权人拒绝履行义务的行为。票据抗辩可以分为对物的抗辩和对人的抗辩。对物的抗辩是指由于票据本身所存在的事由而发生的抗辩。对人的抗辩是指由于票据义务人与特定的票据权利人之间存在的一定关系而发生的抗辩。

票据抗辩根据法律规定应当受到一定的限制，即票据抗辩切断制度，票据债务人不得以自己与出票人或者与持票人的前手之间的抗辩事由，对抗持票人。但是，持票人明知存在抗辩事由而取得票据的除外。

（二）票据的丧失与补救

在票据权利人因某种原因丧失对票据的实际占有，使票据权利的行使遭到一定障碍时，为了使权利人的票据权利能够实现，应当依法对其提供特别的法律救济。包括挂失止付、公示催告和提起诉讼。

挂失止付是指票据权利人在丧失票据占有时，为了防止可能发生的损害，保护自己的票据权利，通知票据上的付款人，请求其停止票据支付的行为。公示催告是指在票据等有价证券丧失的场合，由法院依申请人的申请，向未知的利害关系人发出公告，告知其如果未在一定期间申报权利、提出证券，则法院会通过判决的形式宣告其无效，从而催促利害关系人申报权利、提出证券的一种特别诉讼程序。提起诉讼是指失票人在丧失票据后，可以直接向法院提起民事诉讼，请求法院判令票据债务人向其支付票据金额。

失票人应当在通知挂失止付后三日内，也可以在票据丧失后，依法向人民法院申请公示催告，或者向人民法院提起诉讼。

第五节 保 险 法

一、保险法概述

（一）保险的概念

1. 保险的概念

保险有商业保险和社会保险之分。我国保险法上所称的保险为商业保险，是指投保人根据合同约定，向保险人支付保险费，保险人对于合同约定的可能发生的事故因其发生所造成的财产损失承担赔偿保险金责任，或者当被保险人死亡、伤残、疾病或者达到合同约定的年龄、期限时承担给付保险金责任的商业保险行为。

保险具有互助性、补偿性、自愿性和储蓄性。

2. 保险的构成要件

（1）被保险人对保险标的有法律上承认的利益。

（2）保险必须以有危险存在为前提。这种危险具有不确定性，即危险的发生与否、发生时间、所导致的后果不确定。

（3）保险人必须对危险所造成的损失给予经济补偿。

（4）保险人必须将其所承担的危险分散于可能遇到同类危险的多数人。

（5）保险是通过保险合同来实现的一种分散危险和消化损失的制度。

3. 保险的分类

依据保险标的不同，可以分为财产保险和人身保险。前者以财产利益作为保险的标的，后者以人身利益作为保险的标的。

依据保险实施的形式分类，可以分为强制保险和自愿保险。前者是根据法律的规定强制实施的保险，后者是取决于当事人的自愿。

依据保险人所负责任的次序先后，可以分为原保险或再保险。相对于再保险而言的第一次保险为原保险；保险企业将其所承担保险责任的一部或者全部分散给其他保险企业承担的保险，是第二次保险，是保险的保险。

（二）保险法概述

保险法是调整保险关系的法律规范的总和。保险法一般由保险合同法律制度、保险业法律制度和保险监督管理制度三部分组成。

保险法的基本原则包括自愿原则、最大诚信原则、保险利益原则以及近因原则；从事保险活动必须遵守法律、行政法规，尊重社会公德，遵循自愿原则；保险活动当事人行使权利、履行义务应当遵循诚实信用原则；投保人对保险标的应当具有保险利益；保险人按照约定的保险责任范围承担责任时，其所承保危险的发生与保险标的的损害之间必须存在因果关系。

二、保险合同

（一）保险合同的概念和特征

保险合同是投保人与保险人约定保险权利义务关系的协议。保险合同是射幸合同、最大诚信合同、双务有偿合同、非要式合同以及诺成性合同。

（二）保险合同的当事人和关系人

保险合同的当事人是指订立保险合同并享有和承担保险合同所确定的权利义务的人，包括保险人和投保人。保险关系人是指在保险事故或者保险合同约定的条件满足时，对保险人享有保险金给付请求权的人，包括被保险人和受益人。

（1）保险人。保险人是指与投保人订立保险合同,并承担赔偿或者给付保险金责任的保险公司。

（2）投保人。投保人是指与保险人订立保险合同,并按照保险合同负有支付保险费义务的人。

（3）被保险人。被保险人是指其财产或者人身受保险合同保障,享有保险金请求权的人,投保人可以为被保险人。

（4）受益人。受益人是指人身保险合同中由被保险人或者投保人指定的享有保险金请求权的人,投保人、被保险人可以为受益人。人身保险的受益人由被保险人或者投保人指定。

（三）保险合同的条款

保险合同应当包括下列事项：保险人名称和住所；投保人、被保险人的姓名或者名称、住所,以及人身保险的受益人的姓名或者名称、住所；保险标的；保险责任和责任免除；保险期间和保险责任开始时间；保险金额；保险费以及支付办法；保险金赔偿或者给付办法；违约责任和争议处理；订立合同的年月日。

投保人和保险人在前条规定的保险合同事项外,可以就与保险有关的其他事项作出约定。

（四）保险合同的订立、效力与履行

1. 保险合同的订立

订立保险合同,必须经过投保和承保两个阶段：投保是投保人向保险人提出保险请求的单方意思表示,属于订立保险合同的要约阶段；承保是保险人承诺投保人的保险要约的意思表示。

投保人提出保险要求,经保险人同意承保,保险合同成立。保险人应当及时向投保人签发保险单或者其他保险凭证。保险单或者其他保险凭证应当载明当事人双方约定的合同内容。当事人也可以约定采用其他书面形式载明合同内容。

订立保险合同,采用保险人提供的格式条款的,保险人向投保人提供的投保单应当附格式条款,保险人应当向投保人说明合同的内容,并可以就保险标的或者被保险人的有关情况提出询问,投保人应当如实告知。

2. 保险合同的生效

一般情况下,保险合同的成立时间就是保险合同的生效时间。投保人与保险人可以对合同的效力约定附条件或者附期限。保险合同成立后,投保人按照约定交付保险费；保险人按照约定的时间开始承担保险责任。

3. 保险合同的履行

在保险合同生效后,投保人负有如下义务：缴纳保险费、保险事故的通知义务、维护保险标的的安全、危险程度增加的通知义务、采取必要措施防止或者减少

损失。保险人负有如下义务：赔偿或给付保险金以及保守秘密。

4. 保险合同的解除

除《保险法》有特殊规定或者保险合同另有约定外，保险合同成立后，投保人可以解除合同，保险人不得解除合同。

三、保险业法律制度

（一）保险公司

保险公司是指经过保险监督管理机构批准经营保险业而设立的，专营保险业务的股份有限公司和国有独资公司。

设立保险公司应当符合以下条件：主要股东具有持续盈利能力，信誉良好，最近3年内无重大违法违规记录，净资产不低于人民币2亿元；有符合《保险法》和《公司法》规定的章程；有符合《保险法》规定的注册资本最低限额（2亿元）；有具备任职专业知识和业务工作经验的董事、监事和高级管理人员；有健全的组织机构和管理制度；有符合要求的营业场所和与业务有关的其他设施。设立保险公司，应当考虑保险业的发展和公平竞争的需要。

设立保险公司的程序包括申请和审查、审批、筹建、开业以及登记。

保险公司的变更是指保险公司的名称、组织机构、业务范围等方面的变化。保险公司有下列变更事项之一的，须经保险监督管理机构批准：变更名称；变更注册资本；变更公司或者分支机构的营业场所；设立或撤销分支机构；公司分立或者合并；修改公司章程；变更出资人或者持有公司股份5%以上的股东。保险公司的董事、监事和高级管理人员，应当品行良好，熟悉与保险相关的法律、行政法规，具有履行职责所需的经营管理能力，并在任职前取得保险监督管理机构核准的任职资格。

保险公司的终止是指保险公司的消灭。保险公司依法终止其业务活动，应当注销其经营保险业务许可证。保险公司终止的原因包括解散、撤销、破产。

保险公司，除因合并、分立而解散的，应当依法成立清算组进行清算。

（二）保险经营规则

1. 保险经营原则

保险经营原则包括分业经营原则、禁止兼营原则以及保险专营原则。分业经营原则是指同一保险人不得同时兼营财产保险业务和人身保险业务；但是，经营财产保险业务的保险公司经保险监督管理机构核定，可以经营短期健康保险业务和意外伤害保险业务。禁止兼营原则是指保险公司不得同时兼营非保险业务。保险公司的业务范围由保险监督管理机构依法核定。保险公司只能在被核定的业务范围内从事保险经营活动，不得兼营法律、行政法规规定以外的业务。保险专营原则是指保险业务只能由依照保险法设立的商业保险公司经营,非保险业者不能经营保险业务。

2. 保险公司偿付能力的维持

保险公司应当具有与其业务规模相适应的最低偿付能力。保险公司的认可资产减去认可负债的差额不得低于保险监督管理机构规定的数额;低于规定数额的,应当按照国务院保险监督管理机构的要求采取相应措施达到规定的数额。

除了最低偿付能力的维持,保险公司还应当采取保证金、保险公积金、保险准备金、保险保障基金等方式维持其偿付能力。保险公司成立后,应当按照其注册资本总额的20%提取保证金。保险公司应当根据保障被保险人利益、保证偿付能力的原则,提取各项责任准备金。保险公司应当依法提取公积金。保险公司应当缴纳保险保障基金。

3. 保险公司的风险管理与资金营运限制

保险公司应当按照保险监督管理机构的有关规定办理再保险,并审慎选择再保险接受人。经营财产保险业务的保险公司当年自留保险费不得超过其实有资本金加公积金总和的4倍。保险公司对每一危险单位可能造成的最大损失范围所承担的责任,不得超过其实有资本金加公积金总和的10%;超过的部分,应当办理再保险。

保险公司在资金运用和经营行为等方面都受到一定限制。

(三)保险代理人和保险经纪人

保险代理人是根据保险人的委托,向保险人收取佣金,并在保险人授权的范围内代为办理保险业务的机构或者个人。保险代理人根据保险人的授权代为办理保险业务的行为,由保险人承担责任。保险代理人没有代理权、超越代理权或者代理权终止后以保险人名义订立合同,使投保人有理由相信其有代理权的,该代理行为有效。但是保险人可以依法追究越权的保险代理人的责任。个人保险代理人在代为办理人寿保险业务时,不得同时接受两个以上保险人的委托。

保险经纪人是基于投保人的利益,为投保人与保险人订立保险合同提供中介服务,并依法收取佣金的机构。因保险经纪人在办理保险业务中的过错,给投保人、被保险人造成损失的,由保险经纪人承担赔偿责任。

保险代理人、保险经纪人应当具备保险监督管理机构规定的资格条件,并取得保险监督管理机构颁发的经营保险代理业务许可证或者经纪业务许可证,保险代理机构、保险经纪人应当有自己的经营场所,设立专门账簿记载保险代理业务、经纪业务的收支情况,并应当按照国务院保险监督管理机构的规定缴存保证金或者投保职业责任保险。

四、保险业的监督管理

（一）保险业的监督管理机构

保险业的监督管理机关是中国银行保险监督管理委员会。保险监督管理机构的具体职责是：审批保险公司的设立与变更；依照法律、行政法规制定并发布有关保险业监督管理的规章；保险条款与保险费率的审批和备案；监督保险准备金的提取；对保险公司偿付能力的监控；监督管理保险公司的资金运用；整顿保险公司；接管保险公司；重整保险公司；撤销或清算保险公司。检查保险公司的业务状况、财务状况及资金运用状况，要求保险公司股东、实际控制人在规定的期限内提供有关信息和资料；对保险公司、保险代理人、保险经纪人的营业场所进行检查；监督保险公司营业行为的合法性并对违反保险法或者其他法律、行政法规的行为采取行政强制措施。

（二）保险业监督管理的内容

保险业监督管理的内容包括：一般监督管理、保险条款和保险费率的审批和备案、保险公司偿付能力的监督管理。

（三）保险公司的接管

保险公司违反法律规定，损害社会公共利益，可能严重危及或者已经危及保险公司的偿付能力的，保险监督管理机构可以对该保险公司实行接管。接管的目的是对被接管的保险公司采取必要措施，以保护被保险人的利益，恢复保险公司的正常经营。被接管的保险公司的债权债务关系不因接管而变化。

接管期限届满，保险监督管理机构可以决定延期，但接管期限最长不得超过二年。接管期限届满，被接管的保险公司已恢复正常经营能力的，保险监督管理机构可以决定接管终止。被接管的保险公司有《中华人民共和国企业破产法》第二条规定情形的，国务院保险监督管理机构可以依法向人民法院申请对该保险公司进行重整或者破产清算。

第六节 破 产 法

一、破产的概念

1. 破产

破产是指债务人因经济状况恶化不能清偿到期债务，又不能达成和解处理债务方案时，依法定程序宣告其破产，使所有债权人公平受偿的法律制度。破产法律

制度的建立,是为了保护债权人、债务人的合法利益,及时解除债务纠纷,维护社会的稳定。破产的特征表现为:

(1) 破产债务人出现"资不抵债"或者"清偿不能"是发生破产的原因;

(2) 破产以存在多数债权人为前提,只有存在多数债权才有采用破产程序的必要;

(3) 实行破产制度的目的是为了使债务得到公平的偿还;

(4) 破产制度既有实体权利的规定,又涉及破产程序问题;

(5) 当债务人符合破产条件时,仍有可能通过和解、整顿避免破产。

2. 破产中的相关权利

(1) 取回权。取回权是指从清算人接管的财产中取回不属于破产财产的请求权。

(2) 别除权。别除权是指债权人不依照破产程序,就破产财产中的特定财产单独享有优先受偿的权利。

(3) 抵消权。破产抵消权是指破产债权人在破产宣告前对破产人负有债务的,不论债的种类是否相同,或附有期限或者解除条件,均得不依破产程序,以破产债权抵消其所负债务的权利。

(4) 撤销权。撤销权是指破产清算人对破产人在破产宣告前与他人所谓的,有损于债权人权利的行为加以否认而深情法院予以撤销并追回财产的权利。

二、破产申请与受理

(一) 破产申请

破产申请是破产申请人请求法院受理破产案件的意思表示。破产申请是破产程序开始的条件。

我国法律规定,只有债权人和债务人是合格的破产申请人。因此,破产案件的申请分为债权人申请和债务人申请。债务人不能清偿到期债务,债权人可以申请宣告债务人破产;债务人也可以向人民法院申请宣告破产。

提出破产申请,应当采用书面形式。债权人提出破产申请时,应当提供关于债权数额、有无财产担保以及债务人不能清偿到期债务的有关证据。债务人提出破产申请时,应当说明企业亏损的情况,提交有关的会计报表、债务清册和债权清册。

(二) 破产的受理

破产案件的受理,是法院在受到破产案件申请之后,认为申请符合法定条件而予以接受,并由此开始破产程序的行为。

人民法院在收到破产申请之后,应当审查其申请材料是否符合法律规定。符合法律规定的,应当裁定受理。对破产申请的审查包括形式审查和实质审查。形式审查的内容包括：申请人是否具备破产申请资格；申请材料是否符合法律规定；本法院对本案有无管辖权；债务人是否属于破产法适用范围内的民事主体。实质审查的内容就是破产原因的存在与否。

人民法院受理破产案件后，应当自裁定作出之日起5日内送达申请人，债权人提出申请的，人民法院应当自裁定作出之日起5日内送达债务人。人民法院应当自裁定受理破产申请之日起25日内通知已知债权人，并予以公告。公告和通知中应当规定第一次债权人会议召开的日期。人民法院受理破产申请后，应当确定债权人申报债权的期限。债权申报期限自人民法院发布受理破产申请公告之日起计算，最短不得少于30日，最长不得超过3个月。债权人应当在人民法院确定的债权申报期限内向管理人申报债权，说明债权的数额和有无财产担保，并且提交有关证明材料。逾期未申报债权的，视为自动放弃债权。人民法院对有财产担保债权和无财产担保债权的申报，应当分别登记。此时，债务人的财产进入保全状态，债权人只能通过破产程序行使权利。

（三）债权人会议

债权人会议是全体债权人参加破产程序并集体行使权利的决议机构。债权人依法申报债权后，成为债权人会议的成员，享有表决权。但是，有财产担保的债权人只有在放弃优先受偿权利的情况下，才享有表决权。债权人会议的职权是：核查债权；讨论通过和解协议草案；讨论通过破产财产的变价和分配方案等。

第一次债权人会议由人民法院召集，应当在债权申报期限届满后15日内召开，在人民法院认为必要时，或者管理人、债权人委员会、占债权总额四分之一以上的债权人向债权人会议主席提议时召开。

三、破产财产与破产债权

（一）破产财产

破产财产，是指破产宣告时破产人所有的全部财产。破产财产必须是破产宣告时属于破产人的财产，或者将来行使的财产请求权、破产程序进行中所取得的财产。

破产财产由下列财产构成：宣告破产时破产企业经营管理的全部财产；破产企业在破产宣告后至破产程序终结前所取得的财产；应当由破产企业行使的其他财产权利。已作为担保物的财产不属于破产财产；担保物的价款超过其所担保的债务数额的，超过部分属于破产财产；但是，破产企业职工自发组织或者劳动部门组织的生产自救而取得的报酬，或者原企业法定代理人再组织新企业所取得的财产，不得视为破产财产。

（二）破产债权

破产债权，是指由于破产宣告前的原因而对破产人所发生的具有强制执行性质的财产请求权。我国法律规定，破产宣告前成立的无财产担保的债权和放弃优先受偿权利的有财产担保的债权为破产债权。享有这种请求权的人是破产债权人。破产债权必须是财产上的请求权；破产债权仅限于破产宣告前已经成立的财产请求权；破产债权必须依照破产程序申报确认。

四、破产中的重整与和解

（一）重整

债务人或者债权人可以依照规定，直接向人民法院申请对债务人进行重整。债权人申请对债务人进行破产清算的，在人民法院受理破产申请后、宣告债务人破产前，债务人或者出资额占债务人注册资本十分之一以上的出资人，可以向人民法院申请重整。自人民法院裁定债务人重整之日起至重整程序终止，为重整期间。

重整期间，企业有下列情形之一的，经人民法院裁定，终结该企业的重整，宣告其破产：债务人的经营状况和财产状况继续恶化，缺乏挽救的可能性；债务人有欺诈、恶意减少债务人财产或者其他显著不利于债权人的行为；由于债务人的行为致使管理人无法执行职务。

债务人或者管理人应当自人民法院裁定债务人重整之日起 6 个月内，同时向人民法院和债权人会议提交重整计划草案。重整计划草案要经各表决组表决通过。重整计划草案未获得通过且未依照法律规定获得批准，或者已通过的重整计划未获得批准的，人民法院应当裁定终止重整程序，并宣告债务人破产。人民法院经审查认为重整计划草案符合法律规定的，应当自收到申请之日起 30 日内裁定批准，终止重整程序，并予以公告。

（二）和解

债务人可以依照《企业破产法》规定，直接向人民法院申请和解；也可以在人民法院受理破产申请后、宣告债务人破产前，向人民法院申请和解。债务人申请和解，应当提出和解协议草案。人民法院经审查认为和解申请符合规定的，应当裁定和解，予以公告，并召集债权人会议讨论和解协议草案。

债权人会议通过和解协议的，由人民法院裁定认可，终止和解程序，并予以公告。管理人应当向债务人移交财产和营业事务，并向人民法院提交执行职务的报告。和解协议草案经债权人会议表决未获得通过，或者已经债权人会议通过的和解协议未获得人民法院认可的，人民法院应当裁定终止和解程序，并宣告债务人破产。

五、破产清算

（一）破产宣告

破产宣告是指破产案件受理后，债务人不能通过其他程序免于清算倒闭的，由人民法院宣告其破产。破产宣告是人民法院对债务人具备破产原因的法律事实做出具有法律效力的认定。

有下列情形之一的，由人民法院裁定，宣告企业破产：企业因经营管理不善造成严重亏损，不能清偿到期债务的；整顿期间，企业不执行和解协议的、财务状况继续恶化债权人会议申请终结整顿的、严重损害债权人利益的；整顿期满，不能按照和解协议清偿债务的。

（二）变价和分配

破产变价，是管理人将非货币的破产财产，通过合法方式出让，使之转化为货币财产，以便于清算分配的处分过程。管理人应当及时拟订破产财产变价方案，提交债权人会议讨论。管理人应当按照债权人会议通过的或者人民法院依照法律规定裁定的破产财产变价方案，适时变价出售破产财产。管理人应当及时拟订破产财产分配方案，提交债权人会议讨论。破产财产分配方案经人民法院裁定认可后，由管理人执行。破产财产在优先清偿破产费用和共益债务后，依照下列顺序清偿：破产人所欠职工的工资和医疗、伤残补助、抚恤费用，所欠的应当划入职工个人账户的基本养老保险、基本医疗保险费用，以及法律、行政法规规定应当支付给职工的补偿金；破产人欠缴的除前项规定以外的社会保险费用和破产人所欠税款；普通破产债权。破产财产不足以清偿同一顺序的清偿要求的，按照比例分配。管理人由人民法院指定，可以由有关部门、机构的人员组成的清算组或者依法设立的律师事务所、会计师事务所、破产清算事务所等社会中介机构担任。

第六章　中国经济法律制度

第一节　经济法概述

一、经济法的概念与调整对象

市场调节对国民经济的协调发展起基础性作用。但是，市场调节本身也存在诸多缺陷与弊端，这就需要国家对本国经济运行进行适当的干预。经济法是调整在国家协调本国经济运行过程中发生的经济关系的法律规范的总称。作为经济法调整对象的社会关系是经济关系，而不是政治关系、人身关系等非经济关系。经济法所调整的经济关系是一定范围的经济关系，并非一切经济关系，而是那些需要由国家干预的经济关系。经济法主要调整以下两种经济关系：

1. 市场管理关系

市场经济与竞争伴随而生。竞争是市场运行的动力，但同时又会引发市场的无序和垄断。要培育市场体系，充分发挥市场机制的作用，就要求各种生产要素的自由流动，坚决打破条块分割、封锁和垄断，制止各种扰乱市场秩序的行为。这就需要国家加强市场的管理和监督。市场管理关系是指国家为了建立社会主义市场经济秩序，保护市场主体的合法权益而对市场进行管理和监督所发生的经济关系，包括反不正当竞争、制止垄断、产品质量监督和消费者权益保护等方面的关系等。

2. 宏观经济管理关系

要实行社会主义市场经济，必须建立以间接手段为主的宏观经济调控体系。市场调节是自发调节，是基础层次的调节，是十分必要的。但是，市场并不能解决所有的问题，这就需要国家在必要的时候对经济进行适当的宏观调控。宏观经济管理，是指国家为了实现经济总量的基本平衡，促进经济结构的优化，推动社会经济的协调发展，对国民经济总体活动进行的调节和控制。国家借助宏观调控手段弥补市场调节的缺陷，防止或者消除经济中的总量失衡和结构失调，优化资源配置，更好地把当前利益和长远利益、局部利益和整体利益结合起来。

宏观经济管理主要是依法对宏观经济进行调控管理，调整方法具有宏观性、间接性和社会整体性的特征。宏观经济管理关系主要包括计划、财政税收、自然资源管理、金融、产业政策等内容。

二、经济法律关系

经济法律关系是由经济法律规范调整的,在经济主体之间形成的具有经济权利和经济义务内容的社会关系。经济法律关系由主体、内容和客体三要素构成。

经济法律关系主体是受经济法调整的经济关系的当事人,是国家调节经济活动过程中的权利义务承受人。经济法律关系的主体包括具有经济管理职权的行政机关、企业、从事经济活动的事业单位和社会团体以及公民。

经济法律关系的内容,是指经济法律关系主体享有的经济权利(力)和承担的经济义务。经济权利(力)是指经济法律关系主体依法享有的实现自身经济管理或者行使经济管理职权的可能性[1]。经济义务是指经济法律关系主体依法必须为或者不为一定行为的约束。

经济法律关系的客体,是指经济权利和经济义务共同指向的对象,即经济性行为。作为经济法律关系客体的行为可以分为作为和不作为,管理行为和接受管理行为。

第二节 反不正当竞争法与反垄断法

一、反不正当竞争法

(一)不正当竞争行为与反不正当竞争法

不正当竞争行为是指经营者违反法律的规定,损害其他竞争者和消费者的合法权益,扰乱社会经济秩序的行为。不正当竞争仅限于经营者的行为,即行为人是从事商品经营或者营利性服务的法人、其他经济组织或者个人。

反不正当竞争法是调整在反不正当竞争过程中发生的市场监管关系的法律规范的总称。我国于1993年12月1日实施了《中华人民共和国反不正当竞争法》,并分别于2017年、2019年两次进行修正。其立法宗旨是保障社会主义市场经济健康发展,鼓励和保护公平竞争,制止不正当竞争行为,保护经营者和消费者的合法权益;其基本原则是自愿、平等、公平、诚实信用和遵守公认的商业道德和职业规范。

(二)不正当竞争行为的种类

1. 仿冒行为

仿冒是指经营者利用他人的商业信誉或者商品声誉,采用仿冒的标志或者其他虚假标志从事市场交易,其目的是使自己的商品和服务与他人的商品或者服务

---

[1] 王保树主编:《经济法原理》,社会科学文献出版社2004年,第79页。

相混淆的行为。具体而言包括四种行为：

（1）仿冒知名商品标识的行为，即经营者擅自使用知名商品特有或者与知名商品近似的名称、包装、装潢等商品标识，造成和他人的知名商品相混淆；

（2）仿冒他人企业名称或者姓名的行为，即经营者擅自使用代表他人商业信誉和商品信誉的企业名称或者姓名，以引起消费者误认、误购；

（3）仿冒他人网络信息的行为，即擅自使用他人有一定影响的域名主体部分、网站名称、网页等网络信息；

（4）其他仿冒行为，即实施其他足以引人误认为是他人商品或者与他人存在特定联系的行为。

2. 商业贿赂行为

商业贿赂行为是指经营者使用财物或者其他手段贿赂对方单位或者个人，以此谋求交易机会或者竞争优势的行为。包括贿赂交易相对方的工作人员、受交易相对方委托办理相关事务的单位或者个人、利用职权或者影响力影响交易的单位或者个人。

回扣不同于折扣、佣金，我国法律承认折扣与佣金的合法性。经营者销售或者购买商品时，可以以明示方式给予对方折扣，可以向中间人支付佣金，但必须如实入账，接受折扣、佣金的一方也必须如实入账。可见，回扣是暗中支付的，折扣、佣金是明示支付的。

经营者的工作人员进行贿赂的，一般应当认定为经营者的行为；但经营者有证据证明该工作人员的行为与为经营者谋取交易机会或者竞争优势无关的除外。

3. 虚假宣传行为

虚假宣传行为是指经营者利用广告或者其他方式，对商品的质量、制作成分、性能、用途、生产者、有效期限、产地等作引人误解的虚假宣传。除了禁止经营者的虚假宣传行为外，我国《广告法》的第4、13、28条还规定了广告的经营者不得发布虚假广告欺骗、误导消费者或者通过广告贬低其他经营者的商品、服务。

4. 侵犯商业秘密的行为

商业秘密是指不为公众所知悉、能为权利人带来经济利益、具有实用性并经权利人采取保密措施的经营信息、技术信息等商业信息。

侵犯商业秘密的行为可以表现为以下几种：

（1）经营者以盗窃、利诱、胁迫或者其他不正当手段获取权利人的商业秘密；

（2）经营者披露、使用或者允许他人使用以前项手段获取的权利人的商业秘密；

（3）违反约定或者违反权利人有关保守商业秘密的要求，披露、使用或者允许他人使用其所掌握的商业秘密；

（4）教唆、引诱、帮助他人违反保密义务或者违反权利人有关保守商业秘密的要求,获取、披露、使用或者允许他人使用权利人的商业秘密。

5. 不当有奖销售行为

有奖销售是指经营者销售商品或者提供服务时,附带性地向购买者提供物品、金钱或者其他经济利益的行为,包括附赠式有奖销售和抽奖式有奖销售。

不当有奖销售行为可以表现为以下几种:

(1) 采用谎称有奖或者故意让内定人员中奖的欺骗方式进行有奖销售;

(2) 所设奖的种类、兑奖条件、奖金金额或者奖品等有奖销售信息不明确,影响兑奖;

(3) 抽奖式的有奖销售,最高奖金额超过 50000 元。

6. 诋毁商誉行为

商誉包括商业信誉和商品信誉。商业信誉是指社会对经营者的商业道德、商品品质、价格、服务等方面的积极评价;商品信誉是指社会对特定商品的品质、性能的赞誉。诋毁商誉行为是指经营者捏造、散布虚假事实,损害竞争对手的商业信誉、商品信誉的行为。

7. 互联网不正当竞争行为

互联网不正当竞争行为是指经营者利用技术手段,通过影响用户选择或者其他方式,实施妨碍、破坏其他经营者合法提供的网络产品或者服务正常运行的行为。具体表现为以下几种:

(1) 未经其他经营者同意,在其合法提供的网络产品或者服务中,插入链接、强制进行目标跳转;

(2) 误导、欺骗、强迫用户修改、关闭、卸载其他经营者合法提供的网络产品或者服务;

(3) 恶意对其他经营者合法提供的网络产品或者服务实施不兼容;

(4) 其他妨碍、破坏其他经营者合法提供的网络产品或者服务正常运行的行为。

二、反垄断法

(一) 垄断与反垄断法

垄断是自由竞争中生产高度集中的必然结果。垄断有合法与非法之分,各国立法禁止的仅仅是非法垄断。一般而言,非法垄断是指经营者以独占、组织联合和协议等形式,凭借其经济势力或者行政权力,操纵或者支配市场,限制和排斥竞争,攫取高额利润的行为。

反垄断法是调整在反垄断过程中发生的市场监管关系的法律规范的总称。现代反垄断法产生的标志是美国 1890 年制定的《谢尔曼法》。我国的《反不正当竞争法》对公用企业滥用市场支配地位、行政垄断、倾销、搭售、串通招投标等限制竞争行为做出了规定。我国的《反垄断法》于2007年8月30日第十届全国人民代表大会常务委员会第二十九次会议通过,2008年8月1日起施行。随着《反垄断法》的颁布实施,国务院和各反垄断执法机构逐步制定发布了多项配套规章。2008年8月3日国务院发布了《国务院关于经营者集中申报标准的规定》,并于2018年修订;2018年9月29日,国家市场监督管理总局颁布《关于经营者集中申报文件资料的指导意见》《关于经营者集中申报的指导意见》《关于经营者集中简易案件申报的指导意见》《经营者集中反垄断审查办事指南》四个经营者集中审查相关的配套规范文件,2019年6月26日,国家市场监督管理总局颁布《制止垄断协议暂行规定》《禁止滥用市场支配地位行为暂行规定》《制止滥用行政权力排除、限制竞争行为暂行规定》三个配套规章,目前,《反垄断法》也正在修改当中。

(二)我国《反垄断法》规制的主要垄断范围

1. 垄断协议

垄断协议是指经营者之间达成的或者行业协会组织本行业经营者达成的排除、限制竞争的协议、决定或者其他协同行为,包括相同生产阶段企业之间达成的横向协议(卡特尔),以及不同经济阶段的企业之间订立的纵向协议。前者主要包括价格卡特尔、限定生产数量的卡特尔、划分销售市场的卡特尔、限制购买或开发新技术和新产品的卡特尔、联合抵制交易;后者主要包括纵向价格约束、纵向非价格约束、独家销售协议和知识产权协议,我国《反垄断法》主要对纵向价格协议进行了规定。

2. 滥用市场支配地位

滥用市场支配地位是指是指公用企业或者其他依法具有独占地位的经营者,依赖自身的市场支配地位,损害其他竞争者和消费者合法权益的行为。滥用市场支配地位的表现包括:(1)以不公平的高价销售商品或者以不公平的低价购买商品;(2)没有正当理由,以低于成本的价格销售商品;(3)没有正当理由,拒绝与交易相对人进行交易;(4)没有正当理由,限定交易相对人只能与其进行交易或者只能与其指定的经营者进行交易;(5)没有正当理由搭售商品,或者在交易时附加其他不合理的交易条件;(6)没有正当理由,对条件相同的交易相对人在交易价格等交易条件上实行差别待遇;(7)国务院反垄断执法机构认定的其他滥用市场支配地位的行为。

3. 经营者集中

反垄断法上的企业合并除了包括公司法上的新设合并和吸收合并以外,还包括通过取得股权、资产以及通过合同等方式取得对其他经营者的控制权或者能够对其他经营者施加决定性影响的情形。禁止合并的前提既不要求合并企业在市场上具有独占地位,也不必要求它们事实上滥用了通过合并取得的市场优势地位,只要求这种合并的结果可能产生排除、限制竞争的后果。

4. 滥用行政权力排除、限制竞争

滥用行政权力排除、限制竞争是指行政机关和法律、法规授权的具有管理公共事务职能的组织滥用行政权力,实施限定交易、地区封锁等排除、限制竞争的行为。由于我国现阶段正处于从计划经济向市场经济的过渡阶段,许多行政机关仍然习惯于以行政手段干涉经济,因此我国的反垄断法应当既反对经济垄断,又反对行政性限制竞争,主要表现为行业垄断和地区垄断。

第三节 广 告 法

一、广告与广告法

广告的基本含义就是广而告之,即向社会公众告知某种信息。狭义的广告仅指商业广告,广义的广告还包括非商业广告,如政府、组织或者个人的布告、通告和启事等。《中华人民共和国广告法》中的广告仅指商业广告,即商品经营者或者服务提供者通过一定媒介和形式直接或者间接地介绍自己所推销的商品或者服务。商业广告的目的是为了营利,广告发布者必须向广告制作者、经营者支付费用。

广告法是调整广告活动中所发生的各种社会关系的法律规范的总称,主要指《广告法》以及其他有关广告的行政法规、部门规章。广告法通过调整广告业主、广告经营者与发布者的广告活动,保护消费者的合法权益,维护社会主义市场经济秩序,发挥广告的积极作用。

二、广告准则

广告准则是指反映广告本质及内容的指导原则。依照广告法的规定,广告应当遵循如下准则:

1. 真实性

广告应以其宣传的实际情况为基础,保证所宣传的内容真实。广告的真实性要求对商品的产地、用途、质量、价格、生产者、有效期限,对服务的内容、形式、质量、价格,对消费者的允诺、附赠礼品的表示等均应清楚、明白,所引用的数据、统计资料等应当真实、准确并表明出处。

2. 合法性

广告经营者与发布者刊登、制作、发布的广告应当合法。《广告法》规定广告不得有下列情形:使用或者变相使用中华人民共和国的国旗、国歌、国徽,军旗、军歌、军徽;使用或者变相使用国家机关、国家机关工作人员的名义或者形象;使用

"国家级""最高级""最佳"等用语;损害国家的尊严或者利益,泄露国家秘密;妨碍社会安定,损害社会公共利益;危害人身、财产安全,泄露个人隐私;妨碍社会公共秩序或者违背社会良好风尚;含有淫秽、色情、赌博、迷信、恐怖、暴力的内容;含有民族、种族、宗教、性别歧视的内容;妨碍环境、自然资源或者文化遗产保护;法律、行政法规规定禁止的其他情形。此外,广告法还对某些特殊商品能否做广告及其广告内容作出了限制性或者禁止性的规定,如对药品、医疗器械、烟草、酒类、食品广告内容作出了某些禁止性规定,其中如麻醉药品、精神药品、医疗用毒性药品、放射性药品等特殊药品,药品类易制毒化学品,以及戒毒治疗的药品、医疗器械和治疗方法,不得作广告。

3. 可识别性

广告应当具有可识别性,即能够使消费者辨明其为广告,并且能够辨明此广告与彼广告的区别。广告不得与新闻报道相混淆,通过大众媒体发布的广告应有广告标记,以区别于其他非广告信息。

4. 公平原则

广告活动必须体现自愿平等、等价有偿的准则,并且必须符合公平竞争的原则,禁止利用广告开展不正当竞争。

5. 诚实信用原则

即要求广告主、广告经营者、广告发布者在进行广告活动时要讲诚实、守信用,要善意履行自己的义务。

第四节 产品质量法

一、产品与产品质量法

产品是自然物之外的一切劳动生产物。我国《产品质量法》所称的产品是指狭义的产品,即经过加工、制作,用于销售的产品。未经加工、制作,或者非以销售为目的的产品及建筑工程不受该法调整。

产品质量法是调整产品质量管理关系和产品质量责任关系的法律规范的总称。产品质量管理是指国家对企业产品质量进行的监督管理。产品质量责任是指生产者、销售者违反法定义务所应承担的民事、行政以及刑事责任。产品质量责任有别于因产品存在缺陷而产生的产品责任,后者是一种特殊侵权民事责任。

二、产品质量监督管理

(一)标准化制度

标准化,是指在经济、技术、科学以及管理等社会实践中,对重复性事物和概念通过制定、实施标准,达到统一,以获得最佳秩序和社会效益的过程。对于需要在全国范围统一的技术要求,应当制定国家标准。国家标准由国务院标准化行政主管部门制定。对没有国家标准而只需要在全国某个行业范围内统一的技术要求,可以制定行业标准。行业标准由国务院有关行政主管部门制定,并报国务院标准化行政主管部门备案,在颁布国家标准之后,该行业标准即行废止。对没有国家标准和行业标准而又需要在省、自治区、直辖市范围内统一的工业产品的安全、卫生要求,可以制定地方标准。企业生产的产品没有国家标准、行业标准和地方标准的,应当制定企业标准,作为组织生产的依据。

(二) 产品计量制度

计量关系包括:建立计量基准器具关系,建立计量标准器具关系,计量检定关系,计量器具的制造、修理、销售、使用关系及计量监督管理关系。我国法定计量单位由国际单位制计量单位和国家选定的非国际单位制计量单位组成。国务院于1984年2月27日发布了《关于在我国统一实行法定计量单位的命令》,对法定计量单位的名称、符号做出了规定。

(三) 质量认证制度

产品质量认证是依据产品标准和相应技术要求,经认证机构确认并通过颁发认证证书和认证标志,来证明某一产品符合相应标准和相应技术要求的活动。认证制度分为企业质量体系认证和产品质量认证两类。

企业质量体系认证是指认证机构依据一定标准,对企业的质量体系和质量保证能力审核合格者,颁发企业质量体系认证证书的制度。认证依据是国际通用的"质量管理和质量保证"系列标准。认证的对象是企业的质量体系。

产品质量认证制度是指认证机构确认并颁发认证证书和认证标志,以证明产品符合相应标准和技术要求的活动,包括安全认证和合格认证两种形式。认证的对象是企业的产品。

(四) 产品生产许可证制度

在我国,凡是实施工业产品生产许可证制度的产品,企业必须取得生产许可证才具有生产该产品的资格。没有取得生产许可证的企业不得生产该产品,各级经济管理部门不得安排计划,不得供应原材料、动力,银行不得提供生产资金。

生产许可证的实施,由国家经济委员会统一组织领导,产品归口管理部门负责审核、发证,省、自治区、直辖市经济委员会协助管理。

(五) 产品质量监督管理制度

国家对产品质量实行以抽查为主要方式的监督检查制度,对可能危及人体健康和人身、财产安全的产品,影响国计民生的重要工业产品以及用户、消费者向有关组织反映有质量问题的产品进行抽查。另外,根据监督检查的需要,可以对产品进行检验,但不得向企业收取检验费用。

三、产品质量责任

(一) 生产者的产品质量责任

生产者对其生产产品的内在质量负责,包括:

(1) 不存在危及人身、财产安全的不合理的危险,由保障人体健康,人身、财产安全的国家标准、行业标准的应当符合该标准;

(2) 具备产品应当具备的使用性能,但是对产品存在使用性能的瑕疵作出说明的除外;

(3) 符合在产品或其包装上注明采用的产品标准,符合以产品说明、实物样品等方式表明的质量状况。

生产者还要对其产品的外在标识负责,包括:

(1) 有产品质量检验合格证明;

(2) 有中文标明的产品名称、生产厂名和厂址;

(3) 根据产品的特点和使用要求,需要标明产品规格、等级、所含主要成分的名称和含量的,用中文相应予以标明;需要事先让消费者知晓的,应当在外包装上标明,或者预先向消费者提供有关资料;

(4) 限期使用的产品,在显著位置清晰标明生产日期和安全使用期或者失效日期;

(5) 使用不当,容易造成产品本身损坏或者可能危及人身、财产安全的产品,有警示标志或者中文警示说明。

(二) 销售者的产品质量责任

销售者在从事商业活动时,应当承担的产品质量责任包括:

(1) 应当执行进货检查验收制度,验明产品合格证明和其他标识;

(2) 应当采取措施,保持销售产品的质量;

(3) 不得销售失效、变质的产品;

(4) 销售的产品的标识应当符合法律的规定。

此外,产品的生产者、销售者不得生产、销售国家明令淘汰的产品;不得伪造产地,不得伪造或者冒用他人的厂名、厂址;不得伪造或者冒用认证标志、名优标志等质量标志;不得掺杂、掺假,不得以假充真、以次充好,不得以不合格商品冒充合格商品。

四、损害赔偿责任

（一）产品瑕疵责任

售出的产品具有下列情形之一的,即构成承担瑕疵责任的条件：

(1) 不具备产品应当具备的使用性能而事先未作说明的；

(2) 不符合在产品或者其包装上注明采用的产品标准的；

(3) 不符合以产品说明、实物样品等方式表明的质量状况的。

具有上述情形之一的,销售者应当负责修理、更换、退货；给购买产品的消费者造成损失的,销售者应当赔偿。

（二）产品缺陷责任

《产品质量法》第 41 条至 46 条规定了产品缺陷责任,即产品缺陷而导致的损害赔偿责任,其性质为侵权责任。

生产者承担产品缺陷责任的条件有：(1)产品存在缺陷；(2)造成人身、他人财产损害；(3)缺陷与损害之间存在因果关系。但是如果生产者能够证明有下列情形之一的,则不承担赔偿责任：(1)未将产品投入流通领域的；(2)产品投入流通领域时,引起损害的缺陷尚不存在；(3)将产品投入流通时的科学技术水平尚不能发现缺陷的存在。

销售者在以下两种情况下承担产品缺陷责任：(1)由于销售者的过错使产品存在缺陷,造成他人人身、财产损害；(2)销售者不能指明缺陷产品的生产者,也不能指明缺陷产品的供货者。

（三）赔偿方式和范围

缺陷产品造成人身伤害的,侵害人应当赔偿医疗费、治疗期间的护理费、因误工减少的收入等费用；造成残疾的,还应当支付残疾者生活自助具费、生活补助费、残疾赔偿金以及由其抚养的人所必需的生活费等费用；造成受害人死亡的,并应当支付丧葬费、死亡赔偿金以及由死者生前抚养的人所必需的生活费等费用。

缺陷产品造成财产损失的,侵害人应当恢复原状或者折价赔偿。受害人因此遭受其他重大损失的,侵害人应当赔偿损失。

（四）赔偿程序

因产品缺陷造成受害人人身、财产损害的,受害人可以向产品的生产者要求赔偿,也可以向产品的销售者要求赔偿。属于产品的生产者的责任,产品的销售者赔偿的,产品的销售者有权向产品的生产者追偿；属于产品的销售者的责任,产品的生产者赔偿的,产品的生产者有权向产品的销售者追偿。

（五）诉讼时效

因产品存在缺陷造成损害要求赔偿的诉讼时效期间为 2 年。

第五节　消费者权益保护法

一、消费者与消费者权益保护法

消费是社会生产的一个重要环节，是生产、交换、分配的目的与归宿。消费可以分为生产消费和生活消费两大类。消费者是为了满足个人生活消费需要而购买、使用商品或者接受服务的居民。在市场经济中，消费者作为分散的需求者，相对于经济力量强大的经营者而言处于弱势地位，其利益更容易受到侵害，因此对消费者提供特殊的法律保护就显得尤为必要。

我国于 1993 年 10 月颁布了《中华人民共和国消费者权益保护法》，该法分别于 2009 年和 2013 年两次进行了修正。该法的立法宗旨是"保护消费者的合法权益，维护社会经济秩序，促进社会主义市场经济健康发展"。该法主要强调对个人消费者的保护，农民购买、使用直接用于农业生产的生产资料，也适用该法。该法的基本原则是：全面保护消费者权益；经营者承担产品质量责任；平等、自愿、公平、诚实信用；执行社会监督；消费者投诉与国家机关监督相结合。

二、消费者的权利

我国的《消费者权益保护法》系统地规定了消费者应当享有的权利，这些权利可以概括为九大方面：

1. 安全权

消费者在购买、使用商品和接受服务时，享有人身、财产安全不受侵害的权利。人身安全是指消费者的生命健康的安全，财产安全既包括消费者购买、使用商品或者接受服务的安全，也包括其他财产的安全。

2. 知情权

消费者享有知悉其购买、使用的商品或者接受的服务的真实情况的权利。知情权是消费者正确选择和使用商品或者接受服务的前提，消费者可以根据商品或者服务的不同情况，要求经营者提供商品的价格、产地、生产者、用途、性能、规格、等级、主要成分、生产日期、有效日期、检验合格证、使用方法说明书、售后服务，或者服务的内容、规格、费用等有关情况。

3. 自主选择权

消费者有权自主选择商品或者服务，包括自主决定是否购买商品，是否接受服务;自主选择生产者、销售者或者服务者;自主选择商品的品种和服务的方式等。

4. 公平交易权

消费者在购买商品或者接受服务时享有获得质量保障、价格合理、计量准确等公平交易条件的权利。消费者有权拒绝经营者的强制交易行为。

5. 求偿权

消费者因购买、使用商品或者接受服务受到人身、财产损失时享有依法获得赔偿的权利。

6. 依法结社权

消费者享有依法成立或者参加维护自身合法权益的社会组织的权利。消费者可以通过行使结社权从分散、弱小的状态走向集中与强大,从而能够与经营者相抗衡。

7. 接受教育权

消费者享有获取有关消费和消费者权益保护方面知识的权利。消费者应当掌握有关商品和服务的知识和使用技能,并且掌握相关的法律知识,以维护自身的合法权益。

8. 获得尊重权

消费者在购买、使用商品或者接受服务时享有其人格尊严、民族风俗习惯得到尊重、不受侵犯的权利。经营者不得对消费者进行侮辱、诽谤,不得搜查消费者的身体及其携带的物品,不得侵犯消费者的人身自由。

9. 监督权

消费者享有对商品或者服务以及保护消费者权益工作进行监督的权利。消费者的监督权包括以下内容:消费者有权检举、控告侵害消费者权益的行为;消费者有权检举、控告国家机关及其工作人员在保护消费者权益工作中的违法失职行为;消费者有权对消费者权益保护工作提出批评和建议。

三、经营者的义务

1. 听取意见和接受监督的义务

经营者应当听取消费者对其提供的商品或者服务的意见,接受消费者的监督。

2. 保障消费者人身和财产安全的义务

经营者应当保证其提供的商品或者服务符合保障人身、财产安全的要求。对可能危及人身、财产安全的商品和服务,应当向消费者作出真实的说明和明确的警示,并说明或者标明正确使用商品或者接受服务的方法,以及防止危险发生的方法。

经营者发现其提供的商品或者服务存在严重缺陷,即使正确使用商品或者接受服务仍然可能对人身、财产造成危害的,应当立即向有关行政部门报告和告知消费者,并应当采取停止销售、警示、召回、无害化处理、销毁、停止生产或者服务等措施。采取召回措施的,经营者应当承担消费者因商品被召回支出的必要费用。

3. 不做虚假宣传和标示的义务

经营者向消费者提供有关商品或者服务的质量、性能、用途、有效期限等信息,应当真实、全面,不得作虚假或者引人误解的宣传。经营者应当明码标价。租赁他人柜台或者场地经营的经营者,应当标明其真实名称和标记。经营者对消费者就其提供的商品或者服务的质量和使用方法等问题提出的询问,应当作出真实、明确的答复。

4. 出具凭证和单据的义务

经营者提供商品或者服务,应当按照国家有关规定或者商业惯例向消费者出具发票等购货凭证或者服务单据;消费者索要发票等购货凭证或者服务单据的,经营者必须出具。

5. 质量担保义务

经营者应当保证在正常使用商品或者接受服务的情况下其提供的商品或者服务应当具有的质量、性能、用途和有效期限;但消费者在购买该商品或者接受该服务前已经知道其存在瑕疵,且存在该瑕疵不违反法律强制性规定的除外。经营者以广告、产品说明、实物样品或者其他方式表明商品或者服务的质量状况的,应当保证其提供的商品或者服务的实际质量与表明的质量状况相符。经营者提供的机动车、计算机、电视机、电冰箱、空调器、洗衣机等耐用商品或者装饰装修等服务,消费者自接受商品或者服务之日起六个月内发现瑕疵,发生争议的,由经营者承担有关瑕疵的举证责任。

6. 不从事不公平、不合理交易的义务

经营者在经营活动中使用格式条款的,应当以显著方式提请消费者注意商品或者服务的数量和质量、价款或者费用、履行期限和方式、安全注意事项和风险警示、售后服务、民事责任等与消费者有重大利害关系的内容,并按照消费者的要求予以说明。经营者不得以格式条款、通知、声明、店堂告示等方式,作出排除或者限制消费者权利、减轻或者免除经营者责任、加重消费者责任等对消费者不公平、不合理的规定,不得利用格式条款并借助技术手段强制交易。格式条款、通知、声明、店堂告示等含有前款所列内容的,其内容无效。

7. 不得侵犯消费者人身权的义务

经营者不得对消费者进行侮辱、诽谤,不得搜查消费者的身体及其携带的物品,不得侵犯消费者的人身自由。

8. 依法承担三包的义务

经营者提供的商品或者服务不符合质量要求的,消费者可以依照国家规定、当

事人约定退货,或者要求经营者履行更换、修理等义务。没有国家规定和当事人约定的,消费者可以自收到商品之日起 7 日内退货;7 日后符合法定解除合同条件的,消费者可以及时退货,不符合法定解除合同条件的,可以要求经营者履行更换、修理等义务。据此进行退货、更换、修理的,经营者应当承担运输等必要费用。

经营者采用网络、电视、电话、邮购等方式销售商品,消费者有权自收到商品之日起 7 日内退货,且无需说明理由,但下列商品除外:消费者定作的;鲜活易腐的;在线下载或者消费者拆封的音像制品、计算机软件等数字化商品;交付的报纸、期刊。除前面所列商品外,其他根据商品性质并经消费者在购买时确认不宜退货的商品,不适用无理由退货。同时,消费者退货的商品应当完好。经营者应当自收到退回商品之日起 7 日内返还消费者支付的商品价款。退回商品的运费由消费者承担;经营者和消费者另有约定的,按照约定。

9. 强制信息披露义务

采用网络、电视、电话、邮购等方式提供商品或者服务的经营者,以及提供证券、保险、银行等金融服务的经营者,应当向消费者提供经营地址、联系方式、商品或者服务的数量和质量、价款或者费用、履行期限和方式、安全注意事项和风险警示、售后服务、民事责任等信息。

10. 保障消费者信息安全的义务

经营者收集、使用消费者个人信息,应当遵循合法、正当、必要的原则,明示收集、使用信息的目的、方式和范围,并经消费者同意。经营者收集、使用消费者个人信息,应当公开其收集、使用规则,不得违反法律、法规的规定和双方的约定收集、使用信息。经营者及其工作人员对收集的消费者个人信息必须严格保密,不得泄露、出售或者非法向他人提供。经营者应当采取技术措施和其他必要措施,确保信息安全,防止消费者个人信息泄露、丢失。在发生或者可能发生信息泄露、丢失的情况时,应当立即采取补救措施。经营者未经消费者同意或者请求,或者消费者明确表示拒绝的,不得向其发送商业性信息。

四、法律责任

对侵害消费者合法权益的行为,应当根据经营者违法行为的性质、情节、社会危害等因素分别承担民事责任、行政责任、刑事责任。

(一)民事责任

经营者提供商品或者服务有下列情形之一的,除《消费者权益保护法》另有规定外,应当依照其他有关法律、法规的规定,承担民事责任:

(1) 商品或者服务存在缺陷的;
(2) 不具备商品应当具备的使用性能而出售时未作说明的;

(3) 不符合在商品或者其包装上注明采用的商品标准的;
(4) 不符合商品说明、实物样品等方式表明的质量状况的;
(5) 生产国家明令淘汰的商品或者销售失效、变质的商品的;
(6) 销售的商品数量不足的;
(7) 服务的内容和费用违反约定的;
(8) 对消费者提出的修理、重作、更换、退货、补足商品数量、退还货款和服务费用或者赔偿损失的要求,故意拖延或者无理拒绝的;
(9) 法律、法规规定的其他损害消费者权益的情形。

经营者对消费者未尽到安全保障义务,造成消费者损害的,应当承担侵权责任。经营者提供商品或者服务,造成消费者或者其他受害人人身伤害的,应当赔偿医疗费、护理费、交通费等为治疗和康复支出的合理费用,以及因误工减少的收入。造成残疾的,还应当赔偿残疾生活辅助具费和残疾赔偿金。造成死亡的,还应当赔偿丧葬费和死亡赔偿金。

经营者侵害消费者的人格尊严、侵犯消费者人身自由或者侵害消费者个人信息依法得到保护的权利的,应当停止侵害、恢复名誉、消除影响、赔礼道歉,并赔偿损失。经营者有侮辱诽谤、搜查身体、侵犯人身自由等侵害消费者或者其他受害人人身权益的行为,造成严重精神损害的,受害人可以要求精神损害赔偿。

经营者提供商品或者服务,造成消费者财产损害的,应当按照消费者的要求,以修理、重作、更换、退货、补足商品数量、退还货款和服务费用或者赔偿损失等方式承担民事责任。

经营者提供商品或者服务有欺诈行为的,应当按照消费者的要求增加赔偿其受到的损失,增加赔偿的金额为消费者购买商品的价款或者接受服务的费用的三倍;增加赔偿的金额不足五百元的,为五百元。法律另有规定的,依照其规定。

经营者明知商品或者服务存在缺陷,仍然向消费者提供,造成消费者或者其他受害人死亡或者健康严重损害的,受害人有权要求经营者依照《消费者权益保护法》第49条、第51条等法律规定赔偿损失,并有权要求所受损失二倍以下的惩罚性赔偿。

(二) 行政责任

经营者有下列情形之一,除承担相应的民事责任外,其他有关法律、法规对处罚机关和处罚方式有规定的,依照法律、法规的规定执行;法律、法规未作规定的,由工商行政管理部门或者其他有关行政部门责令改正,可以根据情节单处或者并处警告、没收违法所得、处以违法所得一倍以上十倍以下的罚款,没有违法所得的,处以五十万元以下的罚款;情节严重的,责令停业整顿、吊销营业执照:

(1) 提供的商品或者服务不符合保障人身、财产安全要求的;

(2) 在商品中掺杂、掺假,以假充真,以次充好,或者以不合格商品冒充合格商品的;

(3) 生产国家明令淘汰的商品或者销售失效、变质的商品的;

(4) 伪造商品的产地,伪造或者冒用他人的厂名、厂址,篡改生产日期,伪造或者冒用认证标志、名优标志等质量标志的;

(5) 销售的商品应当检验、检疫而未检验、检疫或者伪造检验、检疫结果的;

(6) 对商品或者服务作虚假或者引人误解的虚假宣传的;

(7) 拒绝或者拖延有关行政部门责令对缺陷商品或者服务采取停止销售、警示、召回、无害化处理、销毁、停止生产或者服务等措施的;

(8) 对消费者提出的修理、重作、更换、退货、补足商品数量、退还货款和服务费用或者赔偿损失的要求,故意拖延或者无理拒绝的;

(9) 侵害消费者人格尊严或者侵犯消费者人身自由或者侵害消费者个人信息依法得到保护的权利的;

(10) 法律、法规规定的对损害消费者权益应当予以处罚的其他情形。

经营者有上述规定情形的,除依照法律、法规规定予以处罚外,处罚机关应当记入信用档案,向社会公布。

经营者对行政处罚决定不服的,可以依法申请行政复议或者提起行政诉讼。

(三) 刑事责任

经营者违反法律规定提供商品或者服务,侵害消费者合法权益,构成犯罪的,依法追究刑事责任。《中华人民共和国刑法》分则第三章第一节规定了生产、销售伪劣商品罪,侵犯消费者权益的行为如果构成了犯罪,应当依法追究经营者的刑事责任。

第六节 会计法与审计法

一、会计法

(一) 会计和会计法

会计,是指运用货币形式,通过记账、算账、报账、用帐等手段,核算和分析各种企业和有关单位的经济活动和财务开支,反映和监督经济过程及其成果的一种活动。会计的基本任务是会计核算和会计监督。

会计法是调整会计关系的法律规范的总称。会计关系,是会计机构、会计人员在办理会计事务过程中发生的经济关系,以及国家在监督管理会计工作过程中发生的经济关系。1980年8月我国开始起草会计法,1985年1月21日《中华人民共和国会计法》由第六届全国人大常委会第九次会议审议通过,并颁布实施。1993年12月29日,全国人大常委会通过并公布了《关于修改〈中华人民共和国会计法〉的决定》,对《会计法》的内容进行了修改和补充。1999年10月31日,九届人大常委会第十二次会议通过了《会计法(修订草案)》,第二次修改后的《会计法》于2000年7月1日开始实施。2017年11月4日,第三次修改后的《会计法》颁布并生效。

(二) 会计的基本法律制度

1. 会计机构和会计人员

《会计法》第36条规定:"各单位应当根据会计业务的需要,设置会计机构,或者在有关机构中设置会计人员并指定会计主管人员;不具备设置条件的,应当委托经批准设立从事会计代理记账业务的中介机构代理记账。国有的和国有资产占控股地位或者主导地位的大、中型企业必须设置总会计师。总会计师的任职资格、任免程序、职责权限由国务院规定。"

会计人员主要包括财务、会计、出纳、稽核、专职核算及财会主管等人员。其中出纳员负责现金、银行存款的日常记录工作,不得兼营稽核、会计档案保管和收入、费用、债权债务账目的登记工作。会计人员按照专业职称可以分为会计员、助理会计师、会计师和高级会计师。

2. 会计核算制度

会计核算的基本内容是指企业和行政事业单位的哪些经济业务事项必须办理会计手续,进行记录、反映和报告,包括款项和有价证券的收付、财物的收发等。会计核算应当做到以下四点:第一,一切经济业务必须及时办理会计手续;第二,会计手续由会计人员和经办人员共同办理;第三,会计核算方法按统一的规范进行;第四,会计核算必须坚持真实性原则。

我国的会计年度是从公历1月1日起至12月31日止。

记账本位币是指用于日常登记账簿和编制会计报表用以计量的货币。我国的记账本位币是人民币。考虑到一些特殊业务的需要,业务收支以人民币以外的货币为主的单位,可以选定其中一种货币作为记账本位币,但是,以人民币以外的货币作为记账本位币的单位,其编制的会计报表应当折算为人民币。

各单位采用的会计处理方法,前后各期应当一致,不得随意变更;确有必要变更的,应当按照国家统一的会计制度的规定变更,并将变更的原因、情况及影响在财务会计报告中说明。

会计记录的文字应当使用中文。在民族自治地方,会计记录可以同时使用当地通用的一种民族文字,在中国境内的外资企业可以同时使用一种外国文字。

3. 会计监督

会计监督是指单位会计人员、社会审计机构人员、国家有关执法部门,依法对单位的经济活动的全过程实施全面监督和控制的活动,主要包括内部会计监督、社会监督和国家监督。

内部监督是指有关单位根据国家有关法律、法规的规定,结合本单位的实际情况对会计工作、会计资料及其所反映的经济活动进行监督,包括会计人员岗位责任制度、内部牵制制度、稽核制度、财产清查制度等。

社会监督是社会中介组织、社会公众和社会舆论等对会计核算所作的监督。其中,社会中介组织的监督主要是指注册会计师的监督,即注册会计师接受委托对委托人提供审计服务,出具审计报告书。

国家监督是指财政、审计、税务、人民银行、证券监管等部门代表国家对各单位会计工作实行的监督。

二、审计法

(一) 审计和审计法

审计是指审计机关依法独立检查被审计单位的会计凭证、会计账簿、会计报表以及其他与财政收支、财务收支有关的资料和资产,监督财政收支、财务收支的真实性、合法性的行为。审计具有间接性、独立性和建设性等特征。按照审计主体不同,审计可以分为国家审计、内部审计和社会审计。

审计法是调整审计关系的法律规范的总称。1994年8月,全国人大常委会通过了《中华人民共和国审计法》,对审计机关和审计人员、审计机关的职责、审计机关的权限、审计程序等事项做出了规定。此外,国务院于1997年10月颁布了《审计法实施条例》。2006年2月,第十届全国人大常委会第二十次会议对《中华人民共和国审计法》作出了修改;2010年2月,国务院常务会议修订通过了《审计法实施条例》。

(二) 审计的基本法律制度

1. 审计机关和审计人员

我国的审计机关包括国家审计机关、内部审计机构和社会审计组织。国家审计机关是代表国家执行审计监督的专门机关,包括中央审计机关、地方审计机关和审计机关的派出机构。内部审计机构是指国务院各部、地方人民政府各部门、国有金融机构和企业事业组织按照国家有关规定建立的内部审计机构,它在本单位主要负责人的领导下开展工作,在业务上受上一级主管部门审计机构的指导和监督。社会审计组织是指经有关部门批准并注册登记,依法独立承办审计查证和咨询服务等审计业务的事业单位,它为社会提供有偿服务并依法纳税。

审计人员应当具有相应的专业知识和业务能力,对与自己有利害关系的审计业务应当回避,还应当依法审计、客观公正、忠于职守、保守秘密。

2. 审计事项的范围

审计机关的审计事项包括：

（1）中央预算执行情况和其他财政收支；

（2）本级各部门（含直属单位）和下级政府预算的执行情况和决算以及其他财政收支情况；

（3）中央银行的财务收支，国有金融机构的资产、负债和损益；

（4）国有企业事业单位的财务收支、资产、负债和损益；

（5）国有资本占控股地位或者主导地位的企业、金融机构；

（6）政府投资和以政府投资为主的建设项目的预算执行情况和决算；

（7）政府部门管理的和社会团体受政府委托管理的社会保障资金、环境保护资金、社会捐助资金以及有关财产的收支；

（8）国际组织和外国政府援助、贷款项目的财务收支；

（9）法律、行政法规规定的其他应当由审计机关进行审计的事项。

第七节 价 格 法

一、价格与价格体系

价格是商品价值的货币表现，是商品同货币的交换比例。价格具有灵敏地反映市场供求信息的功能，并且对整个国民经济具有明显的调节作用。合理的价格可以促进国民经济健康协调运行，不合理的价格会引起国民经济出现紊乱，价格严重不合理会破坏国民经济的平衡，阻碍社会生产力的发展。

价格体系是指价格的种类及不同种类价格之间相互关系的总和。《中华人民共和国价格法》对价格体系做出如下分类：

（1）市场调节价，即由经营者自主制定、通过市场竞争形成的价格。这种价格主要适用于对国计民生影响不大、生产周期短、供给能自行平衡、不易引起市场波动的商品和服务；

（2）政府指导价，是指由政府价格主管部门或者其他有关部门按照定价权限和范围规定基准价及其浮动幅度，指导经营者制定的价格。这种价格兼具计划调节性和市场调节性，生产经营者享有有限的价格自主权，它主要适用于极少数关系国计民生的重要商品和服务；

（3）政府定价，是指由政府价格主管部门或者其他有关部门依照定价权限和范围制定的价格。对于这种价格形式，生产经营者没有价格自主权，它也是主要适用于极少数关系国计民生的重要商品和服务。

二、价格法概述

价格法是调整价格关系的法律规范的总称。我国调整价格关系的主要法律法规包括《中华人民共和国价格法》《价格管理条例》《制止牟取暴利的暂行规定》等。

价格法具有以下作用：(1) 有利于加强和改善宏观调控，维护市场价格总水平的基本稳定；(2) 有利于规范市场主体的价格行为，维护市场经济秩序；(3) 有利于维护价格关系参与者的正当和合法权益。

三、经营者价格行为和政府定价行为

（一）经营者价格行为

经营者定价应当遵循公平、合法和诚实信用的原则。经营者定价的范围是指未列入政府指导价和政府定价范围内并适应市场竞争形成的商品和服务价格。

根据我国《价格法》的规定，经营者享有如下权利：

(1) 自主定价权，即经营者有权自主确定属于市场调节的商品和服务的价格；

(2) 建议权，即经营者有权对政府指导价和政府定价提出意见和建议；

(3) 检举、控告权，即经营者有权对侵权人向有关主管部门或司法机关进行检举和控告。

经营者在享有价格权利的同时，必须承担如下价格义务：

(1) 依法定价的义务；

(2) 合理诚实定价的义务；

(3) 明码标价的义务；

(4) 不得从事不正当价格行为的义务。

（二）政府定价行为

1. 政府定价行为的依据、范围和主体

制定政府指导价或者政府定价，应当依据有关商品或服务的社会平均成本和市场供求状况、国民经济与社会发展要求，以及社会承受能力。我国价格法规定了政府在必要时可以实行政府指导价或者政府定价的五个基本领域：第一类是与国民经济发展和人民生活关系重大的极少数商品；第二类是资源稀缺的少数商品；第三类是自然垄断经营的商品；第四类是重要的公用事业；第五类是重要的公益性服务。

政府定价行为要求定价行为主体必须得到法律授权。我国价格法规定了两级主体：一级是国务院价格主管部门和其他有关部门；二级是省级人民政府价格主管部门和其他有关部门。市、县人民政府无权制定定价目录，但可以根据省级人民政府的授权,按照省级定价目录规定的定价权限和具体范围在本地区内执行政府指导价和政府定价。

2. 政府定价行为的程序

政府定价行为必须要依照特定的程序进行,避免盲目性和随意性。根据价格法的规定,政府定价行为需经调查、听证、公布等程序。

(1) 调查。政府价格主管部门和其他有关部门制定政府指导价、政府定价,应当开展价格、成本调查,听取消费者、经营者和有关方面的意见;

(2) 听证。指定关系到人民群众切身利益的公用事业价格、公益事业价格、自然垄断经营的商品价格等政府定价、政府指导价,必须建立听证制度,由政府价格主管部门主持,征求消费者、经营者和有关方面的意见,论证定价的必要性、可行性;

(3) 公布。政府定价和政府指导价制定之后,应当通过文件、报纸、杂志、广播、电视、网络等形式向消费者、经营者公布,提高定价的透明度,便于经营者执行,也有利于消费者监督。

3. 价格听证制度

价格听证制度是价格决策民主化和科学化的体现,可以有效防止乱涨价等侵害消费者权益的行为,有利于提高消费者的心理承受能力,有利于使价格决策形成多方制约的机制,因此具有重要意义。听证会由政府价格主管部门组织和主持,邀请人大代表、政协委员、群众团体代表、经济技术专家、学者、政府有关经济管理部门代表、经营者、消费者等方面代表参加。

根据价格法的规定,价格听证制度主要适用于以下三类商品或者服务:

(1) 重要的公用事业,即为适应生产和生活需要而经营的具有公共用途的服务行业,如公共交通、邮政、通讯等;

(2) 重要的公益事业,即涉及公众利益的服务行业,如教育、医疗、防疫、绿化、环卫等;

(3) 自然垄断经营的商品,即由于自然条件、技术条件以及规模经济的要求而无法竞争或不适宜竞争形成的垄断,如自来水、燃气、供热、供电等。

四、价格总水平调控与价格监督检查

价格总水平,是指一个国家或地区在一定时期内,各种商品和服务价格动态的综合反映,是社会各类商品价格指数的加权平均。价格总水平属于宏观经济范畴,既能综合反映国民经济状况,又能发挥调节国民经济的作用,是国家进行宏观经济管理不可忽视的重要方面。

为了实现市场价格总水平的稳定,我国价格法规定了如下几项具体的价格调

控措施:
(1) 建立重要商品储备制度,设立价格调节基金;
(2) 建立价格监测制度;
(3) 对主要农产品实行保护价格;
(4) 对部分价格可以采取干预措施或者紧急措施;
(5) 国务院可以采取价格紧急措施。

为了规范价格行为,维护市场秩序,惩治不正当的价格行为,开展价格监督检查也是政府价格主管部门的重要职责之一。我国价格法规定了对经营者价格行为的监督检查,确定了专门机构的监督检查与群众社会性监督检查相结合的形式。专门机构的监督检查,是指县级以上各级人民政府价格主管部门依法对经营者的价格行为进行的监督检查;群众社会性的监督检查,是指消费者组织、职工价格监督组织、居民委员会、村民委员会等组织和消费者,对经营者的价格行为进行的社会监督。

第八节 财政税收法

一、财政税收法概述

财政与税收是国家为了实现其职能,凭借其政治权力,直接参与社会产品和国民收入的分配与再分配的经济活动。财政与税收是国家的重要职能,同时也是国家实现其他职能的经济保证。财政与税收具有强制性、无偿性等特点。

财政法的调整对象,是在国家取得、使用和管理资财的过程中发生的社会关系,即在财政收入、财政支出、财政管理的过程中发生的社会关系。对于财政法体系的结构,一般是从财政收入和财政支出的角度加以分析。从财政收入的角度说,由于税收和国债是获取财政收入的最重要的来源,因此,调整税收关系的税法和调整国债关系的国债法也就是调整财政收入管理关系的主要部门法;从财政支出的角度说,由于财政支出的最重要的途径是政府采购和移转支付,因此,政府采购法和移转支付法应当是调整财政支出管理关系的重要部门法。此外,由于预算法对预算关系的调整既涉及财政收入,又涉及财政支出,是从总体上对财政收支活动进行规范的法,因此,它是财政法中的核心法。这样,上述的预算法、税法、国债法、政府采购法和移转支付法等就构成了财政法的体系。

二、预算法

(一) 预算和预算法

预算,是指对会计年度内的收入和支出的预先估计,包括中央预算和地方预算。它是国家有计划地集中和分配资金,调节社会经济生活的重要手段。

预算法是调整在国家进行预算资金的筹集、分配、使用和管理的过程中发生的经济关系,建成预算关系。它包括预算程序关系和预算实体关系两个方面。前者是预算主体在履行预算的编制、审查、批准、监督、执行和调整的过程中发生的经济关系,后者是在组织、取得和分配使用预算资金过程中所发生的经济关系。我国在确定实行市场经济体制以后,第八届全国人大第二次会议于1994年3月22日通过了《中华人民共和国预算法》,自1995年1月1日起施行。其后,国务院又制定了该法的《实施条例》。2014年8月31日,第十二届全国人民代表大会常务委员会第十次会议对《预算法》进行了修改,2018年12月29日第十三届全国人民代表大会常务委员会第七次会议对《预算法》进行了第二次修改。目前,该法的《实施条例》正处于大修过程中。

(二) 预算体系和预算收支的范围

我国《预算法》规定,国家实行"一级政权、一级预算"的原则,设立中央、省、市、县和乡五级预算。各级预算主体(包括权力机关、政府机关和财政部门)拥有各自的预算管理职权。预算的基本内容可以分为预算收入和预算支出。政府的全部收入和支出都应当纳入预算。预算包括一般公共预算、政府性基金预算、国有资本经营预算、社会保险基金预算。一般公共预算、政府性基金预算、国有资本经营预算、社会保险基金预算应当保持完整、独立。政府性基金预算、国有资本经营预算、社会保险基金预算应当与一般公共预算相衔接。

(三) 预算管理程序

预算管理程序是国家在预算管理工作中的依次进行的各个工作环节的总称,包括预算的编制、审批、执行和调整、决算的编制和批准四个环节。

预算的编制是指预算主体制定取得和使用预算资金的年度方案,这时的预算还未经过审批,还不具有法律效力;预算的审批是指国家各级权力机关对同级政府提出的预算草案进行审查和批准,从这时起预算具有法律效力,非经法定程序不得变更;预算的执行和调整是指各级预算主体按照先前制定的预算获得预算收入和划拨预算支出,预算收入和预算支出必须通过国库来进行。在预算的执行过程中,如果发生情势变更,经相应的人大常委会批准(乡镇预算经相应的人民代表大会批准),可以对预算进行调整;决算是对年度预算执行情况的总结,是一个预算年度中预算收支的最终结果。在相应的权力机关对决算草案依法定程序审查和批准之后,一个预算年度的预算管理程序才告结束。

(四) 违反预算法的法律责任

《预算法》对违反预算法的法律责任主要规定了擅自变更预算的法律责任、擅自动用库款的法律责任、违法进行预算收支的法律责任等。各级预算主体违反预算法的,必须承担相应的法律责任,主要是行政责任,情节严重的还会导致刑事责任。

三、税法

(一) 税法概述

1. 税收的概念与税法的体系

税收是国家为了实现其职能,凭借政治权力,依照法律规定的程序对满足法定课税要件的人无偿征收的货币或实物。税收具有法定性、强制性、无偿性、固定性和普遍性的特征。

税法是调整税收关系的法律规范的总称。从内容上划分,税法包括税收实体法、税收程序法。税收实体法规定税种、税的性质以及政府和纳税人在税务关系上的实体权利、义务和责任;税收程序法则包括税收的征收与管理程序以及税收争议的处理办法等。我国没有制定统一的税法典,而是制定了各类单行的税法。

2. 税法的作用

国家的基本职能有两大方面,即统治职能和社会公共职能。税法是国家取得税收收入的法律依据,也是保障国家职能实现的最有效手段。税法的主要作用表现在以下几个方面:

(1) 税收是国家取得财政收入的主要来源,税法为国家取得稳定的财政收入、筹集建设发展资金提供了有利保障;

(2) 保证发挥税收的经济调节作用,促进国民经济持续、快速、健康、协调发展;

(3) 强调企业对社会的经济责任,促使企业加强内部管理、提高效益;

(4) 保证市场主体的公平竞争,加强对微观经济活动的监督;

(5) 通过对社会收入的再分配缓解分配不公的矛盾,实现社会公平和共同富裕;

(6) 维护国家经济主权和经济利益。

(二) 税收法律关系

1. 税收法律关系的概念和要素

税收法律关系是由税收法律规范确认和调整的,国家和纳税人之间发生的具有权利和义务内容的社会关系。

税收法律关系的主体是在税收法律关系中享有权利和承担义务的当事人,主要包括国家、征税机关、纳税人和扣缴义务人;税收法律关系的内容是指税收法律关系主体所享有的权利和承担的义务;税收法律关系的客体是指税收法律关系主体的权利义务所指向的对象。

2. 税收法律关系的特点

（1）税收法律关系的一方主体始终是国家；

（2）税收法律关系主体双方的权利义务不对等；

（3）税收法律关系的产生以纳税人发生了税法规定的行为或者事实为依据。

（三）我国税法的基本原则

1. 税收法定原则

税收法定原则是指国家征税必须有法律依据，国家依法征税，纳税人依法纳税。

2. 税收公平原则

税收公平原则是指纳税人的地位必须平等，税收负担在纳税人之间进行公平分配。税收公平原则包含两层意思：其一，横向公平原则是指经济情况相同、纳税能力相等的纳税人所负担的纳税义务应当相同，禁止歧视对待或者例外对待。其二，纵向公平原则是指经济情况不同、纳税能力不等的纳税人，在税收负担上应当区别对待。

3. 税收效率原则

税收效率原则是指应当以最少征税成本和最大限度促进经济发展为征税的准则。具体而言，就是税制的设计、税收的征管方法应当在保证财政收入的前提下，尽可能做到征税成本最小化，使税负总水平与国民收入相适应，促进国民经济持续、快速、健康发展。

4. 社会政策原则

税收的主要目的不仅在于为政府履行其职能筹措财政资金，同时也是实现国民收入再分配的一种手段。政府通过税收而进行的收入再分配实质上是对由市场形成的收入分配状态的某种调整和校正，实现社会公正值目标。社会政策原则在税法上的体现如下：

（1）个人所得税实行最低免征额制度和超额累进税率；

（2）企业所得税实行公益、救济性捐赠扣除制度，民族自治地区的企业以及福利企业实行减免税；

（3）对奢侈品（非必需品）征收消费税；

（4）征收财产税、遗产税和赠与税。

（四）税法的基本构成要素

税法的基本构成要素，又称税制要素、课税要素，是指各种单行税种立法共有的基本构成要素的总称。

1. 纳税人

纳税人是指税法规定的负有纳税义务的单位和个人。不同税种的纳税义务人也不尽相同。纳税人有别于扣缴义务人,扣缴义务人是指税法规定负有代扣代缴、代收代缴税款义务的单位和个人。纳税人不一定就是负税人,负税人是指税收的实际负担者。

2. 征税对象

征税对象,又称为课税对象,是指税法规定的课税标的物、行为以及事实,它构成纳税义务成立的物的基础,或者说是发生纳税义务原因的一种根据。它是各个税种间相互区别的根本标志。按照征税对象性质的不同,一般将其划分为五大类:

(1) 流转额,即对财产的流转额征税。流转额包括商品流转额和非商品流转额。

(2) 所得额或收益额,即针对社会组织或个人的收益征税。凡是取得应纳税收益额的单位或者个人,均是纳税义务人。收益包括总收益和纯收益。

(3) 财产,即对特定范围的财产征税。凡是列入税法特定征税财产的所有人,都要对其拥有的财产纳税。财产税只针对特定的财产,如房产等,而不是所有的财产。

(4) 行为,即税法规定对特定性质的行为征税。凡实施税法规定的特定行为的人,都要依法纳税。

(5) 资源,即税法规定对使用特定资源的单位或者个人征税。

3. 征税标准(计税依据)

征税标准是指对征税对象进行征税时据以计算税收的依据。征税标准是将征税对象数量化,并计算出税额的基础。征税标准按计算单位的性质分为两种,一种是从价计征,即按征税对象的价值计算;一种是从量计征,即按征税对象的数量或者物理量作为标准征税。

4. 税率

税率是指纳税额与征税对象或者计税依据之间的比例,是计算应纳税额的尺度,反映了征税的深度。税率主要有比例税率、累进税率和定额税率三种基本形式:

(1) 比例税率,即对同一征税对象不管数额大小,均采取同一比例的税率,一般适用于以流转额等为征税对象的税种。

(2) 累进税率,即随征收对象数额的增多而相应逐级递增的税率。

(3) 定额税率,即按单位征税对象直接规定固定的应纳税额。

(五) 税法的其他要素

1. 纳税环节、期限和地点

纳税环节是指在商品整个流转过程中按照税法规定应当缴纳税款的阶段。纳税期限一般分为按次征纳和按期征纳两种,前者如屠宰税、耕地占用税等,后者如流转税、财产税等。纳税地点是指纳税人应向何地征税机关申报纳税并缴纳税款。

2. 减免税

减免税,是减税和免税的统称,减税是对应纳税额少征一部分税款,免税是对应纳税额的全额免征。实行减免税的基本目的是鼓励与照顾。

3. 税务争议

税务争议是指纳税人和税务机关就纳税义务是否存在、应纳税额的计算方法和结果、纳税的时间、地点和环节、应否减免或者减免的数额等纳税问题发生的分歧或者争执。扣缴义务人、纳税担保人同税务机关在扣缴、担保问题上发生的争议也是税务争议。

4. 税收法律责任

税收法律责任是指税收法律关系的主体因违反税收法律规范而应当承担的法律后果,主要包括纳税主体因违反税法而应承担的法律责任和作为征税主体的国家机关因违反税法而应承担的法律责任。

第九节　银　行　法

一、中国人民银行法

(一) 中国人民银行法概述

中国人民银行法,是确认和规定中国人民银行地位、组织、货币政策、维护金融稳定措施的法律。中国人民银行法立法指导思想包括:

(1) 体现金融体制改革精神,促进社会主义市场经济的发展;

(2) 建设和完善中央银行宏观调控体系;

(3) 符合中国国情,坚持实事求是的精神;

(4) 借鉴国外先进立法经验,与国际通行做法接轨。

(二) 中国人民银行的职责

(1) 发布与履行其职责有关的命令和规章;

(2) 依法制定和执行货币政策;

(3) 发行人民币,管理人民币流通;

(4) 监督管理银行间同业拆借市场和银行间债券市场;

(5) 实施外汇管理,监督管理银行间外汇市场;

(6) 监督管理黄金市场;

(7) 持有、管理、经营国家外汇储备、黄金储备;

(8) 经理国库；

(9) 维护支付、清算系统的正常运行；

(10) 指导、部署金融业反洗钱工作,负责反洗钱的资金监测；

(11) 负责金融业的统计、调查、分析和预测；

(12) 作为国家的中央银行,从事有关的国际金融活动；

(13) 国务院规定的其他职责。

(三) 中国人民银行金融监管的主要内容

《中国人民银行法》于 2003 年 12 月 27 日修改后,仍然保留了中国人民银行的金融监督管理职能。中国人民银行的金融监管职能从对银行业金融机构的市场准入以及业务范围的审批转变为履行对金融业宏观调控和防范、化解系统性风险的职能。此外,《中国人民银行法》增加了中国人民银行反洗钱和管理信贷征信业的两项职能。

二、银行业监督管理法

(一) 银行业监督管理法概述

为了加强对银行业的监督管理、规范监督管理行为,防范和化解银行业风险,保护存款人和其他客户的合法权益,促进银行业的健康发展,我国于 2003 年通过了《中华人民共和国银行业监督管理法》。2006 年 10 月 31 日,第十届全国人大常委会对该法进行了修正。银行业监督管理法的立法原则是:

(1) 从银行业监督管理的客观实际出发,适应我国金融监督管理体制改革的需要；

(2) 体现世界贸易组织的要求。

(二) 银行业监督管理委员会及其职责

国务院设立银行监督管理机构即国务院银行业监督管理委员会,负责对全国银行业金融机构及其业务活动监督管理的工作。银行业监督管理机构的主要监管职责包括:

(1) 依照法律、行政法规制定并发布对银行业金融机构及其业务活动监督管理的规章、规则；

(2) 依照法律、行政法规规定的条件和程序,审查批准银行业金融机构的设立、变更、终止以及业务范围；

(3) 申请设立银行业金融机构,或者银行业金融机构变更持有资本总额或者股份总额达到规定比例以上的股东的,国务院银行业监督管理机构应当对股东的资金来源、财务状况、资本补充能力和诚信状况进行审查；

(4) 银行业金融机构业务范围内的业务品种,应当按照规定经国务院银行业监督管理机构审查批准或者备案。需要审查批准或者备案的业务品种,由国务院银行业监督管理机构依照法律、行政法规作出规定并公布;

(5) 未经国务院银行业监督管理机构批准,任何单位或者个人不得设立银行业金融机构或者从事银行业金融机构的业务活动;

(6) 对银行业金融机构的董事和高级管理人员实行任职资格管理。具体办法由国务院银行业监督管理机构制定;

(7) 银行业金融机构的审慎经营规则,由法律、行政法规规定,也可以由国务院银行业监督管理机构依照法律、行政法规制定;

(8) 对银行业金融机构的设立、变更、终止、业务范围、增加的业务范围内的业务品种中,董事和高级管理人员的任职资格进行审查;

(9) 对银行业金融机构的业务活动及其风险状况进行非现场监管,建立银行业金融机构监督管理信息系统,分析、评价银行业金融机构的风险状况;

(10) 对银行业金融机构的业务活动及其风险状况进行现场检查、对银行业金融机构实行并表监督管理、建立银行业金融机构监督管理评级体系和风险预警机制,根据银行业金融机构的评级情况和风险状况,确定对其现场检查的频率、范围和需要采取的其他措施;

(11) 应当建立银行业突发事件的发现、报告岗位责任制度,会同中国人民银行、国务院财政部门等有关部门建立银行业突发事件处置制度,制定银行业突发事件处置预案,明确处置机构和人员及其职责、处置措施和处置程序,及时、有效地处置银行业突发事件;

(12) 负责统一编制全国银行业金融机构的统计数据、报表,并按照国家有关规定予以公布;

(13) 对银行业自律组织的活动进行指导和监督;

(14) 可以开展与银行业监督管理有关的国际交流、合作活动。

第七章 中国自然资源和环境保护法律制度

第一节 自然资源和环境保护法律制度概述

一、自然资源和环境保护法律制度的建立和完善

自然资源和环境保护法律制度是关于合理开发利用与保护自然资源,保护和改善环境,防治污染和其他公害的法律制度。我国重视自然资源和环境保护的法律制度的建立和完善,1972年联合国人类环境会议以后,1973年国务院召开了第一次全国环境保护会议。会后,国务院批转了《关于保护和改善环境的若干规定》,形成了中国环境法规的雏形。《宪法》第9条规定:"国家保障自然资源的合理利用,保护珍贵的动物和植物。"第26条规定:"国家保护和改善生活环境和生态环境,防治污染和其他公害。"自然资源和环境保护被列入国家的根本大法之中。

我国制定了《环境保护法》(1989年,2014年修订)、《土地管理法》(1986年,1988年第一次修正,1998年修订,2004年第二次修正,2019年第三次修正)、《大气污染防治法》(1987年,1995年第一次修正,2000年第一次修订,2015年第二次修订,2018年第二次修正)、《水法》(1988年,2002年修订,2009年第一次修正,2016年第二次修正)、《水污染防治法》(1984年,1996年修订)、《水土保持法》(1991年,2010修订)、《防洪法》(1997年,2009年第一次修正,2015年第二次修正,2016年第三次修正)、《矿产资源法》(1986年,1996年第一次修正,2009年第二次修正)、《森林法》(1984年,1998年第一次修正,2009年第二次修正,2019年修订)、《草原法》(1985年,2002年修订,2009年第一次修正,2013年第二次修正)、《野生动物保护法》(1988年,2004年修改)、《渔业法》(1986年,2000年第一次修正,2004年第二次修正,2009年第三次修正,2013年第四次修正)、《海洋环境保护法》(1982年,1999年修订,2013年第一次修正,2016年第二次修正,2017年第三次修正)、《城市房地产管理法》(1994年,2007年第一次修正,2009年第二次修正,2019年第三次修正)、《煤炭法》(1997年,2009年第一次修正,2011第二次修正,2013年第三次修正,2016年第四次修正)、《节约能源法》(1997年,2007年修订,2016年第一次修正,2018年第二次修正)、《环境噪声污染防治法》(1997年,2018年修订)、《农村土地承包法》(2002年,2009年第一次修正,2018年第二次修正)、《环境影响评价法》(2002年,2016年第一次修正,2018年第二次修正)、《固体废物污染环境防治法》

(1995年,2004年第一次修订,2013年第一次修正,2015年第二次修正,2016年第三次修正,2020年第二次修订)、《防沙治沙法》(2001年,2018年修正)、《海域使用管理法》(2001年)、《清洁生产促进法》(2002年,2012年修正)、《安全生产法》(2002年,2012年第一次修正,2014年第二次修正)、《放射性污染防治法》(2003年)、《可再生能源法》(2005年,2009年修正)、《循环经济促进法》(2008年,2018年修正)、《深海海底区域资源勘探开发法》(2016)等法律,2020年2月通过了《全国人民代表大会常务委员会关于全面禁止非法野生动物交易、革除滥食野生动物陋习、切实保障人民群众生命健康安全的决定》。其中《环境保护法》是我国环境保护的基本法。目前我国初步形成了适应市场经济的自然资源和环境保护法律体系。

二、自然资源和环境保护法律制度的基本原则

环境是指影响人类生存和发展的各种天然的和经过人工改造的自然因素的总体,包括大气、水、海洋、土地、矿藏、森林、草原、野生生物、自然遗迹、人文遗迹、自然保护区、风景名胜区、城市和乡村等。它既包括生活环境,也包括生态环境。

在我国经济持续高速发展过程中,环境问题日益突显,直接影响到经济发展和人民的身体健康和生活质量。我国政府提出坚持以人为本,全面、协调、可持续的发展观,积极推进生态文明建设,将环境保护作为国家经济社会可持续发展的重要举措,做了很多努力,取得了一定的成效。但是,我国的环境问题依然相当突出,环境形势异常严峻,与人民的呼声和全面建设小康社会的要求相比,还有很大差距。

为保证自然资源的合理开发利用,我国自然资源方面的法律坚持重要自然资源属于国家所有、经济效益与生态效益相结合、开源与节流相统一,以及统一规划、合理开发、综合利用的基本原则。

在环境保护方面,《环境保护法》强调保护环境是国家的基本国策,并明确规定:"环境保护坚持保护优先、预防为主、综合治理、公众参与、污染者担责的原则。"

第二节 自然资源法律制度

我国的自然资源法律制度主要包括土地法律制度、农村土地承包法律制度、渔业法律制度、草原法律制度、森林法律制度、矿产资源法律制度等。

一、土地法律制度

法律规定,中华人民共和国实行土地的社会主义公有制,即全民所有制和劳动群众集体所有制。全民所有,即国家所有土地的所有权由国务院代表国家行使。任何单位和个人不得侵占、买卖或者以其他形式非法转让土地。土地使用权可以

依法转让。国家为了公共利益的需要,可以依法对土地实行征收或者征用并给予补偿。国家依法实行国有土地有偿使用制度。但是,国家在法律规定的范围内划拨国有土地使用权的除外。因政府组织实施基础设施建设、公共事业、成片开发建设等六种情形需要用地的,可以征收集体土地。

《土地管理法》规定,珍惜、合理利用土地和切实保护耕地是我国的基本国策。各级人民政府应当采取措施,全面规划,严格管理,保护、开发土地资源,制止非法占用土地的行为。

根据法律,国家实行土地用途管制制度。国家编制土地利用总体规划,规定土地用途,将土地分为农用地、建设用地和未利用地。严格限制农用地转为建设用地,控制建设用地总量,对耕地实行特殊保护。农用地是指直接用于农业生产的土地,包括耕地、林地、草地、农田水利用地、养殖水面等;建设用地是指建造建筑物、构筑物的土地,包括城乡住宅和公共设施用地、工矿用地、交通水利设施用地、旅游用地、军事设施用地等;未利用地是指农用地和建设用地以外的土地。使用土地的单位和个人必须严格按照土地利用总体规划确定的用途使用土地。

《土地管理法》规定了土地的所有权和使用权。城市市区的土地属于国家所有。农村和城市郊区的土地,除由法律规定属于国家所有的以外,属于农民集体所有;宅基地和自留地、自留山,属于农民集体所有。农民集体所有和国家所有依法由农民集体使用的耕地、林地、草地,以及其他依法用于农业的土地,采取农村集体经济组织内部的家庭承包方式承包,不宜采取家庭承包方式的荒山、荒沟、荒丘、荒滩等,可以采取招标、拍卖、公开协商等方式承包,从事种植业、林业、畜牧业、渔业生产。家庭承包的耕地的承包期为30年,草地的承包期为30年至50年,林地的承包期为30年至70年;耕地承包期届满后再延长30年,草地、林地承包期届满后依法相应延长。国家所有依法用于农业的土地可以由单位或者个人承包经营,从事种植业、林业、畜牧业、渔业生产。发包方和承包方应当依法订立承包合同,约定双方的权利和义务。承包经营土地的单位和个人,有保护和按照承包合同约定的用途合理利用土地的义务。

根据《土地管理法》,各级人民政府应当依据国民经济和社会发展规划、国土整治和资源环境保护的要求、土地供给能力以及各项建设对土地的需求,组织编制土地利用总体规划。国家建立国土空间规划体系,各级人民政府应当加强土地利用计划管理,实行建设用地总量控制。国家建立土地调查制度和土地统计制度。

国家保护耕地,严格控制耕地转为非耕地。国家实行占用耕地补偿制度。国家实行永久基本农田保护制度。

《土地管理法》规定建设占用土地,涉及农用地转为建设用地的,应当办理农用地转用审批手续。永久基本农田转为建设用地的,由国务院批准。在土地利用总体规划确定的城市和村庄、集镇建设用地规模范围内,为实施该规划而将永久基本农田以外的农用地转为建设用地的,按土地利用年度计划分批次按照国务院规定由原批准土地利用总体规划的机关或者其授权的机关批准。在已批准的农用地转用范围内,具体建设项目用地可以由市、县人民政府批准。在土地利用总体规划确定的城市和村庄、集镇建设用地规模范围外,将永久基本农田以外的农用地转为建设用地的,由国务院或者国务院授权的省、自治区、直辖市人民政府批准。

依照《土地管理法》,征收下列土地的,由国务院批准:(1)永久基本农田;(2)永久基本农田以外的耕地超过35公顷的;(3)其他土地超过70公顷的。征收上述以外的土地的,由省、自治区、直辖市人民政府批准。征收农用地的,应当依照《土地管理法》第44条的规定先行办理农用地转用审批。其中,经国务院批准农用地转用的,同时办理征地审批手续,不再另行办理征地审批;经省、自治区、直辖市人民政府在征地批准权限内批准农用地转用的,同时办理征地审批手续,不再另行办理征地审批,超过征地批准权限的,应当依照《土地管理法》第46条第一款的规定另行办理征地审批。

市、县人民政府申请征收土地前进行土地现状调查、公告听取被征地的农村集体经济组织及其成员意见、组织开展社会稳定风险评估等前期工作,与拟征收土地的所有权人、使用权人就补偿安置等签订协议,测算并落实有关费用,保证足额到位,方可申请征收土地。个别确实难以达成协议的,应当在申请征收土地时如实说明,供审批机关决策参考。

《土地管理法》明确规定征收土地应当给予公平、合理的补偿,保障被征地农民原有生活水平不降低、长远生计有保障。征收土地应当依法及时足额支付土地补偿费、安置补助费以及农村村民住宅、其他地上附着物和青苗等的补偿费用,并安排被征地农民的社会保障费用。征收农用地的土地补偿费、安置补助费标准由省、自治区、直辖市通过制定公布区片综合地价确定。制定区片综合地价应当综合考虑土地原用途、土地资源条件、土地产值、土地区位、土地供求关系、人口以及经济社会发展水平等因素,并至少每三年调整或者重新公布一次。征收农用地以外的其他土地、地上附着物和青苗等的补偿标准,由省、自治区、直辖市制定。对其中的农村村民住宅,应当按照先补偿后搬迁、居住条件有改善的原则,尊重农村村民意愿,采取重新安排宅基地建房、提供安置房或者货币补偿等方式给予公平、合理的补偿,并对因征收造成的搬迁、临时安置等费用予以补偿,保障农村村民居住的权利和合法的住房财产权益。县级以上地方人民政府应当将被征地农民纳入相应的养老等社会保障体系。被征地农民的社会保障费用主要用于符合条件的被征地农民的养老保险等社会保险缴费补贴。被征地农民社会保障费用的筹集、管理和使用办法,由省、自治区、直辖市制定。

关于集体经营性建设用地入市问题,《土地管理法》明确了入市的条件。对土地利用总体规划确定为工业、商业等经营性用途,并经依法登记的集体建设用地,允许土地所有权人通过出让、出租等方式交由单位或者个人使用,并应当签订书面合同,明确用地供应、动工期限、使用期限、规划用途和双方其他权利义务;相关建设用地使用权的收回依照双方签订的书面合同办理。同时,明确了集体经营性建设用地入市后的管理措施。为维护土地管理秩序,明确要求集体建设用地使用权人严格按照土地利用总体规划确定的用途使用土地;集体建设用地使用权的最高年限、登记等,参照同类用途的国有建设用地执行。具体办法由国务院自然资源主管部门制定。

关于宅基地制度,根据乡村振兴的现实需求和各地宅基地现状,《土地管理法》规定对人均土地少、不能保障一户一宅的地区,允许县级人民政府在尊重农村村民意愿的基础上采取措施,保障农村村民实现户有所居的权利。同时,下放宅基地审批权,明确农村村民申请宅基地的,由乡(镇)人民政府审核批准,但涉及占用农用地的,应当依法办理农用地转用审批手续;落实深化党和国家机构改革精神,明确国务院农业农村主管部门负责全国农村宅基地改革和管理有关工作,赋予农业农村主管部门在宅基地监督管理和行政执法等方面相应职责。《土地管理法》还原则规定允许进城落户的农村村民依法自愿有偿退出宅基地。

二、农村土地承包法律制度

农村土地,是指农民集体所有和国家所有依法由农民集体使用的耕地、林地、草地,以及其他依法用于农业的土地。为稳定和完善以家庭承包经营为基础、统分结合的双层经营体制,赋予农民长期而有保障的土地使用权,维护农村土地承包当事人的合法权益,促进农业、农村经济发展和农村社会稳定,根据《宪法》,我国于2002年制定了《农村土地承包法》,对农村土地的家庭承包、发包方和承包方的权利和义务、承包的原则和程序、承包期限和承包合同、土地承包经营权的保护、土地承包经营权的流转、其他方式的承包、争议的解决和法律责任等进行了规定。

农村土地承包采取农村集体经济组织内部的家庭承包方式,不宜采取家庭承包方式的荒山、荒沟、荒丘、荒滩等农村土地,可以采取招标、拍卖、公开协商等方式承包。国家依法保护农村土地承包关系的长期稳定。农村土地承包后,土地的所有权性质不变。承包地不得买卖。任何组织和个人不得剥夺和非法限制农村集体经济组织成员承包土地的权利。

承包方承包土地后,享有土地承包经营权,可以自己经营,也可以保留土地承包权,流转其承包地的土地经营权,由他人经营。国家保护承包方依法、自愿、有偿流转土地经营权,保护土地经营权人的合法权益,任何组织和个人不得侵犯。承包方连续两年以上弃耕抛荒承包地的,发包方可以收取一定的费用,用于土地耕作,连续三年以上弃耕抛荒承包地的,发包方可以依法定程序收回承包地,重新发包;

土地经营权流转后第三方擅自改变承包地农业用途、弃耕抛荒两年以上、给承包地造成严重损害或者严重破坏承包地生态环境的,发包方或承包方有权要求终止土地经营权流转合同,收回土地经营权。

《农村土地承包法》规定了发包方、承包方的权利义务。发包方享有下列权利:发包本集体所有的或者国家所有依法由本集体使用的农村土地;监督承包方依照承包合同约定的用途合理利用和保护土地;制止承包方损害承包地和农业资源的行为;法律、行政法规规定的其他权利。同时,发包方承担下列义务:维护承包方的土地承包经营权,不得非法变更、解除承包合同;尊重承包方的生产经营自主权,不得干涉承包方依法进行正常的生产经营活动;依照承包合同约定为承包方提供生产、技术、信息等服务;执行县、乡(镇)土地利用总体规划,组织本集体经济组织内的农业基础设施建设;法律、行政法规规定的其他义务。

家庭承包的承包方是本集体经济组织的农户。承包方享有下列权利:依法享有承包地使用、收益的权利,有权自主组织生产经营和处置产品依法互换、转让土地承包经营权;依法流转土地经营权;承包地被依法征收、征用、占用的,有权依法获得相应的补偿;法律、行政法规规定的其他权利。同时,承包方承担下列义务:维持土地的农业用途,未经依法批准不得用于非农建设;依法保护和合理利用土地,不得给土地造成永久性损害;法律、行政法规规定的其他义务。

根据《农村土地承包法》,土地承包应当遵循以下原则:按照规定统一组织承包时,本集体经济组织成员依法平等地行使承包土地的权利,也可以自愿放弃承包土地的权利;民主协商,公平合理;承包方案应当按照本法第13条的规定,依法经本集体经济组织成员的村民会议三分之二以上成员或者三分之二以上村民代表的同意;承包程序合法。

土地承包应当按照以下程序进行:本集体经济组织成员的村民会议选举产生承包工作小组;承包工作小组依照法律、法规的规定拟订并公布承包方案;依法召开本集体经济组织成员的村民会议,讨论通过承包方案;公开组织实施承包方案;签订承包合同。

《农村土地承包法》明确规定了承包期限:耕地的承包期为30年。草地的承包期为30年至50年。林地的承包期为30年至70年。前款规定的耕地承包期届满后再延长三十年,草地、林地承包期届满后依照前款规定相应延长。

发包方应当与承包方签订书面承包合同。承包合同一般包括以下条款:发包方、承包方的名称,发包方负责人和承包方代表的姓名、住所;承包土地的名称、坐落、面积、质量等级;承包期限和起止日期;承包土地的用途;发包方和承包方的权利和义务;违约责任。承包合同自成立之日起生效。承包方自承包合同生效时取得土地承包经营权。

承包期内,发包方不得收回承包地。国家保护进城农户的土地承包经营权。

不得以退出土地承包经营权作为农户进城落户的条件。承包期内,承包农户进城落户的,引导支持其按照自愿有偿原则依法在本集体经济组织内转让土地承包经营权或者将承包地交回发包方,也可以鼓励其流转土地经营权。承包期内,承包方交回承包地或者发包方依法收回承包地时,承包方对其在承包地上投入而提高土地生产能力的,有权获得相应的补偿。

《农村土地承包法》规定承包期内,发包方不得调整承包地。承包期内,因自然灾害严重毁损承包地等特殊情形对个别农户之间承包的耕地和草地需要适当调整的,必须经本集体经济组织成员的村民会议三分之二以上成员或者三分之二以上村民代表的同意,并报乡(镇)人民政府和县级人民政府农业农村、林业和草原等主管部门批准。承包合同中约定不得调整的,按照其约定。下列土地应当用于调整承包土地或者承包给新增人口:集体经济组织依法预留的机动地;通过依法开垦等方式增加的;发包方依法收回和承包方依法、自愿交回的。

承包期内,承包方可以自愿将承包地交回发包方。承包方自愿交回承包地的,可以获得合理补偿,但是应当提前半年以书面形式通知发包方。承包方在承包期内交回承包地的,在承包期内不得再要求承包土地。

承包期内,妇女结婚,在新居住地未取得承包地的,发包方不得收回其原承包地;妇女离婚或者丧偶,仍在原居住地生活或者不在原居住地生活但在新居住地未取得承包地的,发包方不得收回其原承包地。

承包人应得的承包收益,依照继承法的规定继承。林地承包的承包人死亡,其继承人可以在承包期内继续承包。

根据《农村土地承包法》,承包方之间为方便耕种或者各自需要,可以对属于同一集体经济组织的土地的土地承包经营权进行互换,并向发包方备案。

经发包方同意,承包方可以将全部或者部分的土地承包经营权转让给本集体经济组织的其他农户,由该农户同发包方确立新的承包关系,原承包方与发包方在该土地上的承包关系即行终止。土地承包经营权互换、转让的,当事人可以向登记机构申请登记。未经登记,不得对抗善意第三人。

承包方可以自主决定依法采取出租(转包)、入股或者其他方式向他人流转土地经营权,并向发包方备案。土地经营权人有权在合同约定的期限内占有农村土地,自主开展农业生产经营并取得收益。土地经营权流转应当遵循以下原则:依法、自愿、有偿,任何组织和个人不得强迫或者阻碍土地经营权流转;不得改变土地所有权的性质和土地的农业用途,不得破坏农业综合生产能力和农业生态环境;流转期限不得超过承包期的剩余期限;受让方须有农业经营能力或者资质;在同等条件下,本集体经济组织成员享有优先权。土地经营权流转的价款,应当由当事人双方协商确定。流转的收益归承包方所有,任何组织和个人不得擅自截留、扣缴。土地经营权流转,当事人双方应当签订书面流转合同。土地经营权流转期限为5年以上的,当事人可以向登记机构申请土地经营权登记。未经登记,不得对抗善意第三人。

关于土地经营权的融资担保,《农村土地承包法》规定承包方可以用承包地的土地经营权向金融机构融资担保,并向发包方备案。受让方通过流转取得的土地经营权,经承包方书面同意并向发包方备案,可以向金融机构融资担保。担保物权自融资担保合同生效时设立。当事人可以向登记机构申请登记;未经登记,不得对抗善意第三人。实现担保物权时,担保物权人有权就土地经营权优先受偿。

《农村土地承包法》规定,荒山、荒沟、荒丘、荒滩等可以直接通过招标、拍卖、公开协商等方式实行承包经营,也可以将土地承包经营权折股分给本集体经济组织成员后,再实行承包经营或者股份合作经营。发包方将农村土地发包给本集体经济组织以外的单位或者个人承包,应当事先经本集体经济组织成员的村民会议三分之二以上成员或者三分之二以上村民代表的同意,并报乡(镇)人民政府批准。通过招标、拍卖、公开协商等方式承包农村土地,经依法登记取得土地承包经营证或者林权证等证书的,其土地承包经营权可以依法采取转让、出租、入股、抵押或者其他方式流转。土地承包经营权通过招标、拍卖、公开协商等方式取得的,该承包人死亡,其应得的承包收益,依照《继承法》的规定继承;在承包期内,其继承人可以继续承包。

同时,为了公正、及时解决农村土地承包经营纠纷,维护当事人的合法权益,促进农村经济发展和社会稳定,我国制定了《农村土地承包经营纠纷调解仲裁法》,自2010年1月1日起施行。发生农村土地承包经营纠纷的,当事人可以自行和解,也可以请求村民委员会、乡(镇)人民政府等调解。当事人和解、调解不成或者不愿和解、调解的,可以向农村土地承包仲裁委员会申请仲裁,也可以直接向人民法院起诉。农村土地承包经营纠纷调解和仲裁,应当公开、公平、公正,便民高效,根据事实,符合法律,尊重社会公德。

三、渔业法律制度

为了加强渔业资源的保护、增殖、开发和合理利用,发展人工养殖,保障渔业生产者的合法权益,促进渔业生产的发展,适应社会主义建设和人民生活的需要,我国制定了《渔业法》,对养殖业、捕捞业、渔业资源的增殖和保护等进行了比较全面的规范。

国家对渔业生产实行以养殖为主,养殖、捕捞、加工并举,因地制宜,各有侧重的方针。各级人民政府应当把渔业生产纳入国民经济发展计划,采取措施,加强水域的统一规划和综合利用。

国家对渔业的监督管理,实行统一领导、分级管理。《渔业法》规定,海洋渔业,除国务院划定由国务院渔业行政主管部门及其所属的渔政监督管理机构监督管理的海域和特定渔业资源渔场外,由毗邻海域的省、自治区、直辖市人民政府渔业行政主管部门监督管理。江河、湖泊等水域的渔业,按照行政区划由有关县级以上人民政府渔业行政主管部门监督管理;跨行政区域的,由有关县级以上地方人民政府协商制定管理办法,或者由上一级人民政府渔业行政主管部门及其所属的渔政监督管理机构监督管理。

国家对水域利用进行统一规划,确定可以用于养殖业的水域和滩涂。单位和个人使用国家规划确定用于养殖业的全民所有的水域、滩涂的,使用者应当向县级以上地方人民政府渔业行政主管部门提出申请,由本级人民政府核发养殖证,许可其使用该水域、滩涂从事养殖生产。核发养殖证的具体办法由国务院规定。集体所有的或者全民所有由农业集体经济组织使用的水域、滩涂,可以由个人或者集体承包,从事养殖生产。

关于捕捞,《渔业法》规定国家根据捕捞量低于渔业资源增长量的原则,确定渔业资源的总可捕捞量,实行捕捞限额制度。国务院渔业行政主管部门负责组织渔业资源的调查和评估,为实行捕捞限额制度提供科学依据。中华人民共和国内海、领海、专属经济区和其他管辖海域的捕捞限额总量由国务院渔业行政主管部门确定,报国务院批准后逐级分解下达;国家确定的重要江河、湖泊的捕捞限额总量由有关省、自治区、直辖市人民政府确定或者协商确定,逐级分解下达。捕捞限额总量的分配应当体现公平、公正的原则,分配办法和分配结果必须向社会公开,并接受监督。国务院渔业行政主管部门和省、自治区、直辖市人民政府渔业行政主管部门应当加强对捕捞限额制度实施情况的监督检查,对超过上级下达的捕捞限额指标的,应当在其次年捕捞限额指标中予以核减。

国家对捕捞业实行捕捞许可证制度。海洋大型拖网、围网作业以及到中华人民共和国与有关国家缔结的协定确定的共同管理的渔区或者公海从事捕捞作业的捕捞许可证,由国务院渔业行政主管部门批准发放。其他作业的捕捞许可证,由县级以上地方人民政府渔业行政主管部门批准发放;但是,批准发放海洋作业的捕捞许可证不得超过国家下达的船网工具控制指标,具体办法由省、自治区、直辖市人民政府规定。捕捞许可证不得买卖、出租和以其他形式转让,不得涂改、伪造、变造。

到他国管辖海域从事捕捞作业的,应当经国务院渔业行政主管部门批准,并遵守中华人民共和国缔结的或者参加的有关条约、协定和有关国家的法律。

为了保护资源,《渔业法》禁止使用炸鱼、毒鱼、电鱼等破坏渔业资源的方法进行捕捞。禁止制造、销售、使用禁用的渔具。禁止在禁渔区、禁渔期进行捕捞。禁止使用小于最小网目尺寸的网具进行捕捞。捕捞的渔获物中幼鱼不得超过规定的比例。在禁渔区或者禁渔期内禁止销售非法捕捞的渔获物。重点保护的渔业资源品种及其可捕捞标准，禁渔区和禁渔期，禁止使用或者限制使用的渔具和捕捞方法，最小网目尺寸以及其他保护渔业资源的措施，由国务院渔业行政主管部门或者省、自治区、直辖市人民政府渔业行政主管部门规定。

《渔业法》第34条还规定禁止围湖造田。沿海滩涂未经县级以上人民政府批准，不得围垦；重要的苗种基地和养殖场所不得围垦。

四、草原法律制度

草原包括天然草原和人工草地。为了保护、建设和合理利用草原，改善生态环境，维护生物多样性，发展现代畜牧业，促进经济和社会的可持续发展，《草原法》对草原权属、规划、建设、利用、保护、监督检查、法律责任等进行了全面的规范。

关于草原权属，《草原法》规定草原属于国家所有，由法律规定属于集体所有的除外。国家所有的草原，由国务院代表国家行使所有权。任何单位或者个人不得侵占、买卖或者以其他形式非法转让草原。国家所有的草原，可以依法确定给全民所有制单位、集体经济组织等使用。使用草原的单位，应当履行保护、建设和合理利用草原的义务。依法确定给全民所有制单位、集体经济组织等使用的国家所有的草原，由县级以上人民政府登记，核发使用权证，确认草原使用权。未确定使用权的国家所有的草原，由县级以上人民政府登记造册，并负责保护管理。集体所有的草原，由县级人民政府登记，核发所有权证，确认草原所有权。依法改变草原权属的，应当办理草原权属变更登记手续。

集体所有的草原或者依法确定给集体经济组织使用的国家所有的草原，可以由本集体经济组织内的家庭或者联户承包经营。《草原法》规定，在草原承包经营期内，不得对承包经营者使用的草原进行调整；个别确需适当调整的，必须经本集体经济组织成员的村（牧）民会议三分之二以上成员或者三分之二以上村（牧）民代表的同意，并报乡（镇）人民政府和县级人民政府草原行政主管部门批准。集体所有的草原或者依法确定给集体经济组织使用的国家所有的草原由本集体经济组织以外的单位或者个人承包经营的，必须经本集体经济组织成员的村（牧）民会议三分之二以上成员或者三分之二以上村（牧）民代表的同意，并报乡（镇）人民政府批准。承包经营草原，发包方和承包方应当签订书面合同。草原承包合同的内容应当包括双方的权利和义务、承包草原四至界限、面积和等级、承包期和起止日期、承包草原用途和违约责任等。承包期届满，原承包经营者在同等条件下享有优先承包权。承包经营草原的单位和个人，应当履行保护、建设和按照承包合同约定的用途合理利用草原的义务。草原承包经营权受法律保护，可以按照自愿、有偿的原则依法转让。草原承包经营权转让的受让方必须具有从事畜牧业生产的能力，并应当履行保护、建设和按照承包合同约定的用途合理利用草原的义务。草原承包经营权转让应当经发包方同意。承包方与受让方在转让合同中约定的转让期限,不得超过原承包合同剩余的期限。

为合理利用草原,《草原法》规定因建设征用集体所有的草原的,应当依照《中华人民共和国土地管理法》的规定给予补偿;因建设使用国家所有的草原的,应当依照国务院有关规定对草原承包经营者给予补偿。因建设征用或者使用草原的,应当缴纳草原植被恢复费。草原植被恢复费专款专用,由草原行政主管部门按照规定用于恢复草原植被,任何单位和个人不得截留、挪用。草原植被恢复费的征收、使用和管理办法,由国务院价格主管部门和国务院财政部门会同国务院草原行政主管部门制定。需要临时占用草原的,应当经县级以上地方人民政府草原行政主管部门审核同意。临时占用草原的期限不得超过二年,并不得在临时占用的草原上修建永久性建筑物、构筑物;占用期满,用地单位必须恢复草原植被并及时退还。

五、森林法律制度

为了保护、培育和合理利用森林资源,加快国土绿化,发挥森林蓄水保土、调节气候、改善环境和提供林产品的作用,适应社会主义建设和人民生活的需要,我国制定了《森林法》。《森林法》规范在中华人民共和国领域内从事森林、林木的培育种植、采伐利用和森林、林木、林地的经营管理活动。

法律规定,森林资源属于国家所有,由法律规定属于集体所有的除外。国家所有的和集体所有的森林、林木和林地,个人所有的林木和使用的林地,由县级以上地方人民政府登记造册,发放证书,确认所有权或者使用权。国务院可以授权国务院林业主管部门,对国务院确定的国家所有的重点林区的森林、林木和林地登记造册,发放证书,并通知有关地方人民政府。森林、林木、林地的所有者和使用者的合法权益,受法律保护,任何单位和个人不得侵犯。

在我国,森林分为五类:(1)防护林:以防护为主要目的的森林、林木和灌木丛,包括水源涵养林,水土保持林,防风固沙林,农田、牧场防护林,护岸林,护路林;(2)用材林:以生产木材为主要目的的森林和林木,包括以生产竹材为主要目的的竹林;(3)经济林:以生产果品,食用油料、饮料、调料,工业原料和药材等为主要目的的林木;(4)薪炭林:以生产燃料为主要目的的林木;(5)特种用途林:以国防、环境保护、科学实验等为主要目的的森林和林木,包括国防林、实验林、母树林、环境保护林、风景林,名胜古迹和革命纪念地的林木,自然保护区的森林。

在森林经营管理方面,《森林法》规定下列森林、林木、林地使用权可以依法转让,也可以依法作价入股或者作为合资、合作造林、经营林木的出资、合作条件,但不得将林地改为非林地:(1)用材林、经济林、薪炭林;(2)用材林、经济林、薪炭林的林地使用权;(3)用材林、经济林、薪炭林的采伐迹地、火烧迹地的林地使用权;(4)国务院规定的其他森林、林木和其他林地使用权。依照前款规定转让、作价入股或者作为合资、合作造林、经营林木的出资、合作条件的,已经取得的林木采伐许可证可以同时转让,同时转让双方都必须遵守《森林法》关于森林、林木采伐和更新造林的规定。

关于森林采伐,《森林法》规定国家制定统一的年度木材生产计划。年度木材生产计划不得超过批准的年采伐限额。计划管理的范围由国务院规定。采伐森林和林木必须遵守下列规定:(1)成熟的用材林应当根据不同情况,分别采取择伐、皆伐和渐伐方式,皆伐应当严格控制,并在采伐的当年或者次年内完成更新造林;(2)防护林和特种用途林中的国防林、母树林、环境保护林、风景林,只准进行抚育和更新性质的采伐;(3)特种用途林中的名胜古迹和革命纪念地的林木、自然保护区的森林,严禁采伐。

采伐林木必须申请采伐许可证,按许可证的规定进行采伐;农村居民采伐自留地和房前屋后个人所有的零星林木除外。国有林业企业事业单位、机关、团体、部队、学校和其他国有企业事业单位采伐林木,由所在地县级以上林业主管部门依照有关规定审核发放采伐许可证。铁路、公路的护路林和城镇林木的更新采伐,由有关主管部门依照有关规定审核发放采伐许可证。农村集体经济组织采伐林木,由县级林业主管部门依照有关规定审核发放采伐许可证。农村居民采伐自留山和个人承包集体的林木,由县级林业主管部门或者其委托的乡、镇人民政府依照有关规定审核发放采伐许可证。

采伐林木的单位或者个人,必须按照采伐许可证规定的面积、株数、树种、期限完成更新造林任务,更新造林的面积和株数不得少于采伐的面积和株数。

从林区运出木材,必须持有林业主管部门发给的运输证件,国家统一调拨的木材除外。依法取得采伐许可证后,按照许可证的规定采伐的木材,从林区运出时,林业主管部门应当发给运输证件。经省、自治区、直辖市人民政府批准,可以在林区设立木材检查站,负责检查木材运输。对未取得运输证件或者物资主管部门发给的调拨通知书运输木材的,木材检查站有权制止。

六、矿产资源法律制度

《矿产资源法》规定了矿产资源勘查的登记和开采的审批、矿产资源的勘查、矿产资源的开采、集体矿山企业和个体采矿、法律责任等内容。

《矿产资源法》规定,矿产资源属于国家所有,由国务院行使国家对矿产资源的所有权。地表或者地下的矿产资源的国家所有权,不因其所依附的土地的所有权或者使用权的不同而改变。国家保障矿产资源的合理开发利用。禁止任何组织或者个人用任何手段侵占或者破坏矿产资源。各级人民政府必须加强矿产资源的保护工作。勘查、开采矿产资源，必须依法分别申请、经批准取得探矿权、采矿权，并办理登记；但是，已经依法申请取得采矿权的矿山企业在划定的矿区范围内为本企业的生产而进行的勘查除外。国家保护探矿权和采矿权不受侵犯，保障矿区和勘查作业区的生产秩序、工作秩序不受影响和破坏。从事矿产资源勘查和开采的，必须符合规定的资质条件。

国家实行探矿权、采矿权有偿取得的制度；但是，国家对探矿权、采矿权有偿取得的费用，可以根据不同情况规定予以减缴、免缴。具体办法和实施步骤由国务院规定。开采矿产资源，必须按照国家有关规定缴纳资源税和资源补偿费。

探矿权人有权在划定的勘查作业区内进行规定的勘查作业，有权优先取得勘查作业区内矿产资源的采矿权。探矿权人在完成规定的最低勘查投入后，经依法批准，可以将探矿权转让他人。已取得采矿权的矿山企业，因企业合并、分立，与他人合资、合作经营，或者因企业资产出售以及有其他变更企业资产产权的情形而需要变更采矿权主体的，经依法批准可以将采矿权转让他人采矿。除此之外，探矿权、采矿权不得转让。

关于矿产资源勘查的登记和开采的审批，《矿产资源法》规定开采下列矿产资源的，由国务院地质矿产主管部门审批，并颁发采矿许可证：(1)国家规划矿区和对国民经济具有重要价值的矿区内的矿产资源；(2)前项规定区域以外可供开采的矿产储量规模在大型以上的矿产资源；(3)国家规定实行保护性开采的特定矿种；(4)领海及中国管辖的其他海域的矿产资源；(5)国务院规定的其他矿产资源。开采石油、天然气、放射性矿产等特定矿种的，可以由国务院授权的有关主管部门审批，并颁发采矿许可证。

开采第一类、第二类规定以外的矿产资源，其可供开采的矿产的储量规模为中型的，由省、自治区、直辖市人民政府地质矿产主管部门审批和颁发采矿许可证。开采第一类、第二类和第三类规定以外的矿产资源的管理办法，由省、自治区、直辖市人民代表大会常务委员会依法制定。依照上述规定审批和颁发采矿许可证的，由省、自治区、直辖市人民政府地质矿产主管部门汇总向国务院地质矿产主管部门备案。矿产储量规模的大型、中型的划分标准，由国务院矿产储量审批机构规定。

法律规定，开采矿产资源，必须采取合理的开采顺序、开采方法和选矿工艺。矿山企业的开采回采率、采矿贫化率和选矿回收率应当达到设计要求。

《矿产资源法》规定，国家对集体矿山企业和个体采矿实行积极扶持、合理规划、正确引导、加强管理的方针，鼓励集体矿山企业开采国家指定范围内的矿产资源，允许个人采挖零星分散资源和只能用作普通建筑材料的砂、石、黏土以及为生活自用采挖少量矿产。矿产储量规模适宜由矿山企业开采的矿产资源、国家规定实行保护性开采的特定矿种和国家规定禁止个人开采的其他矿产资源，个人不得开采。国家指导、帮助集体矿山企业和个体采矿不断提高技术水平、资源利用率和经济效益。地质矿产主管部门、地质工作单位和国有矿山企业应当按照积极支持、有偿互惠的原则向集体矿山企业和个体采矿提供地质资料和技术服务。

为了规范深海海底区域资源勘探、开发活动，推进深海科学技术研究、资源调查，保护海洋环境，促进深海海底区域资源可持续利用，维护人类共同利益，我国于2016年2月26日制定通过并自2016年5月1日起施行《深海海底区域资源勘探开发法》。《深海海底区域资源勘探开发法》对勘探与开发、环境保护、科学技术研究与资源调查、监督检查、法律责任等进行了规定。

第三节 环境保护法律制度

我国的环境保护法律制度包括环境保护基本法律制度、海洋环境保护法律制度、水污染防治法律制度、大气污染防治法律制度、固体废物污染环境防治法律制度、环境噪声污染防治法律制度、清洁生产促进法律制度、环境影响评价法律制度等。

一、环境保护基本法律制度

环境是指影响人类生存和发展的各种天然的和经过人工改造的自然因素的总体，包括大气、水、海洋、土地、矿藏、森林、草原、野生生物、自然遗迹、人文遗迹、自然保护区、风景名胜区、城市和乡村等。为保护和改善环境，防治污染和其他公害，保障公众健康，推进生态文明建设，促进经济社会可持续发展，我国于1989年制定了《环境保护法》。2014年4月24日十二届全国人大常委会第八次会议表决通过了修订后的《环境保护法》，自2015年1月1日施行。新《环境保护法》引入了生态文明建设和可持续发展的理念，进一步明确了政府对环境保护监督管理职责，完善了环境监测、环境影响评价、跨行政区污染防治、排污许可、生态保护红线等环境保护基本制度，规定了环境公益诉讼，强化了企业污染防治责任，加大了对环境违法行为的法律制裁，被称为"史上最严"的环境保护法。新《环境保护法》是一个基础性法律，其他单行法律与新《环境保护法》不一致的，适用新《环境保护法》；新《环境保护法》没有规定的，适用单行法。

《环境保护法》强调环境保护坚持保护优先、预防为主、综合治理、公众参与、损害担责的原则。

根据《环境保护法》，我国的环境保护由以下基本的法律制度构成。

土地利用规划制度。开发利用自然资源，必须采取措施保护生态环境。《环境保护法》规定，各级人民政府应当加强对农业环境的保护，防治土壤污染、土地沙化、盐渍化、贫瘠化、沼泽化、地面沉降和防治植被破坏、水土流失、水源枯竭、种源灭绝以及其他生态失调现象的发生和发展,推广植物病虫害的综合防治,合理使用化肥、农药及植物生长激素。

环境影响评价制度。《环境保护法》规定,建设污染环境的项目,必须遵守国家有关建设项目环境保护管理的规定。建设项目的环境影响报告书,必须对建设项目产生的污染和对环境的影响作出评价,规定防治措施,经项目主管部门预审并依照规定的程序报环境保护行政主管部门批准。环境影响报告书经批准后,计划部门方可批准建设项目设计任务书。同时,新《环境保护法》规定,环境影响评价机构、环境监测机构以及从事环境监测设备和防治污染设施维护、运营的机构,如果在履职中弄虚作假,对污染后果和生态破坏负有责任的,除依照有关法律规定处罚之外,还要与其他责任者承担连带责任,这条规定相当于要求上述机构不仅需接受法律规定的处罚,还要额外承担民事责任。

环境污染公共监测预警制度。新《环境保护法》对此专门作出了规定。环境污染公共监测预警机制的责任主体根据法律规定属于各级人民政府,各级人民政府及其有关的部门、企业事业单位都应当作好突发事件风险控制、应急准备、应急处置和事后恢复工作;建立环境污染公共监测预警预案;在环境受到污染、可能影响公共健康和环境安全的时候,应当及时公布预警信息,启动应急措施,推动环境公共污染危险的减缓。

"三同时制度",即一切新建、改建和扩建的基本建设项目、技术改造项目、自然开发项目,以及可能对环境造成损害的其他工程项目,其中防治污染和其他公害的设施以及其他环境保护设施,必须与主体工程同时设计、同时施工、同时投产。

征收排污费制度和经济刺激制度,即排放污染物超过国家或者地方规定的污染物排放标准的企业事业单位,依照国家规定缴纳超标准排污费,并负责治理。

许可证制度。排放污染物的企业事业单位,必须依照国务院环境保护行政主管部门的规定申报登记。生产、储存、运输、销售、使用有毒化学物品和含有放射性物质的物品,必须遵守国家有关规定,防止污染环境。

环境公益诉讼制度。环境公益诉讼的特点是专业性比较强,要求起诉主体对环境问题比较熟悉,要具有一定专业性和诉讼能力,要有比较好的社会公信力,或者说宗旨是专门从事环境保护工作的,要致力于公益性的活动,不牟取经济利益的社会组织才可以提起公益诉讼。新《环境保护法》规定"在设区的市级以上人民政府民政部门登记的相关社会组织"可以提起公益诉讼,并对公益诉讼主体的资格进行了规定,"专门从事环境保护公益活动连续五年以上且无违法记录"。

关于防治环境污染和其他公害,《环境保护法》规定,产生环境污染和其他公害的单位,必须把环境保护工作纳入计划,建立环境保护责任制度;采取有效措施,防治在生产建设或者其他活动中产生的废气、废水、废渣、粉尘、恶臭气体、放射性物质以及噪声、振动、电磁波辐射等对环境的污染和危害。

新《环境保护法》规定将企业事业单位和其他生产经营者的环境违法信息记入诚信档案，及时向社会公布违法者名单，同时明确有关按日计罚规定中的罚款处罚，依照有关法律法规按照防治污染设施的运行成本等因素确定的规定执行，罚款上不封顶，这就大大地增加了违法成本。

新《环境保护法》强化了政府责任，将政府责任拓展到"监督管理"层面，治污成绩也将作为地方官员评估指标之一，赋予环保部更多法律权力，对环境破坏行为和相关责任单位采取更为严厉的惩罚措施，包括关闭污染企业，没收污染设施、设备等。在强调政府与企业责任的同时，还进一步明确公民的义务。新《环境保护法》将每年6月5日定为环境日，规定公民应当采用低碳、节俭的生活方式。

二、海洋环境保护法律制度

为了保护和改善海洋环境，保护海洋资源，防治污染损害，维护生态平衡，保障人体健康，促进经济和社会的可持续发展，我国制定了《海洋环境保护法》，对海洋环境监督管理、海洋生态保护、防治陆源污染物对海洋环境的污染损害、防治海岸工程建设项目对海洋环境的污染损害、防治海洋工程建设项目对海洋环境的污染损害、防治倾倒废弃物对海洋环境的污染损害、防治船舶及有关作业活动对海洋环境的污染损害、法律责任等进行了较为全面的规定。

《海洋环境保护法》适用于中华人民共和国内水、领海、毗连区、专属经济区、大陆架以及中华人民共和国管辖的其他海域。在中华人民共和国管辖海域内从事航行、勘探、开发、生产、旅游、科学研究及其他活动，或者在沿海陆域内从事影响海洋环境活动的任何单位和个人，都必须遵守法律。在中华人民共和国管辖海域以外，造成中华人民共和国管辖海域污染的，也适用《海洋环境保护法》。

根据《海洋环境保护法》的规定，直接向海洋排放污染物的单位和个人，必须按照国家规定缴纳排污费。向海洋倾倒废弃物，必须按照国家规定缴纳倾倒费。根据法律规定征收的排污费、倾倒费，必须用于海洋环境污染的整治，不得挪作他用。对超过污染物排放标准的，或者在规定的期限内未完成污染物排放削减任务的，或者造成海洋环境严重污染损害的，应当限期治理。

国务院和沿海地方各级人民政府应当采取有效措施，保护红树林、珊瑚礁、滨海湿地、海岛、海湾、入海河口、重要渔业水域等具有典型性、代表性的海洋生态系统，珍稀、濒危海洋生物的天然集中分布区，具有重要经济价值的海洋生物生存区域及有重大科学文化价值的海洋自然历史遗迹和自然景观。对具有重要经济、社会价值的已遭到破坏的海洋生态，应当进行整治和恢复。《海洋环境保护法》规定，凡具有下列条件之一的，应当建立海洋自然保护区：典型的海洋自然地理区域、有代表性的自然生态区域,以及遭受破坏但经保护能恢复的海洋自然生态区域;海洋生物物种高度丰富的区域,或者珍稀、濒危海洋生物物种的天然集中分布区域;具有特殊保护价值的海域、海岸、岛屿、滨海湿地、入海河口和海湾等;具有重大科学文化价值的海洋自然遗迹所在区域;其他需要予以特殊保护的区域。

为防治海岸工程建设项目对海洋环境的污染损害,《海洋环境保护法》规定海岸工程建设项目的单位,必须在建设项目可行性研究阶段,对海洋环境进行科学调查,根据自然条件和社会条件,合理选址,编报环境影响报告书。环境影响报告书经海洋行政主管部门提出审核意见后,报环境保护行政主管部门审查批准。环境保护行政主管部门在批准环境影响报告书之前,必须征求海事、渔业行政主管部门和军队环境保护部门的意见。

为防治海洋工程建设项目对海洋环境的污染损害,《海洋环境保护法》规定海洋工程建设项目必须符合海洋功能区划、海洋环境保护规划和国家有关环境保护标准,在可行性研究阶段,编报海洋环境影响报告书,由海洋行政主管部门核准,并报环境保护行政主管部门备案,接受环境保护行政主管部门监督。海洋行政主管部门在核准海洋环境影响报告书之前,必须征求海事、渔业行政主管部门和军队环境保护部门的意见。

在中华人民共和国管辖海域,任何船舶及相关作业不得违法向海洋排放污染物、废弃物和压载水、船舶垃圾及其他有害物质。从事船舶污染物、废弃物、船舶垃圾接收、船舶清舱、洗舱作业活动的,必须具备相应的接收处理能力。为防治船舶及有关作业活动对海洋环境的污染损害,《海洋环境保护法》规定进行下列活动,应当事先按照有关规定报经有关部门批准或者核准:(1)船舶在港区水域内使用焚烧炉;(2)船舶在港区水域内进行洗舱、清舱、驱气、排放压载水、残油、含油污水接收、舷外拷铲及油漆等作业;(3)船舶、码头、设施使用化学消油剂;(4)船舶冲洗沾有污染物、有毒有害物质的甲板;(5)船舶进行散装液体污染危害性货物的过驳作业;(6)从事船舶水上拆解、打捞、修造和其他水上、水下船舶施工作业。

船舶发生海难事故,造成或者可能造成海洋环境重大污染损害的,国家海事行政主管部门有权强制采取避免或者减少污染损害的措施。对在公海上因发生海难事故,造成中华人民共和国管辖海域重大污染损害后果或者具有污染威胁的船舶、海上设施,国家海事行政主管部门有权采取与实际的或者可能发生的损害相称的必要措施。

三、水污染防治法律制度

水污染是指水体因某种物质的介入,而导致其化学、物理、生物或者放射性等方面特性的改变,从而影响水的有效利用,危害人体健康或者破坏生态环境,造成水质恶化的现象。为防治水污染,保护和改善环境,以保障人体健康,保证水资源的有效利用,促进社会主义现代化建设的发展,我国制定了《水污染防治法》,对水环境质量标准和污染物排放标准的制定、水污染防治的监督管理、防止地表水污染、防止地下水污染、法律责任等进行了规定。

《水污染防治法》第5条规定,一切单位和个人都有责任保护水环境,并有权对污染损害水环境的行为进行监督和检举。因水污染危害直接受到损失的单位和个人,有权要求致害者排除危害和赔偿损失。

根据法律,国务院环境保护部门制定国家水环境质量标准。省、自治区、直辖市人民政府可以对国家水环境质量标准中未规定的项目,制定地方补充标准,并报国务院环境保护部门备案。国务院环境保护部门根据国家水环境质量标准和国家经济、技术条件,制定国家污染物排放标准。省、自治区、直辖市人民政府对国家水污染物排放标准中未作规定的项目,可以制定地方水污染物排放标准;对国家水污染物排放标准中已作规定的项目,可以制定严于国家水污染物排放标准的地方水污染物排放标准。地方水污染物排放标准须报国务院环境保护部门备案。凡是向已有地方污染物排放标准的水体排放污染物的,应当执行地方污染物排放标准。

关于水污染防治的监督管理,《水污染防治法》规定新建、扩建、改建直接或者间接向水体排放污染物的建设项目和其他水上设施,必须遵守国家有关建设项目环境保护管理的规定。建设项目的环境影响报告书,必须对建设项目可能产生的水污染和对生态环境的影响作出评价,规定防治的措施,按照规定的程序报经有关环境保护部门审查批准。在运河、渠道、水库等水利工程内设置排污口,应当经过有关水利工程管理部门同意。

城市污水集中处理设施按照国家规定向排污者提供污水处理的有偿服务,收取污水处理费用,以保证污水集中处理设施的正常运行。向城市污水集中处理设施排放污水、缴纳污水处理费用的,不再缴纳排污费。收取的污水处理费用必须用于城市污水集中处理设施的建设和运行,不得挪作他用。

为防止地表水污染,《水污染防治法》禁止向水体排放油类、酸液、碱液或者剧毒废液。禁止在水体清洗装贮过油类或者有毒污染物的车辆和容器。禁止将含有汞、镉、砷、铬、铅、氰化物、黄磷等的可溶性剧毒废渣向水体排放、倾倒或者直接埋入地下。禁止向水体排放、倾倒工业废渣、城市垃圾和其他废弃物。禁止在江河、湖泊、运河、渠道、水库最高水位线以下的滩地和岸坡堆放、存贮固体废弃物和其他污染物。禁止向水体排放或者倾倒放射性固体废弃物或者含有高放射性和中放射性物质的废水。

为防止地下水污染,《水污染防治法》规定禁止企业事业单位利用渗井、渗坑、裂隙和溶洞排放、倾倒含有毒污染物的废水、含病原体的污水和其他废弃物。

四、大气污染防治法律制度

为防治大气污染,保护和改善生活环境和生态环境,保障人体健康,促进经济和社会的可持续发展,我国制定了《大气污染防治法》,对大气污染防治的监督管理、防治燃煤产生的大气污染、防治机动车船排放污染、防治废气、尘和恶臭污染、法律责任等进行了规定。

法律要求,任何单位和个人都有保护大气环境的义务,并有权对污染大气环境的单位和个人进行检举和控告。

《大气污染防治法》规定,新建、扩建、改建向大气排放污染物的项目,必须遵守国家有关建设项目环境保护管理的规定。建设项目的环境影响报告书,必须对建设项目可能产生的大气污染和对生态环境的影响作出评价,规定防治措施,并按照规定的程序报环境保护行政主管部门审查批准。建设项目投入生产或者使用之前,其大气污染防治设施必须经过环境保护行政主管部门验收,达不到国家有关建设项目环境保护管理规定的要求的建设项目,不得投入生产或者使用。

国家实行按照向大气排放污染物的种类和数量征收排污费的制度,根据加强大气污染防治的要求和国家的经济、技术条件合理制定排污费的征收标准。

单位因发生事故或者其他突然性事件,排放和泄漏有毒有害气体和放射性物质,造成或者可能造成大气污染事故、危害人体健康的,必须立即采取防治大气污染危害的应急措施,通报可能受到大气污染危害的单位和居民,并报告当地环境保护行政主管部门,接受调查处理。

在大气受到严重污染,危害人体健康和安全的紧急情况下,当地人民政府应当及时向当地居民公告,采取强制性应急措施,包括责令有关排污单位停止排放污染物。

在防治机动车船排放污染方面,《大气污染防治法》规定机动车船向大气排放污染物不得超过规定的排放标准。任何单位和个人不得制造、销售或者进口污染物排放超过规定排放标准的机动车船。在用机动车不符合制造当时的在用机动车污染物排放标准的,不得上路行驶。

同时法律对焚烧进行控制。《大气污染防治法》规定在人口集中地区和其他依法需要特殊保护的区域内,禁止焚烧沥青、油毡、橡胶、塑料、皮革、垃圾以及其他产生有毒有害烟尘和恶臭气体的物质。禁止在人口集中地区、机场周围、交通干线附近以及当地人民政府划定的区域露天焚烧秸秆、落叶等产生烟尘污染的物质。

五、固体废物污染环境防治法律制度

固体废物,是指在生产建设、日常生活和其他活动中产生的污染环境的固态、半固态废弃物质。《固体废物污染环境防治法》对固体废物污染环境防治的监督管理、固体废物污染环境的防治（工业固体废物污染环境的防治、城市生活垃圾污染环境的防治）、危险废物污染环境防治的特别规定、法律责任等进行了规范。

为防治固体废物对环境的污染，国家推行绿色发展方式，促进清洁生产和循环经济发展。固体废物污染环境防治坚持减量化、资源化和无害化的原则。固体废物污染环境防治坚持污染担责的原则。国家推行生活垃圾分类制度。

关于固体废物污染环境的防治，《固体废物污染环境防治法》规定，产生固体废物的单位和个人，应当采取措施，防止或者减少固体废物对环境的污染。收集、贮存、运输、利用、处置固体废物的单位和个人，必须采取防扬散、防流失、防渗漏或者其他防止污染环境的措施。不得在运输过程中沿途丢弃、遗撒固体废物。禁止中国境外的固体废物进境倾倒、堆放、处置。国家禁止进口不能用作原料的固体废物；限制进口可以用做原料的固体废物。

《固体废物污染环境防治法》规定了固体废物污染环境防治监督管理制度。国家建立固体废物污染环境防治信用记录制度，将违法信息纳入全国信用信息共享平台并予以公示。国家实行工业固体废物申报登记制度。产生工业固体废物的单位必须按照国务院环境保护行政主管部门的规定，向所在地县级以上地方人民政府环境保护行政主管部门提供工业固体废物的产生量、流向、贮存、处置等有关资料。《固体废物污染环境防治法》规定，露天贮存冶炼渣、化工渣、燃煤灰渣、废矿石、尾矿和其他工业固体废物的，应当设置专用的贮存设施、场所。《固体废物污染环境防治法》规定出现可能造成证据灭失、被隐匿、被非法转移或者造成严重环境污染等情形时，可以对涉嫌违法的固体废物及设备、场所等予以查封、扣押。《固体废物污染环境防治法》明确国家逐步基本实现固体废物零进口，由国务院生态环境主管部门会同有关部门组织实施。

《固体废物污染环境防治法》规定了工业固体废物污染环境防治制度。强化工业固体废物产生者的责任，要求其建立、健全全过程的污染环境防治责任制度，建立固体废物管理台账，委托他人运输、利用、处置的要对受托方的主体资格和技术能力进行核实。强化与清洁生产促进法的衔接，要求企业事业单位依法实施强制性清洁生产审核，减少工业固体废物产生量。补充完善排污许可制度，要求产生工业固体废物的单位等申请领取排污许可证，并按照排污许可证要求管理所产生的工业固体废物。

《固体废物污染环境防治法》生活垃圾污染环境防治制度。推行生活垃圾分类制度，要求加快建立分类投放、分类收集、分类运输、分类处理的垃圾处理系统，实现垃圾分类制度有效覆盖。规范生活垃圾分类工作，要求设区的市级以上环境卫生主管部门发布生活垃圾分类指导目录。加强生活垃圾处置企业管理，要求其按照国家有关规定安装使用监测设备，实时监测污染物排放情况，将污染排放数据实时公开。建立餐厨垃圾管理制度,要求产生、收集单位将餐厨垃圾交由具备相应资质条件的专业化单位进行无害化处理,禁止畜禽养殖场、养殖小区利用未经无害化处理的餐厨垃圾饲喂畜禽。按照产生者付费原则实行生活垃圾处理收费制度,要求县级以上地方人民政府结合生活垃圾分类情况,根据本地实际,制定差别化的生活垃圾处理收费标准,并在充分征求公众意见后公布。加强农村生活垃圾处置,将"城市生活垃圾"的表述修改为"城乡生活垃圾",建立覆盖农村的生活垃圾分类制度。

《固体废物污染环境防治法》规定了其他固体废物污染环境防治制度。要求县级以上环境卫生主管部门建立建筑垃圾全过程管理制度,规范建筑垃圾产生、贮存、运输、利用、处置行为,推进循环利用,保障消纳处置安全。同时,进一步完善秸秆、废弃农用薄膜、畜禽粪污等农业固体废物污染环境防治和生产者责任延伸、塑料袋等一次性塑料制品管理、污泥处理处置等管理制度。

《固体废物污染环境防治法》规定了对危险废物污染环境的防治。要求国务院生态环境主管部门牵头制定国家危险废物名录,实施分级、分类管理,建立信息化监管体系,并通过信息化手段管理、共享危险废物转移数据和信息。加强危险废物集中处置设施建设,要求省级人民政府组织编制危险废物集中处置设施、场所的建设规划,确保本行政区域内的危险废物得到妥善处置。加强危险废物跨省转移管理,要求国务院生态环境主管部门会同有关部门制定具体办法。建立强制责任保险制度,要求收集、贮存、运输、利用、处置危险废物的单位投保环境污染责任保险。

危险废物为列入国家危险废物名录或者根据国家规定的危险废物鉴别标准和鉴别方法认定的具有危险特性的废物。《固体废物污染环境防治法》对危险废物污染环境防治进行了特别规定。《固体废物污染环境防治法》规定,对危险废物的容器和包装物以及收集、贮存、运输、处置危险废物的设施、场所,必须设置危险废物识别标志。禁止无经营许可证或者不按照经营许可证规定从事危险废物收集、贮存、处置的经营活动。收集、贮存危险废物,必须按照危险废物特性分类进行。禁止混合收集、贮存、运输、处置性质不相容而未经安全性处置的危险废物。运输危险废物,必须采取防止污染环境的措施,并遵守国家有关危险货物运输管理的规定。禁止将危险废物与旅客在同一运输工具上载运。

对擅自倾倒、堆放、丢弃、遗撒工业固体废物,擅自倾倒、堆放危险废物等违法行为,《固体废物污染环境防治法》规定了严格的法律责任;规定了按日连续处罚的规定,对未经批准擅自转移危险废物等违法行为规定了拘留的处罚措施。

六、环境噪声污染防治法律制度

环境噪声,是指在工业生产、建筑施工、交通运输和社会生活中所产生的干扰周围生活环境的声音。环境噪声污染,是指所产生的环境噪声超过国家规定的环境噪声排放标准,并干扰他人正常生活、工作和学习的现象。为防治环境噪声污染,保护和改善生活环境,保障人体健康,促进经济和社会发展,我国制定了《环境噪声污染防治法》并自1997年3月1日起施行。《环境噪声污染防治法》主要对环境噪声污染防治的监督管理、工业噪声污染防治、建筑施工噪声污染防治、交通运输噪声污染防治、社会生活噪声污染防治、法律责任等进行了规定。

在工业生产中因使用固定的设备造成环境噪声污染的工业企业,必须按照国务院环境保护行政主管部门的规定,向所在地的县级以上地方人民政府环境保护行政主管部门申报拥有的造成环境噪声污染的设备的种类、数量以及在正常作业条件下所发出的噪声值和防治环境噪声污染的设施情况,并提供防治噪声污染的技术资料。造成环境噪声污染的设备的种类、数量、噪声值和防治设施有重大改变的,必须及时申报,并采取应有的防治措施。

《环境噪声污染防治法》规定,在城市市区范围内,建筑施工过程中使用机械设备,可能产生环境噪声污染的,施工单位必须在工程开工十五日以前向工程所在地县级以上地方人民政府环境保护行政主管部门申报该工程的项目名称、施工场所和期限、可能产生的环境噪声值以及所采取的环境噪声污染防治措施的情况。

在城市市区范围内行驶的机动车辆的消声器和喇叭必须符合国家规定的要求。机动车辆在城市市区范围内行驶,机动船舶在城市市区的内河航道航行,铁路机车驶经或者进入城市市区、疗养区时,必须按照规定使用声响装置。警车、消防车、工程抢险车、救护车等机动车辆安装、使用警报器,必须符合国务院公安部门的规定;在执行非紧急任务时,禁止使用警报器。

关于社会生活噪声污染防治,《环境噪声污染防治法》规定在城市市区噪声敏感建筑物集中区域内,因商业经营活动中使用固定设备造成环境噪声污染的商业企业,必须按照国务院环境保护行政主管部门的规定,向所在地的县级以上地方人民政府环境保护行政主管部门申报拥有的造成环境噪声污染的设备的状况和防治环境噪声污染的设施的情况。新建营业性文化娱乐场所的边界噪声必须符合国家规定的环境噪声排放标准;不符合国家规定的环境噪声排放标准的,文化行政主管部门不得核发文化经营许可证,工商行政管理部门不得核发营业执照。经营中的文化娱乐场所,其经营管理者必须采取有效措施,使其边界噪声不超过国家规定的环境噪声排放标准。

在已竣工交付使用的住宅楼进行室内装修活动,应当限制作业时间,并采取其他有效措施,以减轻、避免对周围居民造成环境噪声污染。

七、清洁生产促进法律制度

清洁生产,是指不断采取改进设计、使用清洁的能源和原料、采用先进的工艺技术与设备、改善管理、综合利用等措施,从源头削减污染,提高资源利用效率,减少或者避免生产、服务和产品使用过程中污染物的产生和排放,以减轻或者消除对人类健康和环境的危害。

为了促进清洁生产,提高资源利用效率,减少和避免污染物的产生,保护和改善环境,保障人体健康,促进经济与社会可持续发展,我国制定了《清洁生产促进法》,对清洁生产的推行、清洁生产的实施、鼓励措施等进行了规定。

关于清洁生产的实施,《清洁生产促进法》规定新建、改建和扩建项目应当进行环境影响评价,对原料使用、资源消耗、资源综合利用以及污染物产生与处置等进行分析论证,优先采用资源利用率高以及污染物产生量少的清洁生产技术、工艺和设备。

企业在进行技术改造过程中,应当采取以下清洁生产措施:采用无毒、无害或者低毒、低害的原料,替代毒性大、危害严重的原料;采用资源利用率高、污染物产生量少的工艺和设备,替代资源利用率低、污染物产生量多的工艺和设备;对生产过程中产生的废物、废水和余热等进行综合利用或者循环使用;采用能够达到国家或者地方规定的污染物排放标准和污染物排放总量控制指标的污染防治技术。

产品和包装物的设计,应当考虑其在生命周期中对人类健康和环境的影响,优先选择无毒、无害、易于降解或者便于回收利用的方案。企业应当对产品进行合理包装,减少包装材料的过度使用和包装性废物的产生。

农业生产者应当科学地使用化肥、农药、农用薄膜和饲料添加剂,改进种植和养殖技术,实现农产品的优质、无害和农业生产废物的资源化,防止农业环境污染。禁止将有毒、有害废物用作肥料或者用于造田。

八、环境影响评价法律制度

环境影响评价,是指对规划和建设项目实施后可能造成的环境影响进行分析、预测和评估,提出预防或者减轻不良环境影响的对策和措施,进行跟踪监测的方法与制度。为了实施可持续发展战略,预防因规划和建设项目实施后对环境造成不良影响,促进经济、社会和环境的协调发展,中国制定了《环境影响评价法》,对规划的环境影响评价和建设项目的环境影响评价进行了规定。

法律要求环境影响评价必须客观、公开、公正,综合考虑规划或者建设项目实施后对各种环境因素及其所构成的生态系统可能造成的影响,为决策提供科学依据。

《环境影响评价法》规定,国务院有关部门、设区的市级以上地方人民政府及其有关部门,对其组织编制的土地利用的有关规划,区域、流域、海域的建设、开发利用规划,应当在规划编制过程中组织进行环境影响评价,编写该规划有关环境影响的篇章或者说明。规划有关环境影响的篇章或者说明,应当对规划实施后可能造成的环境影响作出分析、预测和评估,提出预防或者减轻不良环境影响的对策和措施,作为规划草案的组成部分一并报送规划审批机关。未编写有关环境影响的篇章或者说明的规划草案,审批机关不予审批。专项规划的环境影响报告书应当包括实施该规划对环境可能造成影响的分析预测和评估、预防或者减轻不良环境影响的对策和措施、环境影响评价的结论等内容。

国家根据建设项目对环境的影响程度,对建设项目的环境影响评价实行分类管理。《环境影响评价法》规定,建设单位应当按照下列规定组织编制环境影响报告书、环境影响报告表或者填报环境影响登记表(统称环境影响评价文件):(1)可能造成重大环境影响的,应当编制环境影响报告书,对产生的环境影响进行全面评价;(2)可能造成轻度环境影响的,应当编制环境影响报告表,对产生的环境影响进行分析或者专项评价;(3)对环境影响很小、不需要进行环境影响评价的,应当填报环境影响登记表。建设项目的环境影响报告书应当包括下列内容:(1)建设项目概况;(2)建设项目周围环境现状;(3)建设项目对环境可能造成影响的分析、预测和评估;(4)建设项目环境保护措施及其技术、经济论证;(5)建设项目对环境影响的经济损益分析;(6)对建设项目实施环境监测的建议;(7)环境影响评价的结论。涉及水土保持的建设项目,还必须有经水行政主管部门审查同意的水土保持方案。

《环境影响评价法》要求,审批部门应当自收到环境影响报告书之日起60日内,收到环境影响报告表之日起30日内,收到环境影响登记表之日起15日内,分别作出审批决定并书面通知建设单位。预审、审核、审批建设项目环境影响评价文件,不得收取任何费用。

第八章 中国劳动与社会保障法律制度

第一节 劳动与社会保障法律制度概述

一、劳动与社会保障法律制度的制定与完善

劳动法是调整劳动关系以及与劳动关系有密切联系的其他社会关系的法律规范的总和。社会保障法是调整有关社会保障、社会福利方面的社会关系的法律规范的总和。为适应社会发展和保障公民权利的需要,我国正在积极建立养老保险制度、失业保险制度、医疗保险制度、工伤保险制度、社会救助社会福利和优抚制度,不断完善劳动与社会保障法律制度。

《劳动法》(1995年,2009年第一次修正,2018年第二次修正)是这一领域的主要法律,其他相关的法律法规有《工会法》(1992年,2001年第一次修正,2009年第二次修正)、《矿山安全法》(1992年,2009年修正)、《安全生产法》(2002年,2009年第一次修正,2014年第二次修正)、《妇女权益保障法》(1992年,2018年修正)、《老年人权益保障法》(1996年,2009年第一次修正,2012年第二次修正)、《残疾人保障法》(1990年,2008年修订,2018年修正)、《职业病防治法》(2002年,2011年第一次修正,2016年第二次修正,2017年第三次修正,2018年第四次修正)、《职业教育法》(1996年)、《公益事业捐赠法》(1999年)、《劳动合同法》(2007年,2012年修正)、《就业促进法》(2007年,2015年修正)、《社会保险法》(2010年,2018年修正)、《军人保险法》(2012年)、《慈善法》(2016年)等。

我国批准的国际劳动工公约已有20多个,国务院、劳动和社会保障部、人力资源和社会保障部又先后颁布了大量劳动和社会保障法规、规章,如《社会福利机构管理暂行办法》(1999年,2015年修改)、《煤矿安全监察条例》(2000年,2013年修改)、《劳动保障监察条例》(2004年)、《禁止使用童工规定》(2002年)、《使用有毒物品作业场所劳动保护条例》(2002年)、《军人抚恤优待条例》(2004年)、《工伤保险条例》(2004年,2010年修订)、《社会保险费征缴暂行条例》(1999年)、《社会保险稽核办法》(2003年)、《安全生产许可证条例》(2004年,2013年第一次修订;2014年第二次修订)、《小型露天采石场安全生产暂行规定》(2005年)、《安全生产培训管理办法》(2005年)、《安全生产行业标准管理规定》(2004年)、《安全生产监督罚款管理暂行办法》(2004年)、《农村五保供养工作条例》(2006年)、《工伤认定

办法》(2010年)、《非法用工单位伤亡人员一次性赔偿办法》(2010年)、《企业年金基金管理办法》(2011年)、《放射性废物安全管理条例》(2011年)、《对外劳务合作管理条例》(2012年)、《女职工劳动保护特别规定》(2012年)等。

二、劳动与社会保障法律制度的基本原则

劳动与社会保障法是重要的基本法,关系到每个劳动者的切身利益,同时对社会安定和促进生产具有重要意义。

我国《劳动法》规定,劳动就业应当遵循平等、双向选择、照顾特殊群体、禁止使用童工的原则。《劳动法》规定,劳动者就业,不因民族、种族、性别、宗教信仰不同而受歧视;妇女享有与男子平等的就业权利。在录用职工时,除国家规定的不适合妇女的工种或者岗位外,不得以性别为由拒绝录用妇女或者提高对妇女的录用标准;禁止用人单位招用未满16周岁的未成年人;文艺、体育和特种工艺单位招用未满十六周岁的未成年人,必须依照国家有关规定,履行审批手续,并保障其接受义务教育的权利。

社会保障是依据最低生活水平对社会成员给予的生活保障,以保障基本生活需求为目标,是一项经常性的经济安全或收入稳定的项目。社会保障法律制度的原则包括公平与效率兼顾原则、国情特点与国际标准结合原则、国家、用人单位、个人责任分担原则等。(1)公平与效率兼顾原则。必须考虑社会公平和效率兼顾。社会保障金的发放,既不能少发缺发,又不能盲目地滥发,要兼顾效率与公平,不能因为保障金的发放而影响了社会经济的正常运转,要做到在资源有限的前提下使真正的需求得到真正的满足。保障金的数额不能过低,否则无法真正发挥作用;保障金额过高,则会影响在岗人员的工作效率和积极性,进而会影响到整个社会经济的运行和发展。(2)国情特点与国际标准结合原则。为了保障这种经济利益上的人权,我国在经济尚不发达的条件下,逐步建立了适合自己国情的社会保障制度。(3)国家、用人单位、个人责任分担原则。在社会保障中的社会福利设施、减灾、救灾、扶贫、最低生活保障等方面,国家无疑充当了主要角色,国家是义务主体。社会保障的主体是政府,由政府通过国家立法或行政措施实行。社会保险中工伤、生育保险用人单位是义务主体。而在一部分社会保险项目中,个人承担部分责任是必要的。比如在养老、失业、医疗保险中,需要有个人自我保障的责任。

第二节 劳动法律制度

劳动法律制度主要包括劳动法律基本制度、安全生产法律制度、职业病防治法律制度等。

一、劳动法律基本制度

为了保护劳动者的合法权益,调整劳动关系,建立和维护适应社会主义市场经济的劳动制度,促进经济发展和社会进步,我国于1995年实施了《劳动法》。《劳动法》对促进就业、劳动合同和集体合同、工作时间和休息休假、工资、劳动安全卫生、女职工和未成年工特殊保护、职业培训、社会保险和福利、劳动争议、监督检查、法律责任对进行了比较全面的规范。

《劳动法》主要调整劳动者与用人单位基于劳动合同发生的社会关系,同时也调整因管理劳动力而发生的社会关系、因执行社会保险而发生的社会关系、因组织工会和工会活动而发生的社会关系、因处理劳动争议而发生的社会关系等。

根据《劳动法》规定,劳动者享有平等就业和选择职业的权利、取得劳动报酬的权利休息休假的权利、获得劳动安全卫生保护的权利、接受职业技能培训的权利、享受社会保险和福利的权利、提请劳动争议的权利。《劳动法》规定的义务有完成劳动任务、提高职业技能、遵守劳动纪律、执行劳动安全卫生规范等。

劳动合同是劳动者与用人单位确立劳动关系、明确双方权利和义务的协议。建立劳动关系应当订立劳动合同。劳动合同应当包括期限、工作内容、劳动保护和劳动条件、劳动报酬、劳动纪律、合同终止的条件、违反合同的责任等条款。《劳动法》规定,劳动合同的期限分为有固定期限、无固定期限和以完成一定的工作为期限。劳动者在同一用人单位连续工作满10年以上,当事人双方同意延续劳动合同的,如果劳动者提出订立无固定期限的劳动合同,应当订立无固定期限的劳动合同。劳动合同可以约定试用期。试用期最长不得超过6个月。

《劳动法》规定,劳动者有下列情形之一的,用人单位可以解除劳动合同:(1)在试用期间被证明不符合录用条件的;(2)严重违反劳动纪律或者用人单位规章制度的;(3)严重失职,营私舞弊,对用人单位利益造成重大损害的;(4)被依法追究刑事责任的。第26条还规定,有下列情形之一的,用人单位可以解除劳动合同,但是应当提前30日以书面形式通知劳动者本人:(1)劳动者患病或者非因工负伤,医疗期满后,不能从事原工作也不能从事由用人单位另行安排的工作的;(2)劳动者不能胜任工作,经过培训或者调整工作岗位,仍不能胜任工作的;(3)劳动合同订立时所依据的客观情况发生重大变化,致使原劳动合同无法履行,经当事人协商不能就变更劳动合同达成协议的。患职业病或者因工负伤并被确认丧失或者部分丧失劳动能力的;患病或者负伤,在规定的医疗期内的;女职工在孕期、产期、哺乳期内的,不能解除劳动合同。

法律规定,劳动者解除劳动合同,应当提前30日以书面形式通知用人单位。而根据《劳动法》的规定,有下列情形之一的,劳动者可以随时通知用人单位解除劳动合同：(1)在试用期内的；(2)用人单位以暴力、威胁或者非法限制人身自由的手段强迫劳动的；(3)用人单位未按照劳动合同约定支付劳动报酬或者提供劳动条件的。

关于工作时间和休息休假，《劳动法》规定，国家实行劳动者每日工作时间不超过八小时、平均每周工作时间不超过44小时的工时制度。用人单位应当保证劳动者每周至少休息1日。用人单位由于生产经营需要，经与工会和劳动者协商后可以延长工作时间，一般每日不得超过1小时；因特殊原因需要延长工作时间的，在保障劳动者身体健康的条件下延长工作时间每日不得超过3小时，但是每月不得超过36小时。

《劳动法》规定，工资分配应当遵循按劳分配原则，实行同工同酬。工资水平在经济发展的基础上逐步提高。国家对工资总量实行宏观调控。用人单位根据本单位的生产经营特点和经济效益，依法自主确定本单位的工资分配方式和工资水平。国家实行最低工资保障制度。最低工资的具体标准由省、自治区、直辖市人民政府规定，报国务院备案。用人单位支付劳动者的工资不得低于当地最低工资标准。

《劳动法》要求用人单位必须建立、健全劳动安全卫生制度，严格执行国家劳动安全卫生规程和标准，对劳动者进行劳动安全卫生教育，防止劳动过程中的事故，减少职业危害。

国家对女职工和未成年工实行特殊劳动保护。《劳动法》规定禁止安排女职工从事矿山井下、国家规定的第四级体力劳动强度的劳动和其他禁忌从事的劳动。不得安排女职工在经期从事高处、低温、冷水作业和国家规定的第三级体力劳动强度的劳动。不得安排女职工在怀孕期间从事国家规定的第三级体力劳动强度的劳动和孕期禁忌从事的活动。对怀孕7个月以上的女职工，不得安排其延长工作时间和夜班劳动。女职工生育享受不少于90天的产假。不得安排女职工在哺乳未满一周岁的婴儿期间从事国家规定的第三级体力劳动强度的劳动和哺乳期禁忌从事的其他劳动，不得安排其延长工作时间和夜班劳动。《劳动法》规定，不得安排未成年工从事矿山井下、有毒有害、国家规定的第四级体力劳动强度的劳动和其他禁忌从事的劳动。

关于劳动争议，《劳动法》规定劳动争议发生后，当事人可以向本单位劳动争议调解委员会申请调解；调解不成，当事人一方要求仲裁的，可以向劳动争议仲裁委员会申请仲裁。当事人一方也可以直接向劳动争议仲裁委员会申请仲裁。对仲裁裁决不服的，可以向人民法院提起诉讼。

国家发展社会保险事业，建立社会保险制度，设立社会保险基金，使劳动者在年老、患病、工伤、失业、生育等情况下获得帮助和补偿。社会保险水平应当与社会经济发展水平和社会承受能力相适应。社会保险基金按照保险类型确定资金来源，逐步实行社会统筹。用人单位和劳动者必须依法参加社会保险，缴纳社会保险费。

国家发展社会福利事业，兴建公共福利设施，为劳动者休息、休养和疗养提供条件。中国的社会救济包括自然灾害救济、贫困地区救济、低收入人口救济等。

目前的《劳动法》存在不少欠缺，许多方面如"促进就业、劳动安全卫生、职业培训以及社会保险"等只是一些原则性的规定，不便于实际操作。内容存在不少缺漏，不够完备。例如，总则没有规定劳动法的基本原则；也没有规定调整劳动关系的重要问题，必须坚持劳动部门、工会组织、企业方面代表三方协商机制的准则；也没有规定企业的规章制度与《劳动法》的关系。

社会经济环境的变化对修改、完善《劳动法》提出了新的要求，主要体现在四个方面：(1)《劳动法》首先要适应目前就业格局、就业形式的新变化。针对灵活就业的法律规定基本上是空白，《劳动法》要适应这种变化，作出调整。(2)城镇化的快速发展，如何适应大量农村劳动力进城、保障其权益，是对《劳动法》修改提出的第二个要求。这包括如何遏制部分进城就业的农民工权益受到侵害；如何改善进城农民工的就业环境；如何建立适应农民工，包括失地农民、乡镇企业劳动者的社会保障体系等问题。(3)《劳动法》修改还要适应我国就业和社会保障发展与国际接轨的要求。经济全球化的深入，引发了劳动标准的国际冲突问题，首当其冲的是劳动标准的国际化问题。因此，除了加强劳动执法外，还必须在劳动标准调整上既考虑我国的社会经济发展水平，又要考虑借鉴国际劳工做法，确定符合我国国情的劳动标准。(4)如何处理好旧体制遗留问题，实现制度顺利过渡，是我们完善《劳动法》需要充分考虑到的第四个重点。部分国有企业下岗职工劳动关系尚未理顺，破产企业职工的安置问题十分复杂，改制企业的劳动关系亟待规范，这些问题要求劳动保障部门今后不断完善处理方式、手段和途径。

二、劳动合同法律制度

为了完善劳动合同制度，明确劳动合同双方当事人的权利和义务，保护劳动者的合法权益，构建和发展和谐稳定的劳动关系，我国制定了《劳动合同法》，自2008年1月1日起施行。《劳动合同法》对劳动合同的订立、劳动合同的履行和变更、劳动合同的解除和终止、集体合同劳务派遣非全日制用工等作了全面的规定。

我国境内的企业、个体经济组织、民办非企业单位等组织与劳动者建立劳动关系，订立、履行、变更、解除或者终止劳动合同，适用《劳动合同法》。国家机关、事业单位、社会团体和与其建立劳动关系的劳动者，订立、履行、变更、解除或者终止劳动合同，依照《劳动合同法》执行。订立劳动合同，应当遵循合法、公平、平等自愿、协商一致、诚实信用的原则。依法订立的劳动合同具有约束力，用人单位与劳动者应当履行劳动合同约定的义务。

《劳动合同法》用人单位应当依法建立和完善劳动规章制度,保障劳动者享有劳动权利、履行劳动义务。用人单位在制定、修改或者决定有关劳动报酬、工作时间、休息休假、劳动安全卫生、保险福利、职工培训、劳动纪律以及劳动定额管理等直接涉及劳动者切身利益的规章制度或者重大事项时,应当经职工代表大会或者全体职工讨论,提出方案和意见,与工会或者职工代表平等协商确定。在规章制度和重大事项决定实施过程中,工会或者职工认为不适当的,有权向用人单位提出,通过协商予以修改完善。用人单位应当将直接涉及劳动者切身利益的规章制度和重大事项决定公示,或者告知劳动者。工会应当帮助、指导劳动者与用人单位依法订立和履行劳动合同,并与用人单位建立集体协商机制,维护劳动者的合法权益。

《劳动合同法》要求用人单位自用工之日起即与劳动者建立劳动关系。用人单位应当建立职工名册备查。用人单位招用劳动者时,应当如实告知劳动者工作内容、工作条件、工作地点、职业危害、安全生产状况、劳动报酬,以及劳动者要求了解的其他情况;用人单位有权了解劳动者与劳动合同直接相关的基本情况,劳动者应当如实说明。用人单位招用劳动者,不得扣押劳动者的居民身份证和其他证件,不得要求劳动者提供担保或者以其他名义向劳动者收取财物。

建立劳动关系,应当按照《劳动合同法》订立书面劳动合同。已建立劳动关系,未同时订立书面劳动合同的,应当自用工之日起1个月内订立书面劳动合同。用人单位与劳动者在用工前订立劳动合同的,劳动关系自用工之日起建立。用人单位未在用工的同时订立书面劳动合同,与劳动者约定的劳动报酬不明确的,新招用的劳动者的劳动报酬按照集体合同规定的标准执行;没有集体合同或者集体合同未规定的,实行同工同酬。

《劳动合同法》规定劳动合同分为固定期限劳动合同、无固定期限劳动合同和以完成一定工作任务为期限的劳动合同。固定期限劳动合同,是指用人单位与劳动者约定合同终止时间的劳动合同。用人单位与劳动者协商一致,可以订立固定期限劳动合同。

无固定期限劳动合同,是指用人单位与劳动者约定无确定终止时间的劳动合同。用人单位与劳动者协商一致,可以订立无固定期限劳动合同。《劳动合同法》规定,有下列情形之一,劳动者提出或者同意续订、订立劳动合同的,除劳动者提出订立固定期限劳动合同外,应当订立无固定期限劳动合同:(1)劳动者在该用人单位连续工作满10年的;(2)用人单位初次实行劳动合同制度或者国有企业改制重新订立劳动合同时,劳动者在该用人单位连续工作满10年且距法定退休年龄不足10年的;(3)连续订立二次固定期限劳动合同,且劳动者没有在试用期间被证明不符合录用条件的、严重违反用人单位的规章制度的、严重失职营私舞弊给用人单位造成重大损害的、劳动者同时与其他用人单位建立劳动关系,对完成本单位的工作任务造成严重影响,或者经用人单位提出,拒不改正的情形续订劳动合同的。

按照《劳动合同法》,劳动合同应当具备以下条款:(1)用人单位的名称、住所和法定代表人或者主要负责人;(2)劳动者的姓名、住址和居民身份证或者其他有效身份证件号码;(3)劳动合同期限;(4)工作内容和工作地点;(5)工作时间和休息休假;(6)劳动报酬;(7)社会保险;(8)劳动保护、劳动条件和职业危害防护;(9)法律、法规规定应当纳入劳动合同的其他事项。劳动合同除前款规定的必备条款外,用人单位与劳动者可以约定试用期、培训、保守秘密、补充保险和福利待遇等其他事项。

《劳动合同法》规定劳动合同期限3个月以上不满1年的,试用期不得超过1个月;劳动合同期限1年以上不满3年的,试用期不得超过2个月;3年以上固定期限和无固定期限的劳动合同,试用期不得超过6个月。同一用人单位与同一劳动者只能约定一次试用期。以完成一定工作任务为期限的劳动合同或者劳动合同期限不满3个月的,不得约定试用期。试用期包含在劳动合同期限内。劳动合同仅约定试用期的,试用期不成立,该期限为劳动合同期限。劳动者在试用期的工资不得低于本单位相同岗位最低档工资或者劳动合同约定工资的百分之八十,并不得低于用人单位所在地的最低工资标准。

用人单位与劳动者可以根据《劳动合同法》在劳动合同中约定保守用人单位的商业秘密和与知识产权相关的保密事项。对负有保密义务的劳动者,用人单位可以在劳动合同或者保密协议中与劳动者约定竞业限制条款,并约定在解除或者终止劳动合同后,在竞业限制期限内按月给予劳动者经济补偿。劳动者违反竞业限制约定的,应当按照约定向用人单位支付违约金。

《劳动合同法》要求竞业限制的人员限于用人单位的高级管理人员、高级技术人员和其他负有保密义务的人员。竞业限制的范围、地域、期限由用人单位与劳动者约定,竞业限制的约定不得违反法律、法规的规定。在解除或者终止劳动合同后,前款规定的人员到与本单位生产或者经营同类产品、从事同类业务的有竞争关系的其他用人单位,或者自己开业生产或者经营同类产品、从事同类业务的竞业限制期限,不得超过2年。竞业限制的人员限于用人单位的高级管理人员、高级技术人员和其他负有保密义务的人员。竞业限制的范围、地域、期限由用人单位与劳动者约定,竞业限制的约定不得违反法律、法规的规定。在解除或者终止劳动合同后,前款规定的人员到与本单位生产或者经营同类产品、从事同类业务的有竞争关系的其他用人单位,或者自己开业生产或者经营同类产品、从事同类业务的竞业限制期限,不得超过2年。

按照《劳动合同法》,用人单位与劳动者协商一致,可以解除劳动合同。劳动者提前30日以书面形式通知用人单位,可以解除劳动合同。劳动者在试用期内提前3日通知用人单位,可以解除劳动合同。用人单位有下列情形之一的,劳动者可以解除劳动合同:(1)未按照劳动合同约定提供劳动保护或者劳动条件的;(2)未及时足额支付劳动报酬的;(3)未依法为劳动者缴纳社会保险费的;(4)用人单位的规章制度违反法律、法规的规定,损害劳动者权益的;(5)法律、行政法规规定劳动者可以解除劳动合同的其他情形。用人单位以暴力、威胁或者非法限制人身自由的手段强迫劳动者劳动的,或者用人单位违章指挥、强令冒险作业危及劳动者人身安全的,劳动者可以立即解除劳动合同,不需事先告知用人单位。

有下列情形之一的,用人单位提前30日以书面形式通知劳动者本人或者额外支付劳动者一个月工资后,根据《劳动合同法》可以解除劳动合同:(1)劳动者患病或者非因工负伤,在规定的医疗期满后不能从事原工作,也不能从事由用人单位另行安排的工作的;(2)劳动者不能胜任工作,经过培训或者调整工作岗位,仍不能胜任工作的;(3)劳动合同订立时所依据的客观情况发生重大变化,致使劳动合同无法履行,经用人单位与劳动者协商,未能就变更劳动合同内容达成协议的。

《劳动合同法》规定,有下列情形之一,需要裁减人员20人以上或者裁减不足20人但占企业职工总数10%以上的,用人单位提前30日向工会或者全体职工说明情况,听取工会或者职工的意见后,裁减人员方案经向劳动行政部门报告,可以裁减人员:(1)依照《企业破产法》规定进行重整的;(2)生产经营发生严重困难的;(3)企业转产、重大技术革新或者经营方式调整,经变更劳动合同后,仍需裁减人员的;(4)其他因劳动合同订立时所依据的客观经济情况发生重大变化,致使劳动合同无法履行的。裁减人员时,应当优先留用下列人员:(1)与本单位订立较长期限的固定期限劳动合同的;(2)与本单位订立无固定期限劳动合同的;(3)家庭无其他就业人员,有需要扶养的老人或者未成年人的。用人单位依照前述规定裁减人员,在6个月内重新招用人员的,应当通知被裁减的人员,并在同等条件下优先招用被裁减的人员。

《劳动合同法》规定,劳动者有下列情形之一的,用人单位不得解除劳动合同:(1)从事接触职业病危害作业的劳动者未进行离岗前职业健康检查,或者疑似职业病病人在诊断或者医学观察期间的;(2)在本单位患职业病或者因工负伤并被确认丧失或者部分丧失劳动能力的;(3)患病或者非因工负伤,在规定的医疗期内的;(4)女职工在孕期、产期、哺乳期的;(5)在本单位连续工作满15年,且距法定退休年龄不足五年的;(6)法律、行政法规规定的其他情形。

按照《劳动合同法》劳动合同终止的情形包括:(1)劳动合同期满的;(2)劳动者开始依法享受基本养老保险待遇的;(3)劳动者死亡,或者被人民法院宣告死亡或者宣告失踪的;(4)用人单位被依法宣告破产的;(5)用人单位被吊销营业执照、责令关闭、撤销或者用人单位决定提前解散的;(6)法律、行政法规规定的其他情形。

《劳动合同法》规定企业职工一方与用人单位通过平等协商,可以就劳动报酬、工作时间、休息休假、劳动安全卫生、保险福利等事项订立集体合同。集体合同草案应当提交职工代表大会或者全体职工讨论通过。集体合同由工会代表企业职工一方与用人单位订立;尚未建立工会的用人单位,由上级工会指导劳动者推举的代表与用人单位订立。企业职工一方与用人单位可以订立劳动安全卫生、女职工权益保护、工资调整机制等专项集体合同。在县级以下区域内,建筑业、采矿业、餐饮服务业等行业可以由工会与企业方面代表订立行业性集体合同,或者订立区域性集体合同。

《劳动合同法》规定劳务派遣用工是补充形式,只能在临时性、辅助性或者替代性的工作岗位上实施。被派遣劳动者享有与用工单位的劳动者同工同酬的权利。用工单位应当按照同工同酬原则,对被派遣劳动者与本单位同类岗位的劳动者实行相同的劳动报酬分配办法。用工单位无同类岗位劳动者的,参照用工单位所在地相同或者相近岗位劳动者的劳动报酬确定。劳务派遣单位与被派遣劳动者订立的劳动合同和与用工单位订立的劳务派遣协议,载明或者约定的向被派遣劳动者支付的劳动报酬应当符合前款规定。

三、就业促进法律制度

为了促进就业,促进经济发展与扩大就业相协调,促进社会和谐稳定,制定了《就业促进法》,自2008年1月1日起施行。《就业促进法》对政策支持、公平就业、就业服务和管理、职业教育和培训、就业援助等进行了具体规定。

《就业促进法》明确规定,劳动者依法享有平等就业和自主择业的权利。劳动者就业,不因民族、种族、性别、宗教信仰等不同而受歧视。各级人民政府创造公平就业的环境,消除就业歧视,制定政策并采取措施对就业困难人员给予扶持和援助。用人单位招用人员、职业中介机构从事职业中介活动,应当向劳动者提供平等的就业机会和公平的就业条件,不得实施就业歧视。用人单位招用人员,除国家规定的不适合妇女的工种或者岗位外,不得以性别为由拒绝录用妇女或者提高对妇女的录用标准。用人单位录用女职工,不得在劳动合同中规定限制女职工结婚、生育的内容。用人单位招用人员,应当依法对少数民族劳动者给予适当照顾。各级人民政府应当对残疾人就业统筹规划,为残疾人创造就业条件。用人单位招用人员,不得歧视残疾人。用人单位招用人员,不得以是传染病病原携带者为由拒绝录用。农村劳动者进城就业享有与城镇劳动者平等的劳动权利,不得对农村劳动者进城就业设置歧视性限制。

《就业促进法》明确了促进就业的政策,包括经济发展、财政保证、税收优惠、金融支持、城乡统筹就业、区域统筹就业、群体统筹就业、劳动和社会保险、援助困难群体就业、实行失业保险等十个方面政策。国家鼓励各类企业在法律、法规规定的范围内,通过兴办产业或者拓展经营,增加就业岗位。国家鼓励发展劳动密集型产业、服务业,扶持中小企业,多渠道、多方式增加就业岗位。国家鼓励、支持、引导非公有制经济发展,扩大就业,增加就业岗位。国家实行有利于促进就业的财政政策,加大资金投入,改善就业环境,扩大就业。县级以上人民政府应当在财政预算中安排就业专项资金用于促进就业工作。就业专项资金用于职业介绍、职业培训、公益性岗位、职业技能鉴定、特定就业政策和社会保险等的补贴,小额贷款担保基金和微利项目的小额担保贷款贴息,以及扶持公共就业服务等。国家鼓励企业增加就业岗位,扶持失业人员和残疾人就业,对下列企业、人员依法给予税收优惠:吸纳符合国家规定条件的失业人员达到规定要求的企业;失业人员创办的中小企业;安置残疾人员达到规定比例或者集中使用残疾人的企业;从事个体经营的符合国家规定条件的失业人员;从事个体经营的残疾人;国务院规定给予税收优惠的其他企业、人员。国家实行有利于促进就业的金融政策,增加中小企业的融资渠道;鼓励金融机构改进金融服务,加大对中小企业的信贷支持,并对自主创业人员在一定期限内给予小额信贷等扶持。

《就业促进法》要求县级以上人民政府建立健全公共就业服务体系,设立公共就业服务机构,为劳动者免费提供下列服务:就业政策法规咨询;职业供求信息、市场工资指导价位信息和职业培训信息发布;职业指导和职业介绍;对就业困难人员实施就业援助;办理就业登记、失业登记等事务;其他公共就业服务。公共就业服务机构应当不断提高服务的质量和效率,不得从事经营性活动。公共就业服务经费纳入同级财政预算。地方各级人民政府和有关部门、公共就业服务机构举办的招聘会,不得向劳动者收取费用。

违反《就业促进法》规定,地方各级人民政府和有关部门、公共就业服务机构举办经营性的职业中介机构,从事经营性职业中介活动,向劳动者收取费用的,由上级主管机关责令限期改正,将违法收取的费用退还劳动者,并对直接负责的主管人员和其他直接责任人员依法给予处分。

四、安全生产法律制度

为了加强安全生产工作,防止和减少生产安全事故,保障人民群众生命和财产安全,促进经济社会持续健康发展,我国于2002年制定了《安全生产法》,全面规范了生产经营单位的安全生产保障、从业人员的权利和义务、安全生产的监督管理、生产安全事故的应急救援与调查处理、法律责任等。2014年8月31日第十二届全国人民代表大会常务委员会第十次会议对《安全生产法》进行了修改。

《安全生产法》规定安全生产工作应当以人为本,坚持安全发展,坚持安全第一、预防为主、综合治理的方针,强化和落实生产经营单位的主体责任,建立生产经营单位负责、职工参与、政府监管、行业自律和社会监督的机制。

生产经营单位应当具备本法和有关法律、行政法规和国家标准或者行业标准规定的安全生产条件;不具备安全生产条件的,不得从事生产经营活动。《安全生产法》规定,生产经营单位的主要负责人对本单位安全生产工作负有下列职责:建立、健全本单位安全生产责任制;组织制定本单位安全生产规章制度和操作规程;组织制定并实施本单位安全生产教育和培训计划;保证本单位安全生产投入的有效实施;督促、检查本单位的安全生产工作,及时消除生产安全事故隐患;组织制定并实施本单位的生产安全事故应急救援预案;及时、如实报告生产安全事故。

《安全生产法》把加强事前预防、强化隐患排查治理作为一项重要内容:(1)生产经营单位必须建立事故隐患排查治理制度,采取技术、管理措施消除事故隐患。(2)政府有关部门要建立健全重大事故隐患治理督办制度,督促生产经营单位消除重大事故隐患。(3)对未建立隐患排查治理制度、未采取有效措施消除事故隐患的行为,设定了严格的行政处罚标准。

《安全生产法》规定生产经营单位与从业人员订立的劳动合同,应当载明有关保障从业人员劳动安全、防止职业危害的事项,以及依法为从业人员办理工伤社会保险的事项。生产经营单位不得以任何形式与从业人员订立协议,免除或者减轻其对从业人员因生产安全事故伤亡依法应承担的责任。

关于从业人员的权利,《安全生产法》规定:(1)生产经营单位的从业人员有权了解其作业场所和工作岗位存在的危险因素、防范措施及事故应急措施,有权对本单位的安全生产工作提出建议;从业人员有权对本单位安全生产工作中存在的问题提出批评、检举、控告;有权拒绝违章指挥和强令冒险作业;生产经营单位不得因从业人员对本单位安全生产工作提出批评、检举、控告或者拒绝违章指挥、强令冒险作业而降低其工资、福利等待遇或者解除与其订立的劳动合同。(2)从业人员发现直接危及人身安全的紧急情况时,有权停止作业或者在采取可能的应急措施后撤离作业场所;生产经营单位不得因从业人员在前款紧急情况下停止作业或者采取紧急撤离措施而降低其工资、福利等待遇或者解除与其订立的劳动合同。(3)因生产安全事故受到损害的从业人员,除依法享有工伤保险外,依照有关民事法律尚有获得赔偿的权利的,有权向本单位提出赔偿要求。

《安全生产法》要求负有安全生产监督管理职责的部门依法对生产经营单位执行有关安全生产的法律、法规和国家标准或者行业标准的情况进行监督检查,行使以下职权:(1)进入生产经营单位进行检查,调阅有关资料,向有关单位和人员了解情况。(2)对检查中发现的安全生产违法行为,当场予以纠正或者要求限期改正;对依法应当给予行政处罚的行为,依照本法和其他有关法律、行政法规的规定作出行政处罚决定。(3)对检查中发现的事故隐患,应当责令立即排除;重大事故隐患排除前或者排除过程中无法保证安全的,应当责令从危险区域内撤出作业人员,责令暂时停产停业或者停止使用;重大事故隐患排除后,经审查同意,方可恢复生产经营和使用。(4)对有根据认为不符合保障安全生产的国家标准或者行业标准的设施、设备、器材以及违法生产、储存、使用、经营、运输的危险物品予以查封或者扣押,对违法生产、储存、使用、经营危险物品的作业场所予以查封,并依法作出处理决定。

五、职业病防治法律制度

职业病,是指企业、事业单位和个体经济组织(即用人单位)的劳动者在职业活动中,因接触粉尘、放射性物质和其他有毒、有害物质等因素而引起的疾病。职业病是严重危害劳动者健康的疾病。为了预防、控制和消除职业危害、防治职业病,保护劳动者健康,第九届全国人民代表大会常务委员会第二十四次会议于2001年10月27日通过了《职业病防治法》,自2002年5月1日起施行。

职业病一旦发生,很难治愈,必须坚持预防为主、防治结合的方针,从致害源头抓起,实施全过程监督。《职业病防治法》按照前期预防、劳动过程中的防护与管理、职业病发生后的诊断治疗与职业病病人的保障三个阶段,对防治职业病分别规定了相应的制度、措施。

(一)前期预防

《职业病防治法》在建设项目可行性论证阶段,建设单位应当对可能产生的职业危害因素及其对工作场所和人员的影响进行职业危害预评价,并经卫生行政部门审核。建设项目的职业卫生防护设施,应当与主体工程同时设计,同时施工,同时运行或者使用;竣工验收前,建设单位应当进行职业危害控制效果评价。

(二)劳动过程中的防护与管理

《职业病防治法》要求用人单位应当采取有效的防治措施,建立、健全有关制度。《职业病防治法》对劳动过程中的防护与管理,作了以下具体规定:

(1)为了保护劳动者健康,加强对有毒、有害物质和放射线等主要职业危害因素所致职业病的预防和控制,需要对特殊职业危害工作场所实行有别于一般职业危害工作场所的管理。为此,《职业病防治法》规定对可能发生急性职业损伤的有毒、有害工作场所,用人单位应当设置报警装置,配置现场急救用品、冲洗设备、应急撤离通道和必要的泄险区。对放射工作场所和放射性同位素的运输、贮存,用人单位必须配置防护设备和报警装置,保证接触放射线的工作人员佩戴个人剂量计。

(2)为了确保用人单位及时掌握本单位职业危害因素及职业卫生状况并及时采取改进措施,保护劳动者健康,《职业病防治法》规定用人单位应当实施由专人负责的职业危害因素日常监测,并确保监测系统处于正常运行状态;用人单位应当定期对工作场所进行职业危害检测、评价;发现工作场所职业危害因素不符合国家职业卫生标准和卫生要求时,应当立即停止存在职业危害因素的作业并采取相应补救措施;职业危害因素符合国家职业卫生标准和卫生要求后,方可重新开工。

(3)《职业病防治法》规定:生产、经营、进口可能产生职业危害因素的设备、危险化学品、放射性同位素、含放射性物质的原材料的,应当提供中文说明书,说明书中应当载明与职业危害相关的事项和职业卫生防护、应急救治等措施;并在醒目位置标明警示标识和中文警示说明。

(4)《职业病防治法》对转移产生职业危害作业的双方作了限制性规定:任何单位和个人不得将产生职业危害的作业转移给不具备职业卫生防护条件的单位和个人。不具备职业卫生防护条件的单位和个人,不得接受产生职业危害的作业。

(5)《职业病防治法》规定产生职业危害的用人单位,应当在醒目位置设置公告栏,公布与职业病防治有关的事项;用人单位应当在产生严重职业危害的作业岗位的醒目位置,设置警示标识和中文警示说明;用人单位与劳动者订立劳动合同(含聘用合同)时,应当在合同中写明可能存在的职业危害危险。劳动者因调换岗位或者工作内容改变而从事合同中未事先告知的存在职业危害危险的作业时,用人单位应当告知劳动者有关职业危害、职业卫生防护措施和待遇等内容,并协商变更原劳动合同相关条款。

(6)《职业病防治法》规定:用人单位应当组织从事接触职业危害作业的劳动者进行上岗前、在岗期间和离岗时职业健康检查。用人单位不得安排未经上岗前职业健康检查的劳动者从事接触职业危害的作业;不得安排有职业禁忌的劳动者从事其所禁忌的作业;对在定期职业健康检查中发现有与所从事的职业相关的健康损害的劳动者,应当调离原工作岗位,并妥善安置;不得解除或者终止与未进行离岗前职业健康检查的劳动者订立的劳动合同。用人单位应当为劳动者建立职业健康监护档案,并按照规定期限妥善保存。

关于劳动者的职业卫生保护权利,《职业病防治法》规定劳动者享有下列职业卫生保护权利:获得职业卫生教育、培训;获得职业健康检查、职业病诊疗、康复等职业病防治服务;了解工作场所产生或者可能产生的职业病危害因素、危害后果和应当采取的职业病防护措施;要求用人单位提供符合防治职业病要求的职业病防护设施和个人使用的职业病防护用品,改善工作条件;对违反职业病防治法律、法规以及危及生命健康的行为提出批评、检举和控告;拒绝违章指挥和强令进行没有职业病防护措施的作业;参与用人单位职业卫生工作的民主管理,对职业病防治工作提出意见和建议。用人单位应当保障劳动者行使前款所列权利。因劳动者依法行使正当权利而降低其工资、福利等待遇或者解除、终止与其订立的劳动合同的,其行为无效。

(三)职业病的诊断管理

关于职业病诊断管理,《职业病防治法》主要从以下三个方面作了规定:

(1)《职业病防治法》规定：职业病诊断应当由医疗卫生机构承担。从事职业病诊断的医疗卫生机构由省级以上人民政府卫生行政部门批准，并在其《医疗机构执业许可证》上注明获准开展的职业病诊断项目。(2)《职业病防治法》规定劳动者赋予职业病诊断选择权，劳动者可以在用人单位所在地或者本人居住地的医疗卫生机构进行职业病诊断。(3)《职业病防治法》规定承担职业病诊断的医疗卫生机构在进行职业病诊断时，应当组织3名以上取得职业病诊断资格的执业医师集体诊断；职业病诊断证明书，应当由诊断医师共同签署，并经承担职业病诊断的医疗卫生机构审核盖章。

（四）对职业病病人的治疗与保障

对从事接触职业危害因素作业的劳动者发现患有职业病或者有疑似职业病的，必须及时诊断、治疗，妥善安置。据此，《职业病防治法》主要从以下几个方面作了规定：(1)关于对疑似职业病病人的诊断，《职业病防治法》规定：用人单位应当及时安排对疑似职业病病人进行诊断；疑似职业病病人在诊断、医学观察期间的费用，由用人单位承担。(2)关于对已诊断为职业病的病人，《职业病防治法》规定：用人单位应当按照国家有关规定，安排职业病病人进行治疗、康复和定期检查；职业病病人的诊疗、康复费用，按照国家有关工伤社会保险的规定执行；没有参加工伤社会保险的，其医疗和生活保障由造成职业病的用人单位承担。(3)关于对职业病病人的安置和社会保障，《职业病防治法》规定：用人单位在疑似职业病病人诊断或者医学观察期间，不得解除或者终止与其订立的劳动合同。用人单位对不适宜继续从事原工作的职业病病人，应当调离原岗位，并妥善安置。职业病病人变动工作单位，其职业病待遇不变；用人单位发生分立、合并、解散、破产等情形的，应当按照国家有关规定妥善安置职业病病人。

第三节　社会保障法律制度

一、社会保障法律制度

社会保障制度是工业化，现代化的产物。社会保障的目的是为了满足人们的基本生活需要。由于社会保障关系到全体公民，特别是不同的弱势群体的物质利益关系，一般来讲，社会保障制度与社会保障立法要同步实施。

社会保障制度是指国家为公民提供一系列基本生活保障，使公民在年老、疾病、失业、灾害及丧失劳动能力等情况下，从国家和社会获得物质帮助的制度。社会保障体系主要包括社会保险、社会救济、社会福利、优抚安置、社会互助和个人储蓄积累保障等。社会保险又称职工社会保险，是指劳动者在暂时或永久丧失劳动能力时,或在职业中断期间,为保障其基本生活,依法强制实行的一种保险制度。社会救济也称社会救助,是国家对因意外事件或自然灾害等原因造成生活困难,以至于无法正常生存的公民,给予物质帮助,提供生存保障的制度。社会福利是保障全体社会成员在享受基本生存权利的基础上,随着社会经济的不断发展而提高生活水平的制度。优抚安置也称社会优抚,是国家和社会对军人或其家属提供一定生活水平的救济金、伤残抚恤、退伍安置及其他社会优待的制度。

　　社会保障法律制度是公民生存权的重要保障。自有人类历史以来,社会不可避免地存在生活无助,需要帮助的各种群体。而社会保障制度从最初的慈善救济到当代实现人们的生存权,是各国社会保障制度发展的共同规律。应以法律形式规范国家、社会保障职能机构、企业和职工个人及各个社会保障主体之间的权利与义务;各项社会保障费缴纳比例及保障津贴给付标准的确立与调整;社会保障职能机构的设置、编制、职能、责任与工作程序;各种社会保障基金的管理与投资营运的原则和办法以及社会保障管理费的提取比例,使用范围和开支办法等,从而使社会保障制度的运作制度化、规范化。社会保障法不仅能够明确规定受补偿人的范围、补偿的原则和标准、获得社会保障待遇的条件以及待遇标准,而且能够规定社会保障机构为受补偿人提供咨询、解释和说明以及社会保障待遇的义务和责任,能够规定社会保障机构对基金的管理和监督以及在受补偿人的权利受到侵犯时提供法律救济的职能等问题,因而对于国家和受补偿人都具有约束力。

　　我国的社会保障制度改革已经设定了改革的总体目标:即加快养老,失业,医疗保险制度改革;初步形成社会保险,社会救助,社会福利,优抚安置和社会互助,个人储蓄积累保障相结合,多层次的社会保障制度,在大力发展社会保险的同时,积极发展商业保险,发挥其对社会保障的补充作用。目前我国正处于经济转轨时期,又面临着人口老龄化的威胁,因此政府难以承受社会保障的沉重负担。资金不足、保障渠道单一是目前社会保障最大的难题。

　　我国相继制定了一系列的社会保障方面的法律、法规和规章,但还远远不能适应社会的需要。制定包括一切社会保障类型的《社会保障法》就成为迫切的需要。我国应完善以社会保障法为核心的、内容体系完整的社会保障法律,包括(1)社会保障管理法律:管理机构、管理职权;(2)社会保险法:养老保险、疾病保险、工伤保险、失业保险、生育保险、遗属津贴;(3)社会救济法:灾民救济、城市贫民救济、农村五保户救济、城乡特殊对象救济、流浪乞讨人员救济;(4)社会福利法:城市居民福利津贴、文化教育设施、卫生医疗保健设施、托幼福利事业、老年福利事业、社区服务等;(5)社会优抚法:军人伤残抚恤、军人死亡抚恤、军人退伍安置、军人退休安置、社会优待;(6)社会互助法:公积金法等;(7)社会保障监督法、社会保障争议解决程序法。

二、社会保险法律制度

为了规范社会保险关系,维护公民参加社会保险和享受社会保险待遇的合法权益,使公民共享发展成果,促进社会和谐稳定,制定了《社会保险法》,自 2011 年 7 月 1 日起施行。

《社会保险法》对基本养老保险、基本医疗保险、工伤保险、失业保险、生育保险、社会保险费征缴、社会保险基金、社会保险经办、社会保险监督等作了全面的规定。

国家建立基本养老保险、基本医疗保险、工伤保险、失业保险、生育保险等社会保险制度,保障公民在年老、疾病、工伤、失业、生育等情况下依法从国家和社会获得物质帮助的权利。社会保险制度坚持广覆盖、保基本、多层次、可持续的方针,社会保险水平应当与经济社会发展水平相适应。我国境内的用人单位和个人依法缴纳社会保险费,有权查询缴费记录、个人权益记录,要求社会保险经办机构提供社会保险咨询等相关服务。个人依法享受社会保险待遇,有权监督本单位为其缴费情况。

《社会保险法》规定职工应当参加基本养老保险,由用人单位和职工共同缴纳基本养老保险费。无雇工的个体工商户、未在用人单位参加基本养老保险的非全日制从业人员以及其他灵活就业人员可以参加基本养老保险,由个人缴纳基本养老保险费。

基本养老保险实行社会统筹与个人账户相结合。基本养老保险基金由用人单位和个人缴费以及政府补贴等组成。用人单位应当按照国家规定的本单位职工工资总额的比例缴纳基本养老保险费,记入基本养老保险统筹基金。职工应当按照国家规定的本人工资的比例缴纳基本养老保险费,记入个人账户。无雇工的个体工商户、未在用人单位参加基本养老保险的非全日制从业人员以及其他灵活就业人员参加基本养老保险的,应当按照国家规定缴纳基本养老保险费,分别记入基本养老保险统筹基金和个人账户。国有企业、事业单位职工参加基本养老保险前,视同缴费年限期间应当缴纳的基本养老保险费由政府承担。基本养老保险基金出现支付不足时,政府给予补贴。

《社会保险法》要求个人账户不得提前支取,记账利率不得低于银行定期存款利率,免征利息税。个人死亡的,个人账户余额可以继承。基本养老金由统筹养老金和个人账户养老金组成。基本养老金根据个人累计缴费年限、缴费工资、当地职工平均工资、个人账户金额、城镇人口平均预期寿命等因素确定。参加基本养老保险的个人,达到法定退休年龄时累计缴费满 15 年的,按月领取基本养老金。参加基本养老保险的个人,达到法定退休年龄时累计缴费不足 15 年的,可以缴费至满

15年,按月领取基本养老金;也可以转入新型农村社会养老保险或者城镇居民社会养老保险,按照国务院规定享受相应的养老保险待遇。参加基本养老保险的个人,因病或者非因工死亡的,其遗属可以领取丧葬补助金和抚恤金;在未达到法定退休年龄时因病或者非因工致残完全丧失劳动能力的,可以领取病残津贴。所需资金从基本养老保险基金中支付。

《社会保险法》规定国家建立和完善新型农村社会养老保险制度。新型农村社会养老保险实行个人缴费、集体补助和政府补贴相结合。新型农村社会养老保险待遇由基础养老金和个人账户养老金组成。参加新型农村社会养老保险的农村居民,符合国家规定条件的,按月领取新型农村社会养老保险待遇。

《社会保险法》要求职工应当参加职工基本医疗保险,由用人单位和职工按照国家规定共同缴纳基本医疗保险费。无雇工的个体工商户、未在用人单位参加职工基本医疗保险的非全日制从业人员以及其他灵活就业人员可以参加职工基本医疗保险,由个人按照国家规定缴纳基本医疗保险费。国家建立和完善新型农村合作医疗制度。国家建立和完善城镇居民基本医疗保险制度。城镇居民基本医疗保险实行个人缴费和政府补贴相结合。享受最低生活保障的人、丧失劳动能力的残疾人、低收入家庭60周岁以上的老年人和未成年人等所需个人缴费部分,由政府给予补贴。参加职工基本医疗保险的个人,达到法定退休年龄时累计缴费达到国家规定年限的,退休后不再缴纳基本医疗保险费,按照国家规定享受基本医疗保险待遇;未达到国家规定年限的,可以缴费至国家规定年限。符合基本医疗保险药品目录、诊疗项目、医疗服务设施标准以及急诊、抢救的医疗费用,按照国家规定从基本医疗保险基金中支付。

《社会保险法》规定职工应当参加工伤保险,由用人单位缴纳工伤保险费,职工不缴纳工伤保险费。用人单位应当按照本单位职工工资总额,根据社会保险经办机构确定的费率缴纳工伤保险费。职工因工作原因受到事故伤害或者患职业病,且经工伤认定的,享受工伤保险待遇;其中,经劳动能力鉴定丧失劳动能力的,享受伤残待遇。工伤认定和劳动能力鉴定应当简捷、方便。因工伤发生的下列费用,按照国家规定从工伤保险基金中支付:(1)治疗工伤的医疗费用和康复费用;(2)住院伙食补助费;(3)到统筹地区以外就医的交通食宿费;(4)安装配置伤残辅助器具所需费用;(5)生活不能自理的,经劳动能力鉴定委员会确认的生活护理费;(6)一次性伤残补助金和一至四级伤残职工按月领取的伤残津贴;(7)终止或者解除劳动合同时,应当享受的一次性医疗补助金;(8)因工死亡的,其遗属领取的丧葬补助金、供养亲属抚恤金和因工死亡补助金;(9)劳动能力鉴定费。因工伤发生的下列费用,按照国家规定由用人单位支付:(1)治疗工伤期间的工资福利;(2)五级、六级伤残职工按月领取的伤残津贴;(3)终止或者解除劳动合同时,应当享受的一次性伤残就业补助金。

《社会保险法》要求职工应当参加失业保险,由用人单位和职工按照国家规定共同缴纳失业保险费。失业人员符合下列条件的,从失业保险基金中领取失业保险金:(1)失业前用人单位和本人已经缴纳失业保险费满1年的;(2)非因本人意愿中断就业的;(3)已经进行失业登记,并有求职要求的。失业人员失业前用人单位和本人累计缴费满1年不足5年的,领取失业保险金的期限最长为12个月;累计缴费满五年不足10年的,领取失业保险金的期限最长为18个月;累计缴费10年以上的,领取失业保险金的期限最长为24个月。重新就业后,再次失业的,缴费时间重新计算,领取失业保险金的期限与前次失业应当领取而尚未领取的失业保险金的期限合并计算,最长不超过24个月。

《社会保险法》要求职工应当参加生育保险,由用人单位按照国家规定缴纳生育保险费,职工不缴纳生育保险费。用人单位已经缴纳生育保险费的,其职工享受生育保险待遇;职工未就业配偶按照国家规定享受生育医疗费用待遇。所需资金从生育保险基金中支付。生育保险待遇包括生育医疗费用和生育津贴。生育医疗费用包括下列各项:(1)生育的医疗费用;(2)计划生育的医疗费用;(3)法律、法规规定的其他项目费用。职工有下列情形之一的,可以按照国家规定享受生育津贴:(1)女职工生育享受产假;(2)享受计划生育手术休假;(3)法律、法规规定的其他情形。

三、公益事业捐赠法律制度

公益事业是指非营利的下列事项:(1)救助灾害、救济贫困、扶助残疾人等困难的社会群体和个人的活动;(2)教育、科学、文化、卫生、体育事业;(3)环境保护、社会公共设施建设;(4)促进社会发展和进步的其他社会公共和福利事业。为了鼓励捐赠,规范捐赠和受赠行为,保护捐赠人、受赠人和受益人的合法权益,促进公益事业的发展,我国于1999年制定了《公益事业捐赠法》。

捐赠应当是自愿和无偿的,禁止强行摊派或者变相摊派,不得以捐赠为名从事营利活动。捐赠财产的使用应当尊重捐赠人的意愿,符合公益目的,不得将捐赠财产挪作他用。

关于捐赠和受赠,《公益事业捐赠法》规定,依法成立的,以发展公益事业为宗旨的基金会、慈善组织等公益性社会团体和依法成立的,从事公益事业的不以营利为目的的教育机构、科学研究机构、医疗卫生机构、社会公共文化机构、社会公共体育机构和社会福利机构等公益性非营利的事业单位可以接受捐赠。在发生自然灾害时或者境外捐赠人要求县级以上人民政府及其部门作为受赠人时,县级以上人民政府及其部门可以接受捐赠。捐赠人可以与受赠人就捐赠财产的种类、质量、数量和用途等内容订立捐赠协议。捐赠人有权决定捐赠的数量、用途和方式。捐赠人捐赠财产兴建公益事业工程项目,应当与受赠人订立捐赠协议,对工程项目的资金、建设、管理和使用作出约定。

关于捐赠财产的使用和管理,法律规定,受赠人接受捐赠后,应当向捐赠人出具合法、有效的收据,将受赠财产登记造册,妥善保管。受赠人与捐赠人订立了捐赠协议的,应当按照协议约定的用途使用捐赠财产,不得擅自改变捐赠财产的用途。如果确需改变用途的,应当征得捐赠人的同意。受赠人每年度应当向政府有关部门报告受赠财产的使用、管理情况,接受监督。必要时,政府有关部门可以对其财务进行审计。

关于优惠措施,《公益事业捐赠法》规定,公司和其他企业依照本法的规定捐赠财产用于公益事业,依照法律、行政法规的规定享受企业所得税方面的优惠。自然人和个体工商户依照本法的规定捐赠财产用于公益事业,依照法律、行政法规的规定享受个人所得税方面的优惠。境外向公益性社会团体和公益性非营利的事业单位捐赠的用于公益事业的物资,依照法律、行政法规的规定减征或者免征进口关税和进口环节的增值税。

第九章 中国刑事法律制度

第一节 刑事法律制度概述

一、刑法的概念与性质

本章所称"刑事法律制度"(狭义),是指刑法制度。一般来说,刑法是指规定犯罪及其法律后果的法律规范。具体地说,我国刑法是指为了维护国家与人民利益,根据人民群众的意志,以国家名义颁布的,规定什么行为是犯罪以及对犯罪追究何种刑事责任的法律规范。刑法的渊源有以下几种:一是刑法典。现行有效的刑法典是1997年3月通过的《中华人民共和国刑法》,共452条(后来增加了若干条文),分为总则、分则、附则。二是单行刑法。单行刑法是国家以决定、规定、补充规定、条例等名称颁布的,规定某一类犯罪及其刑事责任或者刑法的某一事项的法律,如1998年全国人大常委会颁布的《关于惩治骗购外汇、逃汇和非法买卖外汇犯罪的决定》。三是附属刑法。附属刑法是指附带规定于民法、经济法、行政法等非刑事法律中的罪刑规范。但是,我国现在没有真正的附属刑法。此外,民族自治地方的省级人民代表大会可以根据当地民族的政治、经济、文化的特点和刑法的基本原则,制定变通或者补充规定。

刑法是一门独立的法律,其制裁措施最为严厉。正因为如此,刑法成为其他法律的保障;也因为如此,只有在适用其他法律不能有效地保护法益时,才适用刑法。

在实体法与程序法的分类中,刑法属于实体法;在母法与子法的分类中,刑法属于子法;在强行法与任意法的分类中,刑法属于强行法;在公法与私法的分类中,一般认为刑法属于公法;在立法法、司法法、行政法的分类中,刑法属于司法法。

二、刑法的任务与基本原则

(一)刑法的任务

刑法的任务,是用刑罚同一切犯罪行为做斗争,以保卫国家安全,保卫人民民主专政的政权和社会主义制度,保护国有财产和劳动群众集体所有的财产,保护公民私人所有的财产,保护公民的人身权利、民主权利和其他权利,维护社会秩序、经济秩序,保障社会主义建设事业的顺利进行。

刑法的任务与刑法的机能是不同的概念。刑法的机能是指刑法现实与可能发挥的作用。刑法具有两个基本机能：一是法益保护机能，指刑法具有保护法益不受犯罪侵害与威胁的机能；二是自由保障机能，指刑法具有保障公民个人自由不受国家刑罚权不当侵害的机能。当然，行为也具有行为规制机能，即刑法具有使对犯罪行为的规范评价得以明确的机能，但这个机能是从属于前两个机能的。

（二）刑法的基本原则

刑法的基本原则，是指刑法本身所具有的，贯穿刑法始终，必须得到普遍遵循的具有全局性、根本性的原则。我国刑法规定了以下三项基本原则：

1. 罪刑法定原则

罪刑法定原则是刑法的最基本原则。"法无明文规定不为罪""法无明文规定不处罚"是罪刑法定原则的经典表述。我国《刑法》第3条将罪刑法定原则表述为："法律明文规定为犯罪行为的，依照法律定罪处刑；法律没有规定为犯罪行为的，不得定罪处刑。"实行罪刑法定原则，是民主主义与尊重人权主义的基本要求。

罪刑法定原则在刑法中得到了充分体现：定罪处刑的根据，只能是作出了明文规定的法律，不能是习惯法；不得采用类推方法定罪处刑；不得依照事后法定罪处刑；对各种犯罪的构成要件及其刑事责任作出明确规定。

2. 平等适用刑法原则

《刑法》第4条规定："对任何人犯罪，在适用法律上一律平等。不允许任何人有超越法律的特权。"

平等适用刑法的具体要求如下：首先，刑法平等地保护法益。任何法益，只要是受刑法保护的，不管法益主体是谁，都应当平等地得到刑法的保护。其次，刑法平等地处理犯罪。对于实施犯罪的任何人，都必须严格依照刑法定罪量刑。行为人地位的高低、权力的大小、财产的多少都不能影响犯罪的成否与量刑的轻重。最后，平等地执行刑罚。对于判处刑罚的人，应当严格依照刑法规定平等地执行。

3. 罪刑相适应原则

《刑法》第5条规定："刑罚的轻重，应当与犯罪分子所犯罪行和承担的刑事责任相适应。"此即罪刑相适应原则。

罪刑相适应原则在刑罚的制定、适用与执行三个环节上都得到了体现：在制刑方面，注重罪质，并兼顾犯罪情节与犯罪人的人身危险性，建立科学的刑罚体系与合理规定各种具体犯罪的法定刑；在量刑方面，审判机关依照刑法的规定，根据犯罪的性质、情节及犯罪人的人身危险性，实行区别对待的方针，具体选择适当的宣告刑或决定免予刑罚处罚；在刑罚执行方面，执行机关依照刑法的规定，注重犯罪人人身危险性（再犯可能性）程度的消长变化，兼顾犯罪性质与情节，合理适用减刑、假释等制度。

三、刑法的空间效力与时间效力

刑法的空间效力,是指一国刑法在什么地域、对什么人适用的问题。

对于国内犯,以属地管辖为基本原则,即凡在中华人民共和国领域内犯罪的,除法律有特别规定的以外,都适用中国刑法。中华人民共和国领域,包括中国的领陆、领水与领空。此外,在中国船舶或者航空器内犯罪的,也适用中国刑法。

对于国外犯,则根据不同情况采取不同管辖原则。第一,属人管辖原则。中国公民在中华人民共和国领域外犯刑法规定之罪的,适用中国刑法,但是按照刑法规定的最高刑为3年以下有期徒刑的,可以不予追究;国家工作人员和军人在中国领域外犯刑法规定之罪的,适用中国刑法。第二,保护管辖原则。外国人在中华人民共和国领域外对中华人民共和国或者公民犯罪,而按刑法规定的法定最低刑为3年以上有期徒刑的,可以适用中国刑法,但是按照犯罪地的法律不受处罚的除外。第三,普遍管辖原则。对于中华人民共和国缔结或参加的国际条约所规定的罪行,中国在所承担条约义务的范围内行使刑事管辖权的,适用中国刑法。此外,凡在中国领域外犯罪,依照刑法应当负刑事责任的,虽然经过国外审判,仍然可以依照中国刑法追究刑事责任,但是在外国已经受过刑罚处罚的,可以免除或者减轻处罚。

刑法的时间效力,是指刑法的生效时间、失效时间与溯及力。刑法的生效时间,一般在刑法中有明文规定;刑法的失效时间,或者由立法机关明文宣布原有法律效力终止或废止,或者新法的施行使原有的法律自然失效。刑法的溯及力,是指刑法生效后,对它生效前未经审判或判决未确定的行为是否具有追溯适用效力,如果具有适用效力,则是有溯及力,反之,则没有溯及力。我国刑法在溯及力问题上采取了从旧兼从轻的原则,即原则上适用行为时的法律;根据新法行为不构成犯罪或者根据新法处刑较轻的,则适用新法。新刑法施行以前,依照当时的法律已经作出的生效判决,继续有效。

第二节 刑法关于犯罪的一般规定

一、犯罪的一般概念

刑法在总则中规定了犯罪的一般概念:"一切危害国家主权、领土完整和安全,分裂国家,颠覆人民民主专政的政权和推翻社会主义制度,破坏社会秩序和经济秩序,侵犯国有财产或者劳动群众集体所有的财产,侵犯公民私人所有的财产,侵犯公民的人身权利、民主权利和其他权利,以及其他危害社会的行为,依照法律应当受刑罚处罚的,都是犯罪,但是情节显著轻微危害不大的,不认为是犯罪。"据此,犯罪具有以下两个基本特征:

首先,犯罪是具有严重社会危害性的行为。社会危害性是指对法益的侵犯性,如危害国家安全、危害公共安全、破坏经济秩序、侵犯公民权利等行为,都是具有危害性的行为。但并非具有社会危害性的任何行为都是犯罪,只有社会危害性严重到值得科处刑罚的程度时,才可能成为犯罪。行为的情节显著轻微危害不大的,不是犯罪。

其次,犯罪是依照法律应当受刑罚处罚的行为。任何行为只有违反刑法时,才可能成为犯罪。没有违反刑法的行为(不符合刑法规定的犯罪成立条件的行为),即使具有严重的社会危害性,也不构成犯罪;行为虽然违反法律,但法律并没有规定给予刑罚处罚的,也不是犯罪行为。因此,只有依照法律应当受刑罚处罚的行为,即刑法明文规定应当受刑罚处罚的行为,才是犯罪。

二、犯罪构成

犯罪构成即犯罪成立的一般条件,是指刑法规定的,说明行为的社会危害性及其程度,而为成立犯罪所必须具备的主客观要件的统一体。其中的"要件",是指必要条件。根据刑法理论的通说,任何犯罪的成立,都必须具备犯罪客体要件、犯罪客观要件、犯罪主体要件与犯罪主观要件。

(一)犯罪客体要件

犯罪客体要件,意指行为只有侵害或者威胁了刑法所保护的法益时,才可能成立犯罪。法益,是指根据刑法的基本原则,由法所保护的、客观上可能受到侵害或者威胁的人的利益。刑法以保护法益为目的,犯罪的本质是侵犯法益。被侵害或者受威胁的法益,就是犯罪客体。行为侵害或者威胁的法益性质不同,其所构成的犯罪性质也就不同,所受到的刑罚处罚也将不同。

按照犯罪行为侵犯的法益范围不同,可以将犯罪客体进行不同的分类:一般客体,是指一切犯罪所侵犯的法益的整体;同类客体,是指某一类犯罪所共同侵犯的某一类法益,如放火罪、爆炸罪、破坏交通工具罪等侵犯的都是公共安全;直接客体,是指具体犯罪所直接侵犯的特定法益,如故意杀人罪侵犯的是他人的生命,故意伤害罪侵犯的是他人的身体健康。

犯罪客体与犯罪对象不是等同概念。犯罪对象,是指危害行为所作用的法益的主体(人)或者物质表现(物)。如甲盗窃了乙的计算机,计算机本身是犯罪对象,乙对计算机的占有权,则是盗窃罪的犯罪客体。再如,妨害公务罪的犯罪对象是国家机关工作人员等,犯罪客体则是公务本身。

(二)犯罪客观要件

犯罪客观要件,是指刑法所规定的,说明行为对刑法所保护的法益的侵害性或者威胁性,而为成立犯罪所必须具备的客观事实特征。主要是指危害行为,危害结果以及二者之间的因果关系。

危害行为,是指人在其意识支配下所实施的危害社会的身体活动。危害行为具有三个特点:一是有体性,即危害行为是人的身体活动或动作。二是有意性,即危害行为是基于人的意识而实施的,无意识的举动被排斥在危害行为之外,因而被排斥在犯罪之外。三是危害性,即危害行为必须是侵犯法益的行为;保护法益的行为不可能成为刑法上的危害行为,因此,排除社会危害性的行为(如正当防卫、紧急避险等行为)被排斥在危害行为之外,因而不认为是犯罪。

危害行为分为作为与不作为。作为,是指行为人以积极的身体活动实施刑法所禁止的危害行为。如抢劫行为、盗窃行为,都表现为作为。不作为,是指行为人在能够履行自己应尽的作为义务的情况下不履行该义务。成立不作为犯罪,客观上必须具备以下三个条件:一是行为人负有实施特定积极行为的法律义务;二是行为人能够履行该义务;三是行为人没有履行该义务,造成或者可能造成危害结果。例如,应当且能够抚养没有独立生活能力的人而拒不抚养的,成立不作为形式的遗弃罪。在通常情况下,刑法没有要求行为必须在特定时间、特定地点以特定手段实施,如以任何时间、地点,以任何手段杀害他人的,都成立杀人罪。但是,在少数情况下,刑法要求行为必须在特定时间或者特定地点实施,或者必须以特定方式实施。

危害结果,是危害行为给刑法所保护的法益所造成的具体侵害事实。危害结果的表现形式多种多样,如物质性的危害结果与非物质的危害结果,直接危害结果与间接危害结果等等。刑法根据不同的情况对危害结果作了不同的规定:有的犯罪以发生危害结果作为成立犯罪的必要条件,没有发生危害结果的行为不成立犯罪(如过失致人死亡罪);有的犯罪以发生危害结果作为犯罪既遂的条件(如故意杀人罪);有的犯罪以发生危害结果的危险作为成立犯罪的条件(如放火罪);有的犯罪以发生加重结果作为法定刑升格的条件(如刑法对故意伤害致人重伤、死亡的,规定了更高的法定刑)。

因果关系,是指危害行为与危害结果之间的因果关系。要使行为人对某种危害结果承担责任,就要求其实施的危害行为与危害结果之间具有引起与被引起的因果关系。这种因果关系本身是客观的,不依任何人的主观意志为转移的;它是法律规定的特定行为与特定结果之间的特定的发展过程,而非任何两种现象之间的因果关系。例如,成立敲诈勒索罪的既遂,必须是由于行为人的恐吓行为,使被害人产生恐惧心理,从而做出有瑕疵的财产处分。如果被害人基于怜悯之心处分财产,则行为人仅成立敲诈勒索的未遂。

(三)犯罪主体要件

犯罪主体要件,是指刑法规定的,实施犯罪行为的主体本身必须具备的条件。

根据刑法的规定,犯罪主体分为两大类,即自然人犯罪主体与单位犯罪主体。

自然人犯罪主体首先必须达到一定年龄。《刑法》规定,不满14周岁的人,一律不负刑事责任。即不满14周岁的人,其实施的任何行为都不构成犯罪;已满14周岁不满16周岁的人,犯故意杀人、故意伤害致人重伤或者死亡、强奸、抢劫、贩卖毒品、放火、爆炸、投毒罪的,应当负刑事责任;实施此外的其他行为的,不负刑事责任;已满16周岁的人,对一切犯罪负刑事责任。已满14周岁不满18周岁的人犯罪,应当从轻或者减轻处罚。此外,基于人道主义与刑事政策的考虑,刑法规定,已满75周岁的人故意犯罪的,可以从轻或者减轻处罚;过失犯罪的,应当从轻或者减轻处罚。

自然人犯罪主体必须同时具有辨认能力与控制能力。即行为人必须能够认识自己特定行为的性质、后果与意义,并且能够基于这种认识控制自己是否实施该行为。精神病人在不能辨认或者不能控制自己行为时造成危害结果的,不负刑事责任。间歇性精神病人在精神正常的时候犯罪,应当负刑事责任;尚未完全丧失辨认或者控制自己行为能力的精神病人犯罪的,应当负刑事责任,但是可以从轻或者减轻处罚。醉酒的人犯罪,应当负刑事责任。又聋又哑的人或者盲人犯罪,可以从轻、减轻或者免除处罚。

自然人犯罪主体在某些情况下还必须具有特殊身份。特殊身份是指行为人在身份上的特殊资格,以及其他与一定的犯罪行为有关的,行为人在社会关系上的特殊地位或者状态。例如,受贿罪的主体必须是国家工作人员,一般公民不可能单独犯受贿罪,只是可以与国家工作人员构成受贿罪的共犯。根据《刑法》的规定,特殊身份主要包括以下九类:一是以特定公职为内容的特殊身份,如国家工作人员;二是以特定职业为内容的特殊身份,如航空人员等;三是以特定法律义务为内容的特殊身份,如纳税人、扣缴义务人等;四是以特定法律地位为内容的特殊身份,如证人、鉴定人等;五是以持有特定物品为内容的特殊身份,如依法配备公务用枪的人员等;六是以不具有特定资格为内容的特殊身份,如未取得医生执业资格的人等;七是以参与某种活动为内容的特殊身份,如投标人等;八是以患有特定疾病为内容的特殊身份,如严重性病患者等;九是以居住地和特定组织成员为内容的特殊身份,如境外的黑社会组织的人员等。

单位犯罪主体即实施了法律规定的犯罪行为的公司、企业、事业单位、机关、团体。根据《刑法》的规定,公司、企业、事业单位、机关、团体实施的危害社会的行为,法律规定为单位犯罪的,应当负刑事责任;虽然形式上是单位集体实施的犯罪,但如果刑法没有规定为单位犯罪的,不能以单位犯罪论处,只能按自然人犯罪处罚;单位犯罪的,对单位判处罚金,并对其直接负责的主管人员和其他直接责任人员判处刑罚,但刑法分则和其他法律另有规定的除外。

（四）犯罪主观要件

犯罪主观要件，是指刑法规定成立犯罪必须具备的，犯罪主体对其实施的危害行为及其危害结果所持的心理态度。犯罪心理态度的基本内容是故意与过失，此外有些犯罪还要求具有特定的犯罪目的、动机。

犯罪故意，是指明知自己的行为会发生危害社会的结果，并且希望或者放任这种结果发生的心理态度。犯罪故意分为直接故意与间接故意。直接故意，是指明知自己的行为会发生危害社会的结果，并且希望这种结果发生的心理态度。直接故意由认识因素与意志因素构成。认识因素的内容是，行为人明知自己行为的内容与危害性质、明知自己的行为会发生何种性质的结果；在某些犯罪中，还必须明知刑法规定的特定事实（如特定的时间、地点、特定的对象等）。意志因素的内容是，对自己所认识的危害结果抱有积极追求的心理态度，发生危害结果是行为人实施危害行为直接追求的目的。间接故意，是指明知自己的行为可能发生危害社会的结果，并且放任这种结果发生的心理态度。"放任"，是指行为人对危害结果持听之任之、发生也可以不发生也可以的态度。

犯罪过失，是指应当预见自己的行为可能发生危害社会的结果，因为疏忽大意而没有预见，或者已经预见而轻信能够避免，以致发生这种结果的心理态度。过失分为疏忽大意的过失与过于自信的过失。疏忽大意的过失，是指应当预见自己的行为可能发生危害社会的结果，因为疏忽大意而没有预见，以致发生这种结果的心理态度。例如，狩猎人以为前方是野兽而开枪射击，但实际上前方不是野兽而是他人，因而导致他人死亡，狩猎人也应当预见前方是他人的，成立疏忽大意的过失犯罪。过于自信的过失，是指已经预见自己的行为可能发生危害社会的结果，但轻信能够避免，以致发生这种结果的心理态度。行为人在已经预见自己的行为可能发生危害结果的情况下仍然实施该行为，是因为行为人主观上轻信能够避免该结果。例如，驾驶员以为自己的驾驶水平高而超速行驶，导致他人死亡的，成立过于自信的过失犯罪。

任何犯罪的成立都必须具有故意或过失的心理态度，行为在客观上虽然造成了损害结果，但不是出于故意或者过失，而是由于不能抗拒或者不能预见的原因所引起的，不是犯罪。

除了故意与过失之外，有些犯罪的成立还要求行为人具有特定的犯罪目的与动机。例如，成立走私淫秽物品罪，要求行为除了具有故意的心理状态外，还必须具有牟利或者传播目的。成立盗窃罪，要求行为人具有非法占有目的。再如，投降罪的成立，要求行为人出于贪生怕死的动机。

三、犯罪的形态

犯罪的形态，包括三个方面的内容：一是犯罪的未完成形态即犯罪的预备、未遂与中止；二是犯罪的共同形态即共同犯罪；三是犯罪的罪数形态。

（一）未完成形态

犯罪的未完成形态，是指犯罪没有达到既遂的形态，包括犯罪预备、犯罪未遂与犯罪中止三种形态。

犯罪预备，是指为了犯罪，准备工具、制造条件，由于犯罪人意志以外的原因，而未着手实行的形态。成立犯罪预备必须具备以下四个条件：第一，主观上为了实行犯罪，包括为了自己实行犯罪与为了他人实行犯罪。第二，客观上实施了犯罪预备行为。预备行为是为犯罪的实行创造条件，以利于危害结果顺利实现的行为，包括准备工具、制造条件的行为。第三，事实上未能着手实行犯罪。既可能是预备行为没有实施终了，由于某种原因不能继续实施预备行为，因而不可能着手实行；也可能是预备行为已经实施终了，但由于某种原因未能着手实行。第四，未能着手实行犯罪是由于行为人意志以外的原因。犯罪预备行为与犯意表示存在本质区别，犯意表示仅仅是犯罪想法的表达，尚未实际实施犯罪行为，因而不认为是犯罪。对于预备犯，可以比照既遂犯从轻、减轻处罚或者免除处罚。

犯罪未遂，是指已经着手实行犯罪，由于犯罪分子意志以外的原因而未得逞的情形。犯罪未遂具有以下特征：第一，已经着手实行犯罪。着手是实行行为的起点，行为人已经开始实施可能直接导致危害结果发生的行为时，就是实行行为的着手。第二，犯罪未得逞，即行为人所追求的、行为性质所决定的危害结果没有发生。例如，故意杀人时没有发生死亡结果；盗窃他人财物时没有将他人占有的财物转移给自己或第三者占有。第三，犯罪未得逞是由于犯罪人意志以外的原因。犯罪人意志以外的原因，是指始终违背犯罪人意志的，客观上使犯罪不可能既遂，或者使犯罪人认为不可能既遂从而被迫停止犯罪的原因。犯罪未遂分为实行终了的未遂与未实行终了的未遂，即未造成任何危害结果的未遂与造成了一定危害结果的未遂。对于未遂犯，可以比照既遂犯从轻或者减轻处罚。

犯罪中止，是指在犯罪过程中，自动放弃犯罪或者自动有效地防止犯罪结果发生的情形。犯罪中止存在两种情况：一是未实行终了的中止，即在犯罪行为还没有实行终了的犯罪过程中，自动放弃犯罪；二是实行终了的中止，即在犯罪行为实行终了的情况下，自动有效地防止犯罪结果的发生。犯罪中止必须符合以下四个条件：第一，必须是在犯罪过程中中止犯罪，即在犯罪行为开始实施之后、犯罪结果发生之前中止犯罪；犯罪已经既遂或者已经形成犯罪预备、犯罪未遂的形态后，就不可能再中止犯罪。第二，必须是自动中止犯罪，即行为人认识到客观上可能继续实施犯罪或者可能达到犯罪既遂,但自愿放弃原来的犯罪意图;由于行为人意志以外的原因而被迫停止犯罪的,不成立犯罪中止。第三,必须实施了中止行为。在行为未实行终了、只要不继续实施就不会发生犯罪结果的情况下,中止行为表现为放弃继续实施犯罪行为;在行为实行终了、不采取有效措施就会发生犯罪结果的情况下,中止行为表现为采取积极措施有效地防止犯罪结果发生。第四,必须没有发生犯罪结果,即必须没有发生行为人原本所追求的、行为性质所决定的犯罪结果。行为人实施了中止行为,但仍然发生了其所追求的、行为性质所决定的犯罪结果时,虽然可以从轻处罚,但不成立犯罪中止。对于中止犯,没有造成损害的,应当免除处罚;造成损害的,应当减轻处罚。

(二) 共同犯罪

共同犯罪是指二人以上共同故意犯罪。从主体上看,成立共同犯罪要求有两个以上符合犯罪主体要件的人。共同犯罪的主体包括自然人与单位。从主观上看,成立共同犯罪要求有共同故意,各共犯人均有相同的犯罪故意(不要求故意内容完全相同,只要故意内容部分相同即可),都明知共同犯罪行为的性质、危害社会的结果,并且希望或者放任这种结果的发生;各共犯人都认识到自己不是在孤立地实施犯罪,而是在和他人一起共同犯罪。二人以上共同过失犯罪的,不以共同犯罪论处,只能分别处罚。一人故意犯罪、另一人过失犯罪的,也不可能成立共同犯罪。从客观上看,成立共同犯罪要求有共同犯罪行为。每一个共犯人的行为都必须为共同犯罪的实施与完成起了促进作用。在危害结果发生的情况下,各共犯人的行为作为一个整体与危害结果之间具有因果关系。

共同犯罪分为一般共同犯罪、聚众共同犯罪与集团共同犯罪。一般共同犯罪,是指二人以上没有组织形式的共同犯罪。其特点是,二人即可构成,共犯人的勾结是暂时的,没有特殊的组织形式,不存在众人随时可能参与的形态。聚众共同犯罪,是指由首要分子组织、策划、指挥众人所实施的共同犯罪。具有参与人的复杂性、行为的公然性、行为的多样性、后果的严重性等特点。集团共同犯罪,也可以称为有组织的共同犯罪,是指三人以上有组织地实施的共同犯罪。其特点是主体的有组织性、犯罪目的的明确性、犯罪行为的周密性、犯罪结果的严重性。恐怖活动组织实施的犯罪、黑社会组织实施的犯罪,是典型的集团共同犯罪。犯罪团伙不是法律概念。

组织、领导犯罪集团进行犯罪活动的或者在共同犯罪中起主要作用的,是主犯。在共同犯罪起次要作用或者辅助作用的,是从犯。对于从犯,应当从轻、减轻或者免除处罚。被胁迫参加犯罪的人,是胁从犯。对于胁从犯,应当按照他的犯罪情节减轻处罚或者免除处罚。教唆他人犯罪的,构成教唆犯。对于教唆犯,应当按照他在共同犯罪中所起的作用处罚:起主要作用的,按主犯处罚;起次要作用的,按从犯处罚。教唆不满18周岁的人犯罪的,应当从重处罚。如果被教唆的人没有犯被教唆的罪,对于教唆犯可以从轻或者减轻处罚。

(三) 罪数

罪数,是指一人所犯之罪的数量;区分一罪与数罪,原则上以行为所符合的犯罪构成的数量为标准。行为符合一个犯罪构成的,成立一罪;行为符合数个犯罪构成,或者数次符合一个犯罪构成的,成立数罪。单纯一罪与数罪比较容易认定,而介于二者之间的行为的罪数则比较复杂。刑法明确将某些形式上的数罪规定为一罪,主要有继续犯、想象竞合犯、结果加重犯、职业犯、连续犯、吸收犯与牵连犯。

继续犯也称持续犯,是指行为从着手实行到由于某种原因终止以前,一直处于持续状态的犯罪。非法拘禁罪就是典型的继续犯。对于继续犯,不论其持续时间的长短,刑法都规定为一罪,而不是当数罪处理。

想象竞合犯,也称想象数罪,是指一个行为侵害数个法益因而触犯了数个罪名的情况。如窃取正在使用的电力设备器件的行为,既触犯了盗窃罪,也触犯了破坏电力设备罪,但仅依照处罚较重的犯罪定罪处罚,而不是实行数罪并罚。

结果加重犯,是指法律规定的一个犯罪行为,由于发生了严重结果而加重其法定刑的情况。例如,行为人本欲实施故意伤害罪,但发生了致人死亡结果的,便是结果加重犯。由于刑法对结果加重犯规定了加重的法定刑,故对结果加重犯只能认定为一罪,并且根据加重的法定刑量刑,而不能以数罪论处。

职业犯,是指以某种犯罪作为职业的情形。如未取得医生执业资格的人,将行医作为一种业务而反复从事行医活动的,只成立一个非法行医罪,而不成立数罪。

连续犯,是指基于同一的或者概括的犯罪故意,连续实施性质相同的数个行为,触犯同一罪名的犯罪。刑法分则的许多条文明确将连续实施同一性质犯罪的情况规定为一罪,同时规定将连续实施的所有犯罪行为综合起来进行处罚或者作为法定刑升格的条件。例如,对于多次走私未经处理的,按照累计走私货物、物品的偷逃应缴税款处罚;对于多次贪污未经处理的,按照累计贪污数额处罚;对于多次抢劫的,强奸妇女、奸淫幼女多人的,按加重的法定刑处罚;而不能按走私、贪污、抢劫、强奸的次数确定罪数。

吸收犯,是指事实上数个不同的行为,其一行为吸收其他行为,仅成立吸收行为一个罪名的犯罪。具体表现为,前行为是后行为的必经阶段,后行为是前行为发展的当然结果。例如,行为人伪造货币后又出售或者运输伪造的货币,事实上虽有数个不同的行为,但出售、运输伪造的货币的行为是伪造货币行为发展的当然结果,故刑法规定对这种情形只认定为伪造货币罪,而不认定为数罪。

牵连犯,是指犯罪的手段行为或者结果行为,与目的行为或者原因行为分别触犯不同罪名的情况。例如,伪造国家机关公文诈骗他人财物的,手段行为触犯了伪造国家机关公文罪,目的行为构成诈骗罪。对于牵连犯,除刑法有特别规定的以外,原则上按一重罪论处。

四、排除犯罪的事由

一些行为,表面上符合犯罪的客观要件,实质上却保护了法益,为刑法所允许。这类行为称为排除犯罪的事由。我国刑法明文规定了正当防卫与紧急避险两种情形。

(一)正当防卫

为了使国家、公共利益、本人或者他人的人身、财产和其他权利免受正在进行的不法侵害,而采取的制止不法侵害的行为,对不法侵害人造成损害的,属于正当防卫,不负刑事责任。正当防卫分为一般正当防卫与特殊正当防卫。

一般正当防卫必须具备以下条件:第一,必须存在现实的不法侵害行为。不法侵害行为既包括犯罪行为,也包括其他违法行为,但必须是具有攻击性、破坏性、紧迫性的行为。第二,不法侵害必须正在进行,即不法侵害已经开始且尚未结束。对于尚未开始或者已经结束的行为实施的所谓"防卫行为",属于防卫不适时,成立故意犯罪或者过失犯罪。第三,必须针对不法侵害本人进行防卫,不能对第三者造成损害。防卫行为本身通常表现为造成不法侵害者伤亡,或者造成其他损害。第四,必须没有明显超过必要限度造成重大损害。即防卫行为必须尽可能控制在保护法益所需要的范围之内。正当防卫明显超过必要限度造成重大损害的,属于防卫过当,应当负刑事责任,但是应当减轻或者免除处罚。

刑法还规定了特殊正当防卫:对于正在进行行凶、杀人、抢劫、强奸、绑架以及其他严重危及人身安全的暴力犯罪,采取防卫行为,造成不法侵害人伤亡的,不属于防卫过当,不负刑事责任。据此,对严重危及人身安全的暴力犯罪进行正当防卫的,不存在防卫过当问题。但应注意的是,特殊正当防卫,仍然以暴力犯罪正在进行为条件。对于尚未开始或者已经结束的暴力犯罪,不得进行防卫。

(二)紧急避险

为了使国家、公共利益、本人或者他人的人身、财产和其他权利免受正在发生的危险,不得已损害另一较小法益的行为,属于紧急避险,不负刑事责任。分洪是最为典型的紧急避险。紧急避险必须符合以下条件:第一,法益处于客观存在的危险的威胁之中;第二,危险必须已经发生或迫在眉睫并且尚未消除;第三,必须出于不得已而损害另一合法权益;第四,没有超过必要限度造成不应有的损害。紧急避险行为超过必要限度造成不应有的损害的,应当负刑事责任,但是应当减轻或者免除处罚。此外,关于避免本人危险的规定,不适用于职务上、业务上负有特定责任的人。例如,警察面临不法侵害时,不能实施紧急避险行为。

第三节 刑法关于犯罪的具体规定

刑法分则是关于具体犯罪及其刑事责任的规定。根据同类客体的不同,具体犯罪共分为10类。

一、危害国家安全罪

危害国家安全罪,是指故意危害中华人民共和国的主权、领土完整与安全,分裂国家,颠覆国家政权,推翻社会主义制度的行为。危害国家安全罪,侵犯了中华人民共和国的整体利益;行为表现为侵害国家的独立与完整、危害国家的存在与安全、破坏国家的国体与政体、妨害国家的机能与作用;犯罪主体必须达到法定年龄,具有辨认和控制自己行为的能力;行为人主观上必须出于故意,明知自己的行为会发生危害中华人民共和国国家安全的结果,并且希望或者放任这种结果发生。

危害国家安全罪的具体类型有:背叛国家罪、分裂国家罪、煽动分裂国家罪、武装叛乱、暴乱罪、颠覆国家政权罪、煽动颠覆国家政权罪、资助危害国家安全犯罪活动罪、投敌叛变罪、叛逃罪、间谍罪、为境外窃取、刺探、收买、非法提供国家秘密、情报罪、资敌罪。其中,背叛国家罪,是指勾结外国或者与境外机构、组织、个人相勾结,危害中华人民共和国主权、领土完整和安全的行为。叛逃罪,是指国家机关工作人员在履行公务期间,擅离岗位,叛逃境外或者在境外叛逃的行为,以及掌握国家秘密的国家工作人员叛逃境外或者在境外叛逃的行为。

二、危害公共安全罪

危害公共安全罪,是指故意或者过失地实施危害不特定或者多数人的生命、健康或者重大公共财产的安全的行为。这类犯罪所危害的是公共安全;行为的特点是危害或者足以危害不特定或者多数人的生命、健康或重大公私财产的安全;行为的主体多为一般主体;从主观方面看,既有故意犯罪,也有过失犯罪。

危害公共安全罪主要包括以下几类犯罪:一是以危险方法危害公共安全的犯罪,如放火罪、爆炸罪、决水罪,投放危险物质罪等。二是破坏公用工具、设施危害公共安全的犯罪,如破坏交通工具罪、破坏交通设施罪、破坏易燃易爆设备罪等。其中,破坏交通工具罪,是指故意破坏火车、汽车、电车、船只、航空器,足以使其发生倾覆、毁坏危险或者造成严重后果的行为。三是实施恐怖、危险活动危害公共安全的犯罪,如组织、领导、参加恐怖组织罪、帮助恐怖活动罪、准备实施恐怖活动罪、劫持航空器罪等。恐怖活动,是指以制造社会恐慌、危害公共安全或者胁迫国家机关、国际组织为目的,采取暴力、破坏、恐吓等手段,造成或者意图造成人员伤亡、重大财产损失、公共设施损坏、社会秩序混乱等严重社会危害的行为,以及煽动、资助或者以其他方式协助上述活动的行为。恐怖活动组织,是指三人以上为实施恐怖活动而组成的犯罪组织。四是违反枪支、弹药、爆炸物管理规定危害公共安全的犯罪,如非法制造、买卖、运输、邮寄、储存枪支、弹药、爆炸物罪、盗窃、抢夺枪支、弹药、爆炸物、危险物质罪等。五是违反安全管理规定危害公共安全的犯罪,如交通肇事罪、危险驾驶罪、重大责任事故罪、工程重大安全事故罪等。其中,交通肇事罪,是指违反交通运输管理法规,因而发生重大交通事故,致人重伤、死亡或者使公私财产遭受重大损失的行为。重大责任事故罪,是指工厂、矿山、林场、建筑企业或者其他企业、事业单位的职工,由于不服从管理、违反规章制度,或者强令工人违章冒险作业,因而发生重大伤亡事故或者造成其他严重后果的行为。危险驾驶罪,是指在道路上驾驶机动车追逐竞驶,情节严重的,或者在道路上醉酒驾驶机动车的行为。

三、破坏社会主义市场经济秩序罪

破坏社会主义市场经济秩序罪,是指违反国家市场经济管理法规,破坏社会主义市场经济秩序,严重危害市场经济发展的行为。这类犯罪所侵犯的是社会主义市场经济秩序;行为表现为违反国家的市场经济管理法规,危害市场经济发展;犯罪主体大多既可以是自然人,也可以是单位;行为人主观方面一般出于故意。

破坏社会主义市场经济秩序罪分为八类:一是生产、销售伪劣商品罪,包括各种违反产品质量法、侵害消费者的合法权益的犯罪,如生产、销售伪劣产品罪、生产、销售假药罪、生产、销售不符合卫生标准的食品罪等。其中,生产、销售伪劣产品罪,是指生产者、销售者在产品中掺杂、掺假,以假充真,以次充好或者以不合格产品冒充合格产品,销售金额较大的行为。二是走私罪,是指违反海关法规,逃避海关监管,破坏国家对外贸易管制,情节严重的行为,如走私武器、弹药罪、走私文物罪、走私普通货物、物品罪等。走私行为主要表现为,未经国务院或者国务院授权的部门批准,不经过设立海关的地点,非法运输、携带国家禁止或者限制进出口的货物、物品或者依法应当缴纳关税的货物、物品进出国(边)境,或者虽然通过设立海关的地点进出国(边)境,但采取隐匿、伪装、假报等欺骗手段,逃避海关监管、检查,非法盗运、偷带或者非法邮寄国家禁止或者限制进出口的货物、物品或者依法应当缴纳关税的货物、物品进出国(边)境的行为。三是妨害对公司、企业的管理秩序罪,如虚报注册资本罪、虚假出资、抽逃出资罪、提供虚假财会报告罪等。四是破坏金融管理秩序罪,如伪造货币罪、持有、使用假币罪、伪造、变造金融票证罪等。其中,伪造货币罪,是指没有货币发行权的人,非法制造外观上足以使一般人误认为是货币的假货币,妨害货币的公共信用的行为。持有、使用假币罪,是指明知是伪造的货币而持有、使用,数额较大的行为。五是金融诈骗罪,如贷款诈骗罪、票据诈骗罪、信用卡诈骗罪、保险诈骗罪等。其中,贷款诈骗罪,是指以非法占有为目的,编造引进资金、项目等虚假理由,使用虚假的经济合同,使用虚假的证明文件,使用虚假的产权证明作担保或者超出抵押物价值重复担保,或者以其他方法骗取金融机构贷款的行为。信用卡诈骗罪,是指以非法占有为目的,使用伪造的信用卡,使用以虚假的身份证明骗领的信用卡,使用作废的信用卡,冒用他人信用卡骗取财物,或者恶意透支的行为。所谓恶意透支,是指持卡人以非法占有为目的,超过规定限额或者规定期限透支,并且经发卡银行催收后仍不归还的行为。六是危害税收征管罪,如逃税罪、抗税罪、逃避追缴欠税罪、骗取出口退税款罪等。其中,逃税罪,是指纳税人采取欺骗、隐瞒手段进行虚假申报或者不申报,逃避缴纳税款数额较大并且占应纳税额百分之十以上的行为。七是侵犯知识产权罪,如假冒注册商标罪、假冒专利罪、侵犯著作权罪、侵犯商业秘密罪等。其中,假冒注册商标罪,是指未经注册商标所有人许可,在同一种商品上使用与其注册商标相同的商标,情节严重的行为。侵犯商业秘密罪,是指以盗窃、利诱、胁迫或者其他不正当手段获取权利人的商业秘密,披露、使用或者允许他人使用以前项手段获取的权利人的商业秘密,违反约定或者违反权利人有关保守商业秘密的要求,披露、使用或者允许他人使用其所掌握的商业秘密,以及明知或者应知前述行为,而获取、使用或者披露他人的商业秘密,给商业秘密的权利人造成重大损失的行为。八是扰乱市场秩序罪,如损害商业信誉、商品声誉罪、虚假广告罪、串通投标罪、合同诈骗罪、非法经营罪、强迫交易罪等。其中,损害商业信誉、商品声誉罪,是指捏造并散布虚假事实,损害他人的商业信誉、商品声誉,给他人造成重大损失或者有其他严重情节的行为。虚假广告罪,是指广告主、广告经营者、广告发布者违反国家规定,利用广告对商品或者服务作虚假宣传,情节严重的行为。合同诈骗罪,是指以非法占有为目的,在签订、履行合同过程中,以虚构的单位或者冒用他人名义签订合同,以伪造、变造、作废的票据或者其他虚假的产权证明作担保,没有实际履行能力,以先履行小额合同或者部分履行合同的方法,诱骗对方当事人继续签订和履行合同,收受对方当事人给付的货物、货款、预付款或者担保财产后逃匿,或者以其他方法骗取对方当事人财物,数额较大的行为。

四、侵犯公民人身权利、民主权利罪

侵犯公民人身权利、民主权利罪,是指故意或者过失侵犯公民人身及其他与公民人身直接有关的权利的行为,以及非法剥夺或者妨害公民行使依法享有的管理国家和参加社会政治活动的权利及其他民主权利的行为。

侵犯公民人身权利、民主权利罪分为以下几类：一是侵犯生命、健康的犯罪，如故意杀人罪、过失致人死亡罪、故意伤害罪、组织出卖人体器官罪等。其中，故意杀人罪，是指故意非法剥夺他人生命的行为。二是侵犯妇女、儿童身心健康的犯罪，如强奸罪、强制猥亵、侮辱妇女罪、猥亵儿童罪。其中，强奸罪，是指违反妇女意志，使用暴力、胁迫或者其他方法强行与妇女发生性交，或者奸淫不满14周岁的幼女的行为。强制猥亵、侮辱罪，是指以暴力、胁迫或者其他强制方法猥亵他人或者侮辱妇女的行为。三是侵犯人身自由的犯罪，如非法拘禁罪、绑架罪、拐卖妇女、儿童罪等。其中，非法拘禁罪，是指故意非法拘禁他人或者以其他方法非法剥夺他人人身自由的行为。绑架罪，是指利用被绑架人的近亲属或者其他人对被绑架人安危的忧虑，以勒索财物或者满足其他不法要求为目的，使用暴力、胁迫或者麻醉方法劫持或者以实力控制他人的行为。拐卖妇女、儿童罪，是指以出卖为目的，拐卖、绑架、收买、贩卖、接送、中转妇女、儿童的行为。四是侵犯名誉的犯罪，即侮辱罪与诽谤罪。侮辱罪，是指使用暴力或者其他方法，公然败坏他人名誉，情节严重的行为。诽谤罪，是指捏造并散布某种事实，足以败坏他人名誉，情节严重的行为。五是侵犯民主权利的犯罪，如非法剥夺宗教信仰自由罪、侵犯通信自由罪、破坏选举罪等。六是妨害婚姻家庭权利的犯罪，如暴力干涉婚姻自由罪、重婚罪、拐骗儿童罪等。其中，暴力干涉婚姻自由罪，是指以暴力干涉他人结婚自由或者离婚自由的行为。重婚罪，是指有配偶而重婚或者明知他人有配偶而与之结婚的行为。

五、侵犯财产罪

侵犯财产罪，是指以非法占有为目的，攫取公私财物，或者挪用单位财物，或者故意毁坏公私财产的行为。这类犯罪侵犯的是国家、集体或者他人的财产权；行为表现为将公私财产非法占为己有或者挪用，或者毁坏公私财物；主体只能是自然人；主观上都出于故意。

侵犯财产罪包括四类：（1）非法占有公私财物的犯罪，如抢劫罪、盗窃罪、诈骗罪、抢夺罪、敲诈勒索罪、侵占罪、职务侵占罪等。其中，抢劫罪，是指以暴力、胁迫或者其他方法抢劫公私财物的行为。盗窃罪，以非法占有为目的，违反被害人的意志，将他人占有的财物非法转移为自己或者第三者占有的行为。诈骗罪，是指以非法占有为目的，使用欺骗手段，使他人基于认识错误处分财产，从而使自己或者第三者取得财产的行为。敲诈勒索罪，是指以非法占有为目的，使用恐吓手段，使他人基于恐惧心理处分财产，从而使自己或者第三者取得财产的行为。侵占罪，是指将代为保管的他人财物非法占为己有，数额较大，拒不退还，或者将他人的遗忘物或者埋藏物非法占为己有，数额较大，拒不交出的行为。职务侵占罪，是指企业或者其他单位的人员，利用职务上的便利，将本单位财物非法占为己有，数额较大的行为。(2)挪用财产的犯罪,如挪用资金罪、挪用特定款物罪。其中,挪用资金罪,是指公司、企业或者其他单位的工作人员,利用职务上的便利,挪用本单位资金归个人使用或者借贷给他人,数额较大、超过3个月未还的,或者虽未超过3个月,但数额较大、进行营利活动的,或者进行非法活动的行为。(3)毁坏公私财物的犯罪,如故意毁坏财物罪、破坏生产经营罪。其中,故意毁坏财物罪,是指故意非法毁坏公私财物,数额较大或者情节严重的行为。(4)拒不支付劳动报酬罪,本罪是指以转移财产、逃匿等方法逃避支付劳动者的劳动报酬或者有能力支付而不支付劳动者的劳动报酬,数额较大,经政府有关部门责令支付仍不支付的行为。

六、妨害社会管理秩序罪

妨害社会管理秩序罪,是指故意妨害国家机关对社会的管理活动,破坏社会秩序,情节严重的行为。

妨害社会管理秩序罪分为九类:

一是扰乱公共秩序罪,包括妨害公务罪、伪造、变造、买卖国家机关公文、证件、印章罪、伪造、变造、买卖身份证件罪、使用虚假身份证件、盗用身份证件罪、非法获取国家秘密罪、组织考试作弊罪、非法出售、提供试题、答案罪、代替考试罪、非法侵入计算机信息系统罪、非法获取计算机信息系统数据、非法控制计算机信息系统罪、破坏计算机信息系统罪、非法利用信息网络罪、帮助信息网络犯罪活动罪、非法集会、游行、示威罪、侮辱国旗、国徽罪、聚众淫乱罪、赌博罪、开设赌场罪等30多个罪名。其中,妨害公务罪,是指以暴力、威胁方法阻碍国家机关工作人员依法执行职务,以暴力、威胁方法阻碍全国人民代表大会和地方各级人民代表大会代表依法执行代表职务,在自然灾害和突发事件中,以暴力、威胁方法阻碍红十字会工作人员依法履行职责,或者故意阻碍国家安全机关、公安机关依法执行国家安全工作任务,虽未使用暴力、威胁方法,造成严重后果的行为。非法获取国家秘密罪,是指以窃取、刺探、收买方法,非法获取国家秘密的行为。代替考试罪,是指代替他人或者让他人代替自己参加法律规定的国家考试的行为。非法侵入计算机信息系统罪,是指违反国家规定,侵入国家事务、国防建设、尖端科学技术领域的计算机信息系统的行为。破坏计算机信息系统罪,是指违反国家规定,对计算机信息系统功能进行删除、修改、增加、干扰,造成计算机信息系统不能正常运行,后果严重的,违反国家规定,对计算机信息系统中存储、处理或者传输的数据和应用程序进行删除、修改、增加的操作,后果严重的,以及故意制作、传播计算机病毒等破坏性程序,影响计算机系统正常运行,后果严重的行为。非法利用信息网络罪包括三种类型:(1)设立用于实施诈骗、传授犯罪方法、制作或者销售违禁物品、管制物品等违法犯罪活动的网站、通讯群组,情节严重的;(2)发布有关制作或者销售毒品、枪支、淫秽物品等违禁物品、管制物品或者其他违法犯罪信息,情节严重的;(3)为实施诈骗等违法犯罪活动发布信息,情节严重的。帮助信息网络犯罪活动罪,是指自然人或者单位明知他人利用信息网络实施犯罪,为其犯罪提供互联网接入、服务器托管、网络存储、通讯传输等技术支持,或者提供广告推广、支付结算等帮助,情节严重的行为。非法集会、游行、示威罪,是指举行集会、游行、示威,未依照法律规定申请或者申请未获许可,或者未按照主管机关许可的起止时间、地点、路线进行,又拒不服从解散命令,严重破坏社会秩序的行为。

二是妨害司法罪,包括以各种方式妨害司法机关正常活动的犯罪,如伪证罪、妨害作证罪、掩饰、隐瞒犯罪所得、犯罪所得收益罪等。其中,伪证罪,是指在刑事诉讼中,证人、鉴定人、记录人、翻译人对与案件有重要关系的情节,故意作虚假证明、鉴定、记录、翻译,意图陷害他人或者隐匿罪证的行为。掩饰、隐瞒犯罪所得、犯罪所得收益罪,是指明知是犯罪所得及其产生的收益而予以窝藏、转移、收购、代为销售或者以其他方法掩饰、隐瞒的行为。

三是妨害国(边)境管理罪,如组织他人偷越国(边)境罪、骗取出境证件罪等。其中,骗取出境证件罪,是指以劳务输出、经贸往来或者其他名义,弄虚作假,骗取护照、签证等出境证件,为组织他人偷越国(边)境使用的行为。

四是妨害文物管理罪,如故意损毁文物罪、倒卖文物罪等。

五是危害公共卫生罪,包括违反卫生、检疫、医疗等方面的法规,危害公共卫生的各种犯罪,如妨害传染病防治罪、医疗事故罪、非法行医罪等。其中,妨害传染病防治罪,是指单位或者个人违反传染病防治法的规定,供应的饮用水不符合国家规定的卫生标准,拒绝按照卫生防疫机构提出的卫生要求,对传染病病原体污染的污水、污物、粪便进行消毒处理,准许或者纵容传染病病人、病原携带者和疑似传染病病人从事国务院卫生行政部门规定禁止从事的易使该传染病扩散的工作,拒绝执行卫生防疫机构依照传染病防治法提出的预防、控制措施,引起甲类传染病传播或者有传播严重危险的行为。医疗事故罪,是指医务人员由于严重不负责任,造成就诊人死亡或者严重损害就诊人身体健康的行为。非法行医罪,是指未取得医生执业资格的人非法行医,情节严重的行为。

六是破坏环境资源保护罪,是指违反环境保护法规,破坏环境资源保护的行为,如污染环境罪、非法狩猎罪、盗伐林木罪、滥伐林木罪等。其中,污染环境罪,是指违反国家规定,排放、倾倒或者处置有放射性的废物、含传染病病原体的废物、有毒物质或者其他有害物质,严重污染环境的行为。

七是走私、贩卖、运输、制造毒品罪,包括以毒品为对象的各种犯罪,如走私、贩卖、运输、制造毒品罪、非法持有毒品罪、强迫他人吸毒罪等。

八是组织、强迫、引诱、容留、介绍卖淫罪,如组织卖淫罪、强迫卖淫罪、传播性病罪、嫖宿幼女罪等。其中,传播性病罪,是指明知自己患有梅毒、淋病等严重性病进行卖淫、嫖娼的行为。嫖宿幼女罪,是指嫖宿不满十四周岁的幼女的行为。

九是制作、贩卖、传播淫秽物品罪。如制作、复制、出版、贩卖、传播淫秽物品牟利罪、组织淫秽表演罪等。

七、危害国防利益罪

危害国防利益罪,是指违反国防法规,故意或者过失危害国防利益的行为。分为平时危害国防利益的犯罪与战时危害国防利益的犯罪,如阻碍军人执行职务罪、阻碍军事行动、破坏武器装备、军事设施、军事通信罪、冒充军人招摇撞骗罪等。其中,阻碍军人执行职务罪,是指以暴力、威胁方法阻碍军人依法执行职务的行为。

八、贪污贿赂罪

贪污贿赂罪,是指国家工作人员利用职务之便,贪污、挪用公共财物,收受贿赂,不履行法定义务,破坏职务行为的廉洁性、不可收买性的行为。

贪污贿赂罪可分为贪污犯罪与贿赂犯罪两大类:

一是贪污犯罪,包括贪污罪、挪用公款罪、私分国有资产罪、私分罚没财物罪、巨额财产来源不明罪与隐瞒境外存款罪。其中,贪污罪,是指国家工作人员利用职务上的便利,侵吞、窃取、骗取或者以其他手段非法占有公共财物的行为。受国家机关、国有公司、企业、事业单位、人民团体委托管理、经营国有财产的人员,利用职务上的便利,侵吞、窃取、骗取或者以其他手段非法占有国有财物的,以贪污论。挪用公款罪,是指国家工作人员利用职务上的便利,挪用公款归个人使用,进行非法活动的,或者挪用公款数额较大、进行营利活动的,或者挪用公款数额较大、超过3个月未还的行为。私分国有资产罪,是指国家机关、国有公司、企业、事业单位、人民团体,违反国家规定,以单位名义将国有资产集体私分给个人,数额较大的行为。巨额财产来源不明罪,是指国家工作人员的财产或者支出明显超过合法收入,差额巨大,本人在被责令说明来源时不能说明其来源是合法的行为。

二是贿赂犯罪,包括以自然人为主体以及以单位为主体的各种受贿、行贿与介绍贿赂的犯罪。受贿罪,是指国家工作人员利用职务上的便利,索取他人财物的,或者非法收受他人财物,为他人谋取利益的行为。国家工作人员在经济往来中,违反国家规定,收受各种名义的回扣、手续费,归个人所有的,以受贿论处。国家工作人员利用本人职权或者地位形成的便利条件,通过其他国家工作人员职务上的行为,为请托人谋取不正当利益,索取请托人财物或者收受请托人财物的,以受贿论处。利用影响力受贿罪,是指国家工作人员的近亲属或者其他与该国家工作人员关系密切的人,通过该国家工作人员职务上的行为,或者利用该国家工作人员职权或者地位形成的便利条件,通过其他国家工作人员职务上的行为,为请托人谋取不正当利益,索取请托人财物或者收受请托人财物,数额较大或者有其他较重情节的行为,以及离职的国家工作人员或者其近亲属以及其他与其关系密切的人,利用该离职的国家工作人员原职权或者地位形成的便利条件,通过其他国家工作人员职务上的行为,为请托人谋取不正当利益,索取请托人财物或者收受请托人财物,数额较大或者有其他较重情节的行为。行贿罪,是指为谋取不正当利益,给予国家工作人员以财物的行为。在经济往来中,违反国家规定,给予国家工作人员以财物,数额较大的,或者违反国家规定,给予国家工作人员以各种名义的回扣、手续费的,以行贿论处。行贿犯罪中的谋取不正当利益,是指行为人谋取的利益违反法律、法规、规章、政策规定,或者要求国家工作人员违反法律、法规、规章、政策、行业规范的规定,为自己提供帮助或者方便条件。违背公平、公正原则,在经济、组织人事管理等活动中,谋取竞争优势的,应当认定为谋取不正当利益。

九、渎职罪

渎职罪,是指国家机关工作人员利用职务上的便利或者徇私舞弊、滥用职权、玩忽职守,妨害国家机关的正常活动,损害公众对国家机关工作人员职务活动客观公正性的信赖,致使国家与人民利益遭受重大损失的行为。

根据主体的不同,可以将渎职罪分为三类:

一是一般国家机关工作人员的渎职罪,如滥用职权罪、玩忽职守罪、故意泄露国家秘密罪等。其中,滥用职权罪,是指国家机关工作人员,不法行使职务上的权限,致使公共财产、国家和人民利益遭受重大损失的行为。玩忽职守罪,是指国家机关工作人员,严重不负责任,不履行职责或者不正确履行职责,致使公共财产、国家和人民利益遭受重大损失的行为。

二是司法工作人员的渎职罪,如徇私枉法罪、民事、行政枉法裁判罪、执行判决、裁定滥用职权罪、私放在押人员罪等。其中,徇私枉法罪,是指司法工作人员徇私枉法、徇情枉法,对明知是无罪的人而使他受追诉、对明知是有罪的人而故意包庇不使他受追诉,或者在刑事审判活动中故意违背事实和法律作枉法裁判的行为。民事、行政枉法裁判罪,是指司法工作人员在民事、行政审判活动中故意违背事实和法律作枉法裁判,情节严重的行为。

三是特定机关工作人员的渎职罪,如徇私舞弊不移交刑事案件罪、滥用管理公司、证券职权罪、徇私舞弊不征、少征税款罪、环境监管失职罪、商检徇私舞弊罪等。徇私舞弊不移交刑事案件罪,是指行政执法人员徇私舞弊,对依法应当移交司法机关追究刑事责任的不移交,情节严重的行为。徇私舞弊不征、少征税款罪,是指税务机关的工作人员徇私舞弊,不征或者少征应征税款,致使国家税收遭受重大损失的行为。

十、军人违反职责罪

军人违反职责罪,是指军人违反职责,危害国家军事利益,依照法律应当受刑罚处罚的行为。这类犯罪侵犯的是国家的军事利益,行为表现为违反军人职责,危害国家军事利益,主体都是现役军人。

军人违反职责罪分为以下几类:一是危害作战利益的犯罪,如战时违抗命令罪、隐瞒、谎报军情罪、投降罪等。二是违反部队管理制度的犯罪,如军人叛逃罪、逃离部队罪、私放俘虏罪等。三是危害军事秘密的犯罪,如为境外窃取、刺探、收买、非法提供军事秘密罪、故意泄露军事秘密罪等。四是危害部队物资保障的犯罪,如武器装备肇事罪、盗窃、抢夺武器装备、军用物资罪、遗弃武器装备罪等。五是侵犯部属、伤病军人、平民、战俘利益的犯罪,如虐待部属罪、遗弃伤病军人罪、战时残害居民、掠夺居民财物罪、虐待俘虏罪等。

第四节 刑法关于刑罚的一般规定

一、刑罚的体系

刑罚,是为了防止犯罪行为对国家、社会与个人法益的侵犯,由人民法院根据刑事立法,对犯罪适用的建立在剥夺性痛苦基础上的最为严厉的强制措施。刑罚的目的在于预防犯罪。刑法规定了五种主刑与四种附加刑。

(一)主刑

主刑,是指只能独立适用的主要刑罚方法。包括管制、拘役、有期徒刑、无期徒刑与死刑五种刑罚方法。

管制是对罪犯不予关押,但限制一定自由,并实行社区矫正的刑罚方法。限制自由的内容是:罪犯必须遵守法律、行政法规,服从监督;未经执行机关批准,不得行使言论、出版、集会、结社、游行、示威自由的权利;按照执行机关规定报告自己的活动情况;遵守执行机关关于会客的规定;离开所居住的市、县或者迁居,应当报经执行机关批准。对判处管制的犯罪分子,依法实行社区矫正。此外,判处管制时,可以根据犯罪情况,同时禁止犯罪分子在执行期间从事特定活动,进入特定区域、场所,接触特定的人。但是,对犯罪人的劳动报酬不得进行限制。管制主要适用于罪行较轻的犯罪人。管制的期限为3个月以上2年以下,数罪并罚时不得超过3年;管制的刑期从判决之日起计算,判决执行前先行羁押的,羁押1日折抵刑期2日;如果管制期满,执行机关应立即向本人和其所在单位或者居住地的群众宣布解除管制。

拘役是短期剥夺犯罪人自由,就近实行劳动改造的刑罚方法。拘役由公安机关在就近的拘役所、看守所或者其他监管场所执行;在执行期间,受刑人每月可以回家一天至两天;参加劳动的,可以酌量发给报酬。拘役适用于罪行较轻但又需要短期关押的犯罪人。拘役的期限为1个月以上6个月以下,数罪并罚时不超过1年;拘役的刑期从判决执行之日起计算,判决执行以前先羁押的,羁押1日折抵刑期1日。

有期徒刑是剥夺犯罪人一定期限的自由,实行强迫劳动改造的刑罚方法。有期徒刑在我国适用面最广,其基本内容是对犯罪人实行强迫劳动改造,它适用于罪行较为严重的犯罪人。有期徒刑的期限为6个月以上15年以下;数罪并罚时一般不超过20年,总和刑期在35年以上的,最高不能超过25年;刑期从判决执行之日起开始计算,判决执行以前先行羁押的,羁押1日折抵刑期1日。

无期徒刑是剥夺犯罪人终身自由,实行强迫劳动改造的刑罚方法。无期徒刑是自由刑中最严厉的刑罚方法,适用于罪行非常严重的犯罪人。

死刑是剥夺犯罪人生命的刑罚方法。我国刑法虽然保留了死刑,但同时又严格限制死刑的适用,这主要表现在:第一,死刑只适用于罪行极其严重的犯罪分子;分则条文对适用死刑的犯罪性质与情节作了严格限制。第二,对犯罪的时候不满18周岁的人和审判的时候怀孕的妇女,不适用死刑。第三,审判的时候已满75周岁的人,不适用死刑,但以特别残忍手段致人死亡的除外。第四,规定了死缓制度,即对于应当判处死刑的犯罪分子,如果不是必须立即执行的,可以判处死刑同时宣告缓期2年执行。判处死刑缓期执行的,在死刑缓期执行期间,如果没有故意犯罪,2年期满以后,减为无期徒刑;如果确有重大立功表现,2年期满以后,减为25年有期徒刑;如果故意犯罪,情节恶劣的,报请最高人民法院核准后执行死刑;对于故意犯罪未执行死刑的,死刑缓期执行的期间重新计算,并报最高人民法院备案。对被宣告死刑缓期执行的累犯以及因故意杀人、强奸、抢劫、绑架、放火、爆炸、投放危险物质或者有组织的暴力性犯罪被判处死刑缓期执行的犯罪分子,人民法院根据犯罪情节等情况可以同时决定对其限制减刑。第五,刑法规定了严格的适用程序:死刑除依法由最高人民法院判决的以外,均应报请最高人民法院核准;死刑缓期执行的,可以由高级人民法院判决或者核准。

(二)附加刑

附加刑是指补充主刑适用的刑罚方法,它既可以附加主刑适用,也可以独立适用。附加刑有罚金、剥夺政治权利、没收财产、驱逐出境四种。

罚金是人民法院判处犯罪分子向国家缴纳一定数额的金钱的刑罚方法。罚金主要适用于经济犯罪、财产犯罪以及其他出于贪利性动机的犯罪。判处罚金,应当根据犯罪情节决定罚金数额。罚金在判决指定的期限内一次或者分期缴纳;期满不缴纳的,强制缴纳;对于不能全部缴纳罚金的,人民法院只要发现被执行人有可以执行的财产,就应当随时追缴;如果由于遭遇不能抗拒的灾祸,缴纳确实有困难的,可以酌情减少或者免除。

剥夺政治权利,是指剥夺犯罪人参加管理国家事务和政治活动的权利的刑罚方法。具体是指剥夺下列权利:一是选举权与被选举权;二是言论、出版、集会、结社、游行、示威自由的权利;三是担任国家机关职务的权利;四是担任国有公司、企业、事业单位和人民团体领导职务的权利。剥夺政治权利的适用对象比较广泛,既适用于严重犯罪,也适用于较轻犯罪;既适用于危害国家安全罪,也适用于普通刑事犯罪。对于危害国家安全的犯罪分子应当附加剥夺政治权利;对于被判处死刑、无期徒刑的犯罪分子,应当剥夺政治权利终身;对于故意杀人、强奸、放火、爆炸、投毒、抢劫等严重破坏社会秩序的犯罪分子,可以附加剥夺政治权利。剥夺政治权利的期限一般为1年以上5年以下;判处管制附加剥夺政治权利的期限与管制的期限相同,同时执行;在死缓减为有期徒刑或者无期徒刑减为有期徒刑时,应当把附加剥夺政治权利的期限改为3年以上10年以下。附加剥夺政治权利的刑期,从徒刑、拘役执行完毕之日起或者从假释之日起计算;剥夺政治权利的效力当然施用于主刑执行期间。

没收财产是将犯罪人所有财产的一部或者全部强制无偿地收归国有的刑罚方法。没收财产只能适用于刑法分则明文规定可以判处没收财产的那些犯罪,主要附加适用于严重犯罪。在判处没收财产的时候,不得没收属于犯罪分子家属所有或者应有的财产;没收全部财产时,应当对犯罪分子个人及其扶养的家属保留必需的生活费用;没收财产以前犯罪分子所负的正当债务,需要以没收的财产偿还的,经债权人请求,应当偿还。

驱逐出境是强迫犯罪的外国人离开中国国(边)境的刑罚方法。

二、刑罚的裁量

刑罚的裁量即量刑,是指审判机关在查明犯罪事实、认定犯罪性质的基础上,依法对犯罪人裁量刑罚的审判活动。量刑原则是以犯罪事实为根据、以刑事法律为准绳,即对于犯罪分子决定刑罚的时候,应当根据犯罪的事实、犯罪的性质、情节和对于社会的危害程度,依照刑法的有关规定判处。犯罪分子具有刑法规定的从重处罚、从轻处罚情节的,应当在法定刑的限度以内判处刑罚;犯罪分子具有刑法规定的减轻处罚情节的,应当在法定刑以下判处刑罚;犯罪分子虽然不具有刑法规定的减轻处罚的情节,但是根据案件的具体情况,经最高人民法院核准,也可以在法定刑以下判处刑罚;犯罪分子具有刑法规定的免除处罚的情节的,可以免除刑罚处罚。

影响量刑轻重的因素是量刑情节,刑法规定了11类功能不同的情节:(1)应当免除处罚的情节,如没有造成损害的中止犯;(2)可以免除处罚的情节,如犯罪较轻且自首的;(3)应当减轻或者免除处罚的情节,如防卫过当、紧急避险过当、胁从犯;(4)应当减轻处罚的情节,如造成损害的中止犯;(5)可以免除或者减轻处罚的情节,如在国外犯罪并已在外国受过刑罚处罚的;(6)可以减轻或者免除处罚的情节,如有重大立功表现的;(7)应当从轻、减轻或者免除处罚的情节,如从犯;(8)可以从轻、减轻或者免除处罚的情节,如又聋又哑的人或者盲人犯罪;(9)应当从轻或者减轻处罚的情节,如已满14周岁不满18周岁的人犯罪;(10)可以从轻或者减轻处罚的情节,如自首的、有立功表现的;(11)应当从重处罚的情节,如累犯等。其中,自首,是指犯罪以后自动投案,如实供述自己的罪行的行为。被采取强制措施的犯罪嫌疑人、被告人和正在服刑的罪犯,如实供述司法机关还未掌握的本人其他罪行的,以自首论。立功,是指揭发他人犯罪行为,或者提供重要线索,从而得以侦破其他案件等情况。累犯,是指被判处有期徒刑以上刑罚的犯罪分子,刑罚执行完毕或者赦免以后,在5年以内再犯应当判处有期徒刑以上刑罚之罪的情况。危害国家安全犯罪、恐怖活动犯罪、黑社会性质的组织犯罪的犯罪分子,在刑罚执行完毕或者赦免以后,在任何时候再犯上述任一类罪的,都以累犯论处。

在一人犯数罪的情况下,应当实行数罪并罚,即对一人所犯数罪分别定罪量刑,并根据法定原则,决定应当执行的刑罚。判决宣告以前一人犯数罪的,除判处死刑和无期徒刑的以外,应当在总刑期以下、数刑中最高刑期以上,酌情决定执行的刑期,但是管制最高不能超过3年,拘役最高不能超过1年,有期徒刑一般不能超过20年(总和刑期在35年以上的,最高不能超过25年)。数罪中有判处有期徒刑和拘役的,执行有期徒刑。数罪中有判处有期徒刑和管制,或者拘役和管制的,有期徒刑、拘役执行完毕后,管制仍须执行。如果数罪中有判处附加刑的,附加刑仍须执行,其中附加刑种类相同的,合并执行,种类不同的,分别执行。判决宣告以后,刑罚执行完毕以前,发现被判刑的犯罪分子在判决宣告以前还有其他罪没有判决的,应当对新发现的罪作出判决,把前后两个判决所判处的刑罚,依照上述规定,决定执行的刑罚。已经执行的刑期,应当计算在新判决决定的刑期以内。判决宣告以后,刑罚执行完毕以前,被判刑的犯罪分子又犯罪的,应当对新犯的罪作出判决,把前罪没有执行的刑罚和后罪所判处的刑罚,依照上述规定,决定执行的刑罚。

对于被判处拘役、3年以下有期徒刑的犯罪分子,根据犯罪分子的犯罪情节和悔罪表现,如果暂缓执行刑罚确实不致再危害社会的,可以暂缓刑罚的执行,这便是缓刑。适用缓刑必须具备以下条件:第一,缓刑只适用于被判处拘役、3年以下有期徒刑的犯罪人。第二,必须犯罪情节轻微,有悔罪表现,没有再犯罪的危险,宣告缓刑对所居住社区没有重大不良影响。第三,必须不是累犯和犯罪集团的首要分子。不满18周岁的人、怀孕的妇女和已满75周岁的犯罪人,符合上述三个条件的,应当宣告缓刑。宣告缓刑时,可以根据犯罪情况,同时禁止犯罪分子在执行期间从事特定活动,进入特定区域、场所,接触特定的人,并且依法实行社区矫正。缓刑考验期限,从判决确定之日起计算。如果没有撤销缓刑的情形,缓刑考验期满,原判的刑罚就不再执行,并公开予以宣告。被宣告缓刑的犯罪分子,在缓刑考验期限内犯新罪或者发现判决宣告以前还有其他罪没有判决的,应当撤销缓刑,对新犯的罪或者新发现的罪作出判决,把前罪和后罪所判处的刑罚,实行数罪并罚,决定执行的刑罚。被宣告的缓刑的犯罪分子,在缓刑考验期内,违反法律、行政法规或者国务院公安部门有关缓刑的监督管理规定,或者违反人民法院判决中的禁止令,情节严重的,应当撤销缓刑,执行原判刑罚。

三、刑罚的执行

刑罚的执行,是指法律规定的刑罚执行机关,依法将发生法律效力的刑事裁判所确定的刑罚内容付诸实施,并解决由此产生的法律问题所进行的各种活动。执行应当由执行机关在规定的场所、以规定的方式进行。

减刑,是指对于被判处管制、拘役、有期徒刑、无期徒刑的犯罪人,在刑罚执行期间,如果认真遵守监规,接受教育改造,确有悔改表现,或者有立功表现的,适当减轻原判刑罚的制度。减刑只能适用于被判处管制、拘役、有期徒刑、无期徒刑的犯罪人。犯罪人在刑罚执行期间,认真遵守监规,接受教育改造,确有悔改表现,或者有立功表现的可以减刑。其中,有重大立功表现的,应当减刑。重大立功表现是指:阻止他人重大犯罪活动的;检举监狱内外重大犯罪活动,经查证属实的;有发明创造或者重大技术革新的;在日常生产、生活中舍己救人的;在抗御自然灾害或者排除重大事故中,有突出表现的;对国家和社会有其他重大贡献的。减刑以后实际执行的刑期,判处管制、拘役、有期徒刑的,不能少于原判刑期的1/2;判处无期徒刑的,不得少于13年;被人民法院宣告限制减刑的死刑缓期执行的犯罪分子,缓期执行期满后依法减为无期徒刑的,不能少于25年,缓期执行期满后依法减为25年有期徒刑的,不能少于20年。对于犯罪分子的减刑,由执行机关向中级以上人民法院提出减刑建议书;人民法院应当组成合议庭进行处理,对确有悔改或者立功事实的,裁定予以减刑,非经法定程序不得减刑。

假释,是指对于被判处有期徒刑、无期徒刑的部分犯罪人,在执行一定刑罚之后,确有悔改表现,不致再危害社会,附条件地予以提前释放的制度。附条件,是指被假释的犯罪人,如果遵守一定条件,就认为原判刑罚已经执行完毕;如果没有遵守一定条件,便撤销假释,执行原判刑罚乃至数罪并罚。适用假释必须具备以下几个条件:一是前提条件,必须是被判处有期徒刑或者无期徒刑的犯罪人;但是,对累犯以及因故意杀人、强奸、抢劫、绑架、放火、爆炸、投放危险物质或者有组织的暴力性犯罪被判处10年以上有期徒刑、无期徒刑的犯罪人,不得假释;二是执行刑期条件,必须是已经执行一部分刑罚的犯罪人;被判处有期徒刑的犯罪人,执行原判刑期1/2以上,被判处无期徒刑的犯罪人,实际执行13年以上,才可能假释;三是实质条件,假释只适用于在刑罚执行期间,认真遵守监规,接受教育改造,确有悔改表现,提前释放后不致再危害社会的犯罪人。有期徒刑的假释考验期限,为没有执行完毕的刑期;无期徒刑的假释考验期限为10年。假释考验期限,从假释之日起计算。被假释的犯罪分子,在假释考验期内,由公安机关予以监督,如果没有撤销假释的情形,假释考验期满,应认为原判刑罚已经执行完毕,并公开予以宣告。被假释的犯罪分子,在假释考验期限内犯新罪的,应当撤销假释,实行数罪并罚;在假释考验期限内,发现被假释的犯罪分子在判决宣告以前还有其他罪没有判决的,应当撤销假释,实行数罪并罚;被假释的犯罪分子,在假释考验期限内,有违反法律、行政法规或者国务院公安部门有关假释的监督管理规定的行为,尚未构成新的犯罪的,应当按照法定程序撤销假释,收监执行未执行完毕的刑罚。假释适用的程序与减刑适用的程序相同。

此外要说明的是,行为人犯贪污罪、受贿罪,数额特别巨大,并使国家和人民利益遭受特别重大损失,被判处死刑缓期执行的,人民法院根据犯罪情节等情况可以同时决定在其死刑缓期执行二年期满依法减为无期徒刑后,终身监禁,不得减刑、假释。

四、刑罚的消灭

刑罚的消灭,是指由于法定的或者事实的原因,致使代表国家的司法机关不能对犯罪人行使具体的刑罚权。导致刑罚消灭的事由主要有:超过追诉时效的;经特赦令免除刑罚的;告诉才处罚的犯罪,没有告诉或者撤回告诉的;犯罪嫌疑人、被告人死亡的;其他法定事由。

追诉时效,是指刑法规定的,追究犯罪人刑事责任的有效期限。在此期限内,司法机关有权追究犯罪人的刑事责任,超过此期限,司法机关就不能再追究刑事责任。根据刑法的规定,犯罪经过下列期限不再追诉:法定最高刑为不满5年有期徒刑的,经过5年;法定最高刑为不满10年有期徒刑的,经过10年;法定最高刑为10年以上有期徒刑的,经过15年;法定最高刑为无期徒刑、死刑的,经过20年,如果20年以后认为必须追诉的,必须报请最高人民检察院核准。在人民检察院、公安机关、国家安全机关立案侦查或者在人民法院受理案件以后,逃避侦查或者审判的,不受追诉期限的限制。被害人在追诉期限内提出控告,人民法院、人民检察院、公安机关应当立案而不予立案的,不受追诉期限的限制。追诉期限从犯罪之日起计算;犯罪行为有连续或者继续状态的,从犯罪行为终了之日起计算;在追诉期限以内又犯罪的,前罪追诉的期限从犯后罪之日起计算。

特赦一般是指国家对较为特定的犯罪人免除执行全部或者部分刑罚的制度。新中国成立后,我国共实行过七次特赦。

告诉才处理,是指被害人告诉才处理。如果被害人因受强制、威吓无法告诉的,人民检察院和被害人的近亲属也可以告诉。对于告诉才处理的犯罪,在被害人没有告诉或者撤回告诉的情况下,司法机关不得追究行为人的刑事责任。

第十章 中国诉讼法律制度

第一节 诉讼法律制度概述

一、诉讼法律制度的建立和完善

诉讼是国家司法机关在当事人及其他诉讼参与人的参加下,按照法律规定的程序解决各种案件争讼的专门活动。在社会生活中出现利益冲突,发生纠纷,受到伤害,就需要通过纠纷解决机制予以协调、处理,以保障权利、恢复秩序。诉讼是公力救济的主要形式。根据所要解决的实体法性质的不同和诉讼形式的差异,诉讼主要有民事诉讼、行政诉讼、刑事诉讼三种。

诉讼法律制度是关于诉讼制度和诉讼程序的各种法律规范的总和。作为程序法,诉讼法保障刑法、民事实体法、行政法的实现,保护公民、法人和其他社会组织的权利。我国的诉讼法律制度主要由《民事诉讼法》《行政诉讼法》《刑事诉讼法》构成。

民事诉讼法是国家制定或认可的规范人民法院与当事人和其他诉讼参与人的诉讼活动,调整人民法院与当事人和其他诉讼参与人诉讼法律关系的法律规范的总和,它规定了民事诉讼法律关系中各个主体的诉讼权利和诉讼义务以及确认和保障当事人的实体权利义务得以实现的诉讼程序和制度。《民事诉讼法》颁布于1982年,1991年进行了全面修改并于1991年4月9日起施行。2007年10月28日第十届全国人大常委会第三十次会议通过《全国人民代表大会常务委员会关于修改〈中华人民共和国民事诉讼法〉的决定》,自2008年4月1日起施行。2012年8月31日第十一届全国人大常委会第二十八次会议通过了《全国人大常委会关于修改〈民事诉讼法〉的决定》,自2013年1月1日起施行。2019年12月28日第十三届全国人民代表大会常务委员会第十五次会议通过了《全国人民代表大会常务委员会关于授权最高人民法院在部分地区开展民事诉讼程序繁简分流改革试点工作的决定》。

行政诉讼法是规范公民、法人或者其他组织因不服行政机关作出的具体行政行为,向人民法院提起诉讼而发生的各种关系的法律规范的总称。1989年我国制定了《行政诉讼法》,对行政诉讼的范围、方式、程序、效力等问题作了较为详细的规定。2014年11月1日第十二届全国人大常委会第十一次会议通过了《全国人民代表大会常务委员会关于修改〈中华人民共和国行政诉讼法〉的决定》,修订后的《行政诉讼法》自2015年5月1日起施行。

刑事诉讼法是国家制定的有关刑事诉讼程序的法律规范的总称,它调整公安、司法机关进行刑事诉讼的活动和诉讼参与人参加刑事诉讼的活动。《刑事诉讼法》颁布于1979年,1996年进行了全面修改并于1997年1月1日起生效。2012年3月14日第十一届全国人大第五次会议通过了《全国人民代表大会关于修改〈中华人民共和国刑事诉讼法〉的决定》,自2013年1月1日起施行。2014年4月24日第十二届全国人大常委会第八次会议表决通过了全国人大常委会关于《刑事诉讼法》第79条第三款、第271条第二款、第254条第五款、第257条第二款的解释草案。2018年10月26日第十三届全国人民代表大会常务委员会第六次会议通过了《全国人民代表大会常务委员会关于修改〈中华人民共和国刑事诉讼法〉的决定》。《刑事诉讼法》规定了刑事诉讼的任务、基本原则,公安司法机关办理刑事案件的职权和相互关系,应当遵守的基本原则和制度,诉讼参与人的诉讼权利和义务,刑事案件立案、侦查、起诉、审判和执行的具体程序。

二、诉讼法律制度的基本原则

诉讼法律制度的基本原则,是指在诉讼的整个过程中或在诉讼的主要阶段上起指导作用的准则,它体现了诉讼法的精神实质,为人民法院的审判活动和诉讼参与人的诉讼活动,指明了方向,提出了总的要求,对诉讼具有普遍的指导意义。

(一)诉讼法律制度的共同原则

1. 保护人权原则

人权保护是我国宪法和法律中非常重要的法律理念,我国的诉讼法律制度也坚持这一原则。修改后的刑事诉讼法就充分体现了这一重要理念,将"尊重和保障人权"写入总则第2条,突出保障基本人权在刑事诉讼过程中的重要性,并在多项具体规定中贯彻这一原则。这在一定程度上防止和遏制刑讯逼供的发生,能有效保障无罪的人不受刑事追究,保证公民的诉讼权利。行政诉讼法律制度、民事诉讼法律制度也全面体现了这一原则。

2. 司法公正原则

司法公正是社会正义的一个重要组成部分,它既包括实质公正,也包括形式公正,其中尤以程序公正为重点。

我国法律确认了司法公正原则,这是由司法活动的性质、司法机关的职能决定的。司法机关的职责就是适用法律裁断纠纷,人们之所以委托司法机关裁决纠纷并信任其决断,不是因为她掌握着社会的武装力量,也不是因为她可以支配社会的财富并且制定公民权利和义务的准则,而是因为她公正、不偏不倚,不代表任何一方。同时,司法机关公正司法,也是其自身存在的合法性基础。

3. 司法独立原则

法律规定人民法院、人民检察院依法独立行使审判权、检察权,不受任何行政机关、社会团体和个人的干涉。这意味着:第一,司法权的专属性,即国家的司法权只能由国家各级审判机关和检察机关统一行使,其他任何机关、团体和个人都无权行使此项权利;第二,行使职权的独立性,即人民法院、人民检察院依照法律独立行使自己的职权,不受行政机关、社会团体和个人的非法干涉;第三,行使职权的合法性,即司法机关审理案件必须严格依照法律规定,正确适用法律,不得滥用职权,枉法裁判。

实行这项原则是保证司法机关正常行使职权的基本条件;实行这项原则是正确适用法律的前提;实行这项原则是维护社会主义司法公正的重要条件。独立司法,责任自负,是实现司法公正的重要制度保证。

4. 平等原则

法律规定在司法领域"公民在法律面前一律平等",这一原则的基本涵义是:第一,法律对于全体公民,不分民族、种族、性别、职业、社会出身、宗教信仰、财产状况等,都是统一适用的,所有公民依法享有同等的权利并承担同等的义务。第二,任何权利受到侵犯的公民一律平等地受到法律保护,不能歧视任何公民。第三,在民事诉讼和行政诉讼中,要保证诉讼当事人享有平等的诉讼权利,不能偏袒任何一方当事人;在刑事诉讼中,要切实保障诉讼参加人依法享有的诉讼权利。在诉讼中,人民法院应当主动告知当事人享有的诉讼权利,并且应当一视同仁地为他们提供均等的机会和条件。诉讼权利的平等体现双方当事人的诉讼地位平等,当事人以平等的诉讼地位享有平等的诉讼权利;诉讼权利共同都享有的平等,也包括某些诉讼权利各自享有相互对等的平等。第四,对任何公民的违法犯罪行为,都必须同样地追究法律责任,依法给予相应的法律制裁,不允许有不受法律约束或凌驾于法律之上的特殊公民,任何超出法律之外的特殊待遇都是违法的。

5. 以事实为根据、以法律为准绳原则

我国的诉讼法都规定了"以事实为根据,以法律为准绳"的原则。这项原则的基本涵义是:第一,以事实为根据,就是指司法机关审理一切案件,都只能以与案件有关的客观事实作为根据,而不能以主观臆想作依据。适用法律,就是运用法律对已发生的事情作出判断、处理。第二,以法律为准绳,要严格依照法律规定办事,切实做到有法必依、执法必严、违法必究。坚持这一原则,是为了使司法机关正确、合法、及时地处理案件,准确地惩罚犯罪,保护人民;保障无罪的人不受刑事追究;正确处理各类法律纠纷,制裁违法,切实维护国家、集体和个人的合法利益。

(二)民事诉讼法特有的原则

除了上面这些共同原则,《民事诉讼法》还有一些根据民事诉讼的特殊要求、反

映民事诉讼特殊规律而制定的特有的原则。

1. 法院调解原则

总结民事审判工作的优良传统和成功经验,《民事诉讼法》规定,人民法院审理民事案件,应当重视调解解决。对于能够调解解决的案件,应当采用调解的方式结案。人民法院的调解活动应当遵循自愿和合法的原则,不能强迫和违法调解。自愿是指能否进行调解和调解能否达成协议,均得征得双方当事人同意;合法是指人民法院进行调解应按民事诉讼法规定的程序进行,达成协议的内容必须具有合法性,不得违反实体法的禁止性规定。

2. 辩论原则

《民事诉讼法》规定,民事诉讼的当事人有权就争议的事实和法律问题,在法院的主持下进行辩论,各自陈述自己的主张和意见,互相进行反驳和答辩,以维护自己的合法权益。在民事诉讼的全过程中诉讼当事人均享有辩论权。在第一审程序的审理前的准备阶段,特别是开庭审理阶段,当事人可以进行充分地辩论,在第二审程序和审判监督程序中,也允许双方当事人进行辩论。当事人行使辩论权的形式,可以是言词辩论,也可以是书面形式的辩论。人民法院认定案件事实的依据,必须经过当事人辩论和质证,未经法庭辩论质证的事实,不能作为认定事实的依据。

3. 处分原则

根据《民事诉讼法》的规定,民事诉讼当事人在法律规定范围内,自主决定行使或者放弃自己享有的诉讼权利和实体权利。当事人的处分权包括两个方面:一是对实体权利的处分权。即当事人对自己享有的民事权利,有权在法律规定的范围内自由支配和自由处置,可以自由、自主地作出主张或是变更、放弃民事权利的决定;二是对诉讼权利的处分权。即当事人对诉讼权利的处分权贯穿于民事诉讼的全过程。当事人的民事权益受到侵犯或者发生争议时,是否向人民法院起诉,由当事人自己决定;诉讼程序开始后,原告可以放弃或者变更诉讼请求,被告可以承认或者反驳诉讼请求,有权提起反诉;双方可以自行和解,也可以提请调解;法院的一审裁判做出后,是否上诉由当事人自己决定;法院的裁判发生法律效力后,是否申请强制执行,也由当事人自己决定。当事人处分民事权利和诉讼权利必须在法律规定的范围内进行。如果当事人的处分行为超越了法律规定的界限、损害了国家、集体和他人的民事权益,其处分就是无效的。因此,当事人的处分行为应当接受人民法院的监督和审查。

4. 检察监督原则

《民事诉讼法》规定,人民检察院有权对人民法院的民事审判活动实行法律监督。监督的对象只包括法院和法官,不包括当事人和其他诉讼参与人。

5. 支持起诉原则

《民事诉讼法》规定,机关、社会团体、企业事业单位对损害国家、集体或者个人民事权益的行为,可以支持受损害的单位或者个人向人民法院起诉。支持起诉的机关、社会团体、企业事业单位与本案没有直接利害关系,不是本案的当事人,不能以自己的名义,也即不能以原告的身份起诉,但是可以支持受损害的单位或者个人起诉。支持起诉的原则,是建立在适用社会力量维护国家、集体和个人的合法权益,同各种损害民事权益的行为做斗争的基础上。

6. 诚实信用原则

修改后的《民事诉讼法》第13条规定:"民事诉讼应当遵循诚实信用原则。当事人有权在法律规定的范围内处分自己的民事权利和诉讼权利。"法律禁止诉讼中的权利滥用;民事诉讼的当事人在适当的场合对对方提出的不利于自己的事实或证据进行承认后,不得随意撤销,或者主张与承认事实相反的事实。诚实信用原则有助于引导、规范人们的诉讼行为,维护当事人的诉讼权利,保障正常的审判秩序,提升整个社会的诚信度。

7. 同等与对等原则

诚实信用原则《民事诉讼法》规定,外国人、无国籍人、外国企业和组织在人民法院起诉、应诉,同中华人民共和国公民、法人和其他组织有同等的诉讼权利义务。

外国法院对中华人民共和国公民、法人和其他组织的民事诉讼权利加以限制的,中华人民共和国法院对该国公民、企业或者组织的民事诉讼权利,实行对等原则。

在程序正当理念下的民事诉讼具有以下价值:(1)平等。任何公民在诉讼中都平等地享有权利和承担义务;法院在适用法律时,对任何公民都平等地对待。(2)公开。包括审理过程的公开、审理主体的公开、审判资料的公开。(3)参与。民事诉讼程序保障参与诉讼的当事人能够面对面地向裁判者讲明自己的观点、立场及其对对方当事人的反驳和辩论,使裁判者能够接触到案件的第一手资料,从而能对案件的事实及法律适用作出正确判断。(4)经济。包括程序的便捷性和及时终结性。

(三) 行政诉讼法特有的原则

我国的《行政诉讼法》与《民事诉讼法》有相同的原则,如辩论原则;其特有的原则主要是具体行政行为合法性审查原则。《行政诉讼法》第6条规定:"人民法院审理行政案件,对具体行政行为是否合法进行审查。"这项原则的内容大致有三项:一是只对具体行政行为进行审查,不审查抽象行政行为、相对人的有关行为等;二是只审查具体行政行为的合法性,对合理性问题不涉及,这是由司法权和行政权彼此独立的关系决定的;三是对行政处罚显失公正的,人民法院可就其合理性问题进行审查,并有权作出变更判决。

(四) 刑事诉讼法特有的原则

1. 侦查权、检察权和审判权由国家专门机关依法行使原则

根据《刑事诉讼法》的规定,在刑事诉讼中,公安机关负责对刑事案件的侦查、拘留、执行逮捕、预审。检察机关负责检察、批准逮捕、直接受理的案件的侦查、提起公诉。人民法院负责审判。除法律特别规定的以外,其他任何机关、团体和个人都无权行使这些权力。在行使这些权力时,人民法院、人民检察院和公安机关应当分工负责,互相配合,互相制约,以保证准确有效地执行法律。

2. 无罪推定原则

《刑事诉讼法》规定,未经人民法院依法判决,对任何人都不得确定为有罪。法律只赋予人民法院有对公民的定罪权,即对公民有罪的权力由人民法院统一行使。同时,人民法院对公民定罪必须经过依法判决的程序,即要依法开庭审理,作出判决并发生法律效力。

第二节 民事诉讼法律制度

一、民事诉讼的基本制度

民事诉讼的基本制度是人民法院审判民事案件所必须遵守的基本规范。

(一) 两审终审制度

人民法院审理民事案件,实行两审终审制。所谓两审终审制度,是指一个民事案件经过两级人民法院审判以后就宣告终结的制度。根据两审终审制,一个民事案件经第一审人民法院审判后当事人或其法定代理人如果不服,有权依法向上一级人民法院提起上诉。由其进行第二审。第二审法院作出的民事判决和裁定为终审的判决和裁定,当事人不得再行上诉。最高人民法院对第一审民事案件作出的判决和裁定,是终审的判决和裁定。

(二) 公开审判制度

公开审判是指人民法院对民事案件的审判过程和判决结果,依法向公民和社会公开的制度。它包含两方面的内容:一是向群众公开,即除了合议庭评议案件外,允许公民旁听案件的审理;二是向社会公开,允许新闻记者报道开庭审判的情况,将案情公之于众。公开审理的案件,应当公告当事人姓名、案由和开庭时间、地点。但是,根据法律规定,下列案件应当依法不公开进行:涉及国家机密的案件;涉及个人隐私的案件;法院根据当事人的申请决定不公开审理的离婚案件和涉及商业秘密的案件。

(三) 合议制度

合议制度,是指由三个以上审判人员组成合议庭,代表法院行使审判权,对案件进行审理并作出裁判。根据《民事诉讼法》的规定,人民法院审理第一审民事案件,由审判员、陪审员共同组成合议庭或者由审判员组成合议庭。合议庭的成员人数,必须是单数。适用简易程序审理的民事案件,由审判员一人独任审理。陪审员在执行陪审职务时,与审判员有同等的权利义务。人民法院审理第二审民事案件,由审判员组成合议庭。

(四) 回避制度

回避制度,是指审判人员和其他有关人员遇有法律规定的不宜参加审理的情形时,退出对某一具体案件审理或者诉讼活动的制度。根据法律的规定,审判人员、书记员、翻译人员、鉴定人、勘验人,有下列情形之一的,必须回避,当事人有权用口头或者书面方式申请他们回避:本案当事人或者当事人、诉讼代理人的近亲属;与本案有利害关系;与本案当事人有其他关系,可能影响对案件公正审理的。当事人提出回避申请,应当说明理由,在案件开始审理时提出;回避事由在案件开始审理后知道的,也可以在法庭辩论终结前提出。人民法院对当事人提出的回避申请,应当在申请提出的三日内,以口头或者书面形式作出决定。

二、民事诉讼的一般规定

《民事诉讼法》对民事诉讼主管、管辖、当事人与诉讼代理人、证据、期间和送达、财产保全和先予执行、对妨害民事诉讼的强制措施、诉讼费用等进行了规定。

(一) 民事诉讼主管

所谓民事诉讼的主管,是指人民法院依照法律、法规规定受理一定范围内民事纠纷的权限,亦即确定人民法院与其他国家机关、社会团体之间解决民事纠纷的分工。

根据《民事诉讼法》的规定,人民法院主管民事案件的范围仅限于公民之间、法人之间、其他组织之间及他们相互之间因财产关系和人身关系提起的民事诉讼。具体有以下几种:(1)民法、婚姻法调整的因财产关系及与财产关系相联系的人身关系产生的民事案件。如财产所有权、债权、专利权、商标权、著作权、肖像权、名誉权、荣誉权等纠纷;婚姻、赡养、扶养、抚育、收养和继承等纠纷;(2)商法调整的商事关系引起的纠纷案件,如票据、股东权益案件、海商案件等;(3)劳动法调整的因劳动关系发生的财产和人身权益纠纷;(4)法律规定由人民法院适用民事诉讼法解决的案件。如《选举法》和《民事诉讼法》规定的选民资格案件、《民事诉讼法》规定的宣告失踪或宣告死亡案件、认定公民无行为能力或限制行为能力和认定财产无主案件等等。

随着我国对外开放的深入发展,社会主义市场经济的逐步建立,社会主义民主和法制建设的日益健全和完善,纳入法律调整范围的民事、商事关系日益增多,人民法院受理民事、商事案件的范围不断拓宽,案件审理范围由传统的婚姻、家庭、债权债务、侵权损害赔偿纠纷等涉及人身关系和财产关系的一般民事案件,发展到包括房地产业、金融业、保险业、信息产业及劳动、交通、知识产权、海事海商等全部民商事领域中所有特殊类型的民事案件。

(二) 民事诉讼管辖

民事诉讼管辖,是指将人民法院主管的事项,在同级人民法院或者上下级人民法院之间进行分工,确定不同法院对第一审民事案件的受诉权限。它是在人民法院系统内部划分和确定某级或者同级中的某个人民法院对某一民事案件行使审判权的问题。根据《民事诉讼法》的规定,诉讼管辖主要有以下几种。

1. 级别管辖

级别管辖,是指按照人民法院组织系统、根据案件的性质和影响的大小,划分上下级法院受理第一审民事案件的分工和权限。它包括以下内容:基层人民法院管辖第一审民事案件,但民事诉讼法另有规定的除外;中级人民法院管辖的第一审民事案件为:重大涉外案件、在本辖区有重大影响的案件、最高人民法院确定由中级人民法院管辖的案件,如海事和海商案件、专利纠纷案件等;高级人民法院管辖在本辖区有重大影响的第一审民事案件;最高人民法院管辖以在全国有重大影响的案件和认为应当由本院审理的案件为第一审民事案件。

2. 地域管辖

地域管辖,是指按照人民法院的辖区和民事案件的隶属关系,所划分的诉讼管辖,亦即确定同级人民法院之间在各自的辖区受理第一审民事案件的分工和权限。根据《民事诉讼法》的规定,地域管辖分为一般地域管辖和特殊地域管辖。

一般地域管辖,是指以当事人所在地与法院辖区的隶属关系确定的管辖,亦即当事人在哪个法院辖区,案件就由哪个法院管辖。实行的原则是"原告就被告",即被告在哪个法院辖区,原告就应当到哪个法院起诉。对公民提起的民事诉讼,由被告住所地人民法院管辖;被告住所地与经常居住地不一致的,由经常居住地人民法院管辖。对法人或者其他组织提起的民事诉讼,由被告住所地人民法院管辖。同一诉讼的几个被告住所地、经常居住地在两个以上人民法院辖区的,各该人民法院都有管辖权。

为了便于原告行使起诉权,法律对一般地域管辖作了例外规定,下列民事诉讼由原告住所地人民法院管辖;原告住所地与经常居住地不一致的,由原告经常居住地人民法院管辖：(1)对不在中华人民共和国领域内居住的人提起的有关身份关系的诉讼；(2)对下落不明或者宣告失踪的人提起的有关身份关系的诉讼；(3)对被采取强制性教育措施的人提起的诉讼；(4)对被监禁的人提起的诉讼。

特殊地域管辖，是指以被告住所地及诉讼标的或者引起法律关系发生、变更、消灭的法律事实所在地为标准所确定的管辖。我国的特殊地域管辖有以下九种：合同纠纷提起的诉讼，由被告住所地或者合同履行地人民法院管辖；因保险合同纠纷提起的诉讼，由被告住所地或者保险标的物所在地人民法院管辖；因票据纠纷提起的诉讼，由票据支付地或者被告住所地人民法院管辖；因公司设立、确认股东资格、分配利润、解散等纠纷提起的诉讼，由公司住所地人民法院管辖；因铁路、公路、水上、航空运输和联合运输合同纠纷提起的诉讼，由运输始发地、目标地或者被告住所地人民法院管辖；因侵权行为提起的诉讼，由侵权行为地或者被告住所地人民法院管辖；因铁路、公路、水上和航空事故请求损害赔偿提起的诉讼，由事故发生地或者车辆、船舶最先到达地、航空器最先降落地或者被告住所地人民法院管辖；因船舶碰撞或者其他海事损害事故请求损害赔偿提起的诉讼，由碰撞发生地、碰撞船舶最先到达地、加害船舶被扣留地或者被告住所地人民法院管辖；因海难救助费用提起的诉讼，由救助地或者被救助船舶最先到达地人民法院管辖；因共同海损提起的诉讼，由船舶最先到达地、共同海损理算地或者航程终止地的人民法院管辖。

3. 专属管辖

某类民事案件，法律规定只能由特定的人民法院管辖，其他法院无权管辖，也不允许当事人协议变更管辖的，称为专属管辖。根据《民事诉讼法》的规定，下列案件为专属管辖：不动产纠纷提起的诉讼，由不动产所在地人民法院管辖；因港口作业中发生纠纷提起的诉讼，由港口所在地人民法院管辖；因继承遗产纠纷提起的诉讼，由被继承人死亡时住所地或者主要遗产所在地人民法院管辖。合同或者其他财产权益纠纷的当事人可以书面协议选择被告住所地、合同履行地、合同签订地、原告住所地、标的物所在地等与争议有实际联系的地点的人民法院管辖，但不得违反本法对级别管辖和专属管辖的规定。

此外，法律还对协议管辖、共同管辖与选择管辖、移送管辖、指定管辖、管辖权异议的解决等进行了规定。

（三）民事诉讼当事人与诉讼代理人

1. 民事诉讼中的当事人

民事诉讼中的当事人，是指因民事权益发生争议或者受到损害，以自己的名义进行诉讼，并受人民法院的裁判或者调解书约束的利害关系人。根据《民事诉讼法》的规定，公民、法人和其他组织可以作为民事诉讼当事人。法人由其法定代表人进行诉讼。其他组织由其主要负责人进行诉讼。

《民事诉讼法》规定了双方当事人享有充分而又广泛的诉讼权利,而且在行使诉讼权利中处于平等的地位。当事人的主要诉讼权利是:双方当事人都有使用本民族语言文字进行诉讼的权利;原告有起诉的权利,并在诉讼中放弃或者变更诉讼请求和诉讼理由的权利;被告对原告的诉讼请求和理由有全部承认、部分承认、进行反驳和提起反诉的权利;当事人都有委托代理人进行诉讼的权利;当事人都有用口头或书面的方式申请审判人员、书记员、翻译人员、鉴定人员回避的权利;审判人员接受当事人、诉讼代理人请客送礼,或者违反规定会见当事人、诉讼代理人的,当事人有权要求他们回避;当事人都有收集、提供证据,进行辩论阐明有利于自己的事实和理由的权利;当事人都有请求传唤证人、进行鉴定和勘验的权利;经过法庭许可,当事人都有向证人、鉴定人、勘验人发问的权利;当事人都有申请用调解的方式解决纠纷的权利;当事人都有用自行和解的方式解决纠纷的权利;当事人一方或双方,如果认为法庭笔录对自己的陈述记载确有遗漏或差错时,都有申请补正的权利;当事人都有申请财产保全、证据保全的权利;法庭辩论终结时,当事人都有提出最后意见的权利;经人民法院准许,当事人都有查阅本案有关材料的权利;除涉及国家机密和个人隐私的材料外,当事人都有请求复制本案有关材料和法律文书的权利;当事人对未发生法律效力的判决、裁定不服,都有提起上诉的权利;当事人对已生效的法律文书,如果认为确有错误,都有提出申诉或申请再审的权利;裁判发生效力后,享有权利的一方当事人,有申请强制执行的权利。

《民事诉讼法》在规定了当事人享有广泛权利的同时,还规定了当事人应当承担必要的诉讼义务。当事人首要的诉讼义务是必须依法行使诉讼权利,不能滥用法律赋予的诉讼权利;其次,在整个诉讼过程中必须遵守诉讼秩序;第三,必须履行发生法律效力的判决、裁定和调解协议。

此外,《民事诉讼法》还规定了以下内容:(1)共同诉讼。一方或双方为二人以上,原告或被告或双方都是多数的诉讼。(2)代表人诉讼。当事人一方人数众多,由其中一人或者数人作为代表人进行的诉讼。(3)第三人诉讼。民事诉讼中的第三人,是指对原告和被告所争议的诉讼标的认为有独立的请求权,或者虽没有独立请求权,但案件的处理结果与他有法律上的利害关系,而参加到正在进行的诉讼中来的人。(4)公益诉讼。《民事诉讼法》第55条规定:"对污染环境、侵害众多消费者合法权益等损害社会公共利益的行为,法律规定的机关和有关组织可以向人民法院提起诉讼。人民检察院在履行职责中发现破坏生态环境和资源保护、食品药品安全领域侵害众多消费者合法权益等损害社会公共利益的行为,在没有前款规定的机关和组织或者前款规定的机关和组织不提起诉讼的情况下,可以向人民法院提起诉讼。前款规定的机关或者组织提起诉讼的,人民检察院可以支持起诉。"

2. 诉讼代理人

民事诉讼代理人,是指依法律规定、由法院指定或受当事人委托,以当事人的名义,在一定权限范围内进行诉讼活动的人。被代理的一方当事人称为被代理人或委托人。代理当事人进行活动的权限,称为诉讼代理权。依据诉讼代理权发生的根据不同,诉讼代理人又分为法定代理人、指定代理人和委托代表人。

根据《民事诉讼法》的规定,下列人员可以被委托为诉讼代理人:(1)律师、基层法律服务工作者;(2)当事人的近亲属或者工作人员;(3)当事人所在社区、单位以及有关社会团体推荐的公民。

(四) 民事诉讼证据

能够证明民事案件真实情况的客观事实为民事诉讼证据。根据《民事诉讼法》的规定,民事诉讼证据有以下八种:书证、物证、视听资料、电子数据、证人证言、当事人的陈述、鉴定意见、勘验笔录。

民事诉讼当事人对自己提出的诉讼主张,有提供证据加以证明的责任。《民事诉讼法》规定了"谁主张,谁举证"是民事诉讼制度关于举证责任分配的基本原则。但也有一些例外,如因新产品制造方法发明专利引起的专利侵权诉讼,由制造同样产品的单位或者个人对其产品制造方法不同于专利方法承担举证责任;因环境污染引起的损害赔偿诉讼,由加害人就法律规定的免责事由及其行为与损害结果之间不存在因果关系承担举证责任等。

人民法院的审判人员对当事人举证以及对自行收集到的证据材料,应当依照法定程序,全面地、客观地进行查证和核实,并在审查证据的基础上,确认案件全部证据的证明力。

《民事诉讼法》规定了举证逾期的法律责任。《民事诉讼法》第 65 条规定:"当事人对自己提出的主张应当及时提供证据。人民法院根据当事人的主张和案件审理情况,确定当事人应当提供的证据及其期限。当事人在该期限内提供证据确有困难的,可以向人民法院申请延长期限,人民法院根据当事人的申请适当延长。当事人逾期提供证据的,人民法院应当责令其说明理由;拒不说明理由或者理由不成立的,人民法院根据不同情形可以不予采纳该证据,或者采纳该证据但予以训诫、罚款。"

(五) 期间、送达

期间,是指人民法院、当事人和其他诉讼参与人进行或完成某项诉讼行为的期限和日期,包括法定期间和人民法院指定的期间。期间以时、日、月、年计算。期间开始的时和日,不计算在期间内。期间届满的最后一日是节假日的,以节假日后的第一日为期间届满的日期。期间不包括在途时间,诉讼文书在期满前交邮的,不算过期。当事人因不可抗拒的事由或者其他正当理由耽误期限的,在障碍消除后的 10 日内,可以申请顺延期限,是否准许,由人民法院决定。

人民法院依照法定程序和方式,将诉讼文书交当事人和其他诉讼参与人的诉讼行为为送达。送达诉讼文书必须有送达回证,由受送达人在送达回证上记明收到日期,签名或者盖章。受送达人在送达回证上的签收日期为送达日期。根据《民事诉讼法》的规定,人民法院送达的方式主要有直接送达、留置送达、委托送达、邮寄送达、转交送达、公告送达等。

根据社会发展,《民事诉讼法》增加传真、电子邮件等文书送达方式。《民事诉讼法》第87条规定:"经受送达人同意,人民法院可以采用传真、电子邮件等能够确认其收悉的方式送达诉讼文书,但判决书、裁定书、调解书除外。采用前款方式送达的,以传真、电子邮件等到达受送达人特定系统的日期为送达日期。"

《民事诉讼法》还规定了特殊情形下诉讼文书的送达。《民事诉讼法》第86条规定:"受送达人或者他的同住成年家属拒绝接收诉讼文书的,送达人可以邀请有关基层组织或者所在单位的代表到场,说明情况,在送达回证上记明拒收事由和日期,由送达人、见证人签名或者盖章,把诉讼文书留在受送达人的住所;也可以把诉讼文书留在受送达人的住所,并采用拍照、录像等方式记录送达过程,即视为送达。"

(六) 财产保全和先予执行

财产保全,是指人民法院在诉讼前或作出判决前根据利害关系人或当事人的申请,或者依职权对一定的财产采取特殊保护措施,以保证将来的生效判决得以顺利执行的法律制度。财产保全分为诉讼财产保全和诉前财产保全。财产保全的范围仅限于利害关系人或当事人请求的范围,或者与本案有关的财物。财产保全的措施有查封、扣押、冻结或者法律规定的其他方法。

《民事诉讼法》还对行为保全问题作出规定。《民事诉讼法》第100条规定:"人民法院对于可能因当事人一方的行为或者其他原因,使判决难以执行或者造成当事人其他损害的案件,根据对方当事人的申请,可以裁定对其财产进行保全、责令其作出一定行为或者禁止其作出一定行为;当事人没有提出申请的,人民法院在必要时也可以裁定采取保全措施。人民法院采取保全措施,可以责令申请人提供担保,申请人不提供担保的,裁定驳回申请。人民法院接受申请后,对情况紧急的,必须在四十八小时内作出裁定;裁定采取保全措施的,应当立即开始执行。"

先予执行,是指人民法院在诉讼过程中,为解决权利人在生活或生产上的急需,根据权利人的申请裁定义务人预先履行将来生效判决中所确定之义务的一种法律制度。《民事诉讼法》规定对追索赡养费、扶养费、抚育费、抚恤金、医疗费用的和追索劳动报酬的,可以先予执行。

(七) 对妨害民事诉讼的强制措施

对妨害民事诉讼的强制措施,是指人民法院在民事诉讼的过程中,为保证审判和执行活动的顺利进行,对有妨害民事诉讼行为的人依法采取的强制手段。妨害民事诉讼的行为主要有以下几种：必须到庭的被告,经两次合法传唤无正当理由拒不到庭；违反法庭规则,哄闹、冲击法庭、侮辱、诽谤、威胁、殴打审判人员,扰乱法庭秩序；伪造、毁灭重要证据,妨碍人民法院审理案件；以暴力、威胁、贿买方法阻止证人作证或者指使、贿买、胁迫他人作伪证；隐藏、转移、变卖、毁损已被查封、扣押的财产；拒不履行人民法院已经发生法律效力的判决、裁定等。

当事人之间恶意串通,企图通过诉讼、调解等方式侵害他人合法权益的,人民法院应当驳回其请求,并根据情节轻重予以罚款、拘留；构成犯罪的,依法追究刑事责任。

被执行人与他人恶意串通,通过诉讼、仲裁、调解等方式逃避履行法律文书确定的义务的,人民法院应当根据情节轻重予以罚款、拘留；构成犯罪的,依法追究刑事责任。

有义务协助调查、执行的单位有下列行为之一的,人民法院除责令其履行协助义务外,并可以予以罚款：(1)有关单位拒绝或者妨碍人民法院调查取证的；(2)有关单位接到人民法院协助执行通知书后,拒不协助查询、扣押、冻结、划拨、变价财产的；(3)有关单位接到人民法院协助执行通知书后,拒不协助扣留被执行人的收入、办理有关财产权证照转移手续、转交有关票证、证照或者其他财产的；(4)其他拒绝协助执行的。

根据《民事诉讼法》的规定,强制措施有以下五种,即拘传、训诫、责令退出法庭、罚款、拘留。

(八)诉讼费用

诉讼费用,是指在民事诉讼中,当事人依照法律规定,向人民法院交纳和支付的各种费用。财产案件除交纳案件受理费外,并按照规定交纳其他诉讼费用。当事人交纳诉讼费用确有困难的,可以按照规定向人民法院申请缓交、减交或者免交。

三、民事诉讼程序

我国的民事诉讼程序由普通诉讼程序、特殊诉讼程序、执行程序和涉外民事诉讼程序四部分构成。其中,普通诉讼程序又分为第一审程序(包括普通程序和简易程序)、第二审程序、审判监督程序；特殊诉讼程序包括特别程序、督促程序、公示催告程序。

(一)普通诉讼程序

普通诉讼程序,是指人民法院审理和解决当事人民事权利义务争议案件所适用的诉讼程序。它包括第一审程序、第二审程序、审判监督程序等。

1. 第一审程序

第一审程序，是指人民法院审判第一审民事案件所适用的诉讼程序。它包括第一审普通程序和第一审简易程序。普通程序是人民法院审理第一审民事案件通常所适用的程序。它是整个民事诉讼的基础程序，是审判程序中最完整、最系统的程序。

根据《民事诉讼法》的规定，第一审普通程序分为起诉和受理、审理前的准备阶段、开庭审理等阶段。

我国的法院奉行"不告不理"原则。无人起诉，人民法院不会启动民事诉讼程序。起诉必须符合下列条件：原告是与本案有直接利害关系的公民、法人和其他组织；有明确的被告；有具体的诉讼请求和事实、理由；属于人民法院受理民事诉讼的范围和受诉人民法院管辖。

人民法院收到起诉状或者口头起诉，经审查，认为符合上述起诉条件的，应当在七日内立案，并通知当事人；认为不符合起诉条件的，应当在七日内裁定不予受理；原告对裁定不服的，可以提起上诉。

人民法院对起诉的民事案件进行审查后，认为符合开庭审理条件的，应作好审理前的准备工作：送达起诉状副本和提出答辩状；告知当事人有关的诉讼权利和义务以及合议庭组成人员；审查有关诉讼材料；调查收集应当由人民法院调查收集的资料。

开庭审理分为宣布开庭、法庭调查、法庭辩论、合议庭评议和宣告判决五个步骤。根据《民事诉讼法》的规定，人民法院适用普通程序审理的案件，应当在立案之日起六个月内审结。有特殊情况需要延长的，由本院院长批准，可以延长六个月；还需要延长的，报请上级人民法院批准。

在我国的民事诉讼中，除了普通程序外，为了便于当事人诉讼，提高人民法院的办案效率，还设立了简易程序。简易程序适用于基层人民法院和它派出的法庭审理事实清楚、权利义务关系明确、争议不大的简单的民事案件。简易程序的原告可以口头起诉，传唤当事人、通知证人方式简便，实行独任制。

修改后的《民事诉讼法》首次设立小额诉讼制度。《民事诉讼法》第162条规定："基层人民法院和它派出的法庭审理符合本法第157条第一款规定的简单的民事案件，标的额为各省、自治区、直辖市上年度就业人员年平均工资百分之三十以下的，实行一审终审。"《民事诉讼法》第163条规定："人民法院在审理过程中，发现案件不宜适用简易程序的，裁定转为普通程序。"

2. 第二审程序

第二审程序，是指上一级人民法院根据当事人及其法定代理人的上诉，对下一级人民法院未发生法律效力的民事判决和裁定进行重新审理的程序。

当事人不服地方人民法院第一审判决的，有权在判决书送达之日起15日内向上一级人民法院提起上诉;当事人不服地方人民法院第一审裁定的,有权在裁定书送达之日10日内向上一级人民法院提起上诉。第二审的审理范围,既是事实审,也是法律审,是事实审和法律审的统一。第二审人民法院应当对上诉请求的有关事实和适用法律进行审查。第二审人民法院审理民事上诉案件,以开庭审理为原则,不开庭审理为例外。第二审人民法院对上诉案件,经过审查按照下列情形,分别处理:原判决认定事实清楚,适用法律正确的,判决驳回上诉,维持原判决;原判决适用法律错误的,依法改判;原判决认定事实错误,或者原判决认定事实不清,证据不足,裁定撤销原判决,发回原审人民法院重审,或者查清事实后改判;原判决违反法定程序,可能影响案件正确判决的,裁定撤销原判决,发回原审人民法院重审。

3. 审判监督程序

审判监督程序,是指人民法院和人民法院检察院对已经发生法律效力的民事判决、裁定,认为在认定事实和适用法律上确有错误,或者审理过程违反法律规定,依法提出并由人民法院对案件进行再审的程序。这是对生效裁判发现错误时适用的一种不同于第一审和第二审的通常审理程序;也是对已经生效的裁判事后进行审查的监督性程序,还是纠正人民法院已生效的错误裁判的一种补救性程序。

根据《民事诉讼法》规定,各级人民法院院长对本院已经发生法律效力的判决、裁定,发现确有错误,认为需要再审的,应当提交审判委员会讨论决定。最高人民法院对地方各级人民法院已经发生法律效力的判决、裁定,上级人民法院对下级人民法院已经发生法律效力的判决、裁定,发现确有错误的,有权提审或者指令下级人民法院再审。最高人民检察院对各级人民法院已发生法律效力的判决、裁定,上级人民检察院对下级人民法院已经发生法律效力的判决、裁定,发现确有错误的,应当按照审判监督程序提出抗诉;地方各级人民检察院对同级人民法院已经发生法律效力的判决、裁定,发现确有错误的,应当提请上级人民检察院按照审判监督程序提出抗诉。

当事人的申请符合下列情形之一的,人民法院应当再审:(1)有新的证据,足以推翻原判决、裁定的;(2)原判决、裁定认定的基本事实缺乏证据证明的;(3)原判决、裁定认定事实的主要证据是伪造的;(4)原判决、裁定认定事实的主要证据未经质证的;(5)对审理案件需要的主要证据,当事人因客观原因不能自行收集,书面申请人民法院调查收集,人民法院未调查收集的;(6)原判决、裁定适用法律确有错误的;(7)审判组织的组成不合法或者依法应当回避的审判人员没有回避的;(8)无诉讼行为能力人未经法定代理人代为诉讼或者应当参加诉讼的当事人,因不能归责于本人或者其诉讼代理人的事由,未参加诉讼的;(9)违反法律规定,剥夺当事人辩论权利的;(10)未经传票传唤,缺席判决的;(11)原判决、裁定遗漏或者超出诉讼请求的;(12)据以作出原判决、裁定的法律文书被撤销或者变更的;(13)审判人员审理该案件时有贪污受贿,徇私舞弊,枉法裁判行为的。

当事人申请再审的,应当提交再审申请书等材料。人民法院应当自收到再审申请书之日起5日内将再审申请书副本发送对方当事人。对方当事人应当自收到再审申请书副本之日起15日内提交书面意见;不提交书面意见的,不影响人民法院审查。人民法院可以要求申请人和对方当事人补充有关材料,询问有关事项。当事人申请再审,应当在判决、裁定发生法律效力后2年内提出;2年后据以作出原判决、裁定的法律文书被撤销或者变更,以及发现审判人员在审理该案件时有贪污受贿,徇私舞弊,枉法裁判行为的,自知道或者应当知道之日起3个月内提出。

按照审判监督程序决定再审的案件,裁定中止原判的执行。人民法院按照审判监督程序再审的案件,发生法律效力的判决、裁定是由第一审法院作出的,按照第一审程序审理,所作的判决、裁定,当事人可以上诉;发生法律效力的判决、裁定是由第二审法院作出的,按照第二审程序审理,所作的判决、裁定,是发生法律效力的判决、裁定;上级人民法院按照审判监督程序提审的,按照第二审程序审理,所作的判决、裁定是发生法律效力的判决、裁定。

(二)非讼特别程序

民事非讼特别程序,是指人民法院审理民事非讼案件所适用的程序,包括特别程序、督促程序、公示催告程序。

特别程序是指人民法院审理选民资格案件和某些非讼案件所适用的程序。依照特别程序审理的案件,不是解决民事权利义务,而是确认某种法律事实是否存在,确认某种权利的实际状况。适用特别程序审理的案件,主要包括选民资格案件、宣告公民失踪案件、宣告公民死亡案件、认定公民无民事行为能力案件、认定公民限制民事行为能力案件、认定财产无主案件、确认调解协议案件、实现担保物权案件。

督促程序是指人民法院根据债权人要求债务人给付一定金钱和有价证券的申请,向债务人发出支付令,催促债务人在法定期限内履行义务的程序。督促程序的范围仅限于给付金钱和有价证券的案件。支付令申请必须具备债权人和债务人没有其他债务纠纷和支付令能够送达债务人的条件。

公示催告程序是指人民法院根据申请人的申请,以公示的方式,告知并催促利害关系人在指定期限内向人民法院申报权利,如无人主张权利,依法作出除权判决的程序。公示催告程序的适用范围,仅限于依照规定可以背书转让的票据被盗、遗失或灭失或者依照法律可以申请公示催告的其他事项。

(三)执行程序

民事执行是人民法院依照法定程序,运用国家强制力,采取强制执行措施,强制义务人履行已经发生法律效力的人民法院的判决、裁定或其他法律文书所确定的义务的活动。

我国各级人民法院设立执行机构,专司执行工作,其主要职责是:依法执行人民法院已经发生法律效力的民事和行政判决、裁定、调解书,民事制裁决定、支付令,以及刑事案件附带民事赔偿部分的判决、裁定、调解书;执行依法应由人民法院执行行政处罚决定、行政处理决定;执行我国仲裁机构作出的仲裁裁决和调解书;执行人民法院依据《仲裁法》有关规定作出的财产保全和证据保全裁定;执行公证机关依法赋予强制执行力的关于追偿债款、物品的债权文书;执行经人民法院裁定承认其效力的外国法院作出的判决、裁定和国外仲裁机构作出的仲裁裁决等。

《民事诉讼法》规定了执行程序的一般规定、执行的申请和移送、执行措施、执行中止和终结等。申请执行的期间为2年。申请执行时效的中止、中断,适用法律有关诉讼时效中止、中断的规定。

为解决"执行难"问题,被执行人不履行法律文书确定的义务,并有可能隐匿、转移财产的,执行员可以立即采取强制执行措施。被执行人未按执行通知履行法律文书确定的义务,应当报告当前以及收到执行通知之日前一年的财产情况。被执行人拒绝报告或者虚假报告的,人民法院可以根据情节轻重对被执行人或者其法定代理人、有关单位的主要负责人或者直接责任人员予以罚款、拘留。被执行人不履行法律文书确定的义务的,人民法院可以对其采取或者通知有关单位协助采取限制出境,在征信系统记录、通过媒体公布不履行义务信息以及法律规定的其他措施。

值得注意的是,《民事诉讼法》对涉外民事诉讼程序作了特别规定,包括一般原则、管辖、送达、期间、财产保全、仲裁、司法协助等六章,人民法院审理和执行涉外民事案件适用法律时,首先要按照这些规定的原则、程序办理。

根据2019年12月28日第十三届全国人民代表大会常务委员会第十五次会议通过的《全国人民代表大会常务委员会关于授权最高人民法院在部分地区开展民事诉讼程序繁简分流改革试点工作的决定》,为进一步优化司法资源配置,推进案件繁简分流、轻重分离、快慢分道,深化民事诉讼制度改革,提升司法效能,促进司法公正,第十三届全国人民代表大会常务委员会第十五次会议决定:授权最高人民法院在北京、上海市辖区内中级人民法院、基层人民法院,南京、苏州、杭州、宁波、合肥、福州、厦门、济南、郑州、洛阳、武汉、广州、深圳、成都、贵阳、昆明、西安、银川市中级人民法院及其辖区内基层人民法院,北京、上海、广州知识产权法院,上海金融法院,北京、杭州、广州互联网法院,就优化司法确认程序、完善小额诉讼程序、完善简易程序规则、扩大独任制适用范围、健全电子诉讼规则等,开展民事诉讼程序繁简分流改革试点工作。试点期间,试点法院暂时调整适用《中华人民共和国民事诉讼法》第39条第一款、第二款、第40条第一款、第87条第一款、第162条,第169条第一款,第194条。试点工作应当遵循民事诉讼法的基本原则,充分保障当事人诉讼权利,促进提升司法效率,确保司法公正。试点具体办法由最高人民法院牵头研究制定,报全国人民代表大会常务委员会备案。试点期限为2年,自试点办法印发之日起算。

此外,为了完善人民调解制度,规范人民调解活动,及时解决民间纠纷,维护社会和谐稳定,我国制定并于2010年8月28日通过了《人民调解法》。《人民调解法》共分为六章,对人民调解委员会、人民调解员、调解程序、调解协议等进行了具体规定。人民调解,是指人民调解委员会通过说服、疏导等方法,促使当事人在平等协商基础上自愿达成调解协议,解决民间纠纷的活动。人民调解委员会调解民间纠纷,应当遵循下列原则:(1)在当事人自愿、平等的基础上进行调解;(2)不违背法律、法规和国家政策;(3)尊重当事人的权利,不得因调解而阻止当事人依法通过仲裁、行政、司法等途径维护自己的权利。

第三节 行政诉讼法律制度

为保证人民法院公正、及时审理行政案件,解决行政争议,保护公民、法人和其他组织的合法权益,监督行政机关依法行使职权,根据宪法,我国制定了《行政诉讼法》。

公民、法人或者其他组织认为行政机关和行政机关工作人员的具体行政行为侵犯其合法权益,有权依照本法向人民法院提起诉讼。前款所称行政行为,包括法律、法规、规章授权的组织作出的行政行为。

人民法院应当保障公民、法人和其他组织的起诉权利,对应当受理的行政案件依法受理。行政机关及其工作人员不得干预、阻碍人民法院受理行政案件。被诉行政机关负责人应当出庭应诉。不能出庭的,应当委托行政机关相应的工作人员出庭。

行政诉讼程序基本上与民事诉讼程序相同,在大多数情况下,可以适用《民事诉讼法》的规定。

一、受案范围

《行政诉讼法》规定,人民法院受理公民、法人或者其他组织提起的下列诉讼:(1)对行政拘留、暂扣或者吊销许可证和执照、责令停产停业、没收违法所得、没收非法财物、罚款、警告等行政处罚不服的;(2)对限制人身自由或者对财产的查封、扣押、冻结等行政强制措施和行政强制执行不服的;(3)申请行政许可,行政机关拒绝或者在法定期限内不予答复,或者对行政机关作出的有关行政许可的其他决定不服的;(4)对行政机关作出的关于确认土地、矿藏、水流、森林、山岭、草原、荒地、滩涂、海域等自然资源的所有权或者使用权的决定不服的;(5)对征收、征用决定及其补偿决定不服的;(6)申请行政机关履行保护人身权、财产权等合法权益的法定职责,行政机关拒绝履行或者不予答复的;(7)认为行政机关侵犯其经营自主权或者农村土地承包经营权、农村土地经营权的;(8)认为行政机关滥用行政权力排除或者限制竞争的;(9)认为行政机关违法集资、摊派费用或者违法要求履行其他义务的;(10)认为行政机关没有依法支付抚恤金、最低生活保障待遇或者社会保险待遇的;(11)认为行政机关不依法履行、未按照约定履行或者违法变更、解除政府特许经营协议、土地房屋征收补偿协议等协议的;(12)认为行政机关侵犯其他人身权、财产权等合法权益的。

根据《行政诉讼法》的规定,原则上,人民法院受理公民、法人和其他组织对拥有公共行政管理职权的行政机关或其他组织与行使行政职权的作为或不作为不服提起的行政诉讼,但不受理公民、法人或者其他组织对下列事项提起的诉讼:(1)国防、外交等国家行为;(2)行政法规、规章或者行政机关制定、发布的具有普遍约束力的决定、命令;(3)行政机关对行政机关工作人员的奖惩、任免等决定;(4)法律规定由行政机关最终裁决的具体行政行为。

《行政诉讼法》的规定,人民检察院在履行职责中发现生态环境和资源保护、食品药品安全、国有财产保护、国有土地使用权出让等领域负有监督管理职责的行政机关违法行使职权或者不作为,致使国家利益或者社会公共利益受到侵害的,应当向行政机关提出检察建议,督促其依法履行职责。行政机关不依法履行职责的,人民检察院依法向人民法院提起诉讼。

二、证据

在行政诉讼中,不同于民事诉讼中的"谁主张、谁举证",而由被诉讼行政机关承担举证责任。这是因为行政诉讼是在行政程序的基础上进行的,而行政程序的特点就是,行政机关有权单方面对行政相对人是否违法作出判断,进而追究其法律责任。因此,行政诉讼的证据绝大多数在行政执法或行政司法程序中已由行政机关取得,并经过了严格的审查。行政机关对它做出的具体行政行为应当有充分的依据。为此,《行政诉讼法》规定,在行政诉讼过程中,被告不得自行向原告和证人收集证据,以切实保障举证责任制度的落实。在诉讼中,被告应向法院提供作出具体行政行为的事实根据和规范性文件依据。如果被告不能提供事实根据,法院应以"主要证据不足"为由,判决撤销被诉具体行政行为;如果被告不能提供其依据的法律、法规和规章,则应以"适用法律、法规错误"为由,判决撤销被诉具体行政行为。法院还应审查行政自由裁量权的行使是否符合其他规范性文件精神,对不符者则以"滥用职权"为由撤销被诉具体行政行为。

三、程序

《行政诉讼法》规定起诉应当向法院递交起诉状,书写起诉状确有困难的,可以口头起诉。法院在接到起诉状时对符合规定的起诉条件的,应当登记立案。不能当场判定的,应接收起诉状,出具书面凭证,7日内决定是否立案。直接向法院提起诉讼的,应当自知道或者应当知道作出行政行为之日起6个月内提出。

《行政诉讼法》规定,经最高人民法院批准,高级人民法院可以根据审判工作的实际情况,确定若干人民法院跨行政区域管辖行政案件。

行政诉讼案件必须由合议庭审理,这是行政诉讼区别于其他诉讼的重要特点。合议庭可以全部由审判员组成,也可以由审判员与人民陪审员共同组成。在审理前,合议庭可以根据案件的情况,对应当追加当事人通知其参加诉讼,让不符合条件的当事人退出诉讼或予以变更。这也不同于民事诉讼。

审理方式主要是开庭审理与公开审理。庭审的过程与方式与民事诉讼相比,不同的地方主要有:第一,行政诉讼先由被告宣读被诉具体行政行为决定书,并提出作出该决定的事实根据及法律依据。此后,才由原告宣读起诉书,提出自己的诉讼请示及事实根据。第二,原告有权申请撤诉,但要受到限制,即原告申请撤诉的,须经人民法院同意。诉讼过程中,被告也不得变更原具体行政行为。第三,被告不得提起反诉。第四,举证责任由被告负担。第五,一般不得以调解作为审理和结案的方式,必须以判决或裁定的形式结案。此处的例外仅指行政赔偿诉讼和附带民事诉讼。

行政诉讼一审案件的审限为立案后3个月,而民事诉讼一审的期限为6个月。

行政诉讼的第二审程序与民事诉讼的二审相比,不同的地方有:行政诉讼第二审有书面审和庭审两种方式。书面审是法律审,是在案件事实清楚,各方当事人对事实问题不存在争议,而仅对法律适用问题意见相左时所采用的审理方式。

在审判监督程序方面,行政诉讼与民事诉讼不同之处在于当事人申诉没有时间限制。

行政诉讼的执行与民事诉讼的执行不同在于以下几个方面:

(1) 执行主体。行政案件的执行主体不仅是人民法院,还包括行政机关。依照法律规定,公民、法人或者其他组织拒绝履行判、裁定的,行政机关可以向人民法院申请强强制执行,或者依法强制执行。自行强制执行的,是有强制执行能力的行政机关,如公安机关、海关等。

(2) 措施。行政诉讼的特点在于当事人之一是行政机关。对行政机关的执行措施,不同于对公法人或者其他组织的执行措施。对行政机关的执行措施包括划拨、罚款、司法建议(即向该行政机关的上一级行政机关或者监察、人事机关提出司法建议)和追究主管人员和直接责任人员的刑事责任。

(3) 非诉执行。非诉执行是指公民、法人或者其他组织既不执行行政机关的具体行政行为,又不向人民法院提起行政诉讼时,由行政机关申请人民法院采取强制执行措施,从而使行政机关的具体行政行为得以实现的活动。这主要是为了解决大量的行政机关没有强制执行权和执行能力,其所作的决定难以执行的问题。对于行政机关的申请,法院应当进行审查,确认其具体行政行为合法时,才能予以执行。

《行政诉讼法》规定公民、法人或者其他组织拒绝履行判决、裁定、调解书的,行政机关或者第三人可以向第一审人民法院申请强制执行,或者由行政机关依法强制执行。行政机关拒绝履行判决、裁定、调解书的,第一审人民法院可以采取下列措施:(1)对应当归还的罚款或者应当给付的款额,通知银行从该行政机关的账户内划拨;(2)在规定期限内不履行的,从期满之日起,对该行政机关负责人按日处50元至100元的罚款;(3)将行政机关拒绝履行的情况予以公告;(4)向监察机关或者该行政机关的上一级行政机关提出司法建议。接受司法建议的机关,根据有关规定进行处理,并将处理情况告知人民法院;(5)拒不履行判决、裁定、调解书,社会影响恶劣的,可以对该行政机关直接负责的主管人员和其他直接责任人员予以拘留;情节严重,构成犯罪的,依法追究刑事责任。

第四节 刑事诉讼法律制度

一、犯罪嫌疑人、被告人在刑事诉讼中依法享有的诉讼权利

我国的《刑事诉讼法》根据打击犯罪和保障人权相统一的原则,按照诉讼民主化的要求,完善了犯罪嫌疑人、被告人的诉讼权利及其保障。犯罪嫌疑人、被告人在刑事诉讼活动中享有以下权利:(1)知情权。犯罪嫌疑人、被告人有权知道自己被追究刑事责任的根据和理由,有权得到有关法律文书。(2)申请权。犯罪嫌疑人、被告人有权申请有关人员回避,对于违法采取强制措施或者采取强制措施超过法律规定的期限的有权要求撤销或者变更强制措施。有权申请通知新的证人到庭、调取新的证据,补充鉴定或者重新鉴定。(3)辩护权。犯罪嫌疑人、被告人在整个刑事诉讼过程中,有权自己进行辩护。(4)委托辩护人或者要求律师提供法律帮助的权利。犯罪嫌疑人在被侦查机关第一次讯问或者采取强制措施之日起,有权委托辩护人。在侦查期间,只能委托律师作为辩护人。侦查机关在第一次讯问犯罪嫌疑人或者对犯罪嫌疑人采取强制措施时,应当告知犯罪嫌疑人有权委托辩护人。在审查起诉阶段和审判阶段,有权委托辩护人为其进行辩护。对于因经济困难等原因无法委托辩护人的,有权要求得到承担法律援助任务的律师帮助。(5)上诉权。被告人对于人民法院一审判决和裁定不服的,有权在法定期限内向上一级

人民法院提出上诉。(6)申诉权,对于人民检察院作出的不起诉决定或者人民法院作出的生效判决和裁定不服的,有权提出申诉。(7)核对、补充、更正笔录权。(8)反诉权。反诉就是在诉讼进行过程中,在人民法院宣告判决前,被告人或者他的法定代理人在自诉人所指控的范围内,向人民法院指控自诉人犯有与自诉案件有关的犯罪,要求法院追究自诉人的刑事责任。(9)要求国家赔偿的权利。根据《国家赔偿法》的规定,对于没有犯罪事实或者没有事实证明有犯罪嫌疑的人错误拘留的,没有犯罪事实的人错误逮捕的人,依照审判监督程序再审改判无罪,原判刑罚已经执行的,以及因行使侦查权、检察权、审判权、监狱管理职权的机关的工作人员刑讯逼供或者以殴打等暴力或者唆使他人以殴打等暴力造成犯罪嫌疑人、被告人身体伤害或者死亡,违法使用武器或者警械造成犯罪嫌疑人身体伤害或者死亡,违法对财产采取查封、扣押、冻结、追缴等措施的,依照审判监督程序再审改判无罪,原判罚金、没收财产已经执行的。受害人有权申请取得国家赔偿。

二、刑事诉讼法律的基本制度

《刑事诉讼法》对立案管辖和审判管辖、辩护与代理、证据、强制措施等进行了规定。

(一)立案管辖和审判管辖

公安机关、人民检察院和人民法院在直接受理刑事案件范围上的分工称为立案管辖或职能管辖。根据《刑事诉讼法》的规定,刑事案件的侦查由公安机关进行,法律另有规定的除外。人民检察院在对诉讼活动实行法律监督中发现的司法工作人员利用职权实施的非法拘禁、刑讯逼供、非法搜查等侵犯公民权利、损害司法公正的犯罪,可以由人民检察院立案侦查。对于公安机关管辖的国家机关工作人员利用职权实施的重大犯罪案件,需要由人民检察院直接受理的时候,经省级以上人民检察院决定,可以由人民检察院立案侦查。自诉案件,由人民法院直接受理。

刑事审判管辖是人民法院系统内部对第一审刑事案件审判权限的划分。审判管辖包括级别管辖、地区管辖和专门管辖。审判管辖确定之后,根据起诉与审判相适应的原则,人民检察院的起诉管辖也随之确定。

(1)级别管辖。级别管辖是指各级人民法院在审判第一审刑事案件上的职责分工。《刑事诉讼法》规定,基层人民法院管辖第一审普通刑事案件,但是依照《刑事诉讼法》由上级人民法院管辖的除外。中级人民法院管辖下列第一审刑事案件:危害国家安全、恐怖活动案件;可能判处无期徒刑、死刑的案件。高级人民法院管辖的第一审刑事案件,是全省(自治区、直辖市)性的重大刑事案件。最高人民法院管辖的第一审刑事案件,是全国性的重大刑事案件。上级人民法院在必要的时候,可以审判下级人民法院管辖的第一审刑事案件;下级人民法院认为案情重大、复杂需要由上级人民法院审判的第一审刑事案件,可以请求移送上一级人民法院审判。

(2) 地区管辖。地区管辖是指同级人民法院之间审判第一审刑事案件的权限分工。地区管辖实行以犯罪地人民法院管辖为主,以被告人居住地人民法院管辖为辅的原则。

几个同级人民法院都有权管辖的案件,由最初受理的人民法院审判。在必要的时候,可以移送主要犯罪地的人民法院审判。案件管辖不明或有争议时,上级人民法院可以指定下级人民法院审判,也可以指定下级人民法院将案件移送其他下级人民法院审判。专门人民法院案件的管辖另行规定。

(二) 辩护与代理

刑事诉讼中的辩护,是指犯罪嫌疑人、被告人及其辩护人为维护犯罪嫌疑人、被告人的合法权益,依照法律规定的程序和方式反驳控诉,从事实和法律方面提出有利于犯罪嫌疑人、被告人的证据和理由,以证明犯罪嫌疑人、被告人无罪、罪轻或者从轻、减轻、免除其刑事责任的诉讼活动。辩护权是法律赋予犯罪嫌疑人、被告人所享有的最基本、最关键的诉讼权利。辩护包括自行辩护、委托辩护、指定辩护三类。

《刑事诉讼法》规定,律师、人民团体或者犯罪嫌疑人、被告人所在单位推荐的人和犯罪嫌疑人、被告人的监护人、亲友可以被委托为辩护人。辩护人在刑事诉讼中的职责是根据事实和法律,提出证明犯罪嫌疑人、被告人无罪、罪轻或者从轻、减轻、免除其刑事责任的材料和意见,维护犯罪嫌疑人、被告人的合法权益。

辩护律师可以同在押的犯罪嫌疑人、被告人会见和通信。其他辩护人经人民法院、人民检察院许可,也可以同在押的犯罪嫌疑人、被告人会见和通信。

辩护律师持律师执业证书、律师事务所证明和委托书或者法律援助公函要求会见在押的犯罪嫌疑人、被告人的,看守所应当及时安排会见,至迟不得超过四十八小时。危害国家安全犯罪、恐怖活动犯罪,在侦查期间辩护律师会见在押的犯罪嫌疑人,应当经侦查机关许可。上述案件,侦查机关应当事先通知看守所。辩护律师会见在押的犯罪嫌疑人、被告人,可以了解案件有关情况,提供法律咨询等;自案件移送审查起诉之日起,可以向犯罪嫌疑人、被告人核实有关证据。辩护律师会见犯罪嫌疑人、被告人时不被监听。

辩护律师在审查起诉和审判阶段,均可以查阅、摘抄、复制本案所指控的犯罪事实的材料。

刑事诉讼中的代理,是指公诉案件的被害人及其法定代理人或者近亲属,附带民事诉讼的当事人及其法定代理人,自诉案件的自诉人及其法定代理人,附带民事诉讼的当事人及其法定代理人委托诉讼代理人参加刑事诉讼,维护被代理人合法权益的行为。公诉案件自案件移送审查起诉之日起,被代理人有权委托诉讼代理人,自诉案件的被代理人有权随时委托诉讼代理人。

(三)证据

证据是指以法律规定的形式表现出来的能够证明案件真实情况的一切事实。根据《刑事诉讼法》的规定,中国的刑事证据有八种:物证;书证;证人证言;被害人陈述;犯罪嫌疑人、被告人供述和辩解;鉴定意见;勘验、检查、辨认、侦查实验等笔录;视听资料、电子数据。

根据《刑事诉讼法》的规定,办理案件总的要求是:案件事实清楚、证据确实充分、定性准确、量刑适当、程序合法。但是在刑事诉讼过程的不同环节上,证明的要求是不尽相同的。

《刑事诉讼法》规定,审判人员、检察人员、侦查人员必须依照法定程序,收集能够证实犯罪嫌疑人、被告人有罪或者无罪、犯罪情节轻重的各种证据。严禁刑讯逼供和以威胁、引诱、欺骗以及其他非法方法收集证据,不得强迫任何人证实自己有罪。必须保证一切与案件有关或者了解案情的公民,有客观地充分地提供证据的条件,除特殊情况外,可以吸收他们协助调查。

《刑事诉讼法》同时规定,采用刑讯逼供等非法方法收集的犯罪嫌疑人、被告人供述和采用暴力、威胁等非法方法收集的证人证言、被害人陈述,应当予以排除。违反法律规定收集物证、书证,可能严重影响司法公正的,应当予以补正或者作出合理解释;不能补正或者作出合理解释的,对该证据应当予以排除。《刑事诉讼法》规定人民法院、人民检察院和公安机关都有排除非法证据的义务,并规定法庭审理过程中对非法证据排除的调查程序。在对证据收集的合法性进行法庭调查的过程中,人民检察院应当对证据收集的合法性加以证明。人民法院可以通知有关侦查人员或者其他人员出庭说明情况。有关侦查人员或者其他人员也可以要求出庭说明情况。经人民法院通知,有关人员应当出庭。

证明责任是指谁负有收集证据、提出证据证明案件事实的责任。人民法院、人民检察院、公安机关在刑事诉讼中分别代表国家行使审判权、检察权和侦查权,收集证据、揭露犯罪、证实犯罪,是法律赋予它们的职责。在公诉案件中,公诉人负有举证责任。在自诉案件中,自诉人负有举证责任。在公诉案件或自诉案件中,犯罪嫌疑人、被告人一般都不承担举证责任,也就是没有提出证据证明自己无罪的义务。

《刑事诉讼法》规定,公诉人、当事人或者辩护人、诉讼代理人对证人证言有异议的,且该证人证言对案件定罪量刑有重大影响,人民法院认为证人有必要出庭作证的,证人应当出庭作证。公诉人、当事人或者辩护人、诉讼代理人对鉴定意见有异议,人民法院认为鉴定人有必要出庭的,鉴定人应当出庭作证。经人民法院通知,鉴定人拒不出庭作证的,鉴定意见不得作为定案的根据。同时,规定强制出庭制度,经人民法院通知,证人没有正当理由不出庭作证的,人民法院可以强制其到庭。证人没有正当理由逃避出庭或者出庭后拒绝作证,情节严重的,经院长批准,处以十日以下的拘留。考虑到强制配偶、父母、子女在法庭上对被告人进行指证,不利于家庭关系的维系,因此,规定被告人的配偶、父母、子女除外。《刑事诉讼法》还规定,证人因履行作证义务而支出的交通、住宿、就餐等费用,应当给予补助。证人作证的补助列入司法机关业务经费,由同级政府财政予以保障。有工作单位的证人作证,所在单位不得克扣或者变相克扣其工资、奖金及其他福利待遇。

同时,《刑事诉讼法》规定司法机关应当保障证人及其近亲属的安全。对于危害国家安全犯罪、恐怖活动犯罪、黑社会性质的组织犯罪、毒品犯罪等案件,证人、鉴定人、被害人因在诉讼中作证,本人或者其近亲属的人身安全面临危险的,人民法院、人民检察院和公安机关应当采取以下一项或者多项保护措施:不公开真实姓名、住址和工作单位等个人信息;采取不暴露外貌、真实声音等出庭作证措施;禁止特定的人员接触证人、鉴定人、被害人及其近亲属;对人身和住宅采取专门性保护措施;其他必要的保护措施。证人、鉴定人、被害人认为因在诉讼中作证,本人或者其近亲属的人身安全面临危险的,可以向人民法院、人民检察院、公安机关请求予以保护。增加规定,侦查人员询问证人,可以在现场进行,也可以到证人所在单位、住所或者证人提出的地点进行。

(四)强制措施

刑事诉讼中的强制措施,是指公安机关、人民检察院、人民法院为了保证侦查、起诉和审判的顺利进行,依法对犯罪嫌疑人、被告人所采取的暂时限制或剥夺其人身自由的各种法定强制方法。刑事诉讼中的强制措施有拘传、取保候审、监视居住、拘留、逮捕五种,拘传是指公安司法机关强制犯罪嫌疑人、被告人到指定地点接受讯问的一种强制方法。取保候审是指公安司法机关责令犯罪嫌疑人、被告人以保证人担保或者交纳保证金的形式保证犯罪嫌疑人、被告人在传讯、审判时及时到案的强制方法。监视居住是指公安司法机关对未被逮捕的犯罪嫌疑人、被告人,责令其不得擅自离开住处或指定的居所,并对其行动加以监视的一种强制措施。拘留是指公安机关、人民检察院在紧急情况下,对现行犯或者重大嫌疑分子采取的临时依法剥夺其人身自由的强制方法。逮捕是指对有证据证明有犯罪事实,可能判处徒刑以上刑罚的犯罪嫌疑人、被告人,采取取保候审、监视居住等方法,尚不足以防止发生社会危险性而有必要采取的一种剥夺其人身自由的强制措施。逮捕是一种最为严厉的强制措施。法律规定了每一种强制措施运用的条件、程序和期限。

三、刑事诉讼的基本程序

《刑事诉讼法》规定了立案、侦查、提起公诉、审判(第一审程序、第二审程序、死刑复核程序、审判监督程序)、执行等刑事诉讼的基本程序。

(一) 立案

立案是指公安机关、人民检察院、人民法院对所获得的材料进行审查,判明是否有犯罪事实并需要追究刑事责任,依法决定是否作为刑事案件交付侦查或审判的诉讼活动。立案是刑事诉讼活动中的一个独立的也是与其他国家相比独有的诉讼环节,是刑事诉讼程序的启动按钮,是侦查和审判的前提,目的是防止无根据地对公民进行刑事追诉。没有立案进行侦查和审判是违法的。

(二) 侦查

侦查是指公安机关、人民检察院对于刑事案件,依照法律进行的收集证据、查明案情的工作和有关的强制性措施。侦查有其特定的内容和方法,是为了查明案件事实和查获犯罪人所进行的讯问犯罪嫌疑人、询问证人和被害人、勘验、检查、搜查、扣押、鉴定、通缉、技术侦查措施等专门性调查工作和所采取的拘传、取保候审、监视居住、拘留、逮捕等强制性措施。侦查人员在讯问犯罪嫌疑人的时候,应当告知犯罪嫌疑人享有的诉讼权利,如实供述自己罪行可以从宽处理和认罪认罚的法律规定。

公安机关侦查终结的案件,如果认为应当对被告人提起公诉或者犯罪嫌疑人的犯罪情节轻微,依照刑法不需要判处刑罚或者可以免除刑罚的,应当写出起诉意见书或者不起诉意见书,连同案卷材料和证据一并移送同级人民检察院审查决定。

人民检察院在立案后,对于利用职权实施的严重侵犯公民人身权利的重大犯罪案件,根据侦查犯罪的需要,经过严格的批准手续,可以采取技术侦查措施,按照规定交有关机关执行。人民检察院自行侦查的案件,侦查终结后认为需要起诉或者不起诉的,由自侦部门制作起诉意见书或不起诉意见书,移送本院公诉部门审查决定,实行内部制约。在侦查过程中,发现不应对犯罪嫌疑人追究刑事责任的,应当撤销案件。

为了进一步发挥法律监督机关的监督职能,保障公民的合法权益,《刑事诉讼法》强化了对侦查措施的监督。当事人和辩护人、诉讼代理人、利害关系人对于司法机关及其工作人员有下列行为之一的,有权向该机关申诉或者控告:(1)采取强制措施法定期限届满,不予以释放、解除或者变更强制措施的;(2)应当退还取保候审保证金不退还的;(3)对与案件无关的财物采取查封、扣押、冻结措施的;(4)应当解除查封、扣押、冻结不解除的;(5)贪污、挪用、私分、调换、违反规定使用查封、扣押、冻结的财物的。受理申诉或者控告的机关应当及时处理。对处理不服的,可以向同级或者上一级人民检察院申诉。人民检察院直接受理的案件,可以向上一级人民检察院申诉。人民检察院对申诉应当及时进行审查,情况属实的,通知有关机关予以纠正。

(三) 提起公诉

提起公诉是指人民检察院对公安机关侦查终结移送起诉或者不起诉的案件以及自行侦查终结的案件,进行审查并决定是否代表国家提请人民法院对被告人进行审判的诉讼程序。我国实行以公诉为主、自诉为辅的起诉制度。

人民检察院对于监察机关移送起诉的案件,依照刑事诉讼法和监察法的有关规定进行审查;认为需要补充核实的,应当退回监察机关补充调查,必要时可以自行补充侦查;对于监察机关采取留置措施的案件,人民检察院应当对犯罪嫌疑人先行拘留,留置措施自动解除,人民检察院应当在10日以内作出是否逮捕、取保候审或者监视居住的决定。在特殊情况下,决定的时间可以延长。

犯罪嫌疑人自愿认罪,同意量刑建议和程序适用的,应当在辩护人或者值班律师在场的情况下签署认罪认罚具结书。犯罪嫌疑人认罪认罚,有下列情形之一的,不需要签署认罪认罚具结书:(1)犯罪嫌疑人是盲、聋、哑人,或者是尚未完全丧失辨认或者控制自己行为能力的精神病人的;(2)未成年犯罪嫌疑人的法定代理人、辩护人对未成年人认罪认罚有异议的;(3)其他不需要签署认罪认罚具结书的情形。

人民检察院审查案件作出的决定包括两类:(1)起诉。人民检察院认为犯罪嫌疑人犯罪事实清楚,证据确实充分,依法应当追究刑事责任,就向人民法院提起诉讼。对决定起诉的案件应当制作起诉书。(2)不起诉。人民检察院对侦查终结移送起诉或者不起诉的案件进行审查后作出的不将案件提交人民法院审判,就终止诉讼。不起诉的决定,应当公开宣布,并且将不起诉决定书送达被不起诉人和他的所在单位。如果被不起诉人在押,应当立即释放。

(四) 审判

我国法院审理刑事案件实行两审终审制。即地方各级人民法院受理案件,除死刑复核案件外,经过两级人民法院审理即告终结,二审作出的判决和裁定是发生法律效力的判决和裁定。当事人不得再上诉,人民检察院不得再抗诉。

1. 第一审程序

第一审程序是指人民法院对人民检察院提起公诉或者自诉人提起自诉的案件进行初次审判时所遵循的步骤、方式和方法。

根据《刑事诉讼法》的规定,人民法院对提起公诉的案件决定是否开庭审理,应当审查起诉书中是否有明确的指控犯罪事实等内容。人民法院对公诉案件进行审查后,认为符合开庭条件的,就进行开庭前的准备工作,如组成合议庭、起诉书副本送达被告人等。

法庭审判可分为开庭、法庭调查、法庭辩论、被告人最后陈述、评议和宣判五个步骤。

对于认罪认罚案件,人民法院依法作出判决时,一般应当采纳人民检察院指控的罪名和量刑建议,但有下列情形的除外:(1)被告人的行为不构成犯罪或者不应当追究其刑事责任的;(2)被告人违背意愿认罪认罚的;(3)被告人否认指控的犯罪事实的;(4)起诉指控的罪名与审理认定的罪名不一致的;(5)其他可能影响公正审判的情形。

《刑事诉讼法》对刑事审判的庭前审查程序、法庭调查和辩论程序等方面都进行了重大改革。主要包括:弱化了庭前审查程序,公诉案件庭前审查的法律性质和任务已由过去的实体审查转变为程序性审查为主;在庭审调查阶段,按照举证责任原理,加强了控方的举证责任,使法官相对中立;注意发挥控辩双方的职能作用,增强了相互平等对抗、质证和辩论,由原来控辩双方只能在法庭辩论阶段进行辩论改为在法庭调查阶段也可以进行辩论。

判决是人民法院经过法庭审理,根据已经查明的案件事实、证据和有关法律,就被告人是否犯罪、所犯何罪、应否判处刑罚和处以何种刑罚等问题所作的一种结论。刑事判决有以下三种:案件事实清楚,证据确实充分,依照法律规定认定被告人有罪的,应当作出有罪判决。包括处刑判决和免刑判决。依据法律认定被告人无罪的,应当作出无罪判决;证据不足,不能认定被告人有罪的,应当作出证据不足、指控的犯罪不能成立的无罪判决。

人民法院对自诉案件的审判具有以下特点:人民法院审理自诉案件时一般可以进行调解;自诉案件宣判前,自诉人可以同被告人和解或撤回自诉;自诉案件的被告人在诉讼过程中,可以对自诉人提起反诉。反诉案件适用自诉案件的规定,并应当与自诉案件一并审理,原自诉人撤诉的,不影响反诉案件的继续审理。

在刑事诉讼中,除普通程序外,为体现繁简分流、诉讼经济原则,提高诉讼效率,还对简单、轻微的刑事案件设立了简易程序。《刑事诉讼法》规定,基层人民法院管辖的案件,符合下列条件的,可以适用简易程序审判:案件事实清楚、证据充分的;被告人承认自己所犯罪行,对起诉书指控的犯罪事实没有异议的;被告人对适用简易程序没有异议的。人民检察院在提起公诉时候,可以建议人民法院适用简易程序。《刑事诉讼法》还明确规定,有下列情形之一的,不适用简易程序:被告人是盲、聋、哑人,或者尚未完全丧失辨认或者控制自己行为能力的精神病人的;有重大社会影响的;共同犯罪案件中部分被告人不认罪或者对适用简易程序有异议的;其他不宜适用简易程序审理的。

《刑事诉讼法》规定了速裁程序。基层人民法院管辖的可能判处3年有期徒刑以下刑罚的案件,案件事实清楚,证据确实、充分,被告人认罪认罚并同意适用速裁程序的,可以适用速裁程序,由审判员一人独任审判。人民检察院在提起公诉的时候,可以建议人民法院适用速裁程序。有下列情形之一的,不适用速裁程序:(1)被告人是盲、聋、哑人,或者是尚未完全丧失辨认或者控制自己行为能力的精神病人的;(2)被告人是未成年人的;(3)案件有重大社会影响的;(4)共同犯罪案件中部分被告人对指控的犯罪事实、罪名、量刑建议或者适用速裁程序有异议的;(5)被告人与被害人或者其法定代理人没有就附带民事诉讼赔偿等事项达成调解或者和解协议的;(6)其他不宜适用速裁程序审理的。

2. 第二审程序

第二审程序,是指上级人民法院根据当事人及其法定代理人的上诉或人民检察院的抗诉,对下一级人民法院未生效的判决、裁定的案件进行重新审判的程序。

刑事诉讼第二审程序具有以下特点:一是只要在法定上诉期限内提出上诉、抗诉必然引起第二审程序;二是法律对上诉理由未作限制;对抗诉理由,则明确规定人民检察院对一审判决、裁定认为"确有错误"才能提出抗诉。所谓"确有错误",范围比较广泛,包括主要事实不清,证据不足;定性不准(包括有罪判无罪,此罪判彼罪),量刑不当(重罪轻判,轻罪重判);严重违反诉讼程序,影响公正审判。三是法院的二审实行全面审查原则,即应当就一审判决或裁定所认定的事实和适用法律情况进行全面审查,不受上诉或抗诉范围的限制。

为保证案件的公正处理,《刑事诉讼法》明确了二审开庭的案件范围,规定:第二审人民法院对于下列案件,应当组成合议庭,开庭审理:被告人、自诉人及其法定代理人对第一审认定的事实、证据提出异议,可能影响定罪量刑的上诉案件;被告人被判处死刑的上诉案件;人民检察院抗诉的案件;其他应当开庭审理的案件。同时规定,第二审人民法院决定不开庭审理的,应当讯问被告人,听取其他当事人、辩护人、诉讼代理人的意见。

《刑事诉讼法》规定了上诉不加刑原则,但只适用于被告人一方上诉的案件;人民检察院提出抗诉或者自诉人提出上诉的,不受上诉不加刑限制。第二审人民法院发回原审人民法院重新审判的案件,除有新的犯罪事实,人民检察院补充起诉的以外,原审人民法院也不得加重被告人的刑罚。

3. 死刑复核程序

我国的刑法中保留了死刑,但是严格控制死刑的适用范围,死刑只适用于极少数罪大恶极、不杀不足以平民愤的犯罪分子,而且在执行制度上设立死刑缓期两年执行,在程序上专门设置了不同于其他案件的死刑复核程序。

死刑复核程序,就是对判处死刑的案件进行审查核准的特殊程序。除有死刑核准权的人民法院终审判处死刑的以外,其他判处死刑的案件,必须经过死刑复核程序才能交付执行。死刑复核程序是我国法律中特有的诉讼程序。设立这一程序,有利于贯彻严肃与谨慎相结合的方针,严格控制死刑的适用,保证死刑案件的质量,防止错杀。我国的《刑法》《刑事诉讼法》都规定,死刑由最高人民法院判决或者核准,才能发生法律效力。在特定情况下,最高人民法院可以将部分案件的死刑核准权授予省级人民法院和解放军军事法院行使。中级人民法院判决死刑缓期

2年执行的案件,由高级人民法院核准。判处死刑缓期2年执行案件的报请复核程序和高级人民法院的复核程序,与判处死刑立即执行案件的报请复核和复核程序基本相同。

4. 审判监督程序

审判监督程序,是指人民法院、人民检察院对于已经发生法律效力的判决和裁定,发现在认定事实或者在适用法律上确有错误,依法提出并由人民法院对案件进行重新审判的程序。它不是每个案件的必经程序,而是只有在判决和裁定已经发生法律效力而又确有错误时才适用的一种特殊程序。

当事人及其法定代理人、近亲属,对已经发生法律效力的判决、裁定,可以提出申诉。申诉并不必然引起人民法院对案件重新审判,不能停止对判决、裁定的执行。但是申诉是司法机关发现错判案件,通过审判监督程序纠正错案的重要渠道和材料来源。申诉符合下列情形之一的,人民法院应当重新审判:有新的证据证明原判决、裁定认定的事实确有错误的;据以定罪量刑的证据不确实、不充分或者证明案件事实的主要证据之间存在矛盾的;原判决、裁定适用法律确有错误的;审判人员在审理该案件的时候,有贪污受贿、徇私舞弊、枉法裁判行为的。

各级人民法院院长有权提交本院审判委员会讨论决定是否应对案件重新审判;最高人民法院和上级人民法院提审或指令下级人民法院再审;最高人民检察院和上级人民检察院按照审判监督程序向同级人民法院提出抗诉。

(五)执行

刑事诉讼中的执行,是指人民法院、人民检察院、公安机关和监狱,为实现已经发生法律效力的判决和裁定所确定的内容而进行的活动。执行是刑事诉讼的最后一个阶段。执行的任务,一是使已经发生法律效力的判决和裁定所确定的内容得到实现;二是解决执行中有关刑罚及其执行方法变更等方面的法律问题。在执行活动中,交付执行的机关是人民法院,执行机关有人民法院、公安机关和监狱。死刑执行的指挥机关是人民法院。执行的监督机关是人民检察院。

《刑事诉讼法》严格规范了暂予监外执行的决定、批准和及时收监的程序。为防止罪犯利用这一制度逃避刑罚,增加规定:不符合暂予监外执行条件的罪犯通过贿赂等非法手段被暂予监外执行的,其在监外执行的期间不计入执行刑期;罪犯在暂予监外执行期间脱逃的,脱逃的期间不计入执行刑期。

《刑事诉讼法》还规定:监狱、看守所提出减刑、假释建议或者暂予监外执行的书面意见的,应当同时抄送人民检察院。人民检察院可以向人民法院或者批准机关提出书面意见。

(六)特别程序

此外,《刑事诉讼法》还规定了四类特别程序。

(1)未成年人刑事案件诉讼程序。对犯罪的未成年人实行教育、感化、挽救的方针,坚持教育为主、惩罚为辅的原则。人民法院、人民检察院和公安机关办理未成年人刑事案件,应当保障未成年人行使其诉讼权利,保障未成年人得到法律帮助,并由熟悉未成年人身心特点的审判人员、检察人员、侦查人员承办。对被拘留、逮捕和执行刑罚的未成年人与成年人应当分别关押、分别管理、分别教育。对于未成年人刑事案件,在讯问和审判的时候,应当通知未成年犯罪嫌疑人、被告人的法定代理人到场。

(2) 当事人和解的公诉案件诉讼程序。下列公诉案件,犯罪嫌疑人、被告人真诚悔罪,通过向被害人赔偿损失、赔礼道歉等方式获得被害人谅解,被害人自愿和解的,双方当事人可以和解:因民间纠纷引起,涉嫌刑法分则第四章、第五章规定的犯罪案件,可能判处三年有期徒刑以下刑罚的;除渎职犯罪以外的可能判处七年有期徒刑以下刑罚的过失犯罪案件。

(3) 缺席审判程序。对于贪污贿赂犯罪案件,以及需要及时进行审判,经最高人民检察院核准的严重危害国家安全犯罪、恐怖活动犯罪案件,犯罪嫌疑人、被告人在境外,监察机关、公安机关移送起诉,人民检察院认为犯罪事实已经查清,证据确实、充分,依法应当追究刑事责任的,可以向人民法院提起公诉。人民法院进行审查后,对于起诉书中有明确的指控犯罪事实,符合缺席审判程序适用条件的,应当决定开庭审判。前款案件,由犯罪地、被告人离境前居住地或者最高人民法院指定的中级人民法院组成合议庭进行审理。人民法院应当通过有关国际条约规定的或者外交途径提出的司法协助方式,或者被告人所在地法律允许的其他方式,将传票和人民检察院的起诉书副本送达被告人。传票和起诉书副本送达后,被告人未按要求到案的,人民法院应当开庭审理,依法作出判决,并对违法所得及其他涉案财产作出处理。

(4) 犯罪嫌疑人、被告人逃匿、死亡案件违法所得的没收程序。对于贪污贿赂犯罪、恐怖活动犯罪等重大犯罪案件,犯罪嫌疑人、被告人逃匿,在通缉一年后不能到案,或者犯罪嫌疑人、被告人死亡,依照刑法规定应当追缴其违法所得及其他涉案财产的,人民检察院可以向人民法院提出没收违法所得的申请。公安机关认为有前款规定情形的,应当写出没收违法所得意见书,移送人民检察院。没收违法所得的申请应当提供与犯罪事实、违法所得相关的证据材料,并列明财产的种类、数量、所在地及查封、扣押、冻结的情况。人民法院在必要的时候,可以查封、扣押、冻结申请没收的财产。没收违法所得的申请,由犯罪地或者犯罪嫌疑人、被告人居住地的中级人民法院组成合议庭进行审理。

第十一章　国际法律制度

第一节　国际法概论

一、国际法概述

(一) 国际法的概念

国际法主要是调整国家之间关系的有法律拘束力的原则、规则和规章制度的总称。国际法与国内法相比具有以下基本特征：(1)国际法的主体主要是国家。国际法所调整的对象主要是主权国家之间的权利义务关系。类似国家的政治实体，如正在为争取独立而斗争的民族解放组织，由国家组成的国际组织在一定条件下和一定范围内也可以成为国际法的主体。(2)国际法并没有一个制定机关，而是国家之间在平等的基础上以缔结条约的方式制定的，或由各国在国际交往中反复适用、被各国所普遍接受、承认的国际惯例而构成的。(3)国际法的实施主要依靠国家本身。国际上并没有超越于国家之上的强制机关来保障国际法的实施。

(二) 国际法的分类

国际法按其适用的范围可分为特殊国际法、区域国际法和一般国际法。特殊国际法仅仅适用于某些特殊国际关系，只对两国或少数国家有拘束力。区域国际法是指只适用于区域性国际关系的国际法，如"美洲国际法""拉丁美洲国际法"或"非洲国际法"。一般国际法是指对所有国家都具有拘束力的，适用于普遍性国际关系的国际法。在此介绍的国际法主要是指一般国际法。

(三) 国际法的渊源

国际法的渊源指国际法原则、规则和制度的具体表现形式。国际法的主要渊源是条约和习惯。此外，《国际法院规约》在"国际协约""国际习惯"之外还加上了"一般法律原则"，即"司法判例及各国权威最高之公法家学说"。

国际条约是国际法的最主要渊源。国际条约可分为契约性条约和造法性条约。专为缔约国规定权利和义务的条约为契约性条约；确立或修改国际法原则、规则和规章制度的条约为造法性条约。作为国际法渊源的条约，只是那些为大多数国家参加的国际公约。国际条约只对其参加国有约束力。"条约必须遵守"是国际法的重要原则。

国际习惯是国际法的另一个主要渊源。国际习惯是国家间的默示协议,是各国长期反复使用并承认其法律拘束力行为规范。国际习惯在国际法内容中占有较大的比重,起着重要的作用。

国际法院规约规定,各国法律体系中共有的一般法律原则也被认为是国际法的渊源之一。但一般法律原则不是一项独立的法律渊源,很少为国际法院及仲裁法庭单独运用。

司法判例及各国权威最高之公法家学说,可以作为确定法律原则的补助资料。国际组织和国际会议的决议或宣言一般属于建议性质,还不具有法律拘束力,不是直接的国际法渊源,但是它起到确定法律原则的补助方法的作用。

(四)国际法的基本原则

国际法的基本原则是指各国公认的、具有普遍约束力的、适用于国际法各个领域的,构成国际法基础的法律准则。各国公认是国际法基本原则的主要条件;国际法基本原则是具有普遍效力的全局性原则,对国际法的各个领域都具有指导作用和拘束力。国际法基本原则具有最高的法律效力,是国际法上其他原则、规则、规章制度的法律标准和产生的法律基础。

联合国宪章规定了联合国及其会员国应遵循的七项原则,构成现代国际法基本原则的核心。这七项原则是:(1)各会员国主权平等原则;(2)各会员国应忠实履行宪章义务的原则;(3)各会员国应以和平方法解决其争端的原则;(4)各会员国不得以武力相威胁或使用武力的原则;(5)各会员国对联合国依宪章采取的任何行动,应尽力给予一切协助的集体协助原则;(6)在维护国际和平与安全的必要范围内,应确保非会员国遵守上述原则;(7)不得干涉在本质上属于任何国家国内管辖事项的原则。

和平共处五项原则也是国际法的基本原则。和平共处五项原则为互相尊重主权和领土完整、互不侵犯、互不干涉内政、平等互利、和平共处。这五项基本原则最初宣布于1954年,是中国与印度、缅甸共同倡导的。和平共处五项原则提出后,得到了世界各国政府和人民的支持,现已成为指导当代国际关系的基本准则,在当代国际关系和国际法中具有十分重要的意义。和平共处五项原则是现代国际法基本原则的重要组成部分。和平共处五项原则作为一个原则体系,科学地反映和概括了国际关系的特点,各国既相互享有权利,也相互承担义务。和平共处五项原则是中国等发展中国家对现代国际法的发展做出的重大贡献。

(五)国际法与国内法的关系

我国学者普遍认为,国际法和国内法是不同的两个法律体系,但它们之间又有着密切的联系,两者互相渗透和互相补充,是协调一致的。从立法论来讲,国内法的制定者是国家,国际法也是国家参与制定的,原则上国家在制定国内法时就要考虑到国际法的要求,而在参与制定国际法时也要考虑到国内法的立场。我国一贯主张,一国承认或参加的国际条约的效力应当高于国内法,这是国家应当承担的国际义务。国内法与国际条约冲突时,应当优先适用该国际条约,但声明保留的除外。

二、国际法的主体

(一) 国际法主体的概念

国际法的主体是指独立参加国际关系,并在国际法上直接享有权利和承担义务的国家。主权国家是国际法最主要的主体,但民族解放组织及国际组织也逐渐被承认具有国际法主体地位。

(二) 国家

作为国际法主体的国家,应当具备四个要素:(1)有一定的居民;(2)有确定的领土;(3)有一定的政权组织;(4)具有主权。只有具备此四要素,才能构成国际法意义上的国家,从而成为国际法的主体。

国家按其结构形式可分为单一国和复合国。单一国是具有单一主权的国家,实行统一的中央集权,国家内部的行政区域受中央政府的统一领导,在对外关系上它是作为单一的国际法主体出现的。

中华人民共和国是一个统一的多民族国家,是单一国。1997年7月1日起,中华人民共和国对香港恢复行使主权,香港成为特别行政区,享有高度的自治权。但是,香港并不是国际法主体。

复合国是两个或两个以上国家的联合体。复合国有联邦和邦联两种形式。联邦是由两个以上成员构成的联合体。联邦有统一的宪法,有最高权力机关和最高行政机关,联邦内的公民具有一个共同国籍。在国际法上,联邦是一个主权的国家,联邦的各成员邦不是国际法的主体。邦联是两个以上主权国家根据国际条约组成的国家联合。邦联本身没有统一的中央权力机关和行政机关,没有统一的立法,成员国公民只有本国国籍。邦联成员国是主权国家,是国际法的主体,邦联本身不是国际法主体。

(三) 国家领土

国家领土是处于国家主权支配下的地球表面的特定部分,包括地下及其上空。领土是国家的构成要素之一,是国家赖以存在的物质基础,国家在领土范围内行使主权。

领土由四部分组成:(1)领陆。领陆亦称陆地,是国家主权管辖下的全部陆地和岛屿,是国家领土的最基本的部分。(2)领水。领水是指国家主权管辖下的全部水域,位于领陆内的水域和沿岸的内水和领海总称为领水。(3)领空。领空指领陆和领水的空气空间,国家在领空有完全的主权。(4)底土。底土指领陆和领水下面的全部底土。

我国领海和毗连区法规定,中华人民共和国陆地领土包括我国大陆及沿海岛屿、台湾地区及其他包括钓鱼岛在内的附属各岛、澎湖列岛、东沙群岛、西沙群岛、中沙群岛、南沙群岛以及其他一切属于中华人民共和国的岛屿。

(四)国家的基本权利和义务

国家的基本权利和基本义务是相互统一的,任何国家在国际法上都是既享有权利又承担义务。国家的基本权利主要包括:独立权、平等权、自卫权和管辖权。(1)独立权。独立权是指国家有按照自己的意志处理本国事务,不受外来控制和干涉的权利。(2)平等权。平等权是指各国在国际法上的地位完全平等。一切国家,不论大小强弱、不论其社会、政治、经济制度的性质、发展水平,其法律地位一律平等。(3)自卫权。自卫权是国家保卫自己的生存和独立的权利。自卫权包括两个方面,一是国家有权进行国防建设,防备外来侵略;二是当国家遭到武装攻击时,有权进行单独或集体的自卫。(4)管辖权。国家的管辖权包括,国家对其领土内的一切人和物或发生的事件,有权行使管辖;国家有权对一切具有本国国籍的人实行管辖,而不论其居住在国内还是国外;为了保护国家及其公民的重大利益,在一定条件下,国家有权对外国人在该国领域外所犯某些罪行实行管辖;对某些特定的国际罪行,如战争罪犯、贩卖奴隶或毒品者、灭绝种族者、海盗等,由于危害国际和平与安全以及全人类的共同利益,不论犯罪行为发生于何地以及罪犯的国籍如何,各国均有权对其实行管辖。

(五)国家承认

国家承认是现存国家以一定方式对新国家或新政府的存在的确认,从而表明愿意与之建立或保持正式外交关系的国家行为。国家承认包括国家承认与政府承认。

国家承认是现存国家对新国家出现的合法性的确认,发生在新国家出现时。政府承认一般是指对既存国家内部通过政变或革命产生出来的新政府的承认。按照一国宪法程序的政府变动,不发生政府承认问题。对政府的承认不涉及国家的法律人格,国家的国际法人格不受政府变更的影响。

国家承认分为明示承认和默示承认两种。承认国以单独宣布、照会或国家间条约方式,明确表明承认新国家的为明示承认。既存国家与新国家间以缔结经贸条约或其他条约、接受或派遣领事、建立外交关系等方式,间接表明承认新国家的为默示承认。国际法上还将承认分为法律上的承认和事实上的承认。通常的承认是法律上的承认,也称正式承认,是指承认国给予新国家或新政府以一种完全的、无保留的、永久的并且不能撤销的承认。当新国家、新政府的地位不稳定或承认国出于其他政治上的考虑而想避开正式承认,不建立正式的外交关系,但同时又有进行一定的交往、发生业务关系的必要时往往采取事实上的承认,这种承认是非正式的、暂时的、可以撤销的。

法律上的承认将产生全面的法律效果:(1)承认国不能拒绝新国家按一般国际法的主张,违反国际法而给新国家造成损失的负损害赔偿义务。(2)为双方建立正式外交关系和领事关系奠定了基础。(3)双方彼此承认法律的效力,并尊重对方的司法和行政权。(4)双方彼此承认对方国家财产的司法豁免权,并有处理在外国的财产的权利。事实上的承认能产生一定的法律效果。如,承认被承认国的国内立法、司法和行政权;被承认国家在承认国法院享有司法豁免权;双方可以建立经贸关系,缔结通商协定或其他非政治性的协定;互派领事和商务代表等等。

(六)继承

国际法上的继承是指国家在国际法上的权利义务由一个承受者转移给另一个承受者所发生的法律关系。按继承的主体不同,可将继承分为国家继承、政府继承和国际组织的继承。(1)国家继承。国家继承是指一国因领土变更,其国际法上的权利和义务转移给他国的法律关系。被取代的国家称被继承国,取代别国的国家称继承国。引起国家继承的原因主要是领土的变更。(2)政府继承。政府继承是指由于革命或政变而引起政权的变更,前政府在国际法上的权利和义务转移给新政府的法律关系。中华人民共和国成立后对旧条约根据其性质和内容进行审查,分别给予承认、废除、修改或重订。对原属于中国所有的财产,无论是动产还是不动产,无论在何处,不论财产所在国是否承认中华人民共和国政府,一律归中华人民共和国所有。对中国所负债务,中华人民共和国政府根据外债的性质和情况分别处理。对"恶性债务"不予承认继承。(3)国际组织的继承。国际组织的继承是指国际组织合并、解散,按照国际协议使其职能转移给另一国际组织时,发生的继承问题。国际组织的继承一般通过国际协议来解决。

(七)国家责任

国家责任是指一国因违反国际法,侵害他国或国际社会的合法权益,必须承担的法律责任。判断国家责任的依据是国际法。

国家责任的形式有:(1)终止不法行为。从事国际不法行为的国家,首先应当停止此不法行为,遵守国际法原则和规则。(2)道歉。道歉是犯有国际不法行为、特别是损害他国荣誉和尊严的国家,给予受害国以精神上的安慰所采取的一种法律责任形式。道歉可以用口头方式表示,也可以用书面方式或派专使道歉等其他适当方式表示。(3)恢复原状。由侵权国将所侵害的他国的事物恢复到侵害前存在的状态。(4)赔偿。犯有国际不法行为的国家,在不能恢复原状时应承担赔偿责任。(5)限制主权。这是最严厉的一种国家责任形式。在一国犯有对他国进行武装侵略、侵害他国主权、领土完整等严重破坏国际和平与安全的罪行时,该国必须承担被限制国家主权的法律责任。限制国家主权包括暂时对国家实行军事占领和军事管制的全面地限制主权和限制责任国的武装力量和军事装备的局部地限制主权。

(八) 国家及其财产豁免原则

国家作为涉外民事法律关系的主体,与其他主体相比具有特殊的法律地位,国家及其财产享有豁免权,即在国际民事和经济交往中,一个国家及其财产享有不受其他国家管辖的权利。一个国家在未经该国同意的情况下不得在另一国的法院被诉,其财产不得被另一国法院扣押或强制执行。这是国家主权平等原则的体现,是从"平等者之间无管辖权"这一罗马法概念中引申出来的一项习惯国际法规则。国家及其财产豁免原则自美国最高法院 1812 年关于"交易号"判决适用以来,已经成为一个普遍性的国际法原则。

国家及其财产豁免原则主要包括以下方面:(1)司法管辖豁免,是指除非一个国家明示同意,其他国家不得受理以该国为被告或者以该国的财产为标的的诉讼。(2)诉讼程序豁免,是指在一个国家放弃司法管辖豁免,主动向其他国家法院起诉或自愿在其他国家法院应诉的情况下,其他国家法院未经该国同意,不得对该国或者该国的财产采取诉讼程序上的强制措施,如不得强令该国提供证据,不得以诉讼保全为由查封、扣押该国财产等。(3)强制执行豁免,是指即使一个国家主动向其他国家法院起诉或自愿在其他国家法院应诉,其他国家法院未经该国同意,不得依其判决对该国财产采取强制执行措施。

不过国家可以自愿放弃该权利。国家放弃豁免权通常有两种方式,即明示和默示两种方式。明示方式是指国家明确表示放弃豁免权,这可能是国家在条约、契约中签订有关条款,明示放弃豁免,也可能是在争议发生后,双方经协商达成协议,国家明示放弃豁免。默示方式一般是指一国到他国法院起诉、应诉或提出反诉,一国法院受理案件,当事国不主张豁免并对诉讼的实质问题采取了诉讼步骤或行为。此时可视为当事国放弃国家豁免权。

进入 20 世纪以后,由于国家积极干预经济,从事商业活动的现象屡见不鲜,出现了放弃绝对豁免原则转而采取相对豁免原则的理论及实践。(1)绝对豁免原则。是指无论该国的行为和财产性质如何,无论该国家的财产位于何地,为谁所控制,在他国都应享有豁免权。(2)限制豁免原则。也称相对豁免原则、有限豁免原则或职能豁免原则。其将国家的行为划分为主权行为和非主权行为,或"行政性行为"和"商业性行为",一国的非主权行为或商业性行为在他国就不能享有豁免权。1976 年美国《外国主权豁免法》、1978 年英国《国家豁免法》等采用相对豁免原则。

第 59 届联合国大会于 2004 年 12 月 2 日通过的《联合国国家及其财产管辖豁免公约》,除了国家的放弃之外,就商业交易、雇佣合同、人身伤害和财产损害、财产的所有及占有和使用、知识产权和工业产权、参加公司或其他集体机构、国家拥有和经营的船舶、仲裁协定等而引发的诉讼中,一国不得向另一国原应管辖的法院援引管辖豁免。2005 年 9 月 14 日我国代表签署了该公约。

我国在国家及其财产豁免权的问题上历来坚持绝对豁免原则。在 1949 年"两航公司案"、1951 年"邮轮案"、1977 年"烟火案"、1979 年"湖广铁路债券案"及仰融诉辽宁省政府案、莫里斯诉中华人民共和国政府案、天宇公司诉四川省政府与成都市青羊区政府等案中我国政府都主张绝对豁免权。但 2005 年 10 月 25 日制定的《外国中央银行财产司法强制措施豁免法》规定,对外国中央银行或者其所属国政府书面放弃豁免的或者指定用于财产保全和执行的财产不给予豁免,外国不给予中国中央银行或者中国特别行政区金融管理机构的财产以豁免,或者所给予的豁免低于该法规定的,我国根据对等原则办理。

三、居民

(一) 国籍

国籍是一个人属于某一国家的国民或公民的法律资格,它表明一个人同某一国家之间的固定的法律关系。在一个国家内,根据国籍的不同分为本国人、外国人和无国籍人。1980 年 9 月 10 日制定的《国籍法》,是新中国颁布的第一部国籍法。

国籍的取得是指一个人取得某一国家的国籍。国籍的取得主要有两种方式:一种是因出生取得,亦称原始国籍;另一种是因加入取得,称继有国籍。(1)因出生取得国籍。因出生取得国籍主要有血统主义、出生地主义和混合主义。血统主义是指以父母的国籍来确定一个人的国籍,凡是本国人所生的子女,无论其出生在国内或国外,当然具有本国国籍。血统主义又可分为单系血统主义和双系血统主义。出生地主义是指以出生地来决定国籍,只要子女出生在一国境内,就赋予该国国籍。混合主义是指依血统主义和出生地主义相结合来决定国籍。(2)加入取得国籍。加入取得国籍有两种情形。第一种是根据当事人的意志而取得;第二种是根据法律规定取得,如基于婚姻、收养、领土变更等事实,按照有关国家国内法取得国籍。

国籍法属于国内法,如何取得国籍完全属于国家主权之内的事务。由于各国的国籍法不同,一个人同时具有两个或两个以上国家的国籍,成为双重国籍人或多重国籍人,这就是国籍的积极抵触。一个人不具有任何国家的国籍,成为无国籍人,是国籍的消极抵触。双重国籍使个人陷入困境,在行使外交保护、履行兵役义务等方面易引起国家间的纠纷。无国籍者则得不到任何国家的外交保护,所以国籍的抵触不论对个人、国家或国际关系都是不利的。为了消除国籍的抵触，有必要通过国际条约统一各国的国籍法。1930年在海牙国际法编纂会议上签订的《关于国籍法冲突的若干问题的公约》等公约，在一定程度上缓和了国籍抵触而产生的不便。

《国籍法》采取的原则有：(1)在赋予原始国籍上采取血统主义和出生地主义相结合的原则；(2)不承认双重国籍的原则，即不承认中国公民具有双重国籍，也不承认具有外国国籍的人同时具有中国国籍；(3)男女国籍平等的原则；(4)努力减少或消除无国籍人。

（二）外国人的法律地位

外国人是指在一国境内不具有所在国国籍而具有其他国籍的人，一般也包括无国籍人。在我国凡不具有中国国籍的人就为外国人。外国人包括自然人和法人。

外国人的法律地位由所在国法律规定。给予外国人的待遇原则上是由国家主权决定，但不得与该国承担的国际义务相违背。

关于外国人的待遇，通常有国民待遇和最惠国待遇两种。国民待遇是指一国在一定范围内给予外国人与本国国民同等的待遇。给予外国人国民待遇主要是在民事权利方面，一般不给予政治权利，外国人不享有选举权和被选举权。相应地，也不承担服兵役的义务。最惠国待遇是指一国给予另一国国民的待遇，不低于现时或将来给予任何第三国国民的待遇。最惠国待遇一般由双边或多边条约规定。

国家负有保护外国人的人身及财产权利不受侵害的义务。

外交保护是指一国通过外交途径对在国外的本国人的合法权益所进行的保护。被害人得不到居留国的保护时，他的本国可以要求居留国给予保护。

行使外交保护是国家的权利，与被害人的个人意志无关。被害人即使要求外交保护，国家也不负有必然的义务；相反，即使被害人没有要求，国家也可能以保护在外侨民的名义行使外交保护权。

鸦片战争以后，外国列强通过与中国政府签订的不平等条约，使其本国侨民在我国取得了片面的特权。中华人民共和国成立后废除了这些不平等条约。1982年制定的《中华人民共和国宪法》对外国人在我国的法律地位作了原则性规定。《宪法》第32条规定："中华人民共和国保护在中国境内的外国人的合法权利和利益，在中国境内的外国人必须遵守中华人民共和国的法律。"

根据《外国人入境出境管理法》和《外国人入境出境管理法实施细则》的规定，外国人进入中国必须合法入境。外国人入境应向中国的外交代理机关、领事机关或者外交部授权的其他驻外机关申请办理签证。中国在国内受理外国人入境、过境、居留、旅游申请的机关是公安部、公安部授权的地方公安机关和外交部、外交部授权的地方外事部门。

(三) 引渡和庇护

1. 引渡

引渡是指一国应外国的请求把在该国境内而被外国指控为犯罪或判刑的外国人移交给请求国审判或接受刑罚的国际司法协助行为。

引渡是一种国家行为,除非负有条约义务,在国际法上国家没有引渡义务,是否引渡完全由国家自主决定。当国家间有引渡条约时,缔约国负有引渡义务。当数个国家请求引渡同一人时,原则上被请求国有权决定接受哪一个国家的请求。

一般情况下,引渡的对象只限于请求国的国民或第三国国民。通常各国都实行本国国民不引渡原则,拒绝引渡本国国民。只有英、美等少数国家因对刑罚法规的适用采取属地法主义,不拒绝引渡本国国民。

法国资产阶级革命以后,西欧一些国家的国内立法和各国间的引渡条约都区分政治犯与普通刑事犯,采取了政治犯不引渡的原则。

构成引渡的必须是请求国和被请求国都认为是犯罪的行为,即所谓的相同原则或双重犯罪原则。或者是引渡条约中所规定的犯罪行为。

引渡结束后,请求国只能以请求引渡时所持罪名进行审判或惩处,遵守罪名特定原则。

2. 庇护

庇护是指国家对因外国当局通缉或受迫害而来避难的外国人,准许其入境和居留,并给予保护,拒绝引渡的行为。庇护是国家从属地优越权引申出来的权利。对申请庇护的,由被申请国家决定是否给予庇护。

庇护的对象主要是政治犯,所以也叫政治避难。庇护的法律根据主要是国内立法,我国《宪法》规定:"中华人民共和国对于因为政治原因要求避难的外国人,可以给予受庇护的权利。"

第二节 海洋与空气空间和外层空间法

一、海洋法

(一) 海洋法概论

海洋法是有关各种海域的法律地位和法律制度,各国在各种海域从事各种活动的原则、规则和制度的总称。海洋法包括有关内海、领海、毗连区、专属经济区、大陆架、公海、国际海底区域、用于国际航行的海峡等海域的一系列制度。

领海基线是陆地和海洋的分界线。领海基线的确定有两种方法:(1)正常基线,又称低潮线,即海水退潮降到最低点的实际海岸线。(2)直线基线,即连接大陆岸上和沿海岸外缘岛屿上的适当点而形成的一条直线。这种基线适用于海岸线极为曲折或海岸岛屿密布的地方。

(二) 领海

领海是邻接一国陆地领土及其内水,并处于该国主权管辖下的一定宽度的海域。1982年《联合国海洋法公约》规定,(1)每一个国家有权确定其领海的宽度,(2)但是,从基线起不得超过12海里。1992年2月25日全国人民代表大会通过的《中华人民共和国领海及毗连区法》规定,中华人民共和国对领海的主权及于领海上空,领海的海床及底土。外国非军用船舶享有依法无害通过我国领海的权利,但外国军用船舶进入中国领海,得经中华人民共和国政府批准。外国船舶通过我国领海,必须遵守我国法律、法规,并不得损害我国和平、安全和良好秩序。

(三) 毗连区

毗连区是领海以外又毗连于领海的一定范围的海域,沿海国就海关、财政、卫生、移民等类事项行使必要的管制。我国《领海和毗连区法》规定,我国的毗连区为领海以外邻接领海的一带海域,毗连区的宽度为12海里。在此毗连区内,为防止和惩处在我国陆地领土、内水或领海内违反有关安全、海关、财政、卫生或者入境出境管理的法律、法规的行为,我国有权行使管制权。

(四) 专属经济区

专属经济区是在领海以外并邻接领海的区域,其宽度从领海基线量起不超过200海里。专属经济区既不属于公海,也不属于领海,而是自成一类的海域。

沿海国在专属经济区为勘探、开发、养护和管理海床上覆水域、海床和底土的自然资源,以及利用海水、海流和风力生产能源等行使主权权利。对建造和使用人工岛屿、进行海洋科学研究和保护海洋环境,行使管辖权。

其他国家在专属经济区内仍享有航行和飞越的自由、铺设海底电缆和管道的自由。但在行使此项权利时,应遵守沿海国的有关法律。外国船舶在专属经济区违反沿海国法律的,沿海国有权采取必要措施,依法追究刑事责任,并可以行使紧追权。

(五) 大陆架

大陆架是指领海以外一定区域的海床和底土。沿海国的大陆架包括其领海以外依其陆地领土的全部自然延伸,扩展到大陆边外缘的海底区域的海床和底土,如果从测算领海宽度的基线量起到大陆边的外缘距离不到200海里则扩展到200海里的距离。《联合国海洋法公约》规定,沿海国为勘探大陆架和开发其自然资源的目的,对大陆架行使主权权利。这种权利是专属的,任何人未经沿海国的明示同意,均不得从事勘探和开发大陆架的活动。沿海国的权利主要包括:(1)开发自然资源的权利;(2)建造并授权建造、操作和使用、管理人工岛屿、设备和结构的权利,并享有专属管辖权;(3)授权和管理为一切目的在大陆架上进行钻探的专属权利。

沿海国对大陆架权利的行使,不得影响其他国家的船舶和飞机的自由航行或飞行及铺设海底电缆和管道。

1998年6月26日全国人大常委会通过的《中华人民共和国专属经济区和大陆架法》对此作了规定。

(六)公海

《联合国海洋法公约》规定,公海是不包括在国家的专属经济区、领海或内水或群岛国的群岛水域内的全部海域。

公海自由是公海法律制度的基础。1958年《公海公约》规定,公海自由包括:(1)航行自由;(2)捕鱼自由;(3)铺设海底电缆和管道自由;(4)公海上飞行自由。这是传统国际法上的"公海四大自由"。1982年《联合国海洋法公约》在"四大自由"的基础上又增加了两项内容:建造国际法所准许的人工岛屿和其他设施的自由;科学研究自由。

公海上航行的船舶具有船旗国的国籍,船旗国对具有其国籍的船舶行使专属管辖权。另外,为了维护公海上的良好秩序,对在公海上发生的海盗行为、贩运奴隶、未经许可的广播、非法贩运毒品等违反国际法的行为各国有登临权、紧追权。

二、空气空间和外层空间法

(一)空气空间

1. 空气空间的法律地位

空间可以分为空气空间和外层空间,两者具有不同的法律地位。

1919年《巴黎航空公约》第1条规定,"缔约各国承认每一个国家对其领土上的空间具有完全的和排他的主权。"确定了领空主权的原则。

基于领空主权原则,各国有权制定本国的航空法,确立关于领空的地面国有权设飞行禁区,有权保留"国内载运权",外国飞机未经许可擅自飞往一国领空,就构成侵犯领空主权的国际不法行为,地面国家有权采取相应的措施。但应避免对民航机使用武力,如拦截应以不危害机上人员生命为限。

2. 国际航空运输

1944年《芝加哥公约》将缔约国航空器在其他缔约国领土上空的飞行分为航班飞行和非航班飞行两类。航班飞行未经另一缔约国的许可不得飞入或飞过其领土上空。

1929年10月12日签订的《统一国际航空运输某些规则的公约》,即《华沙公约》及之后的 4 次修改形成的 8 个文件统称为《华沙体系》，对承运人的民事赔偿责任作了规定。我国加入了《华沙公约》和 1955 年的《海牙议定书》。

另外，在我国境内进行定期航班飞行和加班飞行以外的一切不定期飞行，必须预先提出申请，在得到答复接受后才能进行。

3. 空中劫持

空中劫持是指在航空器内使用暴力或暴力威胁，非法干扰、劫持或以其他不正当方式控制飞行中的航空器或准备采取此类行为，以致危害航空器或其所载人员、财产的安全，或危害航空器上的良好秩序和纪律的行为。

为制止利用航空器犯罪，用法律手段保障民用航空安全，在国际民用航空组织等的努力下，先后制定有三个国际公约，即 1963 年《关于在航空器内的犯罪和其他某些行为的公约》(《东京公约》)、1970 年《关于制止非法劫持航空器的公约》(《海牙公约》)、1971 年《关于制止危害民用航空安全的非法行为的公约》(《蒙特利尔公约》)。我国分别于 1978 年和 1980 年先后加入了上述三个公约。

上述 3 个公约就空中劫持的定义、管辖权以及对劫持犯的引渡和起诉作了规定。《海牙公约》和《蒙特利尔公约》基本上采取普遍性管辖原则，飞机登记地国、飞机承租人营业地或常驻地、降落地、犯罪行为发生地国、犯罪者发现地国等都有管辖权，并且确立了"引渡或起诉"原则。

我国《航空法》《刑法》均对惩罚空中劫持犯罪作了规定。

（二）外层空间

外层空间是指空气空间以外的整个空间。20 世纪 50 年代后期开始，人类逐渐开始了探测和利用外层空间的实践，规范外层空间活动的法律制度就成为必要。

1966 年联合国大会通过的《关于各国探索和利用包括月球和其他天体在内的外层空间活动原则条约》(简称《外层空间条约》)确立了外层空间及天体的占有禁止、探索利用自由、非军事化的原则。该条约规定任何国家不得将外层空间和天体据为己有，探测和利用外层空间应遵守国际法。外层空间和天体供一切国家在平等基础上自由探索和利用，各国有进入天体任何地域的自由。缔约国就本国在外层空间的活动负责，发射的物体给他国造成损失的负赔偿责任。禁止载有核武器或其他大规模毁灭性武器的人造卫星或航天器放置在地球卫星轨道和外层空间，天体只能用于和平目的，禁止在天体设置军事基地、进行兵器实验或军事演习。

第三节 条约与外交机构

一、条约法

（一）条约概述

条约是国际法主体间以国际法为准则所缔结的确定其相互权利义务关系的协议。条约具有如下基本特征：(1)缔结条约的主体只能是国际法主体。非国际法主体间订立的协议不能称为条约；(2)条约应以国际法为准则，必须符合国际法的基本原则和规范；(3)条约为缔约国创设权利义务；(4)条约通常采取书面形式。

条约按缔约国的数目分类，可以分为双边条约和多边条约。按条约性质分类，可分为造法性条约和契约性条约。

条约的名称主要有条约、公约、协定、规约、宪章、议定书、换文、宣言等。不论名称如何，其法律性质和效力都是一样的。

（二）条约的缔结

1. 缔约能力

主权国家具有完全的缔约能力。我国宪法规定国家主席根据全国人大常委会的决定批准或废除同外国缔结的条约和重要协定。香港基本法规定香港特别行政区可以在经济、贸易、金融、航运、通讯、旅游、文化、体育等领域以"中国香港"的名义单独地同世界各国、各地区及有关国际组织保持发展关系，签订履行有关协议。

2. 条约的缔结程序

条约的缔结程序一般包括谈判、签署、批准、互换或交存批准书。

缔约各方为就条约的内容达成一致而进行交涉。通过谈判达成的协议，其约文由表决通过或认证。约文的认证一般采取草签、暂签、签署的方式。签署表示缔约国同意接受条约的拘束。有的条约规定正式签署后就立即生效，但重要的条约往往要经过批准等程序。

批准是缔约国权力机关对其全权代表所签署的条约的认可，表示接受条约规定的义务。

交换批准书是缔约国互相交换本国权力机关批准条约的证明文件，从而使条约生效的行为。双边条约采取互换批准书的形式，多边条约采用交存批准书的形式，将批准书交存保存条约正本的缔约国或国际组织。

联合国会员国所缔结的条约和国际协定应在联合国秘书处登记，由秘书处公布。否则，条约的缔约国不得在联合国的任何机构中援引该条约。

3. 条约的加入

条约的加入是未在已经签订的多边条约上签字的国家成为该条约的缔约国并

受其约束的法律行为。可加入的条约通常是开放性条约,特别是造法性条约。条约是否允许加入,取决于原缔约国的协议或条约本身的规定。

4. 条约的保留

保留是缔约国对条约的某些条款表示不能接受的单方声明,目的在于排除这些条款对该国适用的法律效果。保留主要是多边条约,双边条约一般不发生保留问题。

为保证条约具有普遍性,同时保持条约的一体性,《条约法公约》规定下列三种情况不得保留:(1)条约本身禁止保留;(2)保留超出允许保留的范围;(3)保留不符合条约的目的和宗旨。

(三)条约的效力及解释

1. 条约必须遵守原则

条约必须遵守原则是指条约生效以后,缔约国必须按照条约规定履行自己的义务。条约对缔约国有约束力,缔约国应善意履行。

2. 条约的无效与撤销

下列条约应属当然无效:(1)基于对一国代表强迫而缔结的条约;(2)以武力或武力威胁而缔结的条约;(3)与强行法相抵触的条约。

缔约国就下列条约可撤销其对条约的同意而使条约无效:(1)明显违反国内法关于缔约权的规定,无缔约能力者所缔结的条约;(2)因谈判国之诈欺或贿赂其代表而缔结的条约;(3)非因自己引起或所能知悉的重大错误而缔结的条约。

(四)条约的修改与终止

1. 条约的修改

关于条约的修改,有两种不同的情况:(1)全体缔约国对条约的部分条款进行修改,而条约本身继续有效。条约没有规定修正程序的,按条约缔结的程序修正。为防止因一国的反对而得不到修正,一些多边条约往往规定只要一定数量的缔约国同意就可以修正。如《联合国宪章》第108条规定,经大会会员国2/3表决通过的修正案,在包括安理会全体常任理事国在内的2/3会员国的批准后,对全体会员国发生效力。(2)若干缔约国彼此间更改多边条约。按照《条约法公约》第41条的规定,仅仅在若干缔约国之间修改多边条约,必须是条约本身有这种修改的规定,或者该项修改不为条约所禁止,而且不影响其他缔约国的权利和义务,该项修改也不涉及有效实现整个条约的目的和宗旨。条约修改后应将修改的内容通知其他缔约国。

2. 条约的终止

条约的终止是指条约到期或由于某种原因而失去效力。

条约因下列情况而终止：(1)条约到期或已履行完毕；(2)条约的终止条件成立；(3)由于新条约的缔结，旧条约被取代；(4)缔约国退出；(5)缔约各方同意终止条约；(6)单方面终止条约。原则上合法的条约应被遵守，但在国际实践中，在下列情况下单方面废除条约则是国际法所允许的：废除不平等条约，一方有重大违反条约行为或重大的情势变迁。

二、外交和领事关系

（一）外交关系

1. 外交

外交一般指国家为实现其对外政策，通过国家元首、政府首脑、外交部长、外交代表机关等进行的诸如访问、谈判、发出外交文件、派出常驻外交代表机关、缔结条约、参加国际组织和国际会议等的方法，处理对外关系的活动。

1961年制定的《维也纳外交关系公约》于1964年4月24日生效，我国于1975年11月25日交存加入书，该公约对我国生效。

1986年9月5日，我国公布的《中华人民共和国外交特权与豁免条例》，其内容与《维也纳外交关系公约》的有关规定是一致的。

2. 外交机关

国家外交机关包括国内外交机关和驻国外的外交机关。国内外交机关有国家元首、政府、外交部。其职权范围通常由宪法、法律规定。驻外的外交机关又称外交代表机关，有常设的外交代表机关和临时的外交代表机关，即特别使团形式。

在外交代表机关中，派驻他国的常设使馆占有十分重要的地位。依据《维也纳外交关系公约》的规定，常设使馆的职责主要有：(1)在接受国中代表派遣国人；(2)在国际法许可的限度内，在接受国中保护派遣国及其国民的利益；(3)代表本国政府与接受国政府进行外交交涉；(4)以一切合法手段调查接受国的政治、文化、社会和经济等方面的状况和发展情况，并向本国政府报告；(5)促进派遣国与接受国间的友好关系和发展两国间经济、文化和科学关系。

此外，使馆还可以担负国际法所许可的其他职责。如执行领事职务，经接受国同意，受托保护未在接受国派有代表的第三国及其国民的利益。

3. 使馆人员的等级

使馆人员由使馆馆长、外交职员、行政技术职员、事务职员组成。外交职员是具有外交官衔的使馆职员，包括参赞、武官、秘书和随员。

《维也纳外交关系公约》将使馆馆长分为三个等级：大使、教廷大使；公使、教廷公使；代办。临时代办是在使馆馆长职务空缺或不能执行职务时被委派暂时代理馆长职务的使馆外交人员，即代理馆长。

4. 外交代表的派遣与接受

外交代表的派遣须事先征得接受国政府的同意。如果接受国不同意接受,也无须向派遣国说明理由。需要征求意见的主要是使馆馆长和武官,其他外交职员派遣国得自由委派。但接受国可以随时宣告任何外交官为"不受欢迎的人",并且不必说明理由。遇此情况,派遣国应斟酌情况召回该外交人员。

获得接受国同意后,派遣国就可以正式任命使馆馆长,馆长携国书赴任。国书是证明被任命的人是派遣国国家元首或外交部长向接受国国家元首或外交部长派遣的外交使节的正式文书。

5. 外交特权与豁免

外交代表机关及其人员与普通的外国人地位不同,在接受国享有特别权利、优待和豁免。

《维也纳外交关系公约》分别规定了使馆和外交代表的特权与豁免权。使馆特权包括:(1)使馆馆舍不可侵犯;(2)档案和文件不可侵犯;(3)通信自由;(4)行动及旅行自由;(5)免除捐税、关税;(6)使用派遣国国旗和国徽。

外交代表的特权和豁免权主要包括:(1)人身不可侵犯;(2)寓所、文书、信件和财产不可侵犯;(3)管辖的豁免权;(4)免除税负;(5)免纳关税、行李免受查验。

按照《维也纳外交关系公约》的规定,外交代表同户家属、行政技术人员的同户家属、使馆事务人员,如非接受国国民,且不在该国永久居住的,在不同程度上享有特权与豁免。

(二) 领事制度

1. 领事机关

领事的主要任务是在接受国保护派遣国的经济利益和派遣国国民利益。外交代表一般设在接受国的首都,而领事机关则多设在港口、商业中心、本国船舶出入和本国国民居留较多的城市。国与国间领事关系的建立,依据国家之间的协议。

2. 领事职务

领事职务主要包括:(1)在国际法许可的限度内,在接受国内保护派遣国及其国民的利益;(2)增进派遣国与接受国间商业、经济、文化、科学关系的发展,并在其他方面促进两国间的友好关系;(3)以一切合法的手段调查接受国商业、文化等方面的情况,并报告本国;(4)向派遣国国民签发护照及旅行证件,并为拟赴派遣国的人办理签证或签发其他文件;帮助派遣国国民执行公证、民事登记、办理行政性事务,但以接受国法律未加禁止为限;(5)依国际协定或在不违反接受国法律前提下,送达司法文书与司法外文书或代派遣国法院收集证据;(6)监督和协助派遣国的船舶、航空器及其航行人员;(7)执行派遣国责成办理的为接受国许可的其他职务。

为确保领事机关能在接受国有效地执行职务,领事馆及其人员享有领事特权与豁免。《中华人民共和国领事特权与豁免条例》对领事人员在我国享有特权与豁免作了规定。

三、国际组织

（一）国际组织的概念

国际组织包括政府间国际组织与非政府间国际组织。政府间国际组织是国家之间为了特定目的根据条约建立的常设组织。非政府间国际组织是不同国家的个人或民间团体组成的组织。国际组织还可以依其职能划分为具有政治、经济、文化、社会、军事等多方面的一般性国际组织和具有特定专业的专门性国际组织。国际组织也可以划分为世界性国际组织和区域性国际组织。世界上最大的一般性、世界性政府间国际组织是联合国。

（二）联合国

联合国是当代最重要的世界性国际组织。1943年10月30日中美英苏四国代表在莫斯科会议上发表的《莫斯科普遍安全宣言》正式表明有必要在尽早可行的日期,为维护世界的安全与和平,以所有爱好和平国家的主权平等为原则,建立一般性国际组织,无论国家大小,均可加入该组织。1944年秋,中美英苏四国代表在敦巴顿橡树园会议上通过了敦巴顿橡树园建议案,此案成为联合国宪章的原案,描绘出了联合国的蓝图。1945年2月美英苏三国签订《雅尔塔协议》,此会议就安理会表决程序等问题达成协议,形成所谓的"雅尔塔方式"。

1945年4月25日在美国旧金山举行联合国家关于国际组织的会议,6月26日签订了《联合国宪章》,同年10月24日宪章生效,联合国正式宣告成立,总部设在纽约。中国是联合国的四个发起国之一。

1. 联合国的宗旨和原则

《联合国宪章》规定,联合国以维持国际和平及安全,发展国际间以尊重人民等权利及自决原则为基础之友好关系,促进国际间合作,构成协调各国行动的中心为联合国的宗旨。

为了实现联合国的宗旨,《联合国宪章》规定了联合国及其会员国应遵循的七项原则。

2. 联合国的会员国

联合国会员国分创始会员国和接纳会员国。凡参加旧金山会议或者以前签署联合国宣言的国家,签署了宪章并依法予以批准的为创始会员国,共51个。之后按宪章规定接纳的会员国为接纳会员国。宪章规定,一切爱好和平的国家,接受宪章所载义务,经联合国组织确认为能够并愿意履行这些义务的,均可以成为联合国会员国。接纳新会员国须经安理会推荐,并经大会以2/3多数表决通过。创始会员国和接纳会员国在权利和义务上是完全相同的。

3. 联合国的主要机关

联合国的主要机关有大会、安全理事会、秘书处和国际法院。

(1) 大会

大会由全体会员国组成。大会每年举行一届常会,通常在9月的第三个星期二开始举行。在一定条件下,还可以召开大会的特别会议或紧急特别会议。

大会可以讨论宪章范围内的任何问题或事项,或有关联合国任何机关的职权的任何问题或事项,除安理会正在处理者外,可向会员国或安理会提出关于这些问题或事项的建议。

大会关于重要问题的决议,以出席并参加投票的会员国2/3多数决定,一般问题以过半数决定。每一会员国享有一个投票权。大会的决议只是建议性的,但是关于会员国的接纳、除名、权利停止的决议,关于预算的承认、理事国的选举等联合国组织内部事务有决定的效力。

(2) 安全理事会

安理会是联合国在维持国际和平与安全方面负主要责任的机关,安理会由五个常任理事国和10个非常任理事国组成。非常任理事国由联合国大会按地区分配名额选举产生,任期两年,每年改选五个,不得连选连任。根据《联合国宪章》,安理会是联合国唯一有权采取行动维持国际和平与安全的机构。它在和平解决国际争端、维护和平与制止侵略方面行使重要职权。安理会的每个理事国享有一个投票权。实质性问题的决议应以九个理事国的赞成票通过,其中应包括五个常任理事国的同意票,即常任理事国有否决权,这是五大国一致原则。某项事项是否属于程序事项也要由包括全体常任理事国在内的9个理事国投票决定。因此,常任理事国享有双重否决权。五大国一致原则保证了大国在安理会中发挥特殊作用的同时,也受到了许多国家批评,安理会改革成为现在联合国改革的重要课题之一。关于和平解决争端的决议,争端当事国不得投票,弃权不被认为是否决。

(3) 秘书处

秘书处是联合国的常设行政机构,其任务是为联合国其他机关服务,并执行这些机关制定的计划和政策。秘书处由秘书长和其他国际公务员组成,秘书长是联合国组织的行政首长,由大会根据安理会的推荐任命,任期5年,任满后可连选连任。

(4) 国际法院

国际法院是联合国的主要司法机关,由联合国大会和安理会分别投票选出的15名不同国籍的法官组成。法官任期9年,每3年改选5名,可以连选连任。法官不代表任何国家,不接受其本国政府制约。国际法院设在荷兰的海牙,其职权主要是行使诉讼管辖权和咨询管辖权。其诉讼当事者只限于国家。法院的判决由出庭法官的过半数做出。判决是终局判决,不得上诉,除对于当事国和本案外无拘束力。

(三)专门机构及区域性国际组织

各种专业性的国际组织通过与联合国缔结协定,成为联合国的专门性组织的政府间国际组织。主要有国际劳工组织(ILO)、世界卫生组织(WHO)、世界知识产权组织(WIPO)、国际货币基金组织(IMF)、关税及贸易总协定(GATT)及继承其业务的世界贸易组织(WTO)等。

以地域的连带感情、共同利益为基础建立的区域性国际组织与世界性国际组织相互补充,在国际事务中起着重要的作用。这些组织主要有美洲国家组织(OAS)、阿拉伯国家联盟(LAS)、非洲统一组织(OAU)、东南亚国家联盟(ASEAN)、欧洲联盟(EU)等。

第十二章 国际私法制度

第一节 国际私法绪论

一、国际私法的意义

（一）国际私法的调整对象

国际私法的调整对象是涉外私法关系。主要解决涉外私法关系的准据法问题。

涉外私法关系是指含有涉外因素的私法关系，也就是说涉外私法关系具有一个或一个以上的涉外因素，这可以分为以下几种情况：(1)私法关系主体的一方或各方是外国国家、外国法人、外国自然人、无国籍人或经常居所位于外国的自然人。如离婚夫妇的一方是外国人。(2)私法关系的客体具有涉外因素。如标的物位于外国。(3)私法关系的产生、变更或消灭的法律事实发生在外国。如侵权行为发生在外国。

如何调整涉外私法关系是国际私法的课题，涉外民事案件在我国法院提起诉讼时，就存在以下问题。首先，我国法院是否具有管辖权，其次，我国法院在确定了管辖权后还要决定适用什么法律来调整该涉外民事法律关系。前者是国际民事诉讼法的问题，后者是冲突法的问题。

世界各国都有自己的法律体系，内容互不相同。这是因为在国际法上各国拥有主权，一个国家可以独立地行使其立法权。一个国家制定什么样的法律完全是这个国家根据自己本国的政治、经济、传统文化、风俗习惯等决定的。

所以，在当今世界，各国根据本国的主权有着独自的法律体系，彼此之间的内容不同，形成了所谓的法律冲突。

（二）涉外私法关系的法律调整方法

1. 统一私法

统一私法亦被称为统一实体规范。可以想象如果各国的法律内容完全相同的话，也就不会产生法律冲突。中美货物贸易适用的1980年《联合国国际货物买卖公约》就是统一实体规范。

世界统一私法或万民型统一私法都是直接规定当事人的权利和义务。所以，适用的法规内容明确，可以更准确、更直接、更迅速地确定当事人的权利和义务，有利于保护因涉外经济交往而产生的涉外经济关系的安全。无论在哪国提起诉讼，所适用的法律都是相同的，判决的内容也可保持一致，从而可以避免 FORUM SHOPPING 及法律规避，对保护国际交往是最理想的调整方法。

统一实体规范调整涉外私法关系是直接调整，从而避免了法律冲突，排除了冲突法的适用。

2. 冲突法

没有统一的国际条约时，就会产生法律冲突，从而出现适用哪一个国家的法律的问题。

如中国人和法国人结婚，由于中国和法国的结婚法律制度不同，就会产生适用哪一个国家法律的问题。而国际私法就是要解决这样的问题，通过已经制定了的冲突规范，指定内国法或外国法为准据法，然后依这一准据法来确定当事人之间的权利义务。国际私法采用的是间接调整的方法，这种方法是现代各国所普遍接受的。

（三）国际私法的范围

与国际私法的定义相关联，由于我国国际私法学者对国际私法的调整对象、调整方法的理解不同，对国际私法的范围亦有不同的主张。其争议主要围绕以下四个部分：第一，关于外国人的民事法律地位的法律规范；第二，法律适用规范；第三，统一私法（统一实体规范）；第四，国际民事诉讼法。在本章中仅涉及法律适用规范。

（四）国际私法的特征

1. 法律适用规范

冲突规范是法律适用规范，它是一种间接规范，它不直接规定当事人之间的权利义务关系，而是指定应适用的法律，由后者来直接调整当事人的权利和义务。所以国际私法被称为法律适用规范或冲突规范，直接调整当事人的权利和义务关系的法律被称为实体法。如我国《涉外民事关系法律适用法》第 44 条规定，侵权责任适用侵权行为地法律，这就是冲突法规范，它只是规定了侵权行为所应适用的法律，并没有规定侵权行为法律关系当事人间的具体的权利和义务关系，是否构成侵权以及构成侵权时的赔偿问题由该法律规范所指定的那个侵权行为地的国家法（准据法）来规定。

2. 上位性法律规范

因为国际私法是法律适用规范，指定准据法并由后者来调整涉外私法关系，所以是先适用国际私法，从世界各国的实体法当中选择适用于涉外民事法律关系的法律。国际私法与各国的实体法之间形成了适用层次上的上下位关系，所以国际私法被视为具有上位性。

（五）国际私法的目的和方法

1. 宗旨

国际私法的目的是以内外国的法律的平等为前提，为了维护国际民商事交往的安全，保护当事人的正当利益和期待，促成国际判决的调和，就与两个以上的国家有关联的涉外私法关系，以有最密切关联的国家的法律为准据法。传统国际私法以连结点为媒介，确定法律适用规则，由此来确定法律关系的准据法。

2. 内外国法律的平等

以国家主权为前提，各国均有独立的立法权。因此，各国原则上均可以自由地制定本国的法律。国际私法正是以各国的法律的不同及冲突为前提，就涉外私法关系决定与其有最密切联系的国家的法律为其准据法来调整该涉外私法关系的法律，所以，国际私法并不优先适用某个外国的法律，也不优先适用本国法律，而是将内外国的法律在价值上不分轻重，赋予平等的资格，客观地来确定准据法。这正是萨维尼以来的传统国际私法的方法。

（六）国际私法的性质

1. 国际私法是国际法还是国内法

关于国际私法的性质，即关于国际私法是国际法还是国内法，是19世纪以来国际私法学者一直争论的问题，至今仍然见仁见智，没有定论。法国、意大利、荷兰等国家的学者多主张国际私法是国际法，即国际法说。德国、美国、英国等国家的学者多主张国际私法是国内法，即国内法说。我国的学者多倾向于主张国际私法是国际法。

2. 国际私法是任意性法律规范还是强行性法律规范

国际私法一般被理解为强行性法律规范，也就是说国际私法的适用是不依诉讼当事人的意思而定的，而是由法院强行适用的法律规范。如侵权行为案件在我国法院审理，我国法院依照《涉外民事关系法律适用法》第44条的规定确定准据法，此时当事人是否希望适用该规定并不重要，所以说国际私法是强行性法律规范。

二、国际私法的历史

（一）传统国际私法学史

国际私法最初是以学说和理论的形式出现的，所以国际私法被称为学说法，关于国际私法的学说经历了以下几个时代（表8.1）。

表 8.1　内部排序方法性能比较

学　说	时　代	代表人物	主要观点或方法
罗马时代	5 世纪前		万民法
种族法时代	5～10 世纪		种族法(属人法色彩)
封建时代	10～12 世纪		属地法
意大利注释法学派	12、13 世纪～	巴托鲁斯	法则区别说 (人法、物法)
法国法学派	16 世纪	杜摩兰	当事人意思自治
荷兰法学派	17 世纪	胡伯	国际礼让
美法学派	18 世纪	斯托里	三原则
英国法学派	19 世纪	戴西	既得权理论
德国法学派	19 世纪	萨维尼	法律关系本座说
新意大利法学派	19 世纪	孟其尼	本国法主义
美国冲突法革命	20 世纪	卡佛斯	结果选择原则
		库克	本地法说
		柯里	政府利益说

罗马法中适用于罗马市民和罗马市民以外的人之间,或罗马市民以外的人之间的万民法(jus gentium)、5 世纪后不同的种族适用不同的法的种族法主义、10 世纪左右开始的属地法主义,12、13 世纪后在意大利形成的法则区别说、萨维尼的法律关系本座说等成为历史上解决法律适用的方法。其中,法则区别说的产生标志着作为独立的法律体系的国际私法学的诞生,巴托鲁斯因而被称为国际私法学之始祖。而萨维尼的法律关系本座说实现了从法规到法律关系的转变,对近代各国的立法、判例、学说具有很大的影响,萨维尼也被称为现代国际私法之父。

(二)中国的国际私法立法

1. 历史上的中国立法

公元 7 世纪中叶,中国唐朝《永徽律》的第一编"名例律"中就规定:"诸化外人,同类自相犯者,各依本俗法;异类相犯者,以法律论。"《唐律疏议》解释道:"化外人,谓蕃夷之国别立君长者,各有风俗,制法不同。其有同类自相犯者,须问本国之制,依其俗法断之。异类相犯者,若高丽之与百济相犯之类,皆以国家法律论定刑名。"该规定虽然是关于刑法的规定,但是,由于我国古代刑民不分,也被认为是我国最早的关于国际私法的规定。以后,《大明律》和《大清律例》采取了属地主义,规定:"凡化外人犯罪者,并依律拟断。"

1918 年 8 月 5 日北洋政府颁布了《法律适用条例》。

2. 中华人民共和国的国际私法的立法

中华人民共和国的国际私法立法主要是从 20 世纪 80 年代开始的，现在我国还不存在单行的国际私法典，其规定分散在各部门法中。

关于冲突规范方面，自 2011 年 4 月 1 日起实施的《涉外民事关系法律适用法》《民法典》第 467 条第 2 款的规定以及《海商法》第十四章（第 268－276 条）关于海商关系的法律适用的规定、《民用航空法》第十四章（第 184－190 条）、《票据法》第五章（第 95－102 条）等都是我国国际私法的重要渊源。

另外，《关于难民地位的公约》第 12 条是我国批准的国际条约的规定。

第二节　国际私法总论

一、国际私法规范

（一）冲突规范

我国《涉外民事关系法律适用法》第 31 条规定："法定继承，适用被继承人死亡时经常居所地法律，但不动产法定继承，适用不动产所在地法律。"这是一条典型的冲突规范，冲突规范也被称为法律选择规范。被冲突规范指定用来确定当事人权利义务的法律在国际私法上被称为准据法。

冲突规范中的连结点是把各类特定的法律关系和一定国家的法律联系起来的媒介或纽带。常用的连结点及由此所指定的准据法有以下几种：国籍、居所、经常居所、船旗国、物之所在地、行为地、当事人意思自治、法院地、最密切联系的国家等。

（二）识别

瑞典人夫妇长期居住在中国，在中国有住所。丈夫在中国逝世后，妻子要求中国法院判决丈夫的遗产归其所有。妻子对其丈夫的财产的权利是基于夫妻财产关系的权利还是妻子对丈夫的继承权利？如果中国民法上将其视为配偶者的继承权，而瑞典民法上将其视为基于夫妻财产关系的权利时，如何确定？

这就是识别问题，识别亦被称为定性或法律关系的性质决定，是指依据一定的法律观点或法律概念，对有关的事实构成的性质作出定性或分类，把它归入特定的法律范畴，从而确定应该援用哪一个冲突规范的法律认识过程。也就是说，某问题相当于国际私法上的何种法律关系。从国际私法规定来看，是其规定的法律概念包含何种法律关系的问题，即国际私法的法律概念的决定问题。所以，识别既是判断某一事实应归于何种法律范畴，又是解释法律概念的过程。一个法律关系是合同法律关系还是侵权法律关系，是婚姻法律关系还是继承法律关系是适用冲突规范前必须解决的问题。

识别的方法主要有依照法院地法进行识别的法院地法说、依照准据法进行识别的准据法说以及由国际私法自我解释的国际私法自体说。我国采取的是法院地法说(《涉外民事关系法律适用法》第 8 条)。

(三) 外国法的适用

1. 外国法的性质

当准据法为外国法时,内国法院如何适用外国法呢？这个问题与外国法的性质相关联。关于外国法的性质,各国国际私法的理论和实践是不同的,大概有两种观点,即外国法事实说和外国法法律说。

英美等国受荷兰学派国际礼让说的影响,采取外国法事实说,把外国法视为事实,而并非法律。而德国、荷兰、奥地利、意大利、法国等国则采取外国法法律说,认为外国法也是法律。外国法法律说中亦有将外国法编入内国法而加以适用的外国法编入说和依据冲突规范而将其直接作为外国法而适用的外国法法律说。

2. 外国法的查明与适用

外国法事实说主张,外国法只不过是事实,查明或证明外国法的责任在当事人。如果当事人不能查明或证明外国法的话,法院不能适用外国法。外国法法律说主张,经冲突规范指引的外国法也是法律,而不是事实,法官应以职权查明适用外国法。

我国采取的是法院依职权查明和当事人提供相结合的方法,即在当事人选择适用外国法律的,应当由当事人提供该国法律的内容,否则由法院查明(《涉外民事关系法律适用法》第 10 条)。人民法院不能确定外国法的内容时,外国法的查明方法有:(1)由当事人提供;(2)由与我国订立有司法协助的对方中央机关提供;(3)由我国驻外使领馆提供;(4)由外国驻我国使领馆提供;(5)由中外法律专家提供。同时规定在外国法通过以上途径不能查明时,应适用我国法律判决案件(最高人民法院《关于贯彻执行〈中华人民共和国民法通则〉若干问题的意见(试行)》第 193 条)。

不能查明外国法律或者该国法律没有规定的,适用中华人民共和国法律。

关于适用外国法的错误,我国目前尚无这方面的立法或判例。但从我国《民事诉讼法》的规定,特别是我国民事诉讼采取四级二审制等来看,允许当事人上诉。无论发生适用错误还是解释错误,从实现国际私法的目的、内外国法平等、保护当事人的利益出发应允许当事人上诉。

二、国际私法的基本法律制度

(一) 反致

1. 反致的概念

现在各国的国际私法基本上是作为各国的国内法而单独由各国立法机关所制定的,所以在冲突规范之间也可能存在着不同,即冲突。

如依 A 国的国际私法应适用 B 国法,依 B 国的国际私法应适用 A 国法,这被称为国际私法的消极的冲突。此时 A 国为法院地时,适用 A 国法就是反致。

2. 反致的类型

反致的类型包括:(1)反致。A 国法院依本国的冲突规范指引援用 B 国法时,B 国的冲突规范却规定应适用 A 国的法律,此时 A 国法院接受 B 国的法的指定,适用 A 国的实体法就被称为反致(狭义的反致)。(2)转致。A 国法院依本国的冲突规范应适用 B 国法,但 B 国冲突规范规定应适用 C 国法,此时 A 国法院适用 C 国实体法被称为转致,在法国被称为二级反致。转致导致适用第三国实体法。(3)间接反致。A 国法院依本国的冲突规范应适用 B 国法,但 B 国冲突规范规定应适用 C 国法,C 国冲突规范却规定应适用 A 国法,此时 A 国法院适用 A 本国实体法被称为间接反致。

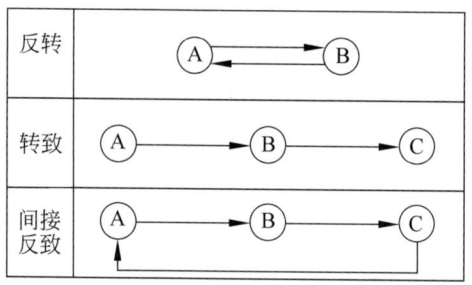

依照我国《涉外民事关系法律适用法》第 9 条的规定,我国不承认反致。

(二) 法律规避

法律规避是指当事人滥用冲突规范,故意变更连结点,以避开本应适用的法律,从而适用自己希望的对自己有利的准据法。这样的准据法变更是否有效成为国际私法上的问题,这一方面的典型案件为鲍富莱蒙案。

法律规避的构成应具备如下要件:(1)当事人应有规避法律的故意。(2)被规避的法律是本应适用的法律。(3)法律规避是通过变更连结点来实现的。(4)法律规避必须是既遂的。

法律规避又称为法律欺诈,国际私法是通过连结点来决定与法律关系有最密切关联的国家的法律作为准据法,从而调整涉外私法关系的规范,所以当事人故意变更连结点是不可取的。《最高人民法院关于适用〈中华人民共和国涉外民事关系法律适用法〉若干问题的解释(一)》第11条规定：一方当事人故意制造涉外民事关系的连结点，规避中华人民共和国法律、行政法规的强制性规定的，人民法院应认定为不发生适用外国法律的效力。

(三) 公共秩序保留

公共秩序保留是指法院地国按照冲突规范本应适用外国法时，如果外国法的适用结果将违反内国公共秩序，就排除该外国法的适用。这就是国际私法上的公共秩序问题。

在援用公共秩序保留条款排除外国法的适用后，就适用何国法来规制该涉外民事法律关系主要有适用法院地法、适用密切联系国家的法律以及由国际私法自己解决的自体说等方法。

我国《涉外民事关系法律适用法》第5条规定："外国法律的适用将损害中华人民共和国社会公共利益的，适用中华人民共和国法律。"

(四) 属人法

属人法是指无论到哪都追随人而适用的法律。属人法一词可以追溯到14、15世纪的意大利法则区别说时代，19世纪初期以前被各国所普遍使用。关于属人法的标准虽然外国主要有本国法主义和住所地法主义，但是我国《涉外民事关系法律适用法》主要采取经常居所地法主义。《最高人民法院关于适用〈中华人民共和国涉外民事关系法律适用法〉若干问题的解释(一)》第15条规定：自然人在涉外民事关系产生或者变更、终止时已经连续居住一年以上且作为其生活中心的地方，人民法院可以认定为涉外民事关系法律适用法规定的自然人的经常居所地，但就医、劳务派遣、公务等情形除外。自然人经常居所地不明的，适用其现在居所地法律，解决了经常居所的消极冲突(《涉外民事关系法律适用法》第20条)。

另外，我国国际私法亦以当事人国籍国法作为属人法。当当事人具有两个以上国籍的，适用有经常居所的国籍国法，在所有的国籍国均没有经常居所的，适用与其有最密切联系的国籍国法；自然人无国籍或国籍不明的，适用其经常居所地法(《涉外民事关系法律适用法》第19条)。

第三节 国际私法各论

一、涉外民事法律关系的主体

(一) 自然人

当事人的行为能力主要依当事人的属人法来确定。同时辅助以行为地法以保护内国交易的安全。在国际私法实践中首先确立保护内国安全的原则的是1861年法国最高法院关于"理查蒂案件"。

自然人的民事权利能力、民事行为能力适用经常居所地法律。自然人从事民事活动,依照经常居所地法律无民事行为能力,依照行为地法律为有民事行为能力的,适用行为地法律,但涉及婚姻家庭、继承的除外(《涉外民事关系法律适用法》第11条、第12条)。

关于票据行为能力适用《中华人民共和国票据法》。该法第97条规定,票据债务人的民事行为能力适用其本国法。票据债务人的民事行为能力,依照其本国法律为无民事行为能力或者为限制民事行为能力而依照行为地法律为完全民事行为能力的,适用行为地法律。票据法采用的是本国法主义和行为地法的例外适用,与我国法律和国际条约基本相同。

(二) 法人

1. 法人属人法

法人属人法的决定基准有这样几种学说:(1)法人设立准据法主义。设立准据法主义亦被称为法人成立地法主义或登记地法主义,也被称为英美主义。法人是依据一定国家的法律而设立,被赋予法人格的,所以将法人成立时所依据的法律作为法人的属人法就是法人设立准据法主义。按照法人设立准据法主义,凡依内国法律成立的法人就为内国法人,凡依外国法律成立的法人就为外国法人。(2)管理中心所在地法主义。该说亦被称为主要事务所所在地法主义,是指以法人行使管理权的机构所在地法为法人的属人法。(3)主要营业所所在地法主义。主要营业所所在地法又被称为经济活动中心地,此说认为法人的目的就是进行经营活动,法人经营活动的中心体现了法人的职能,法人在营业所与第三者缔结合同等法律关系。

我国关于法人属人法采取的是设立准据法主义,也被称为成立地法主义。我国《涉外民事关系法律适用法》第14条确立了该原则,即适用登记地法律,主营业地与登记地不同时,也可适用主营业地法律。最高人民法院《关于贯彻执行〈中华人民共和国民法通则〉若干问题的意见》第184条规定:"外国法人以其注册登记地国家的法律为其本国法,法人的民事行为能力依其本国法确定。"这就表明外国法人主要以其注册登记地国家的法律为其属人法。

2. 关于外国法人的确定

《公司法》第199条第2款规定:"本法所称外国公司是指依照外国法律在中国境外登记成立的公司。"结合最高人民法院《关于贯彻执行〈中华人民共和国民法通则〉若干问题的意见》第184条的规定,我们可以得出,法人的国籍是根据法人设立所依据的准据法而定的,如依照甲国公司法而设立的法人为甲国法人,依照乙国公司法而设立的法人为乙国法人。同样,依照我国法律设立的为我国法人,如依照《公司法》《中外合资经营企业法》《中外合作经营企业法》《外资企业法》而设立的法人均为中国法人,只不过后三种企业含有外国资本而已,被称为外资企业。

3. 外国法人的公司法制度

外国法人的认可制度主要有特许主义、许可主义、认可主义、相互认许制等。(1)特许主义。设立法人或对外国法人的承认以特别立法的形式而许可的为特许主义。特许主义主要适用于对内国的国家政策有重要影响的财政、金融等领域而设立的内国法人。对外国法人的承认一般很少采用特许主义。(2)许可主义。设立法人或对外国法人的承认必须经过政府机关的批准,为许可主义。采取许可主义的,设立或承认的权限属于政府,即政府有自由裁量权。(3)认可主义。具备法律规定的条件后经过政府机关的许可的为认可主义。采用认可主义的,只要符合法律规定的条件,政府机关必须批准。(4)准则主义。法人的设立或外国法人的承认根据内国法律的规定,只要办理必要的登记就可以的为准则主义。准则主义一般适用于商事法人。

外国法人在我国从事经营活动,必须符合我国的法律规定。《公司法》第199条、第200条规定,外国公司可以在中国设立分支机构,从事生产经营活动。分支机构的设立必须得到批准。按照我国国务院1980年10月30日发布的《关于管理外国企业常驻代表机构的暂行规定》和1995年2月13日对外经济贸易合作部发布的《关于审批和管理外国企业在华常驻代表机构的实施细则》规定,外国企业可以在我国设立常驻代表机构。但是,常驻代表机构并非外国公司的分支机构,在我国并不能从事经营活动,所以外国公司的常驻代表机构的设立与否与外国法人的认许没有关系。

4. 外国法人的认许和监督

由于我国的法律对外国法人采取了特别认可制度,所以其权利范围是被批准的营业范围。《公司法》第200条至205条规定了对外国公司在我国设立的分支机构的监督制度。

二、涉外物权以及债权法律关系

(一)涉外物权

1. 一般物权

关于不动产物权适用不动产所在地法律(《涉外民事关系法律适用法》第36条)。就何为不动产,"土地、附着于土地的建筑物及其他定着物、建筑物的固定附属设备为不动产(最高人民法院《关于贯彻执行〈中华人民共和国民法通则〉若干问题的意见(试行)》第186条)。不动产的所有权、买卖、租赁、抵押、使用等民事关系,均应适用不动产所在地法律。关于动产物权,当事人可以协议选择动产物权适用的法律。当事人没有选择的,适用法律事实发生时动产所在地法律(《涉外民事关系法律适用法》第37条)。

2. 船舶物权及航空器物权

1992年制定的我国《海商法》第270条至272条就船舶物权作了规定。关于船舶所有权的取得、转让和消灭、抵押权等适用船旗国法律。船舶优先权,适用受理案件的法院所在地法律

1995年10月30日制定、1996年3月1日实施的我国《民用航空法》第185条至187条就航空器物权作了规定。民用航空器所有权的取得、转让和消灭以及民用航空器抵押权适用民用航空器国籍登记国法律。民用航空器优先权,适用受理案件的法院所在地法律。

(二) 涉外合同及涉外侵权行为

1. 涉外合同

涉外合同的当事人可以选择处理合同争议所适用的法律,但根据《民法典》第467条第2款的规定,中国境内履行的中外合资经营企业合同、中外合作经营企业合同、中外合作勘探开发自然资源的合同等只应适用中国法律。涉外合同的当事人没有选择的,适用与特征性履行当事人的经常居所地法律或与合同有最密切联系的国家的法律(《涉外民事关系法律适用法》第41条)。

2. 涉外侵权行为

侵权责任适用侵权行为地法律。这种立法被称为侵权行为地法主义,而侵权行为地法主义是一个历史悠久的,有普遍性的准据法原则。

当事人双方具有共同经常居所地的,适用共同经常居所地法律。这种立法被称为当事人共同属人法主义。另外也承认当事人的协议选择(《涉外民事关系法律适用法》第44条)。

三、涉外婚姻、家庭、继承法律关系

(一) 结婚(婚姻的有效性)

关于结婚的实质要件、夫妻人身关系、夫妻财产关系适用当事人共同经常居所地法律;没有共同经常居所地的,适用共同国籍国法律。当事人双方没有共同经常居所地也没有共同国籍时,在一方当事人经常居所地或者国籍国缔结婚姻的,适用婚姻缔结地法律。

关于结婚形式要件,符合婚姻缔结地法律、一方当事人经常居所地法律或者国籍国法律的,均为有效(《涉外民事关系法律适用法》第21条至22条)。

（二）夫妻人身财产关系

1. 夫妻人身关系

夫妻人身关系适用夫妻共同经常居所地法，没有共同经常居所地的，适用夫妻共同国籍国法（《涉外民事关系法律适用法》第 23 条）。

2. 夫妻财产关系

关于夫妻财产关系，当事人可以协议选择适用一方当事人经常居所地法律、国籍国法律或者主要财产所在地法律。当事人没有选择的，确定准据法的方法与夫妻人身关系相同（《涉外民事关系法律适用法》第 24 条）。

（三）离婚

我国现行法律区分协议离和诉讼离婚，关于协议离婚，当事人可以协议选择适用一方当事人经常居所地法律或者国籍国法律。当事人没有选择的，适用共同经常居所地法律；没有共同经常居所地的，适用共同国籍国法律；没有共同国籍的，适用办理离婚手续机构所在地法律；而诉讼离婚只能适用法院地法律（《涉外民事关系法律适用法》第 26 条至 27 条）。

（四）继承

动产法定继承适用被继承人死亡时经常居所地法律，不动产法定继承适用不动产所在地法律《涉外民事关系法律适用法》第 31 条。

附：法律适用一览表

法律关系	准据法	法条
结婚（实质要件）	①共同经常居所地法 ②共同国籍国法 ③婚姻缔结地法律（在一方当事人经常居所地或国籍国缔结婚姻的）	21
结婚（形式要件）	符合婚姻缔结地法律、一方当事人经常居所地法律或者国籍国法律的，均为有效	22
夫妻身份关系	①共同经常居所地法 ②共同国籍国法	23
夫妻财产关系	①当事人可以从一方当事人经常居所地法律、国籍国法律或者主要财产所在地法律中协议选择 ②共同经常居所地法 ③共同国籍国法	24
父母子女身份及财产关系	①共同经常居所地法律 ②一方当事人经常居所地法律或者国籍国法律中有利于保护弱者权益的法律	25
离婚（协议离婚）	①当事人从一方当事人经常居所地法律或者国籍国法律中选择 ②共同经常居所地法律 ③共同国籍国法 ④办理离婚手续机构所在地法律	26
离婚（诉讼离婚）	法院地法律	27
收养成立	收养人和被收养人经常居所地法律	28

续表

法律关系	准据法	法条
收养效力	收养时收养人经常居所地法律	28
收养的解除	收养时被收养人经常居所地法律或者法院地法律	28
扶养	一方当事人经常居所地法律、国籍国法律或者主要财产所在地法律中有利于保护被扶养人权益的法律	29
监护	一方当事人经常居所地法律或者国籍国法律中有利于保护被监护人权益的法律	30
继承	被继承人死亡时经常居所地法律。但不动产法定继承，适用不动产所在地法律	31
遗嘱的方式	符合遗嘱人立遗嘱时或者死亡时经常居所地法律、国籍国法律或者遗嘱行为地法律的，遗嘱均为成立	32
遗嘱的效力	遗嘱人立遗嘱时或者死亡时经常居所地法律或者国籍国法律	33
遗产的管理	遗产所在地法律	34
无人继承遗产的处理	被继承人死亡时遗产所在地法律	35
自然人的权利能力	经常居所地法律	11
自然人的行为能力	①经常居所地法律 ②行为地法	12
失踪·死亡宣告	经常居所地法律	13
法人权利能力及行为能力等	①登记地法律 ②主营业地法律	14
物权(不动产)	不动产所在地法律	36
物权(动产)	①当事人意思自治原则 ②法律事实发生时动产所在地法律	37
物权(运输中的物)	①当事人意思自治原则 ②目的地法律	38
合同(一般合同)	①当事人意思自治原则 ②特征性履行一方当事人的经常居所地法律或其他与该合同有最密切联系的法律	41
合同(消费者合同)	①消费者经常居所地法律 ②商品、服务提供地法律(消费者选择或者经营者在消费者经常居所地没有从事相关经营活动时)	42
合同(劳动合同)	①劳动者工作地法律 ②用人单位主营业地法律(难以确定劳动者工作地时) 劳务派遣，可以适用劳务派出地法律	43
侵权行为(一般)	①侵权行为地法律 ②当事人共同经常居所地法律 ③当事人意思自治原则	44
侵权行为(产品责任)	①被侵权人经常居所地法律 ②侵权人主营业地法律或者损害发生地法律(被侵权人选择适用侵权人主营业地法律、损害发生地法律的，或者侵权人在被侵权人经常居所地没有从事相关经营活动的)	45
侵权行为(网络侵权)	被侵权人经常居所地法律	46

续表

法律关系	准 据 法	法 条
不当得利・无因管理	①当事人意思自治原则 ②当事人共同经常居所地法律 ③不当得利、无因管理发生地法律	47
知识产权的归属和内容	被请求保护地法律	48
知识产权合同	同41条	49
知识产权侵权责任	①被请求保护地法律 ②法院地法律（协议选择时）	50

主要参考文献

1. 高其才：《法理学(第三版)》,北京,清华大学出版社,2015。
2. 周叶中主编：《宪法(第四版)》,北京,北京大学出版社、高等教育出版社,2016。
3. 姜明安主编：《行政法与行政诉讼法(第六版)》,北京,北京大学出版社、高等教育出版社,2015。
4. 何海波：《行政诉讼法(第二版)》,北京,法律出版社,2016。
5. 魏振瀛主编：《民法(第五版)》,北京,北京大学出版社、高等教育出版社,2013。
6. 崔建远主编：《合同法(第六版)》,北京,法律出版社,2016。
7. 施天涛：《商法(第五版)》,北京,法律出版社,2018。
8. 杨紫烜主编：《经济法(第五版)》,北京,北京大学出版社、高等教育出版社,2014。
9. 周珂等主编：《环境与资源保护法(第四版)》,北京,中国人民大学出版社,2019。
10. 王全兴：《劳动法(第四版)》,北京,法律出版社,2017。
11. 张明楷：《刑法学(第五版)》,北京,法律出版社,2016。
12. 江伟、肖建国主编：《民事诉讼法(第七版)》,北京,中国人民大学出版社,2015。
13. 陈光中主编：《刑事诉讼法(第六版)》,北京,北京大学出版社、高等教育出版社,2016。
14. 程荣斌、王新清主编：《刑事诉讼法(第七版)》,北京,中国人民大学出版社,2019。
15. 邵津主编：《国际法(第五版)》,北京,北京大学出版社,2014。
16. 李旺：《国际私法(第三版)》,北京,法律出版社,2011。

第一版后记

在依法治国、建设社会主义法治国家的当代中国，法律的地位日益提高，法律的作用日渐重要，法律正成为人们生活的主要行为规范。因此，了解法律内容，掌握法律知识，树立法制观念，提高法律素质，是中国公民现代生存和发展的必需。

本书以非法科大学生为主要对象，准确介绍最新中国法律制度，注意具体法律规范的正确引用，并在概述部分适当介绍法律学理，力求阐述得当、用语规范、文字简洁。本书亦可作为关心中国法律发展读者的入门读物。

本书作者分工如下：

高其才：绪论、第一章、第二章、第七章、第八章、第十章。

何海波：第三章。

申卫星：第四章。

朱慈蕴：第五章、第六章。

张明楷：第九章。

李旺：第十一章、第十二章。

全书由高其才统稿。

由于我们水平有限，本书可能存在不当之处，欢迎读者批评、指正。

高其才

2006年9月2日于明理楼

第二版后记

自从本书出版以来，我国进一步加强了立法工作，新制定了许多法律、法规，并对一些已有的法律进行了修订、完善。我国制定了《劳动合同法》(2007)、《企业所得税法》(2007)、《劳动争议调解仲裁法》(2007)、《反垄断法》(2007)、《就业促进法》(2007)、《企业国有资产法》(2008)、《循环经济促进法》(2008)、《刑法修正案(七)》(2009)、《侵权责任法》(2009)、《食品安全法》(2009)、《驻外外交人员法》(2009)、《农村土地承包经营纠纷调解仲裁法》(2009)、《涉外民事关系法律适用法》(2010)、《人民调解法》(2010)、《社会保险法》(2010)、《非物质文化遗产法》(2011)、《刑法修正案(八)》(2011)、《车船税法》(2011年)；修正、修订、完善的法律有《道路交通安全法》(2007)、《民事诉讼法》(2007年)、《个人所得税法》(2007第五次修正)、《水污染防治法》(2008)、《专利法》(2008)、《残疾人保障法》(2008)、《保险法》(2009)、《可再生能源法》(2009)、《国家赔偿法》(2010)、《行政监察法》(2010)、《村民委员会组织法》(2010)、《著作权法》(2010)等。我国以宪法为统帅，以宪法相关法、民法商法等多个法律部门的法律为主干，由法律、行政法规、地方性法规等多个层次的法律规范构成的中国特色社会主义法律体系已经形成。

为适应我国法律、法规的变化，我们在第一版的基础上根据最新法律、法规对本书进行了全面修订。第二版的体例与第一版相同，继续保持第一版全面、清晰、简洁的特点；仍然突出准确介绍最新中国法律制度，重点注意法律、法规的具体变化。

第二版修订过程中，各位教授精诚合作、细心撰写，保证了本书的较高水准和学术质量。本版作者分工与第一版相同，按章节顺序为：

高其才：绪论、第一章、第二章、第七章、第八章、第十章。

何海波：第三章。

申卫星：第四章。

朱慈蕴：第五章、第六章。

张明楷：第九章。

李旺：第十一章、第十二章。

全书由高其才统稿。

由于我们水平有限，本书可能存在缺漏等不当之处，欢迎读者批评、指正。

高其才

2011年4月13日于明理楼505室

第三版后记

本书第二版获2012年清华大学优秀教材一等奖。

在第二版出版后,我国制定了《行政强制法》(2012)等法律,并对许多法律进行了修订,其中包括《证券投资基金法》(2012修订)、《劳动合同法》(2012修正)、《治安管理处罚法》(2012修正)、《国家赔偿法》(2012修正)、《律师法》(2012修正)、《清洁生产促进法》(2012修正)、《职业病防治法》(2011修正)、《个人所得税法》(2011修正)、《煤炭法》(2011修正)等。特别是2012年3月14日十一届全国人大五次会议通过了《全国人民代表大会关于修改〈中华人民共和国刑事诉讼法〉的决定》,2012年8月31日十一届全国人大常委会第二十八次会议通过了《全国人大常委会关于修改〈民事诉讼法〉的决定》。

为适应我国法律、法规的变化,我们在第二版的基础上根据最新法律、法规对本书进行了全面修订。第三版的体例与前二版相同,继续保持前二版全面、清晰、简洁的特点;仍然突出准确介绍最新中国法律制度,重点注意法律、法规的具体变化。

第三版修订过程中,各位教授认真撰写,保证了本书的较高水准和学术质量。本版作者分工与前二版相同,按章节顺序为:

高其才:绪论、第一章、第二章、第七章、第八章、第十章。

何海波:第三章。

申卫星:第四章。

朱慈蕴:第五章、第六章。

张明楷:第九章。

李旺:第十一章、第十二章。

全书由高其才统稿。

感谢责任编辑方洁女士的辛勤劳动。

由于我们水平有限,本书可能存在缺漏等不当之处,欢迎读者批评、指正。

高其才
2013年5月9日于京西樛然斋

第四版后记

在本书第三版出版后,我国通过了《刑法修正案(九)》(2015),制定了《旅游法》(2013)、《特种设备安全法》(2013)、《航道法》(2014)、《反间谍法》(2014)、《国家勋章和国家荣誉称号法》(2015)、《反家庭暴力法》(2015)、《反恐怖主义法》(2015)、《国家安全法》(2015)、《境外非政府组织境内活动管理法》(2016)、《慈善法》(2016)、《深海海底区域资源勘探开发法》(2016)等法律,对《刑法》(2014)、《刑事诉讼法》(2014)的有关条款进行了解释,并对许多法律进行了修订,其中包括《行政诉讼法》(2014)、《环境保护法》(2014)、《立法法》(2015)、《人口与计划生育法》(2015)、《教育法》(2015)、《高等教育法》(2015)、《促进科技成果转化法》(2015)等。

为适应我国法律、法规的变化,我们在第三版的基础上根据最新法律、法规对本书进行了全面修订。第四版的体例与前三版相同,继续保持前三版全面、清晰、简洁的特点;仍然突出准确介绍最新中国法律制度,重点注意法律、法规的具体变化。

本次修订,编写组邀请了陈新宇副教授参加编写工作。第四版修订过程中,各位教授认真撰写、修改,保证了本书较高的学术水准。本版作者分工按章节顺序为:

高其才:绪论、第一章、第七章、第八章、第十章。

陈新宇:第二章。

何海波:第三章。

申卫星:第四章。

朱慈蕴:第五章、第六章。

张明楷:第九章。

李旺:第十一章、第十二章。

全书由高其才统稿。

感谢责任编辑方洁女士的认真劳动。

由于我们水平有限,本书可能存在缺漏等不当之处,欢迎读者批评、指正。

高其才
2016 年 5 月 10 日于京西樛然斋

第五版后记

在本书第四版出版后,我国通过了《宪法修正案》(2018)、《国防交通法》(2016)、《资产评估法》(2016)、(2016)、《网络安全法》(2016)、《电影产业促进法》(2016)、《公共文化服务保障法》(2016)、《环境保护税法》(2016)、《中医药法》(2017)、《核安全法》(2017)、《公共图书馆法》(2017)、《国歌法》(2017)、《国家情报法》(2017)、《监察法》(2018)等,通过了《刑法修正案(十)》(2017),通过了《关于在北京市、山西省、浙江省开展国家监察体制改革试点工作的决定》(2016),修改了《民事诉讼法》《行政诉讼法》《法官法》等,修订了《中小企业促进法》《国歌法》《野生动物保护法》《民办教育促进法》《海洋环境保护法》《外资企业法》《节约能源法》《对外贸易法》《反不正当竞争法》《标准化法》等。特别是 2017 年 3 月 15 日第十二届全国人民代表大会第五次会议通过了《民法总则》,并自 2017 年 10 月 1 日起施行。

为适应我国法律、法规的变化,我们在第四版的基础上根据最新法律、法规特别是《民法总则》对本书进行了修订。第五版的体例与前四版相同,继续保持前四版全面、清晰、简洁的特点;仍然突出准确介绍最新中国法律制度,重点注意法律、法规的具体变化。

第五版修订过程中,各位教授认真审阅、修改,保证了本书较高的学术水准。特别是申卫星教授克服行政事务繁多的困难而按时交稿,保证了本书全稿的按期完成。本版作者分工按章节顺序为:

高其才:绪论、第一章、第七章、第八章、第十章。

陈新宇:第二章。

何海波:第三章。

申卫星:第四章。

朱慈蕴:第五章、第六章。

张明楷:第九章。

李旺:第十一章、第十二章。

全书由高其才统稿。

前四版的责任编辑方洁女士荣休后,袁帅担任本书的责任编辑,感谢她的认真编校。

由于我们水平有限,本书可能存在缺漏等不当之处,欢迎读者批评、指正。

高其才

2017 年 3 月 22 日于京西明理楼

第六版后记

在本书第五版出版后,我国通过了《全国人民代表大会常务委员会关于修改〈中华人民共和国刑事诉讼法〉的决定》(2018年10月)《外商投资法》(2019年3月)《疫苗管理法》(2019年6月)《资源税法》(2019年8月)《全国人民代表大会常务委员会关于国家监察委员会制定监察法规的决定》(2019年10月)《密码法》(2019年10月)《社区矫正法》(2019年12月)《基本医疗卫生与健康促进法》(2019年12月)《全国人民代表大会常务委员会关于授权最高人民法院在部分地区开展民事诉讼程序繁简分流改革试点工作的决定》(2019年12月)《全国人民代表大会常务委员会关于废止有关收容教育法律规定和制度的决定》(2019年12月)《全国人民代表大会常务委员会关于全面禁止非法野生动物交易、革除滥食野生动物陋习、切实保障人民群众生命健康安全的决定》(2020年4月)《全国人民代表大会关于建立健全香港特别行政区维护国家安全的法律制度和执行机制的决定》(2020年5月)《公职人员政务处分法》(2020年6月)《香港特别行政区维护国家安全法》(2020年6月),修改了《土地管理法》(2019年8月)《城市房地产管理法》(2019年8月)《台湾同胞投资保护法》(2019年12月),修订了《公务员法》(2018年12月)《法官法》(2019年4月)《检察官法》(2019年4月)《固体废物污染环境防治法》(2020年4月)等。特别是2020年5月28日第十三届全国人民代表大会第三次会议通过了《民法典》,并自2021年1月1日起施行。

为适应我国法律、法规的变化,我们在第五版的基础上根据最新法律、法规特别是《民法典》对本书进行了修订。第六版的体例与前五版相同,继续保持前五版全面、清晰、简洁的特点;仍然突出准确介绍最新中国法律制度,重点注意法律、法规的具体变化。

第六版修订过程中,各位教授认真审阅、修改,保证了本书较高的学术水准。特别是申卫星教授克服事务繁多的困难按时交稿,保证了本书全稿的按期完成。本版作者分工按章节顺序为:

高其才:绪论、第一章、第七章、第八章、第十章。

陈新宇:第二章。

何海波:第三章。

申卫星:第四章。

朱慈蕴:第五章、第六章。

张明楷：第九章。

李旺：第十一章、第十二章。

全书由高其才统稿。

本书由朱玉霞担任责任编辑，感谢她的认真编校。

由于我们水平有限，本书可能存在缺漏等不当之处，欢迎读者批评、指正。

高其才

2020年7月2日于京西明理楼